GRAMÀTICA
pràctica
del CATALÀ

N. Bastons / C. Bernadó / Ll. Comajoan

Marc europeu comú de referència per a les llengües **A1-B2**

TEIDE

Coberta
Naono, S.L.

Realització tècnica i maquetació
Naono, S.L.

Il·lustracions
José María Casanovas

Primera edició
Tercera impressió, 2016

© Núria Bastons, Cristina Bernadó, Llorenç Comajoan, 2011
© Editorial Teide SA - Viladomat, 291 - 08029 Barcelona
info@editorialteide.com
www.editorialteide.com

ISBN: 978-84-307-3396-5
Dipòsit legal: B-29.086-2011
Imprès a Indice, SL - Fluvià, 81-87 - 08019 Barcelona

Presentació

Em produeix una gran satisfacció presentar la *Gramàtica pràctica del català*, una obra important per a l'ensenyament i l'aprenentatge d'aquesta llengua, fruit de molts anys de feina –de molta feina– d'un grup de professionals conscients dels canvis en el perfil dels aprenents que estudien català i de les mancances de les gramàtiques i les regles gramaticals que s'exposen a classe.

Les gramàtiques són –o, millor, haurien de ser– mapes que guien els estudiants per les enrevessades selves de la llengua. En la «cartografia» gramatical del català teníem, fins ara, un seguit de gramàtiques que tendien majoritàriament a descriure els mecanismes a partir de models de llengua ja produïts, i que resultaven d'una anàlisi sobretot de la llengua escrita i més aviat formal i normativa. Ara bé, quan un adult estudia una segona llengua o una llengua estrangera el que necessita són instruccions, rutes, per saber, abans de produir el missatge que vol transmetre, què ha de fer per arribar a la meta, a la destinació, és a dir, a aconseguir els seus propòsits comunicatius. Necessita, en definitiva, pautes per produir la llengua.

Precisament això ha constituït el motor de la feina dels autors d'aquesta gramàtica: tenir sempre presents els destinataris potencials, que són parlants d'altres llengües –però no necessàriament i únicament del castellà– que necessiten trobar una eina operativa per poder-se convertir en usuaris eficients de la llengua meta: el català. Això fa que, per fi, una gramàtica catalana pensada per a estudiants no castellanoparlants s'alliberi de la tirania del contrast amb el castellà per ser una gramàtica del català en si mateixa, una gramàtica per a tots aquells que no parlen el català, independentment de quina sigui la seva llengua primera.

Per facilitar el camí als estudiants, per donar-los brúixoles i eines que impedeixin que es perdin, els autors han optat, en força ocasions, per abordar les explicacions gramaticals des d'un punt de vista més cognitiu que descriptiu. Conscients que les formes estan vinculades al significat, han apostat per explicar tot un seguit de fenòmens gramaticals basant-se en les diferents maneres d'il·luminar la realitat que genera l'ús d'una o d'una altra forma i representar aquestes perspectives didàcticament. Per això tenen tant valor les imatges que acompanyen una bona part de les explicacions, més enllà de fer la gramàtica més atractiva. Són imatges de caràcter cognitiu que tenen una funció evident: fer que els estudiants puguin visualitzar els diversos mecanismes de la llengua i, així, facilitar-ne exponencialment la comprensió. A tall d'exemple, vegeu les unitats dels articles.

Una altra de les innovacions principals d'aquesta gramàtica és que, sense bandejar la norma ni la descripció formal, sovint parteix d'una llengua d'ús, viva i freqüent, que és, en definitiva, la llengua dels parlants, la llengua que tot estudiant aspira a utilitzar. Això permet, d'una banda, que els autors incorporin fenòmens importantíssims, no considerats fins ara en les descripcions gramaticals però que estan instaurats en la llengua dels parlants nadius (consulteu, per exemple, les unitats dels pronoms). D'altra banda, s'ha volgut que els exemples i les mostres de llengua d'aquesta obra, tant orals com escrits, siguin representatius de la realitat de la llengua. Som davant d'un mapa que no idealitza el terreny, sinó que el fotografia acuradament mostrant perspectives plenes de realisme.

Aquest nou mapa de la llengua no es conforma, però, amb tot el que s'ha exposat fins ara, sinó que també té una dimensió «interactiva»: les activitats gramaticals permeten als aprenents comprovar immediatament si saben aplicar el que han après en les explicacions gramaticals. Cal destacar el rigor i la creativitat en el disseny d'aquestes activitats, dos conceptes que no sempre van junts. Destaquem el *rigor* perquè són activitats que sovint no consisteixen en una mera manipulació formal i automàtica, sinó que estan pensades per a l'experimentació del valor de la forma, perquè l'aprenent, tot i estar concentrat en operacions formals, estableixi una relació entre la forma i el significat. I destaquem la *creativitat* perquè, dins de les enormes limitacions que suposa crear activitats amb respostes unívoques, els autors han intentat aportar naturalitat, gràcia i enginy tant a les activitats d'automatització de les formes –absolutament necessàries per després utilitzar aquestes formes– com a les que tenen objectius més relacionats amb el significat.

Com tots els bons mapes, una gramàtica ha d'estar orientada correctament, tenir un nord; ha de tenir, doncs, una finalitat, un propòsit. Cal que sigui clara tant en les explicacions com en el disseny; que tingui suficients informacions però que sigui accessible, i que mostri les coordenades i les mides d'aquest món inexplorat que és una llengua per a tots els que no la coneixen. Amb la *Gramàtica pràctica del català*, tant professors com estudiants podran endinsar-se en la llengua amb garanties d'arribar a port.

Lourdes Miquel

Coautora de la *Gramática básica del estudiante de español*
Catedràtica de l'Escola Oficial d'Idiomes Barcelona-Drassanes

Agraïments

Els autors d'aquesta gramàtica agraïm a les persones següents el seu suport i ajuda durant la redacció de l'obra: Manuel Pérez Saldanya i Neus Nogué, per la seva paciència amb les nostres consultes i les seves respostes ràpides i eficients; Lourdes Miquel i tot l'equip d'autors de la Gramática básica del estudiante de español per les orientacions i els models que ens han ofert amb la seva obra; Gemma Verdés pels consells sobre com es pot ensenyar la gramàtica i fer-la més entenedora als alumnes; Montse Ayats, per la seva predisposició i ajuda en els inicis de la gramàtica; Carme Bové, per la seva col·laboració en el pilotatge d'algunes unitats; Dolors Font, per les seves aportacions; i Francesc Ferran, per la seva paciència i pel bon tracte. També volem donar les gràcies a Albert Duran i Lídia Montenegro per haver-nos ajudat en l'elaboració d'alguns dels annexos.

A més, agraïm als amics, companys i alumnes següents el fet de fer-nos costat durant tot el procés de redacció de la gramàtica: Albert, Jordi, Jordina, José Luis, Lídia, Marta, Montse, Pepi, Toni, els companys del Departament de Filologia de la Universitat de Vic, els alumnes de segon i tercer del curs 2010-2011 de l'Escola Oficial d'Idiomes de Barcelona - Vall d'Hebron i els del Centre de Normalització Lingüística de Badalona i Sant Adrià.

Introducció

La *Gramàtica pràctica del català* és una obra per a aprenents de català dels nivells A1-B2 del *Marc europeu comú de referència per a les llengües*. Les característiques principals d'aquesta gramàtica són dues:

✓ És una gramàtica pedagògica; és a dir, és una eina que prepara l'alumne i l'ajuda en l'aprenentatge del català com a segona llengua. Aquesta ajuda es concreta en tres aspectes. En primer lloc, la informació s'ordena en diversos punts, de manera que la seqüenciació de continguts afavoreix la comprensió del sistema gramatical de la llengua; les formes es presenten abans que els usos i, en general, els usos més senzills es presenten abans que els més complexos. En segon lloc, les explicacions gramaticals es complementen amb glosses i dibuixos il·lustratius dels exemples que es proposen. Finalment, els exercicis permeten practicar cada un dels punts tractats en la teoria i estan ordenats de manera que s'asseguri la comprensió dels continguts abans de la producció.

✓ És una gramàtica per a un alumnat divers. S'ha concebut per a tots els aprenents joves i adults alfabetitzats que volen o necessiten conèixer el funcionament gramatical de la llengua catalana i posar-lo en pràctica mitjançant exercicis. Això vol dir que en la seva redacció s'han tingut en compte els col·lectius d'aprenents d'aules de secundària i batxillerat (aules d'acollida), de centres de normalització lingüística, d'escoles oficials d'idiomes, d'universitats del país i de fora, i d'escoles d'adults, sense oblidar l'ús que els aprenents autònoms puguin fer-ne.

Tenint en compte que l'objectiu inicial de molts aprenents de català com a segona llengua és usar la llengua en contextos lingüístics de la vida diària, les mostres de llengua de la gramàtica són properes al català col·loquial. Quan cal, es fa referència a distincions entre els usos orals i escrits, i entre els usos formals i informals.

Fonts de la *Gramàtica pràctica del català*

Per redactar aquesta gramàtica s'han tingut en compte tres tipus de fonts: obres de recerca en adquisició de segones llengües per part de persones adultes, gramàtiques descriptives, i gramàtiques i altres materials pedagògics per a l'ensenyament de segones llengües.

Per a la filosofia pedagògica general de la gramàtica, ens hem basat en obres sobre l'adquisició de segones llengües i la didàctica de la llengua que tracten sobre aspectes de l'adquisició de les formes i els usos lingüístics, com ara *Input Processing and Grammar Instruction* (Van Patten, 1996), *Focus on Form in Classroom Second Language Acquisition* (Doughty i Varela, 1998) i *The Study of Second Language Acquisition* (Ellis, 2008), entre d'altres.

Per a la descripció gramatical, s'ha pres com a referència la *Gramàtica del Català Contemporani* (Solà i altres, 2002), tot i que s'han fet servir, quan ha calgut, entre d'altres, les obres següents: *Catalan: A Comprehensive Grammar* (Wheeler, Yates i Dols, 1999), *Català complet/2* (Ruaix, 1998), *El llibre de la llengua catalana per a escriure correctament el català* (Badia i altres, 1997), *Manual d'estil* (Mestres, Costa, Oliva i Fité, 2000), *Gramàtica de la llengua catalana* (Badia, 1994), *Gramática descriptiva de la lengua española* (Bosque i Demonte, 1999) i *Gramática comunicativa del español* (Matte Bon, 1995).

També s'han consultat els llibres d'estil d'*El Periódico* i de l'Ajuntament de Barcelona, i els portals electrònics *Optimot* (http://www.gencat.cat/optimot), de la Generalitat de Catalunya, i *ésadir* (http://esadir.cat), de la Corporació Catalana de Mitjans Audiovisuals.

Quant a l'estructuració dels temes segons el nivell d'aprenentatge dels alumnes, s'han consultat gramàtiques pedagògiques en altres llengües, currículums i programes de català i castellà, i altres materials pedagògics i didàctics de català com a segona llengua. Entre les obres consultades destaca la *Gramática básica del estudiante de español* (Alonso i altres, 2005), així com la *Gramática de uso del español* (Aragonés i Palencia, 2009), el manual *Competencia gramatical en uso* (div. aut., 2008) i la gramàtica del curs en línia *parla.cat* (Generalitat de Catalunya). Pel que fa als currículums i programes, s'han fet servir els de l'Escola Oficial d'Idiomes, els de la Direcció General de Política Lingüística i el Consorci per a la Normalització Lingüística, el Nivell Llindar (Mas i Melcion, 1999) i el *Plan curricular del Instituto Cervantes* (Instituto Cervantes, 2007).

Els autors

Els autors de la *Gramàtica pràctica del català* són professors de català i castellà per a adults, han dissenyat materials per a l'ensenyament del català i el castellà com a segones llengües i han fet recerca sobre l'adquisició de segones llengües. En particular, Núria Bastons és professora a l'Escola Oficial d'Idiomes Barcelona - Vall d'Hebron, Cristina Bernadó és professora al Centre de Normalització Lingüística de Badalona i Sant Adrià, i Llorenç Comajoan és professor a la Universitat de Vic.

Estructura de la *Gramàtica pràctica del català*

La gramàtica s'estructura en vuitanta-set unitats. Cada unitat consta d'una secció on s'expliquen diversos punts gramaticals i d'una altra secció amb exercicis. Inclou també un quadernet de vint-i-quatre pàgines amb les solucions dels més de quatre-cents exercicis del manual. En la versió en línia (*(http://www.editorialteide.com/?3396)*), l'usuari disposa de quatre apèndixs: «Ortografia: els sons i les lletres», «Els accents i les dièresis», «La variació dialectal» i «Taules de formes verbals».

Estructura de la secció d'explicacions gramaticals

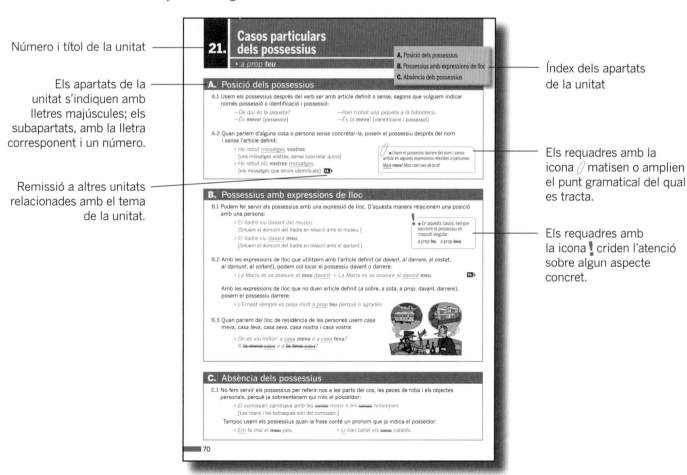

Estructura de les explicacions gramaticals dels usos lingüístics

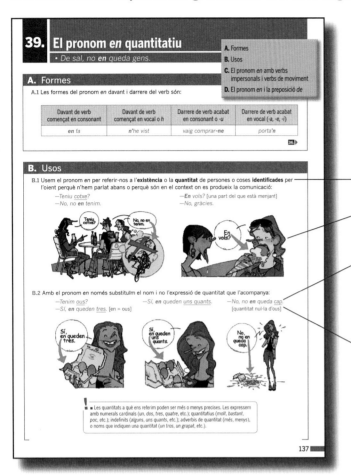

Les explicacions descriuen els usos generals.

Els dibuixos donen informació contextual que ajuda a entendre els usos lingüístics.

Els exemples aporten mostres dels usos lingüístics. El que està destacat en negreta indica el tema gramatical que es tracta. El que està subratllat es refereix a les formes relacionades amb el tema gramatical.

Els textos destacats amb color gris i entre claudàtors amplien la informació per interpretar adequadament els exemples.

Estructura de la secció d'exercicis

La lletra majúscula de color verd darrere el número d'exercici indica l'apartat de les explicacions gramaticals que es practica. Quan l'exercici es relaciona amb més d'un apartat, s'inclouen les lletres dels apartats treballats. Quan es treballen tots els apartats, no hi ha cap indicació de lletra.

Tots els exercicis tenen un exemple resolt.

Les solucions dels exercicis són al quadernet que acompanya la gramàtica.

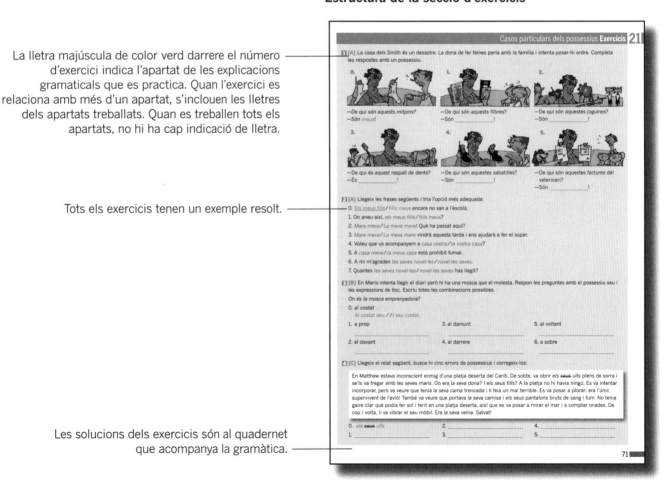

Sumari

1. Classes de noms

• la ciutat d'Olot

A. Noms propis i noms comuns

A.1 Amb els noms propis designem una persona, un lloc o una institució únics. En canvi, amb els noms comuns fem referència a elements que formen part d'una mateixa classe:

• *La **ciutat** de **Girona** és molt bonica.*
[*Ciutat* és un nom comú i *Girona* és el nom propi de la ciutat.]

> ■ Escrivim els noms propis amb majúscula inicial, i els comuns, amb minúscula inicial:
> *En **Pere** i la **Júlia** treballen en un **despatx** d'**advocats**.*
>
> ■ Escrivim els mesos i els dies de la setmana amb minúscula inicial, excepte si comencen una frase:
> *La Maria arriba **dilluns**.*

B. Noms comptables i noms incomptables

B.1 Amb els noms comptables ens referim a coses que es poden comptar, és a dir, que podem separar en unitats independents:

• *algunes **persones***
• *tres **llibres***

B.2 Amb els noms incomptables fem referència a coses que no es poden comptar per unitats:

• *molta **farina*** [No podríem dir, per exemple, *dues farines*.]

Els noms de matèria (*farina, sucre, cafè,* etc.) i els noms abstractes (*paciència, por, tristesa,* etc.) són incomptables.

B.3 Segons el context, podem convertir els noms incomptables en comptables:

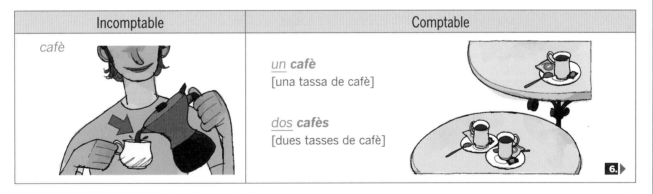

Incomptable	Comptable	
cafè	*un **cafè*** [una tassa de cafè] *dos **cafès*** [dues tasses de cafè]	

6.▶

C. Noms individuals i noms col·lectius

C.1 Amb els noms individuals fem referència a un sol concepte, una sola cosa o una sola persona. En canvi, amb els noms col·lectius designem un conjunt de coses o éssers vius:

• *Aquell **professor** de matemàtiques té molt bona relació amb l'**alumnat**.*
[*Professor* és un nom individual i *alumnat* és un nom col·lectiu.]

C.2 Els noms col·lectius són sempre singulars:

- *El **professorat** d'aquests cursos <u>està</u> molt qualificat.*
- *La **gent** d'aquest poble <u>és</u> molt amable.*

Individual	Col·lectiu
un policia *dos policies*	*la policia*
un alumne *dos alumnes*	*l'alumnat*
un treballador *dos treballadors*	*el personal*
una persona *dues persones*	*la gent*

6. ▶

Exercicis

1 [A] Llegeix la postal següent i classifica les paraules destacades en cursiva segons que siguin noms comuns o propis:

Hola!

Ja som a (0.) *Pardines*, un (1.) *poble* del (2.) *Ripollès* molt bonic. Ens estem en un (3.) *hostal* que es diu (4.) *Serra*. El (5.) *menjar* és molt bo, i la (6.) *gent*, molt amable. Ara el (7.) *Toni* és a (8.) *Can Manel*, el (9.) *bar* del poble, i jo ho aprofito per escriure aquesta (10.) *postal*.

Fins aviat! Un petó,

Núria

Noms propis	Noms comuns
(0.) *Pardines*	

2 [B] Llegeix les frases següents i indica si els noms destacats en cursiva són comptables (C) o incomptables (I):

0. *Aquestes vacances he llegit tres <u>llibres</u>.* C
1. Em dóna una mica d'*aigua*, sisplau? _____
2. Si es pren amb moderació, el *cafè* és bo per a la salut. _____
3. Estic content perquè l'*ordinador* nou funciona molt bé. _____
4. La meva germana és mestra i té molta *paciència*. _____
5. Pots engegar la calefacció? Fa una mica de *fred*! _____
6. Si tens algun dubte, consulta el *diccionari*. _____
7. La Mireia és vegetariana i per això no menja *carn*. _____
8. Posi'm un *cafè*, sisplau. _____
9. Aquest *exercici* és molt fàcil! _____
10. M'agradaria estudiar anglès, però no tinc *temps*. _____

Dels noms incomptables, quins són de matèria i quins són abstractes?

De matèria
_____,_____,_____

Abstractes
_____,_____,_____

3 [B] Escriu quin dibuix correspon a cada frase.

0. a. *Hi ha quatre cebes.* *1*
   b. *Aquest plat porta massa ceba.* *2*

1. a. Hi ha aigua. _____
   b. Hi ha dues aigües. _____

2. a. Hi ha dos formatges. _____
   b. Hi ha formatge. _____

3. a. Tenen dues gasolines. _____
   b. No tinc gasolina. _____

4. a. M'agrada el vi blanc. _____
   b. Tastarem vins del Penedès. _____

5. a. He fet molt suc. _____
   b. Prendrem dos sucs. _____

6. a. El peix és bo. _____
   b. En aquest restaurant hi ha una gran varietat de peixos. _____

4 [C] Escriu cada paraula al costat de la seva definició.

professor/a	professorat	alumne/a	alumnat	persona
gent	espectador/a	públic	client/a	clientela

0. *professor: persona que ensenya.*
   professorat: conjunt de professors d'una escola.

1. _____ : conjunt de persones que assisteixen a un espectacle.
2. _____ : conjunt de persones.
3. _____ : conjunt d'alumnes.
4. _____ : persona que habitualment compra en una botiga o centre comercial.
5. _____ : persona que assisteix a un espectacle.
6. _____ : persona que rep ensenyament.
7. _____ : individu de l'espècie humana.
8. _____ : conjunt de persones que habitualment compren en una botiga o centre comercial.

Quins noms de l'exercici són col·lectius? *professorat* , _____, _____, _____, _____

2. El gènere dels noms de persona i animals

• nen, nena, gat, gata

A. Formació del femení

B. Canvis en la formació del femení

C. Altres terminacions de femení

Tots els noms tenen gènere. El gènere pot ser masculí o femení. Els diccionaris ens indiquen si un nom és masculí o femení:

> **llit** *m.* Moble que serveix per descansar-hi o dormir-hi que sol estar fet per un suport de metall o fusta on es posa un matalàs.
>
> **llitera** *f.* Conjunt de dos llits posats l'un damunt de l'altre.

Els noms que corresponen a persones i animals tenen dues formes. La masculina es refereix a persones i animals de sexe masculí, i la femenina, a persones i animals de sexe femení:

- *noi* (m), *noia* (f)
- *gall* (m), *gallina* (f)

Hi ha noms de coses masculins i noms de coses femenins:

- *passaport* (m)
- *targeta de crèdit* (f)

Cal conèixer el gènere del nom perquè totes les paraules que l'acompanyen (articles, adjectius, demostratius, etc.) tenen el mateix gènere:

- *el **carrer** estret*
- *la **carretera** estreta*

A. Formació del femení

A.1 Per formar el femení d'un nom de persona o animal, afegim una -*a* a la forma del masculí:

- *un senyor, una senyora*
- *un gat, una gata*

> **!** ■ Canvis ortogràfics: *un gos, una gossa; un empresari, una empresària; un vidu, una vídua,* etc.

A.2 Afegim -*na* a les formes del masculí acabades en vocal tònica:

- *un campió, una campiona*
- *un lleó, una lleona*

> ■ *rei, reina.*
> ■ Les paraules accentuades en masculí no porten accent en la forma femenina: *un cosí, una cosina,* etc.

campió   campiona

B. Canvis en la formació del femení

B.1 Quan afegim -*a* a la forma masculina, canviem la consonant final:

	Masculí	Femení
t → d	*un nebot*	*una neboda*
	un empleat	*una empleada*
c → g	*un amic*	*una amiga*

> **!** ■ *un tiet, una tieta; un polític, una política.*

B.2 En els noms masculins acabats en -e, -o, substituïm la vocal final de la forma masculina per -a:

	Masculí	Femení
e → a	un mestr<u>e</u> un alumn<u>e</u>	una mestr**a** una alumn**a**
o → a	un nòvi<u>o</u>	una nòvi**a**

C. Altres terminacions de femení

C.1 Els noms masculins acabats en -*leg* tenen la forma femenina en -*loga:*

- un psicò<u>leg</u>, una psicò**loga**
- un biò<u>leg</u>, una biò**loga**

C.2 Els noms masculins de professió, títol o càrrec tenen la forma femenina en -*essa:*

Masculí	Femení
un metge un alcalde un jutge un duc	una metg**essa** una alcald**essa** una jutg**essa** una duqu**essa**

! ■ En alguns casos, fem servir la forma masculina tant per al masculí com per al femení: <u>un jutge</u>, <u>una jutge</u>; <u>un metge</u>, <u>una metge</u>.
■ un príncep, una princ**esa**.

C.3 Altres terminacions:

- un act<u>or</u>, una actr**iu**
- un gall, una gall**ina**

Exercicis

1 [A i B] Fixa't en l'arbre genealògic i escriu les formes femenines que hi falten.

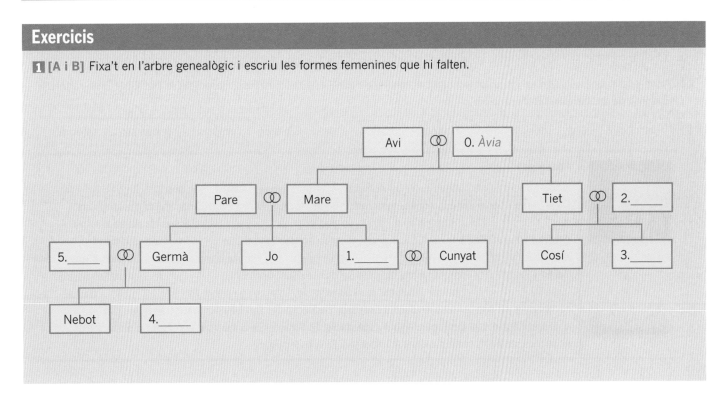

2 A l'empresa Jerarca tenen una política d'igualtat entre dones i homes, i per això hi ha un home i una dona per a cada càrrec. Escriu els noms dels càrrecs que falten a l'organigrama.

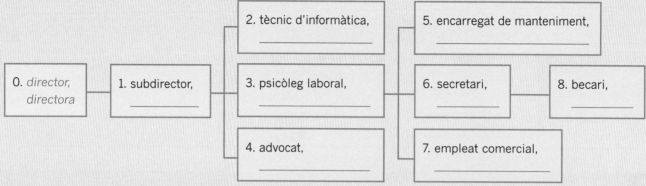

2. tècnic d'informàtica, _____

5. encarregat de manteniment, _____

0. *director, directora*

1. subdirector, _____

3. psicòleg laboral, _____

6. secretari, _____

8. becari, _____

4. advocat, _____

7. empleat comercial, _____

3 Escriu les formes que falten en aquests noms de professions i relaciona cada professió amb les qualitats que cal tenir per exercir-la. Després, escriu frases sobre les cinc primeres professions fent servir les qualitats corresponents.

Per ser...	cal...
0. *actor, actriu*	a. conèixer les últimes novetats en cotxes.
1. jardiner, _____	b. adaptar-se als horaris de la fàbrica.
2. _____, mestra	c. *tenir memòria.*
3. _____, cardiòloga	d. estudiar durant molts anys i no impressionar-se en veure sang.
4. _____, monja	e. conduir bé i estar atent al trànsit.
5. metge, _____	f. conèixer les lleis i fer bons judicis.
6. venedor de cotxes, _____	g. estar disposat a treballar a l'aire lliure.
7. operari de fàbrica, _____	h. estudiar teologia.
8. jutge, _____	i. saber fer bons discursos.
9. polític, _____	j. haver estudiat medicina i especialitzar-se en el cor.
10. conductor d'autobús, _____	k. tenir molta paciència i saber ensenyar.

0. *Per ser actor o actriu cal tenir memòria.*

1. _____

2. _____

3. _____

4. _____

5. _____

4 L'Anne escriu un missatge en un fòrum virtual per trobar un company de conversa. Completa el missatge amb la forma femenina de les paraules del requadre.

company	gat	noi	ballarí	director	actor	amic	biòleg	empleat	propietari	fotògraf

Anne

Connectat

Missatge

Hola! Em dic Anne i busco una (0.) *companya* de conversa en català. Sóc una (1.) _____ de Dinamarca i parlo danès, anglès i una mica de català. Ara visc a Barcelona, en un pis amb una (2.) _____ de la infantesa, la Karen. Jo sóc (3.) _____ i faig classes de teatre a nens petits. La Karen és (4.) _____ marina, però ara treballa d'(5.)_____ en una caixa d'estalvis. Vivim amb una (6.)_____ persa que es diu Kitty a la vora del Born. A més a més, la Karen i jo estem preparant un espectacle de dansa. Busquem una (7.) _____ de ballet modern i una (8.) _____ per fer les fotos de l'espectacle. Una amiga meva és (9.) _____ d'una companyia de dansa i ens ajudarà a preparar l'espectacle. També hem parlat amb la (10.) _____ d'un petit teatre del Born per fer-hi l'espectacle. Si t'interessa conversar en català o participar en el nostre espectacle, contesta aquest missatge. Fins aviat! Anne

3. Casos particulars del gènere dels noms de persona i animals

• *home*, *dona*, *periodista*

A. Paraules diferents per al masculí i el femení
B. Formes invariables

A. Paraules diferents per al masculí i el femení

A.1 Alguns noms de persona tenen una forma per al masculí i una altra per al femení:

- un **home**, una **dona**
- un **amo**, una **mestressa**

A.2 Alguns noms d'animals tenen una forma per al masculí i una forma per al femení:

- un **porc**, una **truja**
- un **cavall**, una **euga**

B. Formes invariables

B.1 Els noms acabats en *-ble*, *-nt*, *-ta*, *-ista*, *-aire*, *-arca* i *-cida* tenen la mateixa forma per al masculí i el femení:

Masculí	Femení
un compta**ble**	una compta**ble**
un canta**nt**	una canta**nt**
un poe**ta**	una poe**ta**
un period**ista**	una period**ista**
un capt**aire**	una capt**aire**
un mon**arca**	una mon**arca**
un homi**cida**	una homi**cida**

• un gimnas**ta**, una gimnas**ta**

! ■ clie<u>nt</u>, clienta; preside<u>nt</u>, presidenta; depende<u>nt</u>, dependenta; apren<u>ent</u>, aprenenta; estudia<u>nt</u>, estudianta; etc.

B.2 Els noms d'algunes professions tenen la mateixa forma per al masculí i per al femení:

Masculí	Femení
un **pilot** d'avió	una **pilot** d'avió
un **cap** de departament	una **cap** de departament
un **conserge**	una **conserge**

B.3 Alguns noms referits a persones tenen només un gènere gramatical:

Masculí: <u>un</u> **testimoni**, <u>un</u> **nadó**

Femení: <u>una</u> **persona**, <u>una</u> **víctima**

- En <u>Joan</u> és **una persona** molt dinàmica, i la <u>Maria</u> és **una persona** molt riallera.

Alguns noms d'animals tenen una sola forma per als dos sexes:

- un pop, un peix, un lluç, un cocodril, un cargol, un mosquit
- una papallona, una girafa, una gamba, una serp, una formiga, una mosca

1 **[A]** Relaciona les paraules masculines amb les femenines. Si no en coneixes el significat, fes servir el diccionari.

0. *home*	a. nora / jove
1. pare	b. vaca
2. bou	c. muller
3. oncle	d. femella
4. marit	e. mestressa
5. mascle	f. mare
6. amo	g. *dona*
7. gendre	h. tia / tieta

2 **[B]** Fixa't en l'organigrama de l'empresa Somaixí i escriu els diferents càrrecs, tenint en compte que en aquesta empresa només hi treballen dones! Els noms en masculí dels càrrecs et poden ser útils.

director de comptabilitat	comptable
secretari	tresorer
recepcionista	publicista
gerent	cap de secció
informàtic	conserge

Somaixí

la directora de comptabilitat

1. la g_____

2. la co_____

3. la pu_____

4. la tr_____

5. la in_____

6. la s_____

7. la ca_____

8. la con_____

9. la re_____

3 Afegeix la terminació dels noms següents i escriu la forma que falta. Si no cal cap terminació, escriu Ø.

Acció	Professió	
	Home	Dona
0. *tocar el violí*	*violinista*	*violinista*
1. fer esport	esport_____	_____
2. cantar	_____	cant_____
3. tocar el piano	pian_____	_____
4. cuinar	cuin_____	_____
5. tenir una responsabilitat determinada	_____	respons_____
6. dedicar-se a l'art	_____	art_____
7. actuar	act_____	_____
8. cuidar un jardí	jardin_____	_____
9. practicar l'atletisme	atlet_____	_____
10. aprendre a fer alguna cosa	apren_____	apren_____
11. dirigir una organització o un equip	cap_____	cap_____

4 Escriu l'article *un* per als noms masculins, *una* per als femenins i *un, una* per als invariables.

0. *un* home
1. ____ nadó
2. ____ estudiant
3. ____ mare
4. ____ client
5. ____ papallona
6. ____ mosquit
7. ____ cargol

8. ____ trompetista
9. ____ girafa
10. ____ dependenta
11. ____ peix
12. ____ amo
13. ____ gamba
14. ____ víctima
15. ____ persona

5 Llegeix la programació de televisió i acaba d'escriure els noms destacats en cursiva.

18.00. *El meu programa.* Programa de tarda: entrevista amb *la* (0.) *responsable* del Servei de Trànsit sobre els accidents a la carretera, amb la presència d'un (1.) *testimon_____* d'un accident en què el conductor va marxar després d'atropellar (2.) *un viana___*.

20.00. *A l'institut.* Sèrie: (3.) *la direct_____* de l'institut troba (4.) *una estudia_____* al lavabo fumant un porro i la castiga. Com reaccionarà (5.) *el seu nòvi_____*?

20.30. *Qui guanya?* Concurs: (6.) *el concursa_____* Joan Constant fa deu setmanes que guanya. Creus que pot perdre avui?

21.00. *Telenotícies*: Resum del dia presentat pel (7.) *period_____* Joan Nou.

21.30. *El temps*: (8.) *La meteoròl_____* Joana Llamp fa la predicció del temps.

21.40. *Pel·lícula*: drama sobre (9.) *un hom_____* i (10.) *la seva don_____* que lluiten contra la malaltia del fill.

23.40. *Qui canta els mals espanta*: programa de varietats en què (11.) *la canta_____* i (12.) *art_____* Lulú presenta els candidats a futures estrelles de la cançó.

00.40. *Els diners.* Programa d'economia sobre els drets del (13.) *clie_____*.

4. El gènere dels noms de cosa

• *un llibre, una taula*

A. Terminacions dels noms femenins i masculins

A.1 Els noms que acaben en *-a* solen ser femenins:

• *una taula* • *una novel·la*

A.2 Els noms que acaben en consonant o en les vocals *-e, -i, -o, -u* solen ser masculins:

Masculí	
Consonant	*-e, -i, -o, -u*
un llit	*un llibre*
un menjador	*un diari*
un nas	*un gerro*
un camp	*un peu*

B. Casos particulars

B.1 Alguns noms masculins acaben en *-a*:

• *un dia*	• *un poema*	• *un tema*	• *un sofà*
• *un drama*	• *un sistema*	• *un problema*	• *un dogma*

B.2 Alguns noms acabats en *-ió, -at, -tud* i *-tut* són femenins:

Femení		
-ió	*-at*	*-tud / -tut*
la producció	*la netedat*	*la quietud*
la unió	*la seguretat*	*la sol·licitud*
la missió	*la veritat*	*la virtut*
la qüestió	*la lleialtat*	*la joventut*

! ∎ *el tió, el resultat*

B.3 Altres terminacions del femení:

Femení					
-e	*-si*	*-l*	*-o*	*-or*	*Altres consonants*
la sèrie	*la dosi*	*la postal*	*la moto (la motocicleta)*	*la calor*	*la carn*
la classe	*la crisi*	*la sal*	*la foto (la fotografia)*	*la tardor*	*la consonant*
la febre	*la hipòtesi*	*la moral*	*la ràdio*		*la pell*

! ∎ *el menjador, el rebedor, el transistor, l'amor*

C. Canvi de significat

C.1 Alguns noms poden ser masculins o femenins segons el seu significat:

	Masculí	Femení
llum	*un llum:* objecte que produeix claror.	*la llum:* energia que prové del sol o d'un objecte.
guia	*un guia:* home que acompanya els viatgers i els explica coses.	*una guia:* llibre o document que explica coses sobre un lloc; dona que acompanya els viatgers i els explica coses.
terra	*un terra:* part d'una habitació on ens situem; part sòlida de la superfície terrestre.	*la Terra* (el planeta Terra)
clau	*un clau:* barreta de ferro que es clava a la fusta.	*una clau:* objecte que serveix per obrir una porta.
coma	*un coma:* estat d'inconsciència.	*una coma:* signe de puntuació.
editorial	*un editorial:* text que representa l'opinió d'un diari.	*una editorial:* empresa que publica llibres.

Exercicis

1 [A] Marca si aquests noms són masculins (M) o femenins (F) i escriu quina regla segueixen.

Paraula	Gènere	Perquè acaba en...	Paraula	Gènere	Perquè acaba en...
0. *llit*	(M) F	*consonant*	9. bany	M F	
1. armari	M F		10. terrassa	M F	
2. menjador	M F		11. terrat	M F	
3. cuina	M F		12. dormitori	M F	
4. moble	M F		13. traster	M F	
5. pati	M F		14. jardí	M F	
6. rebedor	M F		15. garatge	M F	
7. lavabo	M F		16. balcó	M F	
8. galeria	M F		17. butaca	M F	

2 [A i B] Escriu els noms en la columna corresponent segons que siguin casos de terminacions habituals dels noms masculins i femenins o casos particulars.

0. *una habitació*	3. la forquilla	6. la ràdio	9. la connexió d'internet	12. el got
1. el televisor	4. el gerro	7. el ganivet	10. el sofà	13. la copa
2. el prestatge	5. la taula	8. la postal	11. un equip de música	14. la cadira

Tenen les terminacions habituals del masculí i el femení		Són casos particulars	
Masculí	Femení	Masculí	Femení
			0. *una habitació*

3 [B] Completa els titulars de diari següents escrivint una paraula del requadre amb l'article corresponent (*el* o *la*):

crisi
unió
resultat
classe
tema
missió
desigualtat
sistema
dia
joventut
pell

0. *S'agreuja la crisi a la frontera.*

1. _____ de pau de l'ONU és un fracàs.

2. _____ polític actual no funciona.

3. _____ final de les eleccions encara no es coneix.

4. _____ política rep puntuacions baixes en l'última enquesta dels ciutadans.

5. _____ més important del debat electoral serà _____ entre rics i pobres.

6. _____ en matrimoni entre els dos expresidents del país crea un escàndol.

7. Ha arribat _____ decisiu: debat televisiu entre els dos candidats a la presidència.

8. L'enquesta sobre _____ a Catalunya mostra que els joves cada cop s'emancipen més aviat.

9. Quan arriba l'estiu cal protegir _____ del sol: consells imprescindibles!

4 [C] Completa les frases següents amb la paraula adequada:

el clau	la terra	la clau	un llum	la llum	la Terra	el terra
la coma	un coma	un guia	una guia	un editorial	una editorial	

0. *Ha caigut el clau que aguantava el quadre.*

1. Aquest cap de setmana he d'anar a comprar _____ per al menjador perquè _____ de l'aplic és molt tènue.

2. De moment, l'únic planeta amb vida és _____ .

3. Per conèixer millor els llocs d'una ciutat és preferible contractar _____ . A vegades, però, _____ de butxaca també és útil.

4. El diari *Notícies* va publicar _____ a favor de la prohibició de fumar en llocs públics.

5. Si una persona beu molt pot arribar a patir _____ etílic.

6. On és _____ de l'aula? Si no la trobem, no hi podrem entrar.

7. Les plantes no em viuen gaire temps. Em sembla que _____ que faig servir no és prou bona.

8. Vigileu. _____ està acabat de fregar i rellisca.

9. _____ és una empresa que publica llibres.

10. L'ús de _____ és imprescindible perquè s'entengui el que escrivim.

5. El plural dels noms

• fill-fills, casa-cases, camió-camions

A. Formació del plural

B. Noms acabats en vocal tònica

C. Noms acabats en -s, -ç, -x, -ig, -ix, -xt, -tx, -sc, -st

- Tots els noms tenen nombre. El nombre pot ser singular o plural. Les entrades del diccionari estan escrites en singular.

- La forma del singular serveix per parlar d'una persona o cosa, i la del plural, per parlar de més d'una persona o cosa:

    • casa, cases

- Totes les paraules (articles, adjectius, demostratius, etc.) que acompanyen el nom han de tenir el mateix nombre:

    • El lloguer de les habitacions grans és de 400 euros al mes.

A. Formació del plural

A.1 Afegim -s als noms acabats en *consonant, e, i, o, u*:

- • un apartament, uns apartaments
- • un moble, uns mobles

A.2 Substituïm la -a final del singular per -es:

- • una dona, unes dones
- • un pirata, uns pirates

A.3 Quan fem el plural dels noms acabats en -ca, -ça, -ga, -ja i -gua, les consonants canvien:

Singular	Plural
-ca: una marca	-ques: unes marques
-ça: una plaça	-ces: unes places
-ga: una amiga	-gues: unes amigues
-ja: una pluja	-ges: unes pluges
-gua: un paraigua	-gües: uns paraigües

B. Noms acabats en vocal tònica

B.1 Afegim -ns als noms acabats en vocal tònica:

- • una mà, dues mans
- • un camí, dos camins

- Les paraules accentuades en singular no porten accent en la forma plural: *un cosí, uns cosins.*

! ■ Els noms d'origen estranger fan el plural en -s: *un cafè, uns cafès; un sofà, uns sofàs; un menú, uns menús; un esquí, uns esquís; un xampú, uns xampús; un te, uns tes...*

C. Noms acabats en *-s, -ç, -x, -ig, -ix, -xt, -tx, -sc, -st*

C.1 Afegim *-os* al plural dels noms masculins acabats en les terminacions següents:

	Singular	Masculí plural
-s	go<u>s</u>	goss**os**
-ç	bra<u>ç</u>	braç**os**
-x	refle<u>x</u>	reflex**os**
-ig	passe<u>ig</u>	passej**os**
-ix	cala<u>ix</u>	calaix**os**
-xt	te<u>xt</u>	text**os**
-tx	despa<u>tx</u>	despatx**os**
-sc	quio<u>sc</u>	quiosc**os**
-st	ge<u>st</u>	gest**os**

■ Alguns noms acabats en *-s* tenen *-ss* en la forma plural: *un go<u>s</u>, uns gos**s**os; un pastí<u>s</u>, uns pasti**ss**os; un co<u>s</u>, uns cos**s**os...*

■ Els noms acabats en *-sc, -st, -xt* i *-ig* també poden fer el plural afegint *-s: un di<u>sc</u>, uns dis**cs**; un ge<u>st</u>, uns ges**ts**; un te<u>xt</u>, uns tex**ts**; un rai<u>g</u>, uns rai**gs**...*

■ *desig, desitjos*

Exercicis

1 **[A]** Al Noè li agraden molt els animals i en té unes quantes parelles a casa. Escriu quines són.

0. *gallina*

1. conill	6. truja	11. gat
2. vaca	7. euga	12. serp
3. puça	8. papallona	13. xinxilla
4. cuc de seda	9. girafa	14. llama
5. formiga	10. grill	15. rata

0. *dues* gallines

1. dos _____	6. dues _____	11. dos _____
2. dues _____	7. dues _____	12. dues _____
3. dues _____	8. dues _____	13. dues _____
4. dos _____	9. dues _____	14. dues _____
5. dues _____	10. dos _____	15. dues _____

2 **[B]** Completa el testament de l'avi Jordi escrivint en plural els noms que hi ha al requadre.

violí
instrucció
avió
cinturó
esquí
sofà
col·lecció
vi
pla

Benvolguts,

Ha arribat l'hora de la veritat. En aquesta carta us dic què vull fer amb les meves possessions. Deixo els meus (0.) *violins* a la tia Maria, i els (1.) _____, al meu nebot preferit, en Jordi, perquè li agrada molt beure. Regalo els meus dos (2.) _____ al meu fill Joan, perquè li agrada volar. Els meus (3.) _____ de pell de cocodril són per a la meva estimada esposa. Els (4.) _____ són per a la Berta, la meva néta esportista. Les meves (5.) _____ de (6.) _____ són per a en Xavi, que té molts pantalons. Per a la resta de la família tinc uns altres (7.) _____ que aviat coneixereu. Les (8.) _____ us les donarà el meu advocat.

Us estimo i us trobaré a faltar.

Jordi

3 [C] El planeta Terra envia un cofre ple de coses a la galàxia més propera perquè algun extraterrestre conegui com és la vida aquí. Completa la carta posant en plural els noms entre parèntesis.

Estimats extraterrestres,

Aquest cofre és un regal que prové del planeta Terra. Tots els (*país*) (0.) *països* hem fet (*esforç*) (1.) _____ durant (*mes*) (2.) _____. Finalment hem fet (*progrés*) (3.) _____ i hem construït aquest cofre sideral amb els diners dels nostres (*impost*) (4.) _____. El cofre està fet de la millor fusta dels nostres (*bosc*) (5.) _____ perquè no volíem córrer (*risc*) (6.) _____ en aquesta missió. A dins hi trobareu:

– molts (*pastís*) (7.) _____ de (*gust*) (8.) _____ diferents,

– tres (*calaix*) (9.) _____ plens de (*peix*) (10.) _____ dels nostres mars,

– alguns (*text*) (11.) _____ literaris d'autors del nostre planeta.

Ho enviem amb els nostres millors (*desig*) (12.) _____.

Cordialment,

Els terrícoles

Quines de les nou terminacions que fan el plural en *-os* apareixen en aquest exercici?

_____, _____, _____, _____, _____, _____, _____.

4 Llegeix la llista de regals que vol en Santiago Tothovull pel seu aniversari. Classifica els noms segons com formin el plural i escriu entre parèntesis el singular corresponent.

-s	-es	-ns	-os
cotxes (cotxe)			

tres cotxes de joguina, quatre pals de golf, dues raquetes de tenis, quatre tortugues, uns mitjons de llana, uns cascos de moto, dos peixos, tres camions per muntar, dos abrics

5 Completa aquest text posant els noms entre parèntesis en plural.

Fa més de dos-cents (*any*) (0.) *anys* que als (*País*) (1.) _____ (*Català*) (2.) _____ es fan (*castell*) (3.) _____ . Avui hi ha moltes (*població*) (4.) _____ que tenen (*colla castellera*) (5.) _____ _____ . Els (*casteller*) (6.) _____ són els (*home*) (7.) _____ i les (*dona*) (8.) _____ , els (*nen*) (9.) _____ i les (*nena*) (10.) _____ que fan (*castell*) (11.) _____ . De castells, n'hi ha de moltes menes, i uns són més difícils que altres. Sempre es fan en (*festa*) (12.) _____ populars, als (*carrer*) (13.) _____ i als (*passeig*) (14.) _____ de (*poble*) (15.) _____ i (*ciutat*) (16.) _____ .

Oriol Chumillas, «Els castellers». A: *Català fàcil* (adaptació)

6. Casos particulars del plural dels noms

• les **ulleres** i les **tisores**

A. Noms amb parts simètriques

B. Plural genèric

C. Singular i plural dels noms incomptables

D. Noms invariables

A. Noms amb parts simètriques

A.1 Per parlar d'un objecte que està format per dues parts simètriques usem generalment la forma del plural:

> • uns pantalo**ns**, unes tisor**es**, unes uller**es**...

> ■ En el cas dels objectes que van aparellats, usem el plural quan parlem del parell (guants, mitjons, arracades, etc.) i usem el singular quan parlem només d'un dels objectes del parell (un guant, un mitjó, una arracada, etc.):
> No sé on he deixat **els guants**.   He perdut **un guant**.

B. Plural genèric

B.1 Quan ens referim a grups de persones, fem servir la forma masculina plural o bé el nom col·lectiu:

els professors + les professores = el professorat / els professors

> • **Els professors** nous de l'escola són molt joves.

els alumnes + les alumnes = l'alumnat / els alumnes

> • **L'alumnat** d'aquesta escola participa en un programa d'intercanvi europeu.

uns amics + unes amigues = uns amics

> • Avui vindran **uns amics** a sopar.

el pare + la mare = els pares

> • On són **els teus pares**?

els alumnes   les alumnes

l'alumnat = els alumnes   **1.**▶

C. Singular i plural dels noms incomptables

C.1 Usem els noms incomptables en singular:

> • El **fred** i la **calor** d'aquest any han estat extrems.

C.2 Quan parlem dels noms de matèria, fem servir la forma del plural per parlar dels diferents recipients que la contenen (paquets, tasses, gots, etc.) o bé per parlar dels diferents tipus de matèria:

> • El **cafè** m'agrada molt.
> [Cafè és un nom de matèria incomptable.]

> • Avui ja m'he pres cinc **cafès**.
> [cinc tasses de cafè]

> • A la botiga tenen tres **cafès** diferents: de Colòmbia, del Brasil i de Cuba. [tres tipus de cafè]

1.▶

D. Noms invariables

D.1 Hi ha noms que utilitzem només en plural:

- els **afores**, els **calçotets**, les **pessigolles**, les **postres**, les **estovalles**, els **sostenidors**...

D.2 Hi ha noms que tenen la mateixa forma en singular i en plural:

Dies de la setmana acabats en -s:

- el **dilluns**, els **dilluns**
- el **dimarts**, els **dimarts**
- el **dimecres**, els **dimecres**...

Altres noms:

- el **temps**, els **temps**
- el **llapis**, els **llapis**
- l'**atles**, els **atles**
- el **globus**, els **globus**
- el **virus**, els **virus**...

Exercicis

1 [A i D] Als magatzems Tenimdetot han fet liquidació i ho han venut quasi tot. Ajuda l'encarregat a fer una llista dels objectes que encara els queden. Per fer-ho, contesta les preguntes tenint en compte els dibuixos.

0. *Quantes calces hi ha? Hi ha unes calces.*
0. *Quantes faldilles hi ha? Hi ha una faldilla.*

Secció de roba

1. Quants calçotets hi ha? Hi ha _____
2. Quants cinturons hi ha? Hi ha _____
3. Quantes ulleres hi ha? Hi ha _____
4. Quants mitjons hi ha? Hi ha _____
5. Quants guants hi ha? Hi ha _____

   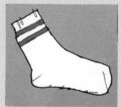 

Secció de joieria

6. Quants rellotges hi ha? Hi ha _____
7. Quantes arracades hi ha? Hi ha _____

Secció de parament de la llar

8. Quantes setrilleres hi ha? Hi ha _____
9. Quantes paelles hi ha? Hi ha _____
10. Quantes estovalles hi ha? Hi ha _____
11. Quantes tisores de cuina hi ha? Hi ha _____

2 [C] Tria la forma del nom més adequada.

0. —He pintat l'habitació de color / colors rosa, però per al bany faré servir més color / colors, com a mínim tres.

1. —Tinc diferent formatge / diferents formatges del Pirineu, quin vols?

    —Cap, perquè no puc menjar formatge / formatges.

2. —Voldria farina / farines per fer un pastís.

    —De quin tipus? Tenim molta farina / moltes farines per a pastisseria: la farina de força, la integral i l'especial per fer pastissos.

3. —La generositat / Les generositats dels teus amics és impressionant. Ens han deixat el cotxe i també el seu pis per anar-hi de vacances.

4. —Què volen?

    —Posi'ns tres cervesa / cerveses, sisplau.

    —I per a vostè?

    —Tenen suc / sucs de taronja?

    —Sí, esclar.

5. —El planeta s'està quedant sense aigua / aigües. Cal fer-hi alguna cosa!

6. —A la tele han parlat del fred / dels freds dels països nòrdics.

7. —No menjo carn / carns perquè sóc vegetarià.

3 [C i D] Classifica els noms següents segons que vagin sempre en singular, sempre en plural o puguin anar en singular i en plural. Escriu l'article determinat davant de cada paraula.

dijous, tovalles, frescor, virus, afores, calçotets, paciència, pessigolles, atles

Singular	Plural	Singular i plural
		el / els dijous

4 [D] En Juli té una vida molt ocupada. Omple els buits amb un article en singular o en plural. En alguns casos, pots usar el singular i el plural.

En Juli és un noi que viu (0.) als afores de Lleida. Té una vida molt ocupada perquè treballa i estudia magisteri. (1.) _____ dimarts s'entrena en un equip de futbol i (2.) _____ dissabtes té partit. (3.) _____ dilluns i (4.) _____ dimecres va a la universitat, i (5.) _____ diumenges dina amb els seus pares o amb els seus amics. Com que li agrada molt la pastisseria, normalment prepara (6.) _____ postres.

7. El gènere i el nombre dels adjectius

• un noi **prim**, una noia **prima**

A. Adjectius acabats en consonant

B. Adjectius acabats en vocal

■ Els adjectius són paraules que indiquen les característiques del nom que acompanyen. L'adjectiu concorda en gènere i nombre amb el nom amb el qual es relaciona:

- *un jersei verd*
  [masculí, singular]
- *una faldilla verda*
  [femení, singular]
- *uns mocadors verds*
  [masculí, plural]
- *unes jaquetes verdes*
  [femení, plural]

■ Els adjectius solen tenir una forma per al masculí i una per al femení. Als diccionaris, totes dues formes apareixen en la mateixa entrada. També hi ha adjectius que tenen la mateixa forma per al masculí i el femení.

> **bonic –a** *adj.* Que causa una impressió agradable.
>
> **alegre** *adj.* Que sent alegria.

■ Per formar el femení i el plural dels adjectius, cal tenir en compte la terminació de la forma masculina:

- *prim, prim***s**
- *pla, pla***na**
- *nerviós, nervios***os**

A. Adjectius acabats en consonant

A.1 Si la forma de masculí singular acaba en consonant afegim les terminacions següents:

Singular		Plural	
Masculí acabat en consonant	Femení *-a*	Masculí *-s*	Femení *-es*
prim	prim**a**	prim**s**	prim**es**
obert	obert**a**	obert**s**	obert**es**

A.2 Si la forma de masculí singular acaba en -s, -ç, -x, -ix, -xt, -sc, -st o -ig afegim les terminacions següents:

Singular		Plural	
Masculí acabat en...	Femení *-a*	Masculí *-os*	Femení *-es*
-s	nerviós	nervios**a**	nervios**os**	nervios**es**
-ç	dolç	dolç**a**	dolç**os**	dolc**es**
-x	fix	fix**a**	fix**os**	fix**es**
-ix	baix	baix**a**	baix**os**	baix**es**
-xt	mixt	mixt**a**	mixt**os**	mixt**es**
-sc	fresc	fresc**a**	fresc**os**	fresqu**es**
-st	trist	trist**a**	trist**os**	trist**es**
-ig	lleig	lletj**a**	lletj**os**	lletg**es**

> ■ Els adjectius acabats en -sc, -st, -xt i -ig tenen dues formes de plural (amb -os i amb -s): *frescos, frescs; tristos, trists; lletjos, lleigs.*

A.3 En la formació del femení i del plural es produeixen canvis ortogràfics:

Singular		Plural	
Masculí	Femení	Masculí	Femení
gra<u>s</u>	gra**ss**a	gra**ss**os	gra**ss**es
bo<u>ig</u>	bo**j**a	bo**j**os	bo**g**es
lle<u>ig</u>	lle**tj**a	lle**tj**os	lle**tg**es
boni<u>c</u>	boni**c**a	boni**c**s	boni**qu**es
gre<u>c</u>	gre**g**a	gre**c**s	gre**gu**es
mu<u>t</u>	mu**d**a	mu**t**s	mu**d**es
tranqui<u>l</u>	tranqui**l·l**a	tranqui**l**s	tranqui**l·l**es

!
- petit, petita; estret, estreta; barat, barata...
- bàsic, bàsica; suec, sueca; sec, seca...

2.5. ▶

B. Adjectius acabats en vocal

B.1 Si la forma de masculí singular acaba en vocal tònica afegim les terminacions següents:

Singular		Plural	
Masculí acabat en vocal tònica	Femení -na	Masculí -ns	Femení -nes
pl<u>a</u>	pla**na**	pla**ns**	pla**nes**
català	catala**na**	catala**ns**	catala**nes**
com<u>ú</u>	comu**na**	comu**ns**	comu**nes**

!
- cru, crua, crus, crues; nu, nua, nus, nues.

- Els adjectius de més d'una síl·laba que acaben en vocal accentuada perden l'accent en el femení i el plural: cubà, cubana, cubans, cubanes.

B.2 Si la forma de masculí singular acaba en -e o en -o àtones afegim les terminacions següents:

Singular		Plural	
Masculí acabat en -e, -o	Femení -a	Masculí -s	Femení -es
còmod<u>e</u>	còmod**a**	còmod**es**	còmod**es**
guap<u>o</u>	guap**a**	guap**os**	guap**es**

!
- Adjectius invariables: alegre, alegres... **8.** ▶

B.3 Si la forma de masculí singular acaba en diftong (-au, -eu, -iu, -ou) afegim les terminacions següents:

Singular		Plural	
Masculí acabat en -au, -eu, -iu, -ou	Femení -va	Masculí -s	Femení -ves
bl<u>au</u>	bla**va**	bla**us**	bla**ves**
jueu	jue**va**	jue**us**	jue**ves**
esportiu	esporti**va**	esporti**us**	esporti**ves**
n<u>ou</u>	no**va**	no**us**	no**ves**

!
- ateu, atea, ateus, atees; europeu, europea, europeus, europees.
- Adjectius invariables: breu, breus; suau, suaus.

B.4 Els adjectius masculins singulars acabats en *-i* i *-u* fan el femení i el plural seguint la norma general:

- *un home savi, una dona sàvia, uns homes savis, unes dones sàvies.*
- *un home ingenu, una dona ingènua, uns homes ingenus, unes dones ingènues.*

▪ Les formes del femení singular i del femení plural porten accent: *espontani, espontània, espontanis, espontànies.*

Exercicis

1 [A] La família Mirall són tots iguals i s'assemblen a l'avi. Mira el dibuix de la família i completa les frases.

0. *L'avi Mirall és prim, la seva dona és prima, els seus fills són prims i les seves nétes són primes.*

1. L'avi Mirall és alt, la seva dona és _____, els seus fills són _____ i les seves nétes són _____.

2. L'avi Mirall és antipàtic, la seva dona és _____, els seus fills són _____ i les seves nétes són _____.

3. L'avi Mirall sempre està enfadat, la seva dona sempre està _____, els seus fills sempre estan _____ i les seves nétes sempre estan _____.

4. L'avi Mirall és modern, la seva dona és _____, els seus fills són _____ i les seves nétes són _____.

5. L'avi Mirall és tímid, la seva dona és _____, els seus fills són _____ i les seves nétes són _____.

6. L'avi Mirall no és eixerit, la seva dona no és _____, els seus fills no són _____ i les seves nétes no són _____.

7. L'avi Mirall és ensopit, la seva dona és _____, els seus fills són _____ i les seves nétes són _____.

2 [A] Al supermercat Can Bravo tenen moltes ofertes cada dia. Completa els cartells de les ofertes amb les terminacions correctes.

0. **Pastissos** *esponjosos* *i decorats*	1. **Llucets** fresc___ i barat___ .	2. **Formatges** internacional___ i cremos___ .	3. **Plàtans** gustos___ i groc___ .	4. **Albercocs** àcid___ i gros___ .
5. **Iogurts** alimentos___ i afruitat___ .	6. **Melons** verd___ i gustos___ .	7. **Patés** frances___ i natural___ .	8. **Aperitius** dolç___ i salat___ .	9. **Licors** fort___ i fluix___ .

3 [B] Llegeix les frases i completa-les amb la forma apropiada de l'adjectiu. Vigila amb els canvis de vocals i consonants.

0. *En Jaume és pobre, però la seva dona encara és més pobra.*

1. Aquest pans són molt *tous*. I les coques, també són _____?

2. L'acord *europeu* firmat aquest cap de setmana afecta tots els països de la Unió _____.

3. Tinc un veí de dotze anys que és molt *gamberro*. No m'estranya perquè la seva mare també era molt _____.

4. Com que tinc un cotxe *ample*, m'agrada conduir per aquesta carretera tan _____.

5. Com que hi ha massa trànsit *aeri*, han de reduir els vols de la companyia _____ de baix cost Volexprés.

6. El xicot de la Maria és molt *ingenu*. La Maria també és tan _____ com ell?

7. El teu marit és molt *maco*. Les teves filles també són tan _____?

8. Ja tinc cotxe *nou* i casa _____!

9. El sofà és molt *còmode*, però la teva butaca encara és més _____.

10. Per ser un bon professor cal ser *espontani*. D'aquesta manera, les classes són més _____.

4 Completa els anuncis d'Internet següents amb els adjectius entre parèntesis. Tingues en compte el gènere i el nombre que has d'utilitzar, i el canvi de consonant.

0. *Amiga, si estàs massa* (gras) *grassa i vols perdre els quilos que et sobren, posa't en contacte amb nosaltres. dietalliure@cor.cat*

1. Busco noia (*dolç*) _____, (*simpàtic*) _____ i (*treballador*) _____. Finalitat matrimonial. timid@gemeil.net

2. Parella (*peruà*) _____ busca parella (*senegalès*) _____ per fer intercanvis de cuina els caps de setmana. quebo@gust.cat

3. Busquem parelles de germans (*bessó*) _____ que tinguin de sis a dotze mesos per fer un anunci de televisió. Han de ser (*ros*) _____ i tenir els ulls (*fosc*) _____. bebes@grupbe.com

4. Club de persones (*esquerrà*) _____ organitza festes i trobades cada cap de setmana. esquerrafrik@ma.cat

5. Busco persones per fer un viatge a l'Índia en quatre per quatre. Han de ser (*atrevit*) _____ i (*aventurer*) _____. viualdia@hatmail.com

6. Estudiants (*italià*) _____ de la Universitat de Bolonya busquem persones dels Països (*Català*) _____ per practicar el català. ciaocat@bologna.it

7. Es venen fruites i verdures (*fresc*) _____ i (*ecològic*) _____ a domicili. Repartiment setmanal. alternatiu@verd.cat

8. Venc roba (*esportiu*) _____ i (*còmode*) _____. Preus molt (*econòmic*) _____. keni@xoriçosmundi.org

5 Llegeix el correu electrònic que escriu la Mireia a la seva família i completa'l amb els adjectius adequats. Tingues en compte el gènere i el nombre que has d'utilitzar.

tranquil	fort	irlandès	fantàstic	alegre	prim	anglès	trist	simpàtic	negre	gras

● ○ ○   Coses de Dublín

Hola! Ja sóc a Dublín. És una ciutat (0.) *tranquil·la* perquè no hi ha gaire trànsit. Conec dues noies (1.) _____ que treballen amb mi i que són molt (2.) _____, sempre riuen i estan de bon humor; una és de Dublín i l'altra, de Belfast. Volen anar a viure a Londres perquè els seus xicots són (3.) _____; de moment, però, volen acabar els estudis. Cada tarda anem a un pub a prop de la feina; la cervesa que la gent beu és diferent de la nostra perquè no és rossa, sinó que és (4.) _____. A mi m'agrada molt, però és molt (5.) _____, té un gust molt intens. La gent beu molta cervesa, però no és (6.) _____, al contrari, és més aviat (7.) _____ (o almenys la gent que jo conec); quina sort, oi? De moment, el temps està bé perquè no fa gaire fred, però ja m'han dit que quan comença a ploure i no surt el sol durant dies, els dublinesos no estan gaire (8.) _____, sinó més aviat (9.) _____. En fi, tot va bé i els amics que tinc aquí són (10.) _____.

Fins aviat, família! Mireia

8. El gènere i el nombre dels adjectius invariables

• nen **feliç**, nena **feliç**

A. Adjectius acabats en consonant

B. Adjectius acabats en vocal

A. Adjectius acabats en consonant

A.1 Alguns adjectius tenen la mateixa terminació per al masculí i el femení:

Terminació	Singular	Plural
	Masculí i Femení	Masculí i Femení -*s*
-*al* -*el* -*il*	actual cruel útil	actual**s** cruel**s** útil**s**
-*ant* -*ent*	abundant diferent	abundant**s** diferent**s**
-*ar* -*or*	espectacular pitjor	espectacular**s** pitjor**s**

! ■ do*lent*, do**lenta**, do**lents**, do**lentes**;
con*tent*, con**tenta**, con**tents**, con**tentes**;
sant, **santa**, **sants**, **santes**;
clar, **clara**, **clars**, **clares**;
sonor, **sonora**, **sonors**, **sonores**;
tranquil, **tranquil·la**, **tranquils**, **tranquil·les**...

• un esdeveniment actu**al**, una notícia actu**al**
• un viatge difer**ent**, una benvinguda difer**ent**
• un recital espectacul**ar**, una obra espectacul**ar**

A.2 Alguns adjectius tenen una forma per al singular i dues per al plural:

Terminació	Singular	Plural	
	Masculí i Femení	Masculí -*os*	Femení -*es*
-*aç* -*iç* -*oç*	eficaç feliç precoç	eficaç**os** feliç**os** precoç**os**	efica**ces** feli**ces** preco**ces**

■ Aquests adjectius canvien la ç per la c en el femení plural: *feliç*, *felices*...

B. Adjectius acabats en vocal

B.1 Alguns adjectius tenen la mateixa forma per al masculí i el femení:

Terminació	Singular	Plural
	Masculí i Femení	Masculí i Femení
-*e*	jove	jove**s**
-*u*	suau	suau**s**
-*a*	idiota	idiot**es**
-*ble* -*ista* -*aire*	amable esportista xerraire	amabl**es** esportist**es** xerrair**es**

Z ▶

1 [A] En Pol és cantant i compon cançons amb rimes fàcils. Ajuda'l a fer rimes per a les seves cançons fent servir els adjectius següents en la seva forma femenina:

abundant	espectacular	capaç	cruel	intel·ligent	subtil
	pitjor	constant	natural	atroç	diferent

0. *Entrepà picant, espècia* abundant.

1. Poema actual, rima _____

2. Amic fidel, amiga _____

3. Entrepà calent, persona _____

4. Somni regular, visió _____

5. Banc millor, economia _____

6. Llop feroç, mossegada _____

7. Paisatge tranquil, primavera _____

8. Cap eficaç, treballadora _____

9. Viatge sorprenent, experiència _____

10. Pis elegant, neteja _____

2 [A] Torna a ajudar en Pol a fer rimes, però ara converteix les seves rimes al plural.

0. *Entrepans* picants, *espècies* abundants

1. Poemes _____, rimes _____

2. Amics _____, amigues _____

3. Entrepans _____, persones _____

4. Somnis _____, visions _____

5. Bancs _____, economies _____

6. Llops _____, mossegades _____

7. Paisatges _____, primaveres _____

8. Caps _____, treballadores _____

9. Viatges _____, experiències _____

10. Pisos _____, neteges _____

En quin cas no hi ha rima?

3 [B] Algunes persones han escrit un anunci per buscar parella. Omple els buits amb les qualitats que busca cada persona.

0. *Lluís: ferotge, bilingüe.*

Busco una noia molt semblant a mi: ferotge i bilingüe.

1. Marc: esportista, nòmada, responsable.

Busco una noia molt semblant a mi: _____, _____ i _____.

2. Joan: xerraire, jove, alegre, jueu.

Busco una dona molt semblant a mi: _____, _____, _____ i _____.

3. Alba: noble, no hipòcrita, entusiasta, europea.

Busco un home semblant a mi: _____, _____, _____ i _____.

4. Laia: excursionista, lliure, no psicòpata, pobra.

Busco un home semblant a mi: _____, _____, _____ i _____.

En quins casos has de fer un canvi en l'adjectiu per formar el femení o el masculí?

4 Llegeix les definicions següents del diccionari i completa la graella en el mateix ordre. Tingues en compte els canvis de vocal i consonant.

0. **inútil** adj.: *No útil, que no dóna cap utilitat.*

1. **valent –a** adj.: Que té valentia i no té por d'afrontar els perills.

2. **racista** adj.: Que practica el racisme.

3. **veloç** adj.: Que pot córrer o circular a una velocitat considerable.

4. **gris –a** adj.: De color intermedi entre el blanc i el negre.

5. **fondo –a** adj.: Que té molta profunditat.

6. **groc groga** adj.: Del color de l'or o d'un color semblant més clar o més fosc.

7. **ros rossa** adj.: Dit del pèl, del cabell, de color entre el castany clar i el groc d'or.

8. **bilingüe** adj.: Que té o usa dues llengües.

9. **tou tova** adj.: Que cedeix fàcilment a la pressió, oposat a dur.

	Masculí singular	Femení singular	Masculí plural	Femení plural
0.	objecte *inútil*	cosa *inútil*	objectes *inútils*	coses *inútils*
1.	home _____	dona _____	homes _____	dones _____
2.	noi _____	noia _____	nois _____	noies _____
3.	cotxe _____	moto _____	cotxes _____	motos _____
4.	cabell _____	barba _____	cabells _____	barbes _____
5.	pou _____	piscina _____	pous _____	piscines _____
6.	jersei _____	faldilla _____	jerseis _____	faldilles _____
7.	nen _____	nena _____	nens _____	nenes _____
8.	país _____	regió _____	països _____	regions _____
9.	pa _____	coca _____	pans _____	coques _____

5 Subratlla la forma que sobra de cada sèrie i relaciona-la amb el motiu que la fa diferent de les altres (A o B). En cas de dubte, consulta el diccionari.

A. Té la mateixa forma per al masculí i el femení en singular.
B. Té formes diferents per al masculí i el femení en singular.

0. gandul, nul, paral·lel, <u>hàbil</u>: A

1. dèbil, útil, tranquil, dòcil: ___

2. obedient, abundant, elegant, violent: ___

3. sonor, pitjor, menor, anterior: ___

4. sa, idiota, patriota, hipòcrita: ___

5. suau, europeu, cru, jueu: ___

6. altruista, llest, esportista, excursionista: ___

7. sant, content, diferent, lent: ___

6 A continuació tens una cançó que ha compost en Pol per a les seves filles bessones. Ajuda'l a completar-la.

Nenes (0.) *besso*nes,
futures dones
(1.) feli___, (2.) boni___ i (3.) innocent___,
sempre (4.) rialler___ i (5.) valent___,
i de tant en tant, (6.) obedient___.

Sou (7.) jov___ i no sou gens (8.) hipòcrit___,
i gairebé mai (9.) cruel___, sinó (10.) dol___ com la mel.

Totes dues sou (11.) igual___,
però a la vegada (12.) diferent___.

9. Concordança i posició dels adjectius

• la cantant famosa, la famosa cantant

A. Concordança de l'adjectiu

B. Posició dels adjectius: darrere del nom

C. Posició dels adjectius: davant del nom

D. *Bo, bon, mal, dolent*

E. Canvis de significat segons la posició de l'adjectiu

A. Concordança de l'adjectiu

A.1 Els adjectius concorden en gènere i nombre amb el nom que acompanyen:

> • *Ahir em vaig comprar una impressora **nova**.*
> [fem. sing.]   [fem. sing.]

A.2 Quan els adjectius van darrere dels verbs *ser*, *estar* o *semblar*, també concorden amb el nom:

> • *El Pere sembla **preocupat**. Li passa alguna cosa?*

> ■ Si un adjectiu acompanya més d'un nom del mateix gènere, utilitzem l'adjectiu en plural:
> *La brusa i la faldilla **grogues** no et queden gaire bé.* [*Brusa i faldilla* són noms femenins. Usem l'adjectiu en femení i plural.]
>
> ■ Si l'adjectiu acompanya més d'un nom i són de gènere diferent, utilitzem l'adjectiu en masculí plural:
> *L'Agnès i l'Esteve tenen un nen i una nena **pèl-rojos**.* [*Nen* és masculí i *nena* és femení. Usem l'adjectiu en masculí plural.]

B. Posició dels adjectius: darrere del nom

B.1 Normalment usem els adjectius darrere del nom. En aquesta posició, l'adjectiu aporta una informació sobre el nom que permet diferenciar-lo d'altres noms:

> • *El fill **gran** de la Conxita estudia a la universitat.*
> [*Gran* és una qualitat que permet especificar de quin fill parlem.]

> • *Per què no et quedes els pantalons **vermells**? Et queden molt bé!*
> [*Vermells* és una qualitat que permet especificar de quins pantalons parlem.]

C. Posició dels adjectius: davant del nom

C.1 Posem l'adjectiu davant del nom per afegir informació subjectiva d'una cosa o d'una persona:

> • *Avui actua la **famosa** cantant Sarah Parker.*
> [Expressem que la cantant és famosa (informació subjectiva). No establim un contrast entre cantants famoses i no famoses.]
>
> —*Qui és la Sarah Parker?*
> —*És una cantant **famosa**.*
> [Establim un contrast entre les cantants famoses i les no famoses. No és informació subjectiva.]

C.2 La posició davant del nom és freqüent amb adjectius que expressen qualitats extremes subjectives, com ara *pèssim, excel·lent, magnífic, immens, greu...*:

> • *Òscar, on són les **maleïdes** maletes?*

> • *Vaig tenir una **immensa** alegria quan et vaig veure!*

C.3 Per expressar l'ordre en una seqüència, usem els adjectius davant del nom:

> • *La **propera/pròxima** setmana*
> • *El **primer** nòvio*

> • *L'**última** proposta*
> • *La **tercera** porta*

C.4 En les fórmules de salutació de la correspondència (cartes, correus electrònics), fem servir l'adjectiu davant del nom:

> • ***Estimat** company,*   • ***Benvolguda** amiga,*   • ***Apreciada** clienta,*

D. *Bo, bon, mal, dolent*

D.1 Quan parlem de les qualitats positives o negatives d'una persona, un lloc o una cosa, fem servir les formes *bon (-a, -s, -es)* i *mal (-a, -s, -es)* davant del nom:

> • *En Moha i l'Ahmed són **bons** amics.*
> • *L'avarícia és una **mala** qualitat.*

Després del nom, utilitzem les formes *bo (-na, -ns, -nes)* i *dolent (-a, -s, -es)*:

> • *Sota casa meva hi ha un restaurant molt **bo**.*
> • *L'actriu Mira Ami acaba d'estrenar una obra on fa de policia **dolenta**.*

E. Canvis de significat segons la posició de l'adjectiu

E.1 Els adjectius següents canvien de significat segons la seva posició:

	Darrere del nom	Davant del nom
gran	*una persona **gran*** [una persona adulta o vella]	*una **gran** persona* [una persona apreciada, valorada]
vell	*un amic **vell*** [que té molts anys]	*un **vell** amic* [antic, de fa temps]
pobre	*un home **pobre*** [que no té diners o recursos]	*un **pobre** home* [un home desgraciat, que inspira pietat]
trist	*una **trista** cançó* [de poca qualitat, senzilla]	*una cançó **trista*** [que inspira tristesa]
simple	*un **simple** diccionari* [de poca importància]	*un diccionari **simple*** [poc complicat]

1 [B i C] Llegeix els fragments següents i escriu a quin tipus de text corresponen:

| text literari | llista de la compra | nota | missatge de mòbil | targeta de felicitació | anunci publicitari |

0. **Dolç** animal *ferit pres en xarxa d'estrelles*

   verda sang *del teu cel,* **inútils** meravelles *[...]*   Mercè RODOREDA   *text literari*

1. Pep, on és la *motxilla* **nova** d'en Roger? I el *xandall* **blau**? Demà té partit i no trobem res! _____

2. Et felicitem per la teva **excel·lent** *actuació* com a protagonista. _____

3. Ja tenim la col·lecció de primavera. **Magnífiques** *ofertes* per als nostres clients. _____

4. *Accident* **greu** a l'autopista. Arribo tard. _____

5. 1 kg *plàtans* **madurs**, 1 dotzena *ous* **grossos**, 1 paquet *farina* **integral**, 1 ampolla *llet* **descremada**,
   200 g *formatge* **manxec** _____

2 [B i C] Completa la graella amb els noms i adjectius de l'exercici anterior. Marca si l'adjectiu serveix per diferenciar o afegeix informació subjectiva sobre el nom.

	Diferencia	Afegeix informació subjectiva
0. *Dolç animal*		X
verda sang		X
inútils meravelles		X
1.		
2.		
3.		
4.		
5.		

3 [B i C] L'escola d'idiomes Lingua té un tauler d'anuncis on els alumnes pengen notes. Llegeix-les i escriu els adjectius del requadre davant o darrere del nom. Fes els canvis oportuns de gènere i nombre quan calgui.

| *nou* | benvolgut | tercer | primer | gravíssim | xinès | negre | lliure | aventurer |

① Venc _____
llibres nous de
tercer d'anglès.
El meu mòbil és
el 626 334 517.

② Em dic Ang i sóc un _____ estudiant
_____ de català. Busco gent per
fer intercanvi xinès-català. Si hi estàs
interessat, truca al 635 298 312.

③ _____ alumnat _____,
Les classes se suspenen el _____
divendres _____ del mes de febrer
a causa de les obres de l'ascensor.
La Direcció

④ Em dic Ramon i busco
_____ gent
_____ per fer
excursions els caps
de setmana.
Adreça electrònica:
ramonmai@gcorreu.com

⑤ Atenció! La _____ setmana
_____ de maig acaba el préstec
de llibres a la biblioteca.

⑥ *Si ets jove i tens _____ temps
_____ , t'oferim feina. Truca
al 665 987 692 i demana per la
Paula.*

⑦ He perdut un
_____ casc
_____ de moto.
Si el trobeu,
truqueu-me al
699 444 002.

⑧ Conferència
de l'historiador
Adolf Era.
Parlarà de la
_____ situació
_____ al
continent europeu.

4 [D] Llegeix el correu electrònic següent i en cada cas subratlla l'adjectiu adequat.

● ◎ ○   Invitació

Jordi,

Fa temps que no sé res de tu. La culpa és meva perquè he passat una època (0.) *mala / dolenta*. Bé, ara les coses em van millor, i dimarts que ve, 13 d'octubre, faig una festa per celebrar que faig quaranta anys (quin (1.) *mal / dolent* dia, oi?). La festa serà selecta: poca gent, (2.) *bon / bo* vi i música de la nostra època. Ah!, he encarregat el menjar a un restaurant molt (3.) *bon / bo* al costat de casa meva. També he convidat la Maria. Penso que, per un dia, podríeu oblidar els (4.) *mals / dolents* rotllos. Ja sé que no et cau bé, però no és una (5.) *dolenta / mala* persona. Si vols dur alguna cosa, porta una ampolla de ginebra per fer gintònics. Això sí, que no sigui ginebra (6.) *mala / dolenta*, que després tenim ressaca. T'espero.

Anna

5 [E] Subratlla la combinació de nom i adjectiu més apropiada segons la posició de l'adjectiu en cada frase.

0. a. *El poble on visc només té cinc-cents habitants, però hi ha una vida cultural molt intensa. És un* gran poble */* poble gran.

    b. *El poble on visc tenia cinc-cents habitants l'any 2000, però ara en té uns deu mil. Amb els anys s'ha convertit en un* gran poble */* poble gran.

1. a. S'ha gastat tots els diners de l'herència en viatges i ara torna a ser una *pobra noia / noia pobra*.

    b. La Carme treballa en una botiga de records i els caps de setmana no té festa; *pobra noia / noia pobra*!

2. a. M'agrada molt com actua en Ramon Gatamaula. Crec que és un *gran actor / actor gran*.

    b. Estan buscant un *gran actor / actor gran* per fer el paper d'avi en la pel·lícula *Família nombrosa*.

3. a. Conec el meu professor de català des de fa deu anys. Quan el vaig conèixer, ell tenia només vint anys. Ara som *vells amics / amics vells*.

    b. En Robert és una persona molt sociable. Té tota mena d'amics: *vells amics / amics vells*, joves, tradicionals, moderns... Per això mai no s'avorreix.

4. a. La doctora Anna Pulmó, coneguda per les seves investigacions sobre les malalties pulmonars, ha decebut el públic: ha fet una *trista presentació / presentació trista* de la seva recerca.

    b. Ahir vaig anar a una conferència sobre la Segona Guerra Mundial. L'acte va ser molt interessant i estava molt ben organitzat, però va ser una *trista presentació / presentació trista*.

5. a. El meu gos no és un *simple animal de companyia / animal de companyia simple*. És el meu millor amic.

    b. Les meduses són *simples animals / animals simples* però poden fer molt mal.

10. Les formes dels articles definits i indefinits

• *el* pare i *la* mare

A. Formes de l'article definit

B. Contraccions

C. Formes de l'article indefinit

■ Els articles van davant del nom i poden ser definits o indefinits. Concorden en gènere i nombre amb el nom que acompanyen:

• *el* noi, *la* noia   • *un* home, *una* dona

A. Formes de l'article definit

A.1 Les formes dels articles definits són:

		Masculí	Femení
Singular	Davant de consonant	*el* pare	*la* mare
	Davant de vocal o *h*	*l'*avi, *l'*home	*l'*àvia, *l'*herba
Plural		*els* avis	*les* àvies

■ Apostrofem l'1, l'11 i les sigles que comencen en vocal:

L'11 de setembre és la diada nacional de Catalunya.
S'ha apujat una altra vegada l'IVA.
[l'impost sobre el valor afegit]

A.2 No apostrofem les paraules femenines començades en *i* o *u* (o també *hi* o *hu*) àtones:

• *La* universitat és *l'*única cosa que m'interessa.

[vocal àtona]   [vocal tònica]

• *La* indústria informàtica a *l'*Índia és molt important.

[vocal àtona]   [vocal tònica]

■ La una no s'apostrofa quan es refereix a l'hora.

B. Contraccions

B.1 Els articles definits *el* i *els* formen una contracció amb les preposicions *a*, *de* i *per*:

	+ *el*	+ *els*
a	Vaig **al** mercat. [a + el mercat]	Has telefonat **als** teus pares. [a + els teus pares]
de	Ara veniu **del** cine? [de + el cine]	Tens fotos **dels** teus ídols? [de + els teus ídols]
per	Si passes **pel** quiosc, compra el diari. [per + el quiosc]	No m'agrada passar **pels** carrers foscos. [per + els carrers]

■ No fem les contraccions *al*, *del*, *pel* davant de paraules que comencen en vocal:

Vols anar al teatre o a l'auditori?

C. Formes de l'article indefinit

C.1 Les formes dels articles indefinits són:

	Masculí	Femení
Singular	*un* llit	*una* estufa
Plural	*uns* llits	*unes* estufes

1 [A] Escriu les paraules següents on correspongui amb la forma adequada de l'article definit:

ajuntament	amic	cabells	carretera	cançons	informàtic	infermera
llibre	cerveses	església	examen	humanitat	ulleres	hotel
indústria	aigua	esmorzar	cotxe	número	esports	història
	òpera	ull	illa	univers	última	

Masculí singular		Femení singular		Masculí i femení plural	
el	l'	la	l'	els	les
	l'ajuntament				

2 [A i B] Completa les frases amb les formes de l'article definit que hi vagin bé. Si cal, apostrofa-les.

0. *Els científics expliquen l'origen de la humanitat.*

1. _____ universitat organitza un acte de protesta _____ últim dia d'aquest mes.

2. _____ inspector ha acabat _____ investigació del robatori.

3. M'agrada _____ idea de canviar tots els mobles.

4. _____ institució que estudia _____ univers necessita més diners.

5. A _____ Índia hi ha _____ ONG més important d'Àsia.

6. Amb _____ euro es pot viatjar a molts països.

7. _____ inspectora de policia vol fer unes declaracions sobre _____ assassinat d'un empresari.

3 [A i B] Completa les frases següents amb una forma de l'article definit. Si cal, fes contraccions.

0. *Cada setmana escrivim un correu electrònic als tiets.*

1. No m'agrada conduir per _____ autopista de nit.

2. Aquesta és la cadira preferida de _____ avi i de _____ pare.

3. Sempre passa per _____ meu costat i no em diu res.

4. Aquest és el cotxe de _____ meus somnis.

5. Hi ha molts conflictes a _____ barris pobres de les grans ciutats.

6. En Pol està enamorat de _____ seu company de feina i de _____ Ernest.

7. La directora plega per _____ problemes que té amb la gerent.

8. Sempre fem vacances a _____ agost i a _____ desembre.

4 [A i B] Aquí tens les notes que es deixen uns estudiants que comparteixen pis. Corregeix els set errors d'articles que han fet. Hi pot haver més d'un error en una mateixa nota i també notes correctes.

Ⓐ Ignasi, han trucat de la illa de Malta. Et busquen. Què has fet?

Júlia

Ⓑ Jordi, el amic d'en Carles vol venir al Empordà amb vosaltres. Truca-li.

Marc

Ⓒ Jordi, l'ungla de el dit gros encara em fa mal. Compra'm alguna cosa a la farmàcia, sisplau!

Marta

Ⓓ Carles, ha arribat una carta de la universitat per a tu. L'obro?

Marta

Ⓔ John, l'italiana que es vol casar amb tu truca cada dia. Què li dic?

Carles

Ⓕ Ei, nois! Recordeu que hem de vigilar el ús excessiu de paper de vàter.

Ignasi

Ⓖ Qui té el meu llibre de l'història del segle xx? El necessito!

John

Ⓗ Nois!, un company del institut on treballo busca pis. Li lloguem l'habitació lliure?

Marta

Ⓘ S'ha acabat la tinta de la impressora!

Marc

0. ~~la~~ illa: l'illa

1. _____

2. _____

3. _____

4. _____

5. _____

6. _____

7. _____

5 [C] La Mari Pili està fent la maleta per marxar de viatge a Sibèria. Aquestes són les coses que posa a la maleta. Completa la llista amb una forma de l'article indefinit.

0. *Un* sac de dormir

1. _____ abric de pell

2. _____ crema de mans

3. _____ tovallola

4. _____ pantalons de llana

5. _____ despertador

6. _____ raspall de dents

7. _____ ampolla de colònia

8. _____ mitjons

9. _____ estisores petites

10. _____ arma blanca

11. _____ paraigua

12. _____ pot d'esmalt d'ungles

13. _____ guia de viatge

14. _____ mitges gruixudes

11. Usos de l'article indefinit

• *Em deixes **un** llapis?*

A. Ús indefinit
B. Ús genèric
C. Ús quantitatiu

A. Ús indefinit

A.1 Usem *un*, *una*, *uns*, *unes* quan ens referim a persones o coses no identificades per l'oient perquè en parlem per primer cop:

> • *Vaig a sopar amb **uns** amics. Vols venir?*
> [Diem *uns amics* perquè no estan identificats, és la primera vegada que en parlem.]

A.2 Usem l'article indefinit quan ens referim a persones o coses no identificades per l'oient perquè formen part d'un grup en el qual hi ha més elements del mateix tipus:

> • *Em deixes **un** bolígraf?*
> [Diem *un bolígraf* perquè pot ser qualsevol dels que té l'altra persona.]

B. Ús genèric

B.1 Usem l'article indefinit en singular quan parlem de persones o coses que són representants de la seva classe:

> • ***Un** metge ha de saber escoltar els seus pacients.*
> [Ens referim a la figura del metge en sentit general com a representant de tots els metges.]
> • ***Un** amfibi és un animal que pot viure a dins i a fora de l'aigua.* [Parlem de l'espècie dels amfibis.]

C. Ús quantitatiu

C.1 Utilitzem *un*, *una* quan equivalen a 1:

> • *Tinc **un** germà i **una** germana.* [un germà i no dos, tres o quatre]

C.2 Fem servir *uns*, *unes* quan expressem una quantitat poc precisa i són equivalents a *alguns* o *uns quants*:

> • *Posa'm **unes** olives, sisplau!* [unes quantes olives]

C.3 Usem *uns*, *unes* davant d'un nombre quan volem expressar una quantitat aproximada:

> • *Pesa **uns** vuitanta quilos.* [aproximadament, vuitanta quilos]
> • *Van venir **unes** dues-centes persones.* [aproximadament, dues-centes persones]

1 [A] Llegeix les frases que es diuen dos companys d'una oficina, en Miquel i la Laura, i marca amb una creu la interpretació adequada de cada frase.

0. *Laura, hi ha un noi al telèfon que vol parlar amb tu!*

    a. La Laura sap qui és el noi del telèfon. _____

    b. La Laura no sap qui és el noi del telèfon. X

1. Miquel, em passes *un* full?

    a. En Miquel té més d'un full. _____

    b. En Miquel només té un full. _____

2. Laura, vaig a dinar amb *uns* companys de la quarta planta. Vols venir?

    a. La Laura sap qui són aquests companys. _____

    b. La Laura no sap qui són aquests companys. _____

3. Miquel, hi ha *una* sala buida per fer la reunió?

    a. A l'oficina només hi ha una sala de reunions. _____

    b. A l'oficina hi ha més d'una sala de reunions. _____

4. Laura, et deixo *un* informe sobre la taula perquè te'l llegeixis.

    a. La Laura ja coneix l'informe. _____

    b. La Laura no coneix l'informe. _____

5. Miquel, tens *un* retolador per deixar-me?

    a. La Laura no demana un retolador concret. _____

    b. La Laura demana un retolador concret. _____

6. Laura, si tens problemes amb l'ordinador, hi ha *un* informàtic molt bo a la primera planta.

    a. La Laura coneix l'informàtic. _____

    b. La Laura no coneix l'informàtic. _____

2 [B] Escriu una frase en què relacionis les professions de la columna de l'esquerra amb les característiques de la columna de la dreta.

Professió	Característiques
0. *estudiant de llengües*	a. no ha de dir mentides als ciutadans.
1. lladre	b. ha de saber l'horari dels bancs.
2. cantant	c. ha de saber llengües.
3. polític / política	d. ha de ser simpàtic / a amb els seus fans.
4. model	e. *ha de practicar la llengua que estudia.*
5. traductor / traductora	f. ha de ser atractiu / iva.
6. bon alumne / bona alumna	g. no ha de copiar en els exàmens.

0. *e: Un / Una estudiant de llengües ha de practicar la llengua que estudia.*

1. _____

2. _____

3. _____

4. _____

5. _____

6. _____

3 Llegeix els diàlegs següents i tria la interpretació més adequada segons la funció de l'article indefinit:

> A. Parlem d'una persona o cosa no identificada per l'oient (ús indefinit).
> B. Parlem de persones o coses que representen la seva classe (ús genèric).
> C. Parlem d'una quantitat (ús quantitatiu).

0. (*En un bar*)

—*Volen alguna cosa per picar?*

—*Sí*, unes *patates, sisplau.*   C

1. (En un consultori mèdic)

—*Tinc visites?*

—*Sí, acaba d'arribar un senyor.* ___

2. (En una escola d'idiomes)

—*Quant val la matrícula del curs?*

—*Uns dos-cents euros.* ___

3. (Diàleg entre dos amics)

—*Amb qui aneu de vacances aquest estiu?*

—*Amb uns amics d'en Joan.* ___

4. (En una classe de llengua)

—*Què és un litxi?*

—*Una fruita rodona i petita; sembla una pruna.* ___

5. (Diàleg entre dos amics)

—*Són cars els pisos de lloguer al centre de Barcelona?*

—*No ho sé, potser surt per uns 1.500 euros al mes.* ___

6. (Diàleg entre dos amics)

—*En Pau i l'Eva tenen fills?*

—*Sí, un.* ___

7. (Diàleg entre dos amics)

—*Tens temps de fer esport?*

—*Sí, vaig a un gimnàs que hi ha molt a prop de casa.* ___

4 Ajuda un periodista d'un diari sensacionalista a escriure les notícies. Fes servir les paraules de les seves notes.

0 *Casa a la Costa Brava val 400 923 euros*

0. *Una casa a la Costa Brava val uns 400 000 euros*

1 *Extraterrestres s'emporten dona*

1. _____

2 *Home troba dit dins plat en restaurant de luxe*

2. _____

3 *Senyora gran atraca banc*

3. _____

4 *Excursionistes troben caixa amb deu milions d'euros*

4. _____

5 *Director s'enfada perquè només guanya òscar i ell en volia dos*

5. _____

5 Classifica els noms amb article indefinit de l'exercici anterior segons l'ús que tenen (indefinit o quantitatiu).

Ús indefinit	*Una casa,*
Ús quantitatiu	*uns 400 000 euros,*

12. Usos de l'article definit

• Passa'm **la** sal.

A. Ús definit
B. Ús genèric

A. Ús definit

A.1 Usem *el, la, els, les* quan ens referim a persones o coses identificades perquè són úniques i no n'hi ha cap altra d'igual:

- *On és **el** Parlament de Catalunya?* [Catalunya només té un parlament.]
- ***La** mare de l'Anna és mestra.* [L'Anna només té una mare.]

A.2 Amb l'article definit també ens referim a persones o coses identificades perquè n'acabem de parlar:

—*Tens fills?*
—*Sí, dos, **un** nen i **una** nena.*
   [Es parla per primera vegada dels nens.]

—*I quants anys tenen?*
—***El** nen té vuit anys i **la** nena, cinc.*
   [Informació coneguda perquè se n'acaba de parlar.]

A.3 Usem els articles definits quan fem referència a persones o coses identificades perquè formen part de l'entorn en què ens trobem:

- *Pots tancar **la** porta, sisplau?* [Parla de la porta de l'oficina.]

A.4 Utilitzem els articles definits per referir-nos a coses o persones úniques en una situació concreta. Sabem que són úniques per experiència i coneixement del món:

- *Ens porta **el** compte, sisplau?*
   [Per coneixement del món, sabem que després de l'àpat hem de demanar el compte.]

B. Ús genèric

B.1 Fem servir els articles definits per referir-nos a persones o coses en sentit general. Quan usem els articles en singular, ens referim a tota una classe de persones o coses, i quan usem els articles en plural amb noms comptables, ens referim a tots els membres d'una classe:

	Noms comptables	Noms incomptables
Singular	*La dona té els mateixos drets que l'home.*	*El cava es beu fred.* [tot tipus de cava]
Plural	*Les dones tenen els mateixos drets que els homes.* [totes les dones i tots els homes]	

1 **[A]** Llegeix els diàlegs següents i relaciona'ls amb la interpretació més adequada de l'article definit marcat en cursiva:

> A. Parlem d'una persona o cosa identificada perquè forma part del nostre entorn físic.
> B. Parlem d'una persona o cosa identificada perquè se n'ha parlat abans.
> C. Parlem d'una persona o cosa identificada perquè és única.

0.　A

—*Em passes l'aigua, sisplau?*

1. ____

—Saps que en Jan té un pis nou?

—I on és, *el* pis?

2. ____

—Passa'm *el* bolígraf, que he d'apuntar un telèfon.

3. ____

—Perdoni, on és *la* sortida?

—Al fons del pàrquing, a mà esquerra.

4. ____

—Avui he conegut un amic d'en Pau.

—Que és *el* noi amb qui xateja?

5. ____

—Sabeu on hi ha una oficina de turisme?

—Sí, a *l'*ajuntament.

6. ____

—T'agraden *les* sabates? Són de les rebaixes. Oi que estan bé?

7. ____

—Per postres, he comprat una pinya i un meló.

—*La* pinya és per a tu, oi? És que a mi no m'agrada!

2 **[A]** Llegeix el correu electrònic i en cada cas subratlla l'opció adequada.

● ● ○　　Programa

Hola! Ja tenim els bitllets d'avió! Arribem a Barcelona el 10 de juny. En el teu correu em preguntes quins llocs (0.) *d'una / de la* ciutat volem visitar; doncs t'ho explico: (1.) *la / una* Sagrada Família, que no la coneixem; (2.) *el / un* restaurant de cuina catalana; segur que tu en coneixes molts; (3.) *el / un* Camp Nou; (4.) *el / un* Museu Picasso; (5.) *el / un* museu per anar-hi amb els nens; (6.) *la / una* botiga on puguem comprar vi i cava. Ah!, també busquem (7.) *un / l'* hotel barat al centre. I una altra cosa: tu podries venir a (8.) *un / l'* aeroport a buscar-nos? Arribem a les 10 del matí.

Gràcies per tot! Hans i família

3 **[B]** Si vols saber algunes curiositats, completa les frases següents amb un article definit i una paraula del requadre. Tingues en compte si els articles i els noms s'han de posar en singular o en plural.

europeu del sud
escandinau
dona
vi
elefant
cabell
animal de companyia
malalt de càncer
formiga

0. *Els europeus del sud viuen més anys que els escandinaus però tenen pitjor salut.*

1. _____, durant els àpats i en petites dosis, és bo per a la salut.

2. La marihuana pot ajudar _____.

3. _____ tenen hàbits més saludables que els homes.

4. _____ milloren l'estat d'ànim de la gent gran.

5. _____ és l'únic animal que té quatre genolls.

6. _____ no dormen.

7. _____ creixen més ràpidament durant la nit que durant el dia.

En quin cas només pots usar l'article amb valor genèric en singular?

4 Llegeix aquesta llegenda urbana i canvia'n quatre articles indefinits per articles definits.

Aquesta llegenda urbana és ~~una~~ la història d'una parella que se'n va de viatge i es queda sense gasolina a mitjanit. *Un* noi va a buscar ajuda. Mentrestant, per *una* ràdio expliquen que *un* psicòpata s'ha escapat de la presó i ronda per aquella zona. *Una* noia sent *uns* cops al cotxe, però no surt perquè té por. L'endemà, quan surt del cotxe, veu *un* cap tallat del seu home damunt del cotxe.

13. Article definit o article indefinit?

• *un* fill, *el* fill

A. Ús definit o indefinit

B. Ús genèric

A. Ús definit o indefinit

A.1 Amb els articles definits ens referim a persones o coses identificades. En canvi, amb els articles indefinits ens referim a persones o coses no identificades:

—*El veí del costat té* **un** <u>bebè</u> *que plora molt.*
[Diem *un bebè* perquè se'n parla per primera vegada i l'oient no el té identificat.]
—*I* **el** <u>bebè</u> *ja et deixa dormir?* [Diem *el bebè* perquè ja se n'ha parlat.]

A.2 Amb l'article definit ens referim a coses o persones úniques. En canvi, amb l'article indefinit ens referim a persones o coses que no són úniques perquè n'hi ha més de la mateixa classe o grup:

—**La** <u>filla</u> *de l'Eva*
és actriu.
[L'Eva només té una filla.]

—*Doncs* **un** <u>fill</u> *de l'Andreu*
també és actor.
[L'Andreu té més fills.]

> ■ Sovint, l'ús de l'article definit o indefinit depèn del coneixement i l'experiència del món:
> *El* <u>lavabo</u>, *sisplau?* [En un bar. Sabem que tots els llocs públics tenen un lavabo.]
> *Estem buscant un* <u>lavabo</u>. *És urgent.* [En un centre comercial. Diem *un lavabo* perquè sabem que n'hi ha més d'un.]

11. 12. ▶

B. Ús genèric

B.1 Amb els articles definits i indefinits podem parlar en sentit genèric:

Articles definits	
Singular	Plural
Fem referència a una classe de persones o coses, i no pas a elements concrets:	Fem referència a un conjunt de persones o coses que formen una classe:
Qui corre més, **la** <u>pantera</u> *o* **el** <u>lleó</u>? [*Pantera* i *lleó* fan referència a dues classes d'animals.]	*Les* <u>panteres</u> *i* **els** <u>lleons</u> *es poden casar?* [Es refereix a totes les panteres i tots els lleons, encara que siguin de diferents tipus.]

Articles indefinits
Singular

Fem referència a persones o coses no concretes que representen la seva classe. Les característiques d'aquestes persones o coses són vàlides per a qualsevol membre del grup:

> **Una** _pantera_ pot viure en una casa?
> [No parla de cap pantera en concret, sinó d'un exemplar que representa el grup de panteres.]

`1. 11. 12.` ▶

! ■ Amb noms no comptables sempre fem servir l'article definit en singular:
_La_ _cervesa_ no m'agrada. [~~Una~~ cervesa negra no m'agrada.]

Exercicis

1 Llegeix el text que escriu la Carolina sobre ella i la seva família, i marca la interpretació més adequada per a cada frase.

Em dic Carolina, tinc nou anys i estudio a (0.) l'escola de Santa Maria de Besora. M'agrada molt dibuixar, fer pastissos amb la meva mare i també (1.) la xocolata i (2.) els gossos, per això el meu gos es diu Cacau. La meva mare, la Mercè, és metgessa en (3.) un hospital de Vic, però a mi no m'agraden gens (4.) els hospitals perquè quan era petita hi vaig estar ingressada quinze dies per culpa d'una pulmonia. El meu pare, l'Andreu, té una botiga d'artesania a Vic. La meva germana es diu Tatiana i té sis anys; és (5.) d'una ciutat de Rússia molt gran. La Tatiana i jo fem moltes coses; anem a l'escola juntes, juguem amb (6.) el gos al carrer i, a vegades, a la tarda, anem a comprar al centre de Vic amb els avis i després anem a (7.) la botiga a berenar.

0. _A Santa Maria de Besora..._
   a. _només hi ha una escola._   X
   b. _hi ha més d'una escola._ _____

1. A la Carolina...
   a. li agrada la xocolata dels pastissos. _____
   b. li agrada tota la xocolata. _____

2. A la Carolina...
   a. li agraden tots els gossos. _____
   b. només li agrada el seu gos. _____

3. A Vic...
   a. només hi ha un hospital. _____
   b. hi ha més d'un hospital. _____

4. A la Carolina...
   a. no li agrada l'hospital on treballa la Mercè. _____
   b. no li agrada cap hospital. _____

5. La Carolina parla d'una ciutat de Rússia...
   a. que no coneixem. _____
   b. que ja coneixem. _____

6. La Carolina i la Tatiana juguen amb...
   a. els gossos del carrer. _____
   b. el seu gos, que es diu Cacau. _____

7. La Carolina, la Tatiana i els seus avis, a vegades, van a berenar...
   a. a la botiga de l'Andreu. _____
   b. a alguna botiga del centre de Vic. _____

2 Llegeix els diàlegs següents i subratlla l'article adequat:

0. —Un dels germans / El germà del Jordi treballa a la
   Creu Roja
   —Quin? El que va estudiar econòmiques?

1. —Em deixes un / el bolígraf?
   —Espera't una mica, que l'estic fent servir.

2. —Aquest cap de setmana he vist una / la pel·lícula del
   Bonaventura Tocs?
   —Quina pel·lícula? En té tantes!

3. —Estic llegint un / el llibre d'autoajuda de l'Eduard
   Punk.
   —A mi m'agrada molt, aquest llibre!

4. —Aquest estiu vull anar a una / l'illa.
   —I ja saps a quina illa aniràs?

5. —M'ha telefonat un / el noi que vaig conèixer dissabte
   a la discoteca.
   —Quina sort! El vaig trobar tan guapo i simpàtic...

6. —La Doris em deixa un / el vestit vermell per anar al
   casament d'en Pep.
   —Ah, sí? I quin et deixa, el curt o el llarg?

7. —Un / L'amic de l'Eva és actor de cinema eròtic.
   —És que l'Eva té uns amics més estranys!

8. —Un / El veí del segon pis s'ha queixat de nosaltres.
   —Tranquil, ell sempre es queixa per tot.

3 Has rebut aquesta carta d'una agència de viatges. Omple els buits amb un article definit o indefinit.

Benvolgut client,

(0.) *L'*agència de viatges Paral·lel vol proposar-li (1.) _____ viatge fantàstic per (2.) _____ illes més
importants del mar Mediterrani amb (3.) _____ vaixell *Duc Llatí*. (4.) _____ viatge comença a Barcelona al
mes d'agost; la primera parada és a Sardenya, concretament a (5.) _____ capital de (6.) _____ illa, Càller.
Des d'aquí anirem a (7.) _____ població petita i bonica, l'Alguer; (8.) _____ ciutat té un interès addicional:
encara hi ha gent que parla català, sobretot (9.) _____ pescadors i la gent gran. Després de Sardenya,
posarem rumb a Còrsega; si li agraden (10.) _____ mar i (11.) _____ muntanya, segur que s'enamora
d'aquest lloc. (12.) _____ guia local ens acompanyarà durant quatre dies i ens ensenyarà els espais més
interessants. La ruta acabarà a Mallorca, on descansarem en (13.) _____ hotel de quatre estrelles.

Si vol més informació, es pot posar en contacte amb l'agència i li explicarem més detalls del viatge.

Atentament,

Viatges Paral·lel

4 En Nico, la Pepa, la Katja, l'Emma, l'Andreu i en Carles comparteixen pis. Com que no coincideixen durant el dia,
sempre es deixen notes a la nevera. Llegeix i corregeix els cinc errors d'articles que hi ha.

A
Nico,
Pots treure *unes* escombraries
i comprar el pa per sopar?
Gràcies!
Emma

B
Pepa,
Ha telefonat el noi demanant
per tu. No sé qui és ni recordo
el seu nom.
Andreu

C
Andreu,
Has vist un diccionari anglès-català? Si
l'utilitzes, deixa'l una altra vegada al
seu lloc, que només en tenim un!
Carles

D
Emma,
Pots treure el gos a passejar? Em
tocava a mi, però avui surto. Gràcies!
Katja

E
Carles, pots parlar amb un president de la
comunitat de veïns? Es veu que està molt
enfadat per la festa de dissabte...
Pepa i Emma

F
Nois, aquest cap de setmana
vénen uns amics del poble. Són
molt simpàtics, ja ho veureu...
Andreu

G
Joana,
M'han robat la bicicleta.
Em deixes una moto per
anar a treballar? Tu no la
necessites, oi?
Nico

H
Tinc el jersei de llana a
la meva habitació, però
no és meu. Algú sap de
qui és?
Joana

0. ~~unes~~ escombraries: *les escombraries*
1. _____
2. _____
3. _____
4. _____
5. _____

14. Absència de l'article

• *Tens Ø cotxe?*

A. Quantitats indefinides
B. Presència o absència d'article
C. Expressions sense article

A. Quantitats indefinides

A.1 No fem servir l'article davant del nom quan ens referim a una quantitat indefinida d'alguna cosa:

• *Si vas al mercat, compra Ø* <u>pomes</u>.
[una quantitat indefinida de pomes]
• *Amb el cafè, hi vols Ø* <u>sucre</u> *o Ø* <u>sacarina</u>?
[una quantitat indefinida de sucre o sacarina]

Els noms comptables (*pomes*) van en plural, i els incomptables (*sucre*, *sacarina*), en singular. **1.**▶

B. Presència o absència d'article

B.1 Fem servir l'article indefinit quan ens referim a coses o persones concretes, però no identificades:

• *Saps que l'Albert i la Laura tenen* **un** <u>pis</u> *al centre?*
[Es refereix a un lloc concret, però que l'oient no té identificat.]

B.2 Fem servir l'article definit quan ens referim a persones o coses concretes i identificades pels parlants:

• *L'Albert i la Laura tenen* **el** <u>pis</u> *en venda. Es veu que se separen.*
[Es fa referència a un lloc concret que l'oient identifica.]

B.3 No fem servir l'article quan ens referim a persones o coses que no són concretes:

• *L'Albert i la Laura ja tenen Ø* <u>pis</u>*. El mes que ve hi van a viure.*
[No s'identifica cap lloc concret, només es parla del fet de tenir un espai per viure-hi.]

> **!** ■ Els noms que fan de subjecte sempre van acompanyats d'un determinant (articles o altres determinants):
>
> **Els** <u>cotxes elèctrics</u> *corren poc.*
> [~~Cotxes elèctrics~~ *corren poc.*]
>
> **Un** <u>professor</u> *ha de tenir paciència.*
> [~~Professor~~ *ha de tenir paciència.*]
>
> *M'agrada* **el** <u>vi negre</u>*.* [*M'agrada* ~~vi negre~~*.*] **11. 12.**▶

C. Expressions sense article

C.1 No usem articles amb les combinacions de nom i verb quan expressen situacions habituals:

Tenir	Dur/Portar	Ser	Buscar	Fer
ascensor	arracades	belga (nacionalitat)	feina	classe
correu electrònic	barba	budista (creença)	parella	esport
cotxe	barret	telefonista	pis	gimnàstica
mòbil	bigoti	(professió)		idiomes (estudiar
pis	pantalons			francès, català, etc.)
piscina	ulleres			música
telèfon				

—Qui és aquell noi que <u>porta</u> ~~una~~ <u>barba</u>?
—Es diu Yousef. <u>És</u> ~~un~~ <u>fuster</u>.

! ■ Usem article quan especifiquem el nom amb un adjectiu:
La casa <u>té</u> <u>piscina</u>./La casa <u>té</u> **una** <u>piscina enorme</u>.
En Pere <u>porta</u> <u>barba</u>./En Pere <u>porta</u> **la** <u>barba molt llarga</u>.

! ■ Quan parlem de llengües i fem servir els verbs *parlar*, *estudiar*, *saber* i *aprendre*, l'ús de l'article és opcional:
Parlo Ø/**el** <u>català</u>   Estudio Ø/**el** <u>xinès</u>

C.2 No usem els articles en les combinacions següents quan formen un concepte:

nom + preposició + nom	verb + preposició + nom
pa amb tomàquet	anar amb/en tren
professor d'universitat	viatjar amb/en avió
maleta de mà	sortir de festa
llibre de reclamacions	jugar a futbol
cadira de rodes	estar per casa

Exercicis

1 [A] Hi ha hagut un robatori al Banc Central. L'inspector Flanagan ha fet una llista amb les coses robades, però hi falten alguns articles. Escriu l'article indefinit o Ø si no cal article.

Després d'analitzar l'estat del banc, podem dir que els atracadors s'han emportat:

0. *Un* talonari de xecs
1. ____ diners en efectiu, no sabem quants.
2. ____ moneder d'una clienta.
3. ____ joies de la caixa forta, no sabem quantes.
4. ____ paper de vàter.
5. ____ fotografia del president del banc.
6. ____ folis de la fotocopiadora, no sabem quants.
7. ____ mòbil.
8. ____ alcohol de la farmaciola. Creiem que hi ha un atracador ferit.

2 [B i C] Llegeix els diàlegs següents i subratlla l'opció adequada.

0. —*Posi'm* Ø / <u>un</u> *cafè.*

—*El vol amb sucre o sacarina?*

1. —Si vas al mercat, compra Ø / un formatge.

—I quant en compro? Deu talls?

2. —Sempre portes Ø / les sabates?

—Sí, perquè no m'agrada anar amb calçat esportiu.

3. —Pere, per anar a treballar et poses Ø / la corbata?

—Sí, és obligatori. Sort que en tinc moltes!

4. —Tens Ø / el telèfon de la Creu Roja?

—Sí, és el 902 11 14 44.

5. —Per anar al casament de l'Albert i la Júlia et poses Ø / la corbata de conillets?

—Sí, ja saps que només me la poso per anar als casaments.

6. —En Marc i la Gemma ja tenen Ø / un telèfon?

—Sí, però encara no m'han donat el seu número.

7. —Us he comprat Ø / un formatge en una fira de productes artesanals.

—Gràcies! Sort que és petit, perquè sóc l'única persona de la família que en menja.

8. —Com és que avui vas amb Ø / les sabates de taló de la teva mare?

—Perquè les meves no queden bé amb el vestit que porto.

3 [C] Dues persones xategen per primer cop i es fan preguntes perquè es volen conèixer. Escriu la pregunta que correspon a cada resposta fent servir els verbs i els noms dels requadres.

| tens (3) |
| fas |
| estudies |
| portes (2) |
| busques |

| feina |
| germans |
| nòvio |
| barba |
| idiomes |
| ulleres |
| esport |

0. —*Tens correu electrònic?*

—*Sí, és llorenc@correu.net*

1. —_____

—Sí, un germà i una germana.

2. —_____

—Sí, faig francès a l'escola oficial d'idiomes.

3. —_____

—Ara mateix no, perquè estic molt bé sense parella, però si conec algú en aquest xat...

4. —_____

—Sí. Normalment al matí vaig al gimnàs. Sempre hi faig pesos i bicicleta.

5. —_____

—No, no en porto. Bé, només de sol i a l'estiu.

6. —_____

—Com ho saps? Sí que en porto perquè no m'agrada gens afaitar-me.

7. —_____

—Sí, sóc administratiu en una empresa d'exportació.

4 L'Ismael fa de cuiner en un programa de cuina de televisió. Llegeix el text i omple els buits amb l'article adequat o Ø.

Bon dia, amics i amigues. Benvinguts al programa d'avui. Us expliquem com es prepara (0.) *un* plat que tots coneixem: pa amb (1.) _____ tomàquet, molt fàcil de fer i útil quan no hi ha res a la nevera. Si sortiu de (2.) _____ festa i quan torneu a casa teniu (3.) _____ gana, no hi ha res més fàcil i ràpid que aquest plat!

Només necessitem (4.) _____ tomàquet, (5.) _____ llesca de pa, que pot ser del dia abans, (6.) _____ oli d'oliva i sal.

Suquem suaument la llesca de pa amb (7.) _____ tomàquet, que haurem tallat pel mig. A continuació, hi tirem una mica de sal, i finalment, l'amanim amb oli d'oliva. Si teniu (8.) _____ torradora, també podeu torrar (9.) _____ pa abans de sucar-lo. Recordeu que el podeu acompanyar amb (10.) _____ embotit o amb (11.) _____ formatge. Bona cuina i bon profit!

15. L'article definit en noms de lloc i expressions de temps

• Són **les** tres a **l'**Iran.

A. Noms de lloc

B. Expressions de lloc

C. Hores

D. Parts del dia i dies de la setmana

E. Dates i períodes de temps

F. Freqüència

A. Noms de lloc

A.1 Usem l'article definit amb els noms propis de lloc següents:

	el / l'	la / l'	els	les
Estats, països i regions	**l'**Afganistan **el** Brasil **l'**Equador **el** Japó **el** Marroc **el** Pakistan **el** Perú **el** Senegal **el** Tibet **el** Tirol **l'**Uruguai ...	**la** Gran Bretanya **l'**Argentina **la** Catalunya Nord ...	**els** Estats Units **els** Països Baixos ...	**les** Filipines ...
Ciutats i pobles	**l'**Hospitalet de Llobregat **el** Masnou **el** Prat de Llobregat **el** Caire ...	**la** Seu d'Urgell **l'**Havana ...	**els** Hostalets de Balenyà ...	**les** Borges Blanques ...
Comarques	**el** Barcelonès **el** Maresme **l'**Empordà **el** Matarranya ... **!** ■ Osona és l'única comarca de Catalunya que no té article.	**la** Cerdanya **la** Terra Alta **la** Safor ...		**les** Garrigues
Muntanyes, rius, oceans i mars	**l'**Aneto **el** Montseny **l'**Ebre **el** Llobregat **el** Nil **l'**Atlàntic **el** Mediterrani ...	**la** Valira **la** Noguera Ribagorçana ...	**els** Alps **els** Pirineus ...	
Espais urbans (carrers, places, avingudes)	**el** <u>carrer</u> de Balmes ...	**l'**<u>avinguda</u> Diagonal **la** <u>plaça</u> de la Vila ...		

Usem l'article definit quan el nom del lloc és plural o quan el topònim comença per la paraula *país*:

- **Els** *Estats Units*, **les** *Filipines*, **els** *Països Catalans...*
- **El** *País Basc*, **el** *País de Gal·les...*

En alguns casos, l'article definit forma part del nom del país o de la ciutat:

- **La** *Gran Bretanya*, **el** *Regne Unit...*
- **El** *Caire*, **l'***Haia*, **l'***Havana...*

Hi ha països que poden anar amb article definit o sense. Generalment els fem servir amb article quan van en un text:

- **L'***Argentina / Argentina*, **la** *Xina / Xina*, **el** *Canadà / Canadà...*
- *Ahir es va firmar un acord de cooperació amb* **la** *Xina.*

A.2 No usem l'article definit en els noms propis de lloc següents:

Continents	*Àfrica, Amèrica, Àsia, Europa, Oceania*
Països europeus	*Alemanya, França, Holanda, Itàlia, Romania...*
Altres països	*Algèria, Egipte, Mèxic, Nicaragua, Rússia, Ucraïna, Xile...*
Ciutats i pobles	*Barcelona, Girona, Lima, Londres, Madrid, París, Pequín, Tarragona...*

! ■ *Àfrica i Àsia poden anar amb article o sense.*

B. Expressions de lloc

B.1 Hi ha expressions de lloc que sempre usem amb article, n'hi ha que poden anar amb article o sense, i n'hi ha que van sense article:

Amb article	Amb article o sense	Sense article
a **la** *dreta, a* **l'***esquerra*, **al** *mig*, **al** *final*, **al** *fons*, **al** *voltant*, **al** *costat*, **al** *capdamunt*, **al** *capdavall*, *a* **l'***entorn, a* **la** *meitat...*	*(***al** */ a) davant*, *(***al** */ a) darrere*, *(***al** */ a) damunt*	*a sobre, a sota, a dins, a fora, a baix, a dalt...*

! ■ *a ~~la~~ mà dreta i a ~~la~~ mà esquerra.*

75. ▶

C. Hores

C.1 Les hores, quan són en punt, sempre van amb article definit. En canvi, van sense article les hores no exactes:

- *Són* **les** set
- *És un quart de* ~~**les**~~ *vuit*
- *Són dos quarts de* ~~**les**~~ *vuit.*

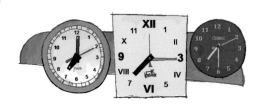

Amb les expressions *passar... de* i *faltar... per a* fem servir l'article:

- *Passen cinc minuts de* **les** *set.*
- *Falta un minut per a* **les** *set.*

D. Parts del dia i dies de la setmana

D.1 Usem l'article definit amb els noms de les parts del dia:

- *El matí, el migdia, la tarda, el vespre, la nit, la matinada*

> **!** ■ No usem article en les expressions *de nit, de dia, de matinada...*:
> *Treballa de nit.*
> *Treballa de dia.*

D.2 Amb els noms dels dies de la setmana fem servir l'article definit quan ens referim a accions habituals:

- *Estudio anglès el / els dilluns.* [els dilluns de cada setmana]

> ∅ ■ Podem fer servir l'article en singular o plural.

Quan ens referim a un dia de la setmana abans o després del moment en què parlem, no usem article:

- *Dilluns vaig anar al cine.* [dilluns passat]
- *Avui és dilluns.* [el dia d'avui]
- *Dilluns tinc visita amb el metge.* [el pròxim dilluns]

E. Dates i períodes de temps

E.1 Usem l'article definit davant dels mesos, dels anys i de les estacions. També l'utilitzem davant de les paraules *setmana, mes* i *any*:

- *Aquest any anirem de vacances al juliol.*
- *No recordo si en Llorenç va néixer el 1970 o l'any 1971.*
- *Sempre aneu a esquiar a l'hivern?*
- *El mes passat no vam pagar el lloguer del pis i la setmana passada vam rebre un avís d'impagament.*

> **!** ■ Els noms de les festes i d'alguns períodes de temps van amb la preposició *per* i sense article:
> *Aquest any treballo per Nadal i per Setmana Santa.*   **79. 80.** ▶

E.2 Les dates dels documents no porten article:

- *Barcelona, ~~el~~ 27 de febrer de 2007.*

En canvi, quan parlem d'un dia concret i diem la data sencera, fem servir l'article:

- *El meu fill va néixer el 15 de juny de 1994.*

F. Freqüència

F.1 Usem l'article definit en expressions que indiquen la freqüència d'una acció:

Un cop / dos cops... Una vegada / dues vegades... Un dia / dos dies...	**al / el**	dia	*Em rento les dents dos cops al / el dia.*
	a la / la	setmana	*Vaig al gimnàs una vegada a la / la setmana.*
	al / el	mes	*Vaig a la perruqueria un cop al / el mes.*
	a l' / l'	any	*Un dia a l' / l'any em reuneixo amb els antics companys d'escola.*

> ∅ ■ En les expressions de freqüència, normalment fem servir la preposició *a*.

1 [A] Classifica tots els noms de lloc que hi ha en aquest anunci d'una agència de viatges.

OFERTES ESPECIALS

EUROPA

París (tres dies)	800 €
Pont de l'1 de maig a Londres	900 €
Cap de setmana a Lisboa	400 €

ÀFRICA

El Caire i les piràmides (cinc dies)	900 €
Egipte en una setmana	2.000 €

OCEANIA

Austràlia (quinze dies)	3.000 €

AMÈRICA

Coneix el Perú en tren	1.500 €
Festival de cinema a l'Havana	2.500 €

Ens trobaràs *al carrer Mallorca*, 234 (delegació de Barcelona) i a la rambla Joan Vila (delegació de Girona).

Continents, països, regions	*Europa*
Ciutats i pobles	*París*
Espais urbans	*el carrer Mallorca*

2 [B] La gata Feles no para mai. Completa les frases següents amb un article definit o amb Ø. Fes les contraccions necessàries i apostrofa els articles quan calgui. En alguns casos hi ha més d'una possibilitat.

0. *La Feles corre a~ al voltant de la planta.*

La Feles...

1. vigila a _____ costat de la planta.

2. s'amaga sota el llit quan té algú a _____ davant.

3. es llima les ungles a _____ esquerra del sofà.

4. dorm sobre la post de planxar encara que hi hagi un munt de roba a _____ damunt.

6. pren el sol a _____ mig del pati.

7. persegueix un ratolí a _____ voltant de la taula.

3 [A i C] L'Àngel és pilot d'avió de la companyia Viatjacat. Quan arriba a un país o una ciutat, sempre adreça un missatge de benvinguda als passatgers. Completa els seus missatges amb articles definits o amb Ø.

0. *Benvinguts a Ø Reus. Són les 5 de la tarda.*

1. Falten cinc minuts per a _____ 11. Benvinguts a _____ Xina. La temperatura a _____ Pequín és de 10 graus.

2. D'aquí a cinc minuts arribem a _____ Itàlia. Al fons, poden contemplar _____ Alps nevats.

3. En aquests moments sobrevolem _____ Mediterrani. Arribarem a _____ Grècia a les 8 del vespre.

4. Senyors passatgers, _____ Estats Units els donen la benvinguda. A _____ Nova York és un quart de _____ set de la tarda. Els desitgem una bona estada.

5. Benvinguts a _____ Índia. Són dos quarts de _____ nou del matí. Els passatgers que enllacen amb _____ Tibet han de passar per la porta 7.

4 [D i E] Completa les frases següents amb l'article definit o amb Ø. Si cal, fes les contraccions.

0. *Ø dimarts al matí no podré venir a treballar. Em sap greu.*

1. Això ja t'ho vaig explicar _____ setmana passada.

2. Mataró, _____ 25 de juny de 2014.

3. En Joan estudia francès _____ dijous de 8 a 10 de _____ vespre.

4. _____ any 1936 va començar la guerra civil espanyola.

5. En Mohammad treballa de _____ nit, i a _____ tarda estudia a la universitat.

6. Estic molt contenta, _____ mes que ve marxem de viatge!

5 [F] La Paula va molt atrafegada. Completa les frases amb amb la preposició i un article definit. Fes les contraccions i apostrofa els articles quan calgui.

0. *La Paula porta els nens al cinema una vegada al mes.*

1. Va a comprar al mercat un cop _____ dia.

2. Porta els nens a la piscina un dia _____ setmana.

3. Ajuda el seu marit a la botiga quatre dies _____ mes.

4. Neteja a fons els armaris dos cops _____ any.

5. Porta el fill petit a classes de piano tres vegades _____ mes.

6. Neteja els lavabos dos cops _____ setmana.

16. Els articles personals

• *el* Xavier, *en* Pere i *la* Marta

A. Formes

A.1 Les formes dels articles personals són:

	Davant de consonant	Davant de vocal o *h*
Masculí	*el / en* Jordi	*l'*Andreu
Femení	*la* Marta	*l'*Anna

A.2 No apostrofem els noms femenins que comencen en *i* o *u* àtones, o bé en *hac aspirada*:

- *Coneixes **la** Isabel i **la** Irene?*
- ***En** Hans i **la** Heidi són alemanys.*

A.3 Les preposicions *a*, *de* i *per* i l'article masculí *el* formen una contracció (*al*, *del* i *pel*). Quan el nom propi comença en vocal, la contracció no es produeix:

- *Pots explicar el secret **al** Lluís i **a l'**Albert.*

> **!**
> ■ L'article *en* no fa mai contracció amb la preposició que el precedeix:
> *Aquest llibre és ~~den~~ d'en Pere.*

B. Usos

B.1 En un registre familiar o col·loquial, quan ens referim a una persona fem servir l'article personal:

—*Qui va a la festa?*
—***L'**Andreu, **l'**Eva i **el** Pol.*

B.2 Quan ens referim de manera col·loquial a persones públiques, personatges famosos o històrics, també utilitzem l'article personal:

—*Què t'ha sortit a l'examen de literatura?*
—*Un conte de **la** Rodoreda.*
[Parla d'un conte de l'escriptora Mercè Rodoreda.]

B.3 Quan parlem d'una família, usem l'article masculí plural *els* davant del cognom:

- ***Els** Garcia ens conviden a sopar dissabte.* [els membres de la família Garcia]

C. Absència de l'article personal

C.1 No usem l'article personal quan ens referim, en un registre formal, a persones públiques o famoses, i també a personatges històrics:

- *Mercè Rodoreda és una de les escriptores més importants de la literatura catalana.*

C.2 Tampoc utilitzem l'article personal quan cridem l'atenció d'una persona:

- *Pep, obre la porta!*
- *Sílvia, podries deixar-me els informes sobre la taula?*

C.3 No fem servir els articles personals amb el verb *dir-se:* • *Els meus fills es diuen Oriol i Berta.*

1 [A] Escriu els articles personals davant dels noms. Si cal, apostrofa'ls.

0. *el / en Pere*

1. _____ Andreu	5. _____ Marta	9. _____ Pol
2. _____ Hellen	6. _____ Miquel	10. _____ Rosa
3. _____ Eva	7. _____ Immaculada	11. _____ Òscar
4. _____ Eloi	8. _____ Olga	12. _____ Anna

2 [B] Completa les frases següents amb preposicions i articles personals. Fes les contraccions pertinents i apostrofa els articles quan calgui.

0. *He de comprar un regal per a la Maria i també un regal per* al / a en *Joan.*

1. Aquesta jaqueta és de la Marta o de _____ Eva?

2. Heu telefonat a l'Eduard? I a _____ Toni?

3. Tinc un correu electrònic de la Cristina i un altre correu de _____ Llorenç.

4. Tinc un regal per a l'Albert i un altre per a _____ Miquel.

5. Dóna el llibre a la Berta i el CD a _____ Esteve.

6. Demà és l'aniversari dels bessons. Hem comprat un cotxe per a en Gerard i una pilota per a _____ Anna.

7. No pots donar vi a en Jordi ni tampoc a _____ Marta! Només tenen vuit i deu anys!

8. Teniu notícies del Pau i de _____ Pere?

3 [B i C] La Laia escriu la carta als Reis i demana regals per a tota la família, però s'ha deixat alguns articles personals. Escriu-los on calgui.

Estimats reis (0.) Melcior, (1.) _____ Gaspar i (2.) _____ Baltasar,

Em dic (3.) _____ Laia i tinc cinc anys. Com que sóc molt bona nena, us demano una bicicleta i uns patins.

(4.) _____ Pere, el meu germà petit, només té sis mesos i no vol res. (5.) _____ Olga, la dona del meu pare, vol un jersei, i (6.) _____ Àngel, el nòvio de la meva mare, un llibre.

(7.) _____ Anna, la meva cosina, demana una consola. Ah!, la meva gata i el meu gos, que es diuen (8.) _____ Gala i (9.) _____ Lleó, volen una manta per poder dormir-hi!

Moltes gràcies, Reis!
Laia

4 **[B i C]** Fixa't en les situacions següents i subratlla l'opció adequada:

0.

> <u>Ø</u>/La **Rosa Clarà inaugura una nova botiga**

1. —Ø / *El* Carles, saps què?, Ø / *la* Gemma i Ø / *el* Joan vénen a sopar.

   —I Ø / *els* Garcia també vénen?

2. I vull acabar la conferència parlant de l'últim llibre *d' / de l'*Eusebi Sala…

3. Bon dia. Em dic Ø / *l'* Esteve Gómez, de Lectors Mundi, i voldria
   parlar amb la senyora *l' / Ø* Anna Garcia.

4. —Els meus fills no coneixen els Beatles!

   —Doncs a la meva filla li agraden molt *en / Ø* John Lennon
   i Ø / *en* Paul McCartney.

5. —Ø / *El* Martí, pots venir un moment?

5 **[B i C]** L'Andrew és un estudiant de català que vol conèixer gent i per això escriu un missatge en un fòrum. Corregeix els sis errors d'articles personals que fa.

Andrew

Connectat

Missatge

Hola! 0. Em dic ~~el~~ Andrew i sóc anglès. Visc a Londres amb la meva xicota, que és catalana i parla català. Es diu Carlota. Vivim amb Pelut, un gat molt antipàtic (es nota que és el gat de Carlota i no el meu gat). La família de la meva xicota viu a Vic i parla amb mi en català, excepte el seu gos, que es diu el Tom (crec que parla anglès, com jo). Tinc dos amics catalans que ara viuen a Londres i també parlen amb mi en català: són Lluís i Ernest. Vull conèixer gent per practicar el català escrit a través d'Internet. M'agrada viatjar, llegir llibres (m'agraden molt els llibres del Follett), el rock clàssic (sóc un fan d'Elvis) i sobretot conèixer gent. Ja ho saps, si vols, escriu-me a aquesta adreça: andrewfisher@xmail.cat.

0. ~~el~~ *Andrew: Andrew*

1. _____

2. _____

3. _____

4. _____

5. _____

6. _____

17. L'article neutre

• *El que més m'agrada és...*

A. Valor abstracte

A.1 Usem l'article neutre *el* seguit de *que* + frase per parlar de coses en sentit general que tenen com a característica allò que expressa la frase. Equival a *la cosa / les coses* + *que* + frase:

- *El que diuen els polítics no m'interessa.* [Les coses que diuen els polítics.]

A.2 Usem l'article neutre amb adjectius superlatius i amb alguns adjectius per parlar d'una manera abstracta de la qualitat expressada amb l'adjectiu. En aquest cas, *el* + adjectiu equival a *la cosa / les coses* + adjectiu o *allò que és* + adjectiu:

- *És un pessimista: sempre s'espera el pitjor.*
  [No parlem d'alguna cosa concreta que és pitjor, sinó de les coses pitjors en sentit abstracte.]
- *El més important d'aquesta vida és ser feliç.* [allò que és important]

> ■ En alguns casos, usem *el* + *adjectiu* quan ens referim a alguna cosa que no diem perquè se sobreentén pel context. En aquest cas, l'article no té valor neutre:
>
> *Quin vi t'agrada més, el blanc o el negre?*
> [el vi blanc o el vi negre?]   **29.**▶

- *El metge ens ha prohibit el dolç!* [No parlem de res dolç en concret, sinó de totes les coses dolces.]

B. Expressions amb article neutre

B.1 Usem diferents expressions amb l'article neutre:

Per introduir un tema o referir-s'hi: **pel que fa a...**	**Pel que fa a** *la seva demanda, vull dir-li que estem buscant una solució.* [en relació amb la seva demanda]
Per introduir una pressuposició: **pel que sembla..., pel que es veu...**	**Pel que sembla**, *avui plourà.* [Sembla que plourà.]
Al més + adverbi + possible	*Envia'm l'informe* **al més aviat possible**. [tan aviat com puguis] *Envia'm l'informe* **al més ràpidament possible**. [tan ràpidament com puguis] *Llança la pilota* **al més lluny possible**. [tan lluny com puguis]

C. L'article neutre *lo*

C.1 En un registre col·loquial, sobretot oral, s'usa la forma no normativa *lo* com a article neutre. En un registre formal, fem servir *el* o altres expressions (*allò, la cosa, les coses, el més* + *adjectiu* i *el que és* + *adjectiu*...):

- *Fes lo que vulguis!* [registre familiar]
- *Indiqui el que consideri convenient.* [registre formal]
- *Lo important és participar.*
- *El més important és participar.*

C.2 En un registre col·loquial i oral, usem *lo + possessiu* o *lo + de + nom / adverbi* per parlar de les coses en general a què fa referència el possessiu, el nom o l'adverbi. En aquests casos, l'estructura amb *lo* es pot substituir per *les coses, allò, això* o un nom:

- *Tu, preocupa't de lo teu. = Tu, preocupa't de les teves coses.*
- *Vam parlar de lo de sempre. = Vam parlar d'allò de sempre.*

- *Ja heu comprat lo de Nadal? = Ja heu comprat els regals i guarniments de Nadal?*
  [conjunt de coses relacionades amb el Nadal]

Exercicis

1 [A] Identifica quins d'aquests articles són neutres. Si no són neutres, escriu a quin nom es refereixen.

0. *Fes el que et dic d'una vegada!* article neutre

0. *No compris pa, ens menjarem el que va sobrar ahir.* el pa

1. Prepara la maleta i posa-hi *el* mínim. _____

2. El sou està congelat, fins i tot *el* mínim. _____

3. *El* millor de tot és que demà no hi ha classe. _____

4. De tots els equips de la lliga, va guanyar *el* millor. _____

5. No vull ni saber *el* que dirà el teu pare quan arribi i vegi tot això. _____

6. De tots els models, pots triar *el* que més t'agradi. _____

7. Pel que fa a la moda d'aquesta temporada, es torna a portar *el* clàssic. _____

8. No sé quin moble quedar-me. *El* clàssic m'agrada més, però és molt car. _____

2 [A] Reescriu les frases següents utilitzant l'article neutre:

0. *Allò que vull és canviar de feina.* El que vull és canviar de feina.

1. Com que estic embarassada, no puc tastar *les coses picants*.

_____

2. *La cosa més important* per a una dieta equilibrada és menjar de tot.

_____

3. *Això que* dius no em convenç.

_____

4. *La cosa més interessant* d'aquest llibre és l'estil narratiu de l'autor.

_____

5. *La cosa que* no suporto d'en Manel són les seves bromes de mal gust.

_____

6. *La cosa més fàcil* seria tornar a començar de nou.

_____

7. No entenc *allò que* expliquen els diaris sobre el canvi climàtic.

_____

8. L'Eulàlia és molt clàssica, per això odia *les coses modernes*.

_____

3 **[B]** La Joana és la redactora en cap del diari *Les Notícies*. Llegeix els seus comentaris i reescriu-los fent servir una expressió del requadre amb article neutre.

pel que sembla	pel que fa a (2)	al més aviat possible	al més ràpidament possible

0. Es veu que *avui hi ha poques notícies interessants*. *Pel que sembla, avui hi ha poques notícies interessants.*

1. *En relació amb* la notícia de la pujada d'impostos, hem de ser molt prudents.

_____

2. *Es veu que* el preu dels pisos baixarà l'any que ve.

_____

3. Hem de buscar el tema de portada *amb molta urgència*!

_____

4. *Sobre el* tema de la derrota del Barça, no cal parlar-ne gaire.

_____

5. Heu de corregir les notícies *amb molta rapidesa*!

_____

4 **[C]** En Marc Vidal és un polític que fa servir algunes formes col·loquials en els seus mítings. Llegeix el seu discurs i canvia les sis formes de *lo* que utilitza.

Amics i amigues,

Per lo que sembla, algunes persones no estan contentes amb la meva gestió. Us prometo que si em voteu faré lo impossible per millorar la situació de la gent gran del nostre poble. Els nostres avis es mereixen lo millor després de tota una vida de sacrifici i dedicació. Us asseguro que lo bonic de la meva feina és treballar amb la gent gran! Hem de cuidar els nostres avis perquè ells són el record viu de lo que ha passat al nostre país durant molts anys. Lo mínim que podem fer per ells és cuidar-los com lo que són: un tresor.

0. ~~Per lo~~ *Pel que sembla*

1. _____

2. _____

3. _____

4. _____

5. _____

6. _____

5 **[C]** Substitueix les expressions amb *lo* per altres construccions que vulguin dir el mateix.

0. *Agafa lo de fora, que comença a ploure i es mullarà.* *les coses de fora*

1. (Dos nuvis el dia del seu casament.)

Lo nostre s'ha acabat! _____

2. (Diferents persones organitzant una festa en un pis.)

On deixem *lo de la festa*? _____

3. (Dos nois es troben pel carrer. Un porta crosses.)

Com va *lo teu*? Ja t'han operat? _____

4. (Una parella estan endreçant el seu pis.)

Hem de treure *lo de dalt* de l'armari: _____

5. (Un nen prepara la motxilla del col·legi per a l'endemà.)

Ja tinc *lo de demà* preparat! _____

18. Els demostratius

• *aquesta* o *aquella*?

■ Els determinants són paraules que acompanyen el nom i hi concorden en gènere i nombre:

> • *Aquesta* llibreta
> [fem. sing.] [fem. sing.]

> • *Aquest* llibre
> [masc. sing.] [masc. sing.]

■ Usem els determinants per assenyalar (**demostratius**), per indicar possessió (**possessius**) o per expressar quantitats (**numerals**, **quantitatius** i **indefinits**):

> • *Aquesta* cadira [demostratiu]
> • *La meva* cadira [possessiu]
> • *Dues* cadires [numeral]

> • *Moltes* cadires [quantitatiu]
> • *Totes les* cadires [indefinit]

■ No hem de confondre els determinants, que acompanyen el nom, amb els pronoms, que substitueixen el nom quan ja l'hem dit o quan se sobreentén pel context.

A. Formes

A.1 Els demostratius poden ser masculins o femenins i concorden amb el nom que acompanyen. Es classifiquen segons que indiquin **proximitat** o **llunyania**:

	A prop				Lluny	
	Masculí	Femení			Masculí	Femení
Singular	*aquest* nen	*aquesta* nena		Singular	*aquell* nen	*aquella* nena
Plural	*aquests* nens	*aquestes* nenes		Plural	*aquells* nens	*aquelles* nenes

Els demostratius neutres no són determinants, sinó pronoms, i per tant, no acompanyen el nom:

A prop: *això* **Lluny:** *allò* **19.**▶

B. Usos

B.1 Fem servir els demostratius de proximitat (*aquest, aquesta, aquests, aquestes*) per assenyalar coses o persones que són a prop dels parlants:

> • *Qui és* **aquest** home?

B.2 Usem els demostratius de proximitat per referir-nos a idees o conceptes del present:

> • **Aquesta** proposta és molt interessant.

B.3 Usem *aquest, aquesta, aquests, aquestes* per referir-nos a coses o persones que acabem de mencionar i no són presents físicament:

> —*Ahir vaig conèixer en Narcís.*
> —**Aquest** noi *és de Girona, oi?* [El noi no és present físicament.]

B.4 Fem servir els demostratius de llunyania (*aquell, aquella, aquells, aquelles*) per assenyalar coses o persones que són lluny dels parlants:

> • *Qui és* **aquell** home?

B.5 Usem els demostratius de llunyania per referir-nos a idees o conceptes que situem en el passat:

> • **Aquella** proposta *era molt interessant.*
> [idea situada en el passat]

B.6 Fem servir *aquell, aquella, aquells, aquelles* per referir-nos a coses o persones que no són presents físicament i que relacionem amb el passat o ens les imaginem lluny.

> • *On és* **aquella** revista *de moda que vaig comprar la setmana passada?*
> [La revista no és present físicament.]

> ■ Fem servir *article definit + nom + demostratiu* per afegir un sentit negatiu al nom:
> *El cotxe* **aquest** *és una ruïna!*
> ■ Fem servir el demostratiu sense nom per referir-nos a una persona en sentit despectiu:
> —*Ahir vaig veure en Jon?*
> —*A què es dedica* **aquell** *ara?*

C. Expressions de temps

C.1 Usem *aquest, aquesta, aquests* o *aquestes* + *expressió de temps* per assenyalar un període de temps pròxim. El temps pot ser present, passat o futur:

> • **Aquesta** setmana *fan futbol a la tele.* [present]
> • **Aquesta** tarda *aniré a classe de guitarra.* [futur immediat]
> • **Aquest** cap de setmana *he anat a la platja.* [passat recent]

C.2 Fem servir *aquell, aquella, aquells* o *aquelles* + *expressió de temps* per assenyalar un període de temps llunyà:

> • **Aquell** dia *el seu fill va marxar de casa.* [Parla d'un dia llunyà, no pròxim.]

Exercicis

1 [A] Subratlla la forma adequada del demostratiu per a cada mitjà de transport.

0. <u>Aquest</u> / aquesta / aquests *camió*

1. *Aquestes / aquesta / aquest* avioneta

2. *Aquelles / aquells / aquella* furgonetes

3. *Aquests / aquestes / aquest* cotxes

4. *Aquella / aquell / aquells* motocicleta

5. *Aquests / aquestes / aquest* bicicletes

6. *Aquells / aquelles / aquella* autobusos

7. *Aquella / aquell / aquells* tramvia

2 **[B]** La Jennifer és una compradora compulsiva. Tingues en compte si el que vol és lluny o a prop i subratlla el demostratiu adequat en cada cas.

0. *Voldria* <u>aquelles</u> / *aquestes arracades.*

1. Voldria *aquesta* / *aquella* faldilla.

2. Voldria *aquest* / *aquell* abric.

3. Voldria *aquesta* / *aquella* jaqueta.

4. Voldria *aquests* / *aquells* mitjons.

5. Voldria *aquest* / *aquell* jersei.

6. Voldria *aquests* / *aquells* pantalons.

7. Voldria *aquestes* / *aquelles* sabates.

3 **[B]** Classifica aquestes frases segons que el demostratiu assenyali coses presents físicament o no.

0. *De qui és aquella jaqueta?*

1. D'on has tret *aquell* quadre? M'agrada molt!

2. Crec que *aquesta* nena està malalta. L'ha de veure el metge.

3. —La Berta s'ha comprat una serp per a casa seva.
   —A mi no m'agrada gens *aquell* animal.

4. La meva família va canviar la casa per un iot i resulta que en *aquell* iot ens marejàvem tots.

5. Podries dur *aquests* llibres a la biblioteca, sisplau?

Presents físicament	No presents físicament
0. *De qui és aquella jaqueta?*	

4 **[C]** Subratlla el demostratiu més adequat en les frases següents:

0. <u>Aquesta</u> / Aquella *setmana no podrem quedar. Es que ara tinc molta feina.*

1. *Aquell* / *Aquest* estiu a Cuba va ser el millor de la nostra vida.

2. *Aquest* / *Aquell* matí he anat a fer-me una revisió mèdica.

3. *Aquesta* / *Aquella* nit soparem amb els veïns de dalt. Ja ho tenen tot a punt.

4. *Aquest* / *Aquell* any va ploure molt per les comarques de Lleida.

5. En *aquests* / *aquells* moments s'està votant la nova Llei d'immigració al Parlament.

5 L'Eva i el seu fill Bernat són a la biblioteca i parlen amb el bibliotecari. Completa els diàlegs amb el demostratiu adequat.

E: —M'emporto (0.) *aquest* llibre. Està bé?

B: —No ho sé, no l'he llegit. I (1.) _____ novel·la que et vas endur l'altre dia?

E: —Molt bona, val la pena. Mira, ara m'emporto (2.) _____ contes.

B: —Que són per a (3.) _____ nen tan guapo? Doncs també hi ha DVD nous per a nens. Si us els voleu mirar, són en (4.) _____ prestatgeria del fons. La veus? És (5.) _____ on diu «Novetats».

E: —Sí, ara hi anem. Per cert, i (6.) _____ CD de música infantil que ens vas recomanar la setmana passada? Encara no ha arribat?

B: —No, però no trigarà gaire. M'imagino que (7.) _____ setmana ja el tindrem.

Quins dels demostratius que has utilitzat serveixen per assenyalar coses i persones presents físicament?

6 En Francesc està enamorat d'una noia i li deixa una nota. Llegeix-la i subratlla el demostratiu adequat en cada cas.

Si us plau, no tiris (0.) <u>aquesta</u> / *aquella nota; si ho fas em sentiré molt desgraciat. Sóc* (1.) *aquell* / *aquest noi que l'altre dia et va demanar l'hora al bar de la facultat. Tu me la vas dir, i* (2.) *aquestes* / *aquelles paraules em van impressionar perquè semblaven música celestial. No havia sentit mai una veu com* (3.) *aquesta* / *aquella.* (4.) *Aquest* / *Aquell matí he tornat al bar i t'he tornat a veure amb* (5.) *aquesta* / *aquella noia que t'acompanyava l'altre dia. Ja no puc resistir-ho més i per això t'escric* (6.) *aquesta* / *aquella carta per dir-te que t'estimo. Si vols parlar amb mi jo seré* (7.) *aquesta* / *aquella tarda a l'aula 38, al tercer pis. Per cert, t'agraden els nois baixets?*

Francesc

19. Els demostratius neutres

• *Què vols, **això** o **allò**?*

A. Usos
B. *Això o allò?*
C. *Aquest o això?*

A. Usos

A.1 Fem servir *això* i *allò* quan ens referim a alguna cosa i no volem dir-ne el nom:

> • *Té, **això** és per a tu.*

A.2 També fem servir *això* o *allò* quan no sabem què és una cosa o no en sabem el nom:

> —*Què és **això**?*
> —*Una fruita que es diu carambola.*

A.3 Usem *això* i *allò* quan ens referim a un conjunt de coses diverses:

> • *Treu **allò** d'allà!*

A.4 Fem servir *això* i *allò* per referir-nos a un fet, a una situació o al que ha dit una altra persona:

> —*La teva dona té un amant...*
> —***Això** és mentida!*
> [això = la teva dona té un amant]

> ■ *Això* i *allò* són pronoms i, per tant, no acompanyen cap nom. Es poden referir a noms en singular o en plural:
>
> *Agafa **aquest** paquet. = Agafa **això**.*
> *Agafa **aquests** paquets. = Agafa **això**.*

• ***Això** no m'agrada.* [Aquesta situació no m'agrada.]

B. *Això o allò?*

B.1 Usem *això* quan indiquem alguna cosa que és a prop dels parlants:

- *Dóna'm **això**.*

B.2 També fem servir *això* quan ens referim a fets actuals o al que s'acaba de dir:

—*La Maria està embarassada!*
—*Qui t'ha dit **això**?*
   [Es refereix a la notícia que la Maria està embarassada.]

- ***Això** m'interessa.*

B.3 Usem *allò* quan indiquem alguna cosa que és lluny dels parlants:

- *Has vist **allò**?*

B.4 També fem servir *allò* quan ens referim a coses o fets que situem en el passat:

- ***Allò** que et vas comprar ja ha passat de moda!* [Una cosa que situem en el passat.]
- *El meu matrimoni amb la Dorita no va anar bé; més ben dit, **allò** va ser un infern!* [aquella situació]

C. *Aquest* o *això?*

C.1 Quan ens referim a coses i ja n'hem dit abans el nom, fem servir *aquest* o *aquell* sense nom, i no *això* o *allò*:

—*Vull un lluç.*
—*Li va bé **aquest**? Li va bé ~~això~~?*

C.2 Quan ens referim a coses i no n'hem dit abans el nom, fem servir *això* o *allò*:

—*Bon dia! Què voldria?*
—*Bon dia! Quin preu té **això**? ~~Quin preu té aquesta~~?*

C.3 Quan ens referim a fets podem usar *això* o *allò*, o bé *aquest / aquell + nom*:

- *Tots els alumnes han suspès i ~~aquest~~ **això** / **aquesta situació** ha disgustat molt el professor.*

1 [A] En Xavier parla quan dorm. Relaciona els demostratius neutres amb la interpretació més adequada.

a. En Xavier parla d'una cosa que no coneix.	c. En Xavier parla d'un fet o una situació.
b. En Xavier parla d'un conjunt de coses diverses.	d. En Xavier no vol dir el nom de la cosa o no el recorda.

0. *Com es diu* això? *M'agrada molt i no sé què és:* a

1. Per què has comprat tot *això*? Et vaig dir una cosa, no quatre! ____

2. *Allò* no passarà mai més, t'ho juro, Trini. ____

3. *Això* és per a tu, espero que t'agradi. ____

4. *Això* no m'ho crec! ____

5. Què és *allò*? Ai, que s'acosta! ____

6. Vull que t'emportis *allò*. No vull tantes andròmines a casa! ____

7. Què és *allò* que hi ha a la nevera? No ho havia vist mai! ____

8. Jo, *això*, no m'ho poso! ____

2 [B] La Marina té tres anys i ha sortit a passejar amb els seus pares. Completa els diàlegs amb *això* o *allò*.

0. *(davant d'un aparador)*
   Mama, vull això!

1. (la Marina al seu pare, que parla pel mòbil)
   —Papa, dóna'm _____!
   —No, Marina, que l'estic utilitzant. No ho veus?

2. (la Marina a la seva mare)
   —Què és _____?
   —Una caca de gos. No ho toquis.

3. (els pares parlen d'un tema delicat)
   —En què penses?
   —En _____ que vam comentar ahir a la nit.

4. (la mare al pare)
   —Em penso que canviaré de feina.
   —Si _____ és el que vols...

5. (el pare a la mare)
   —Què és _____ del final del passeig?
   —No ho sé, sembla un llum d'aquests moderns, però des d'aquí no ho veig bé.

6. (la Marina a la seva mare)
   —Ets una burra!
   —Si em dius _____, no t'estimo més.

7. (el pare a la mare)
   —_____ que vam menjar ahir al restaurant era molt bo!
   —Sí, a veure si aprenc a cuinar aquestes coses.

En quins diàlegs els demostratius neutres serveixen per referir-nos a coses o situacions del passat?

3 [C] Subratlla el demostratiu adequat de les frases següents. En alguns casos, pot ser que tots dos siguin correctes.

0. Què és aquesta / això? Sembla una cafetera, oi?

1. Se m'ha espatllat el boli. Em passes *allò / aquell* d'allà?

2. Et porto *aquest / això* de part de la Maria.

3. On has deixat el regal de la Teresa? És *aquell / allò* del llaç vermell?

4. Què és *aquell / allò* d'allà baix? No ho havia vist mai!

5. —Voldria un meló.
   —Et va bé *aquest / això*?

6. Les peces que tens aquí són les bones i *aquelles / allò* són les dolentes?

4 [C] Llegeix les frases següents i corregeix els demostratius quan calgui:

0. Allò Aquella és la meva profe de mates.

1. *Aquesta* és la noia de qui et parlava ahir.

2. Per què em vas dir *aquell*? Estàs enfadat amb mi?

3. L'Ernest va viure en un internat cinc anys, i *allò* el va marcar per sempre.

4. Com es diu *aquest*? Fa estona que hi penso i no me'n recordo!

5. D'on ha sortit *aquest*? Mira com va vestit! Si sembla d'un altre planeta!

6. La meva empresa cada vegada té menys clients i no sé com solucionarem *aquest*.

20. Els possessius

• la **meva** escola

A. Formes

A.1 Les formes dels possessius són:

Posseïdor	Singular		Plural	
	Masculí	Femení	Masculí	Femení
jo	el **meu** cotxe	la **meva** moto	els **meus** cotxes	les **meves** motos
tu	el **teu** cotxe	la **teva** moto	els **teus** cotxes	les **teves** motos
ell, ella, vostè	el **seu** cotxe	la **seva** moto	els **seus** cotxes	les **seves** motos
nosaltres	el **nostre** cotxe	la **nostra** moto	els **nostres** cotxes	les **nostres** motos
vosaltres	el **vostre** cotxe	la **vostra** moto	els **vostres** cotxes	les **vostres** motos
ells, elles, vostès	el **seu** cotxe	la **seva** moto	els **seus** cotxes	les **seves** motos

A.2 Els possessius concorden en gènere i nombre amb el nom que acompanyen, que és la cosa posseïda, i no amb el gènere i nombre del posseïdor:

> —Aquesta és **la meva** bicicleta!
> —No! Aquesta és **la meva** ~~el meu~~ bicicleta!

A.3 *El seu, la seva, els seus* i *les seves* poden referir-se a diferents posseïdors (*ell, ella, vostè, ells, elles* o *vostès*):

> —No m'agrada el **seu** gos.
> —El gos d'ell o el gos d'elles?

B. Usos

B.1 Usem els possessius per indicar la possessió de coses:

• La **seva** moto. [d'ell]

B.2 També fem servir els possessius per indicar la relació que mantenim amb altres persones o amb conceptes:

• La **nostra** mare és dentista.

• La **vostra** feina és molt interessant.

1 [A] Escriu la lletra que correspongui a la persona que fa referència el possessiu.

a. jo
b. tu
c. ell
d. ella
e. vostè
f. nosaltres
g. vosaltres
h. ells
i. elles
j. vostès

0. *La* nostra *obligació és no arribar tard a la feina, oi?* f

1. Algú ha vist el *meu* mòbil? No el trobo enlloc!

2. Aquestes són les *teves* filles? Estan molt canviades!

3. Les *vostres* amigues no em cauen gens bé.

4. Quan arribarà la *nostra* oportunitat?

5. A la Maria no li agrada que el *seu* xicot li digui «carinyet».

6. Els *meus* pares viuen a l'Àfrica tropical.

7. Els *vostres* productes són els més frescos del mercat.

8. I la *teva* proposta, quan me la presentaràs?

9. Els jugadors i tots els *seus* seguidors es van posar a plorar per culpa de la derrota.

10. *El nostre* director sempre diu que està molt ocupat.

2 Completa el que diuen aquestes persones amb la forma del possessiu adequada.

0. *La meva* guitarra

1. _____ piano

2. _____ auriculars

3. _____ partitures

12. _____ ordinador

13. _____ papers

14. _____ cadira

15. _____ carpetes

4. _____ olles

5. _____ paella

6. _____ plats

7. _____ ganivet

16. _____ cartes

17. _____ carro

18. _____ moto

19. _____ uniformes

8. _____ pilota

9. _____ botes

10. _____ mitjons

11. _____ xandall

20. _____ escala

21. _____ granotes

22. _____ pots de pintura

23. _____ pinzell

3 Completa les frases amb un possessiu. Tingues en compte la informació que es dóna entre parèntesis.

0. *Quin és* el teu *número* (de tu) *de la sort, Pepet?*

1. _____ germana (*de mi*) i jo juguem sempre a tenis, és _____ esport (*de nosaltres*) preferit.

2. La senyora Pinyol i _____ fills (*d'ella*) són molt desagradables, sempre criden.

3. Gerard, on són _____ deures (*de tu*)? Estan fets, oi?

4. Ho sento, senyor Dalmau, _____ vol (*de vostè*) sortirà amb retard.

5. No tinc cap problema amb _____ companyes (*de mi*) de feina, al contrari.

6. Per què no us dediqueu a parlar de _____ coses (*de vosaltres*)?

7. Els Martínez es passen el dia parlant de _____ filla (*d'ells*). Són uns pesats!

21. Casos particulars dels possessius

• *a prop **teu***

A. Posició dels possessius
B. Possessius amb expressions de lloc
C. Absència dels possessius

A. Posició dels possessius

A.1 Usem els possessius després del verb *ser* amb article definit o sense, segons que vulguem indicar només possessió o identificació i possessió:

—*De qui és la jaqueta?*
—*És **meva**!* [possessió]

—*Han trobat una jaqueta a la biblioteca.*
—*És la **meva**!* [identificació i possessió]

A.2 Quan parlem d'alguna cosa o persona sense concretar-la, posem el possessiu després del nom i sense l'article definit:

• *He rebut <u>missatges</u> **vostres**.*
[uns missatges vostres, sense concretar quins]
• *He rebut els **vostres** <u>missatges</u>.*
[els missatges que tenim identificats] **14.** ▶

> ▪ Usem el possessiu darrere del nom i sense article en algunes expressions referides a persones:
> <u>Mare</u> *meva! Mira com vas de brut!*

B. Possessius amb expressions de lloc

B.1 Podem fer servir els possessius amb una expressió de lloc. D'aquesta manera relacionem una posició amb una persona:

• *El lladre viu davant del museu.*
[Situem el domicili del lladre en relació amb el museu.]
• *El lladre viu <u>davant</u> **meu**.*
[Situem el domicili del lladre en relació amb el parlant.]

> **!**
> ▪ En aquests casos, sempre escrivim el possessiu en masculí singular:
> *a prop **teu*** ~~*a prop teva*~~

B.2 Amb les expressions de lloc que utilitzem amb l'article definit (*al davant, al darrere, al costat, al damunt, al voltant*), podem col·locar el possessiu davant o darrere:

• *La Maria es va asseure al **meu** <u>davant</u>. = La Maria es va asseure al <u>davant</u> **meu**.* **75.** ▶

Amb les expressions de lloc que no duen article definit (*a sobre, a sota, a prop, davant, darrere*), posem el possessiu darrere:

• *L'Ernest sempre es posa molt <u>a prop</u> **teu** perquè li agrades.*

B.3 Quan parlem del lloc de residència de les persones usem *casa meva, casa teva, casa seva, casa nostra* i *casa vostra*:

• *On es viu millor: a <u>casa</u> **meva** o a <u>casa</u> **teva**?*
A ~~la meva casa~~ o a ~~la teva casa~~?

C. Absència dels possessius

C.1 No fem servir els possessius per referir-nos a les parts del cos, les peces de roba i els objectes personals, perquè ja sobreentenem qui n'és el posseïdor:

• *El comissari caminava amb les ~~seves~~ mans a les ~~seves~~ butxaques.*
[Les mans i les butxaques són del comissari.]

Tampoc usem els possessius quan la frase conté un pronom que ja indica el posseïdor:

• *<u>Em</u> fa mal el ~~meu~~ peu.*
• *<u>Li</u> han tallat els ~~seus~~ cabells.*

1 [A] La casa dels Smith és un desastre. La dona de fer feines parla amb la família i intenta posar-hi ordre. Completa les respostes amb un possessiu.

0.

—*De qui són aquests mitjons?*
—*Són meus!*

1.

—De qui són aquests llibres?
—Són _____!

2.

—De qui són aquestes joguines?
—Són _____!

3.

—De qui és aquest raspall de dents?
—És _____!

4.

—De qui són aquestes sabatilles?
—Són _____!

5.

—De qui són aquestes factures del veterinari?
—Són _____!

2 [A] Llegeix les frases següents i tria l'opció més adequada:

0. Els meus fills / fills meus *encara no van a l'escola.*

1. On aneu així, *els meus fills / fills meus*?

2. *Mare meva / La meva mare!* Què ha passat aquí?

3. *Mare meva / La meva mare* vindrà aquesta tarda i ens ajudarà a fer el sopar.

4. Voleu que us acompanyem a *casa vostra / la vostra casa*?

5. A *casa meva / la meva casa* està prohibit fumar.

6. A mi m'agraden *les seves novel·les / novel·les seves*.

7. Quantes *les seves novel·les / novel·les seves* has llegit?

3 [B] En Mario intenta llegir el diari però hi ha una mosca que el molesta. Respon les preguntes amb el possessiu *seu* i les expressions de lloc. Escriu totes les combinacions possibles.

On és la mosca emprenyadora?

0. *al costat*
   Al costat seu. / Al seu costat.

1. a prop

_____

3. al damunt

_____

5. al voltant

_____

2. al davant

_____

4. al darrere

_____

6. a sobre

_____

4 [C] Llegeix el relat següent, busca-hi cinc errors de possessius i corregeix-los:

En Matthew estava inconscient enmig d'una platja deserta del Carib. De sobte, va obrir *els seus ulls* plens de sorra i se'ls va fregar amb *les seves mans*. On era *la seva dona*? I *els seus fills*? A la platja no hi havia ningú. Es va intentar incorporar, però va veure que tenia *la seva cama* trencada i li feia un mal terrible. Es va posar a plorar: era l'únic supervivent de l'avió! També va veure que portava *la seva camisa* i *els seus pantalons* bruts de sang i fum. No tenia gaire clar què podia fer sol i ferit en una platja deserta, així que es va posar a mirar el mar i a comptar onades. De cop i volta, li va vibrar *el seu mòbil*. Era *la seva veïna*. Salvat!

0. *els ~~seus~~ ulls*

1. _____

2. _____

3. _____

4. _____

5. _____

Els numerals cardinals

• *Tinc **vint** anys.*

A. Formes: *0-99*

B. Formes: a partir de *100*

C. Escriptura i lectura dels numerals cardinals

■ Usem els numerals cardinals per expressar quantitats exactes.
Els numerals sempre es refereixen a un nom, però els podem fer servir sols quan hem dit el nom abans i no cal repetir-lo:

> • *Falten **tres** setmanes per començar les vacances!*

> —*Quants anys tens?*
> —***Trenta**. I tu?*

A. Formes: *0-99*

A.1 Les formes dels numerals del 0 al 99 són:

0	zero						
1	u, un, una	11	onze	21	vint-i-u	31	trenta-u
2	dos, dues	12	dotze	22	vint-i-dos	32	trenta-dos
3	tres	13	tretze	23	vint-i-tres	33	trenta-tres
4	quatre	14	catorze	24	vint-i-quatre	34	trenta-quatre...
5	cinc	15	quinze	25	vint-i-cinc	40	quaranta
6	sis	16	setze	26	vint-i-sis	50	cinquanta
7	set	17	disset	27	vint-i-set	60	seixanta
8	vuit	18	divuit	28	vint-i-vuit	70	setanta
9	nou	19	dinou	29	vint-i-nou	80	vuitanta
10	deu	20	vint	30	trenta	90	noranta

A.2 Els numerals *un* i *dos* tenen forma masculina o femenina quan acompanyen un nom:

> • ***un** dit,* ***dos** dits*
> • ***una** mà,* ***dues** mans*

La resta de cardinals que contenen *un* i *dos* (*vint-i-un, vint-i-dos, trenta-un, trenta-dos,* etc.) també tenen les formes masculina i femenina, però van sempre en singular:

> • *vint-i-**un** dies, vint-i-**una** setmanes*
> • *vint-i-**un** ~~vint-i-uns~~ nens, vint-i-**una** ~~vint-i-unes~~ nenes*

A.3 Fem servir la forma *u* (i *vint-i-u, trenta-u,* etc.) quan ens referim als números o quan indiquem ordre en una seqüència:

> • *L'u ~~L'un~~ és el meu número preferit.*
> • *Obriu el llibre per la pàgina u ~~un~~.*

A.4 Posem **-i-** entre les desenes i les unitats del 21 al 29:

> • *22: vint-**i**-dos, ~~vint-dos~~*

Només posem un guionet a partir de 30:

> • *34: trenta-quatre, ~~trenta-i-quatre~~*

B. Formes: a partir de *100*

B.1 Les formes dels numerals a partir del 100 són:

100	cent	1000	mil	100 000	cent mil
101	cent u	1001	mil u	200 000	dos-cents mil
102	cent dos...	1002	mil dos...	300 000	tres-cents mil
200	dos-cents	2000	dos mil	1000 000	un milió
300	tres-cents	3000	tres mil	2000 000	dos milions
400	quatre-cents	4000	quatre mil		
500	cinc-cents	5000	cinc mil		
600	sis-cents	6000	sis mil		
700	set-cents	7000	set mil		
800	vuit-cents	8000	vuit mil		
900	nou-cents	9000	nou mil		

 ▪ un bilió = un milió de milions

B.2 El numeral *cent* té les formes masculina i femenina del plural a partir de *dos-cents*:

- *cent homes, **cent** dones*
- ***tres-cents** homes, **tres-centes** dones*

B.3 Amb *milió* i *bilió* fem servir la preposició *de*:

- *un **milió** de persones*
- *un **bilió** de persones*

▪ Si el numeral cardinal amb *milions* o *bilions* conté més xifres, no hi afegim la preposició *de*:
*un **milió** ~~de~~ tres-centes mil persones*
*dos **bilions** ~~de~~ quatre-cents mil habitants*

C. Escriptura i lectura dels numerals cardinals

C.1 Escrivim un guió entre les **desenes** i les **unitats**, i entre les **unitats** i les **centenes** (Desenes-Unitats-Centenes):

- *32: trenta-dos* (D-U-C)
- *400: quatre-cents* (D-U-C)
- *534: cinc-cents trenta-quatre* (D-U-C, D-U-C)
- *2 750: dos mil set-cents cinquanta* (D-U-C)

C.2 Quan ens referim a **números d'ordre**, **adreces** i **dates**, escrivim les quantitats amb xifres:

Darrere de noms quan indiquen ordre: *fila **2**, habitació **324**, pàgina **5***

Adreces: *carrer de Pau Claris, **75***

Dates: ***31** de desembre de **1975***

C.3 Quan llegim els **números de telèfon** i d'**identificació personal** no formem un sol nombre, sinó que els diem d'un en un, de dos en dos o de tres en tres:

- ***93 446 41 89**: noranta-tres, quatre, quaranta-sis, quaranta-u, vuitanta-nou /*
  nou, tres, quatre, quatre, sis, quatre, u, vuit, nou

C.4 Quan llegim els números d'**adreces** i els **anys** fem un sol nombre i no els agrupem:

- *Pau Claris, **375**: tres-cents setanta-cinc, ~~tres setanta-cinc~~.*
- ***1998**: mil nou-cents noranta-vuit, ~~dinou noranta-vuit~~.*

1 [A] Fixa't en les sèries següents i escriu amb lletres el numeral que hi falta:

0. *zero, un, dos, tres, quatre*

1. cinquanta-quatre, vint-i-quatre, cinquanta-cinc, _____

2. onze, dotze, tretze, catorze, _____

3. vint-i-u, trenta-u, vint-i-dos, trenta-dos, vint-i-tres, _____

4. dinou, divuit, disset, _____

5. quaranta, cinquanta, seixanta, _____

6. trenta-tres, quaranta-quatre, cinquanta-cinc, _____

7. vuitanta, setanta, seixanta, _____

8. set, cinc, tres, _____

2 [A] La formiga Mica fa inventari del que ha recollit durant l'estiu per menjar a l'hivern. Reescriu les quantitats amb lletres.

0. *1 castanya: una castanya*

1. 1 pinyó: _____

2. 2 fulles: _____

3. 2 cucs: _____

4. 31 bolets: _____

5. 22 llavors: _____

6. 41 molles de pa: _____

7. 52 insectes: _____

8. 82 cireres: _____

9. 71 avellanes: _____

3 [B] Escriu amb lletres els anys de naixement d'aquests personatges relacionats amb la cultura catalana.

0. *Salvador Dalí (pintor), 1904: mil nou-cents quatre*

1. Antoni Gaudí (arquitecte), 1852: _____

2. Ramon Casas (pintor), 1866: _____

3. Carme Ruscalleda (cuinera), 1952: _____

4. Isabel Coixet (directora de cinema), 1960: _____

5. Mercè Rodoreda (escriptora), 1908: _____

4 [B] Aquestes són les quantitats de diferents productes que hi ha al magatzem d'un banc d'aliments. Reescriu-les amb lletres.

0. *101 paquets de farina: cent un paquets de farina*

1. 100 llaunes de sardines: _____

2. 400 ampolles d'oli: _____

3. 300 paquets de llenties: _____

4. 100 bosses de pèsols: _____

5. 1 000 000 de pots d'olives: _____

6. 2 635 000 bosses de patates fregides: _____

7. 420 rajoles de xocolata: _____

8. 230 capses de galetes: _____

5 [C] Escriu amb paraules els numerals de la fitxa d'un alumne de català. Tingues en compte la manera com els diries oralment.

0. *Any de naixement: 1972 mil nou-cents setanta-dos.*

1. Número de telèfon: 687345566 _____

2. Adreça: c/Balmes, 378 _____

3. Número de passaport: Y234231Z _____

4. Any d'arribada a Catalunya: 2001 _____

5. Nombre de llengües que parla habitualment: 2 _____

23. Els numerals ordinals

• *Visc al 1r 3a.*

A. Formes
B. Usos

A. Formes

A.1 Formes dels numerals ordinals:

Cardinal	Ordinal		Cardinal	Ordinal	
	Masculí	Femení		Masculí	Femení
u	(1r) primer	(1a) primera	sis	(6è) sisè	(6a) sisena
dos	(2n) segon	(2a) segona	set	(7è) setè	(7a) setena
tres	(3r) tercer	(3a) tercera	vuit	(8è) vuitè	(8a) vuitena
quatre	(4t) quart	(4a) quarta	nou	(9è) novè	(9a) novena
cinc	(5è) cinquè	(5a) cinquena	deu...	(10è) desè	(10a) desena

■ Les abreviatures dels ordinals es construeixen amb el número i l'última lletra de la paraula:
novè (9è), novena (9a)

A.2 Per formar el femení i el plural, seguim les regles de flexió de gènere i nombre dels adjectius. A partir del 5, l'ordinal té la terminació *-è, -ena, -ens, -enes*:

• *Aquesta és l'onzena vegada que m'examino del carnet de conduir.*   **7. 8.**▶

B. Usos

B.1 Usem els ordinals per expressar ordre en l'espai i el temps:

• *Visc a la segona planta.* [seqüència d'espai]
• *Ja sé la ruta del viatge a Itàlia! El primer dia anem a Florència, el segon dia visitem Pisa i el tercer dia anem a Roma.* [seqüència de temps]

❗ ■ De vegades, en lloc d'un numeral ordinal, fem servir un cardinal, especialment quan es tracta de xifres altes. En aquests casos podem acompanyar el cardinal amb la paraula *número*:

Vaig a la planta (número) vint-i-dos.
La secció d'electrodomèstics és a la planta (número) setze.

B.2 Fem servir els ordinals per endreçar la informació d'un discurs:

• *En primer lloc / Primer, no m'agraden els arguments del senyor Gimeno; en segon lloc / segon...*

B.3 Utilitzem els ordinals per fer referència a esdeveniments, aniversaris i classificacions:

• *Ja t'has apuntat al IV Congrés de Solters de Barcelona?* (*quart* congrés).
• *L'escola Proa celebra el XXX aniversari* (*trentè* aniversari).
• *El Vilanoveta Futbol Club va quedar en 11è lloc a la classificació* (*onzè* lloc).

Exercicis

1 [A] Completa els grups següents amb l'ordinal més adequat. Afegeix-hi també *el, la, els, les*.

0. *la setena part* (setè, setena, setens, setenes)

1. _____ eleccions (*vuitè, vuitena, vuitens, vuitenes*)

2. _____ plats (*segon, segona, segons, segones*)

3. _____ generacions (*tercer, tercera, tercers, terceres*)

4. _____ vegada (*primer, primera, primers, primeres*)

5. _____ premis (*cinquè, cinquena, cinquens, cinquenes*)

6. _____ participants (*quart, quarta, quarts, quartes*)

7. _____ parada (*sisè, sisena, sisens, sisenes*)

2 [A] Observa la taula de classificació de la lliga de futbol i respon les preguntes amb un ordinal.

1. Badalona (40 punts)	5. Alcoià (28 punts)	9. Dénia (21 punts)
2. Sant Andreu (38 punts)	6. Ontinyent (26 punts)	10. Sant Adrià (20 punts)
3. Barcelona Atlètic (33 punts)	7. Benidorm (24 punts)	
4. *Mallorca B* (30 punts)	8. *Oriola* (23 punts)	

0. *Quina posició ocupa l'Oriola? Ocupa* la vuitena *posició.*   *Quin lloc ocupa el Mallorca B? Ocupa* el quart *lloc.*

1. Quina posició ocupa el Sant Andreu ? Ocupa _____ posició.

2. Quin lloc ocupa el Badalona? Ocupa _____ lloc.

3. Quina posició ocupa el Dénia? Ocupa _____ posició.

4. Quin lloc ocupa el Benidorm? Ocupa _____ lloc.

5. Quin lloc ocupa el Barcelona Atlètic? Ocupa _____ lloc.

6. Quina posició ocupa l'Alcoià? Ocupa _____ posició.

7. Quina posició ocupa l'Ontinyent? Ocupa _____ posició.

8. Quin lloc ocupa el Sant Adrià? Ocupa _____ lloc.

3 [B] Observa les ofertes dels grans magatzems Ris Vall i completa els anuncis de megafonia amb un ordinal o un cardinal.

75 % de descomptes en roba interior femenina amb tares *Planta 4*	*Descompte del 10 % en articles de papereria* *Planta 16*	*Val de 20 € per la compra d'una cafetera* *Planta 11*	*Descomptes del 30 % en abrics de dona* *Planta 15*
Descomptes del 50 % en roba d'esport *Planta 12*	*Una ampolla de perfum de regal per la compra d'una crema de nit antiarrugues* *Planta 5*	*2 × 1 en sabates d'home* *Planta 3*	*3 × 2 en hamburgueses* *Planta 8*

0. *Aprofiteu l'ocasió! Setanta-cinc per cent de descompte en roba interior femenina amb tares. Ho trobareu a* la quarta planta / la planta quatre.

1. Voleu un val de vint euros? Doncs compreu una cafetera nova a _____ / _____ dels nostres magatzems.

2. Atenció! Oferta incomparable de dos per un en sabates d'home a _____ / _____ .

3. No us perdeu els descomptes en roba d'esport de _____ / _____ .

4. Si demanes dues hamburgueses, te'n regalem una altra. Oferta al restaurant de _____ / _____ .

5. Et vols comprar un abric? Aprofita les nostres ofertes en moda femenina. Les trobaràs a _____ / _____ .

6. Si vols gaudir d'un deu per cent de descompte en articles de papereria, vine a _____ / _____ .

7. Compra una crema de nit antiarrugues i et regalem una ampolla de perfum. Trobaràs aquesta oferta a _____ / _____ .

4 [B] L'Andreu és un periodista que treballa a la ràdio, a la secció d'informatius. Ajuda'l a completar les notícies amb un ordinal a partir de les notes següents.

0. *II Trobada de puntaires a Reus*	3. X aniversari de la mort de Johan Clams
1. VII Congrés d'Art Medieval Català a Ripoll	4. V Trobada d'Escriptors de Novel·la Negra, Girona
2. Final del IV Trofeu de la lliga local de futbol	5. Accident de Joseph Perpignan, 9a posició en el Tour de França

0. *Demà se celebra la* segona *trobada de puntaires a Reus.*

1. Avui comença a Ripoll el _____ Congrés d'Art Medieval Català.

2. La final del _____ Trofeu de la lliga local de futbol es disputarà al camp del Carmel FC.

3. Ahir es va fer un acte al centre cívic La Pau per commemorar el _____ aniversari de la mort del líder pacifista Johan Clams.

4. Aquesta setmana se celebra a Girona la _____ Trobada d'Escriptors de Novel·la Negra.

5. El ciclista Joseph Perpignan és víctima d'un accident i passa a la _____ posició del Tour de França.

24. Altres numerals

*• el **doble** d'entrades, un **parell** de pantalons*

A. Numerals multiplicatius
B. Numerals fraccionaris
C. *Mig, mitja i meitat*
D. Numerals col·lectius

A. Numerals multiplicatius

A.1 Usem els numerals multiplicatius (*doble, triple*) per multiplicar coses i qualitats:

- *Amb sabó Polidet, el **doble** de net.* [Multipliquem per 2 la qualitat de net.]
- *Jo tinc el **triple** de monedes que tu.* [Tu tens 3 monedes i jo, 9.]

Amb els multiplicatius usem l'estructura *el + doble / triple + de + nom / adjectiu*:

- *Hi havia **el doble de** persones.*

A.2 També podem fer servir *dos, tres, quatre... vegades / cops més*. Aquesta estructura s'utilitza sobretot amb quantitats superiors al triple:

- *Aquest vi és **quatre vegades més** barat perquè està d'oferta.*

B. Numerals fraccionaris

B.1 Utilitzem els numerals fraccionaris per expressar parts d'una unitat (*1/2, 1/3*, etc.):

2	meitat	*La **meitat** del sou és per al lloguer del pis.*	
3	terç	*Un **terç** del sou és per al lloguer del pis.*	
4	quart	*Un **quart** del sou és per al lloguer del pis.*	

B.2 Amb els numerals fraccionaris usem l'estructura *determinant + numeral fraccionari + de + nom*:

- ***La meitat de** la classe ha aprovat.*
- ***Un terç de** la classe ha aprovat.*

B.3 Per a fraccions superiors a *un quart*, usem *una cinquena, sisena... part*:

- *Faig règim. Només menjaré **una cinquena part** de la pizza.*

B.4 Usem el plural dels numerals fraccionaris quan ens referim a més d'una part:

- ***Dos terços de** la població tenen la grip.*

> **!**
> ■ Fem servir *dos quarts* i *tres quarts* quan ens referim a les hores:
> *Tornaré entre **dos quarts** i **tres quarts de** quatre.*

C. *Mig, mitja i meitat*

C.1 Per expressar la meitat d'un nom **comptable** també usem l'adjectiu *mig / mitja*:

- *Posa'm **mitja** botifarra.* = *Posa'm la **meitat** de la botifarra.*
- *Viureu **mig** any a Brasília?*

Per fraccionar noms **no comptables** només usem *meitat*:

- *Afegiu ~~mitja~~ aigua a la cassola.*
- *Afegiu la **meitat** de l'aigua a la cassola.*

C.2 *Mig* pot modificar adjectius i significa 'una mica': • *Estava **mig** adormida.* [una mica adormida]

C.3 Usem *mig / mitja* i *meitat* amb la preposició *a* per referir-nos al punt central en el temps o l'espai:

- **A mitja** *pel·lícula /* **A la meitat de** *la pel·lícula
  vaig marxar perquè em trobava malament.*
  [punt central en el temps]

- *Ens pararem* **a mig** *camí /* **a la meitat del** *camí per descansar.*
  [punt central en l'espai]

D. Numerals col·lectius

D.1 Fem servir els numerals col·lectius per parlar d'un conjunt d'elements que formen un grup:

2	parell	*Necessito un* **parell** *de sabates.* [dos elements que formen un conjunt]
10	desena	*Hi havia una* **desena** *de persones.* [deu persones que formen un conjunt]
12	dotzena	*Vull una* **dotzena** *d'ous.* [dotze elements que formen un conjunt]
15	quinzena	*Fem vacances la primera* **quinzena** *de juliol.* [dues setmanes seguides d'un mes]
20, 30, 40...	vintena, trentena, quarantena...	*Hi havia una* **vintena / trentena / quarantena**... *de persones.* [aproximadament vint / trenta / quaranta... persones]
100	centenar	*Hi havia un* **centenar** *de persones.* [aproximadament cent persones]
1000	miler	*Hi havia un* **miler** *de persones.* [aproximadament 1000 persones]

Els col·lectius de 10, 12, 15, 20, 30, 40, 50, 60, 70, 80 i 90 tenen la forma femenina de l'ordinal. En canvi els col·lectius de 2, 100 i 1000 són formes masculines que no provenen dels ordinals:

- una **desena**, una **dotzena**, una **quinzena**...
- un **parell**, un **centenar**, un **miler**

A partir de 20 usem els numerals col·lectius per parlar de quantitats aproximades:

- *A l'acte hi havia una* **trentena** *de persones.* [aproximadament trenta persones]

D.2 Amb els col·lectius usem l'estructura *article + col·lectiu + de + nom*:

- *A l'acte hi havia una* **trentena** *de persones.*

Exercicis

1 [A] En Damià Més sempre vol superar el que fan o diuen els altres. Completa les frases que diu amb un multiplicatiu.

0. —*La meva ploma val 250 euros.*
   —*Doncs la meva val* el doble*: 500 euros.*

1. —*Jo guanyo 2000 euros al mes.*
   —*Doncs jo guanyo* _____ *: 6000 euros.*

2. —*El meu cotxe costa 22000 euros.*
   —*Doncs el meu és* _____ *car: costa 88000 euros!*

3. —*El meu apartament a la Molina costa 100000 euros.*
   —*Uf, doncs la meva casa a Baqueira val* _____ *, 300000 euros, perquè té piscina, banyera d'hidromassatge i jardí.*

4. —*El meu bany fa 10 m².*
   —*Doncs el meu és* _____ *gran. Fa 20 m² i té una cabina de sauna a dins.*

2 [B i C] Vas a un mercat municipal i demanes parts dels productes dibuixats. Completa les frases amb numerals fraccionaris.

0. *Posi'm la meitat d'un meló, sisplau.*

1. Posi'm _____ quilo de cireres.

2. Posi'm _____ síndria.

3. Posi'm _____ del formatge.

4. Voldria _____ lluç.

5. Em pot posar _____ botifarra?

6. Necessito _____ carabassa.

7. Voldria _____ pastís.

3 [C] Llegeix les frases següents i subratlla l'opció més adequada. En algun cas són possibles totes dues.

0. *Per fer un pastís de formatge barregem* la meitat de la llet / *mitja llet amb una mica de mantega.*

1. No em trobo gaire bé, estic *la meitat refredada / mig refredada*.

2. Ahir una alumna es va posar a plorar *a mitja classe / a la meitat de la classe*.

3. Avui *la meitat de la classe / mitja classe* no ha vingut perquè hi ha una passa de grip.

4. He rebut una trucada molt estranya *mig matí / a mig matí*.

5. M'he passat *mig matí / a mig matí* netejant els vidres del menjador.

6. Per fer crema catalana ratllem *mitja llimona / la meitat d'una llimona*.

7. Per fer pa de pessic barregem *mitja farina / la meitat de la farina* amb una mica de llevat.

4 [D] Substitueix les quantitats de les frases següents per numerals col·lectius:

0. —*Al camp de futbol hi havia* aproximadament 1000 persones.

   —*Al camp de futbol hi havia un miler de persones.*

1. —Vindré al sopar amb *dos amics*.

   —Vindré al sopar amb _____.

2. —Voldria *dotze ous frescos*.

   —Voldria _____.

3. —Al casament del meu germà van venir *aproximadament cent convidats*.

   —Al casament del meu germà van venir _____.

4. —Aquest mes treballarem *els primers quinze dies* des de casa i *els segons quinze dies* des de l'oficina.

   —Aquest mes treballarem _____ des de casa i _____ a l'oficina.

5. —A la reunió de l'escala hi havia *aproximadament trenta veïns* molt enfadats amb el president.

   —A la reunió de l'escala hi havia _____ molt enfadats amb el president.

6. —Els hàmsters han tingut *aproximadament vint cries*. I ara què fem amb tants animalons?

   —Els hàmsters han tingut _____. I ara què fem amb tants animalons?

25. Els quantitatius

• *Tenim **molts** amics.*

A. Gradació de significat
B. Formes
C. Adverbis quantitatius
D. Superlatiu absolut
E. Altres expressions de quantitat

■ Usem els quantitatius per expressar quantitats imprecises:

• *Avui hi ha **pocs** <u>clients</u> perquè és festa.*
[quantitat escassa, sense especificar-ne la xifra exacta]

A. Gradació de significat

A.1 Amb els noms comptables usem els quantitatius següents:

*Hi ha **massa** maduixes.*

*Hi ha **moltes** maduixes.*

*Hi ha **bastantes / força** maduixes.*

*Hi ha **poques / unes quantes** maduixes.*
<u>No</u> hi ha **gaires** maduixes.

<u>No</u> hi ha **cap** maduixa.

A.2 Amb els noms incomptables usem els quantitatius següents:

*Hi ha **massa** vi.*

*Hi ha **molt** vi.*

*Hi ha **bastant / força** vi.*

*Hi ha **poc / una mica de** vi.*
<u>No</u> hi ha **gaire** vi.

<u>No</u> hi ha **gens de** vi.

`1. 26. 28.` ▶

B. Formes

B.1 Les formes dels quantitatius són:

Quatre formes			
Masculí singular	Femení singular	Masculí plural	Femení plural
molt sucre	**molta** farina	**molts** homes	**moltes** dones
bastant sucre	**bastanta** farina	**bastants** homes	**bastantes** dones
poc sucre	**poca** farina	**pocs** homes	**poques** dones

Dues formes	
Masculí singular i femení singular	Masculí plural i femení plural
no gaire sucre, farina	**no gaires** homes, dones
	uns quants homes · **unes quantes** dones

Una forma
massa *sucre, farina, homes, dones*
força *sucre, farina, homes, dones*
prou *sucre, farina, homes, dones*
una mica de *sucre, farina*
gens de *sucre, farina*
cap *home, dona*

Per als quantitatius de quatre formes i per als de dues, usem el plural amb els noms comptables i el singular amb els incomptables:

- *A la granja hi havia* **moltes** <u>gallines</u> *i* **uns quants** <u>xais</u>.
- *Per a aquesta feina necessites* **molta** <u>paciència</u>, *però* **no gaire** <u>experiència</u>.

> ■ En un registre col·loquial sovint usem les formes plurals *masses, forces* i *prous*: *Escolta, noi! Dius* **masses** <u>bestieses</u>, *tu!*

Gens i *una mica* sempre van seguits de la preposició *de*. En canvi, amb els quantitatius *molt* i *bastant* la preposició *de* és opcional:

- *Voldria* **una mica** <u>de</u> *cafè, però sense* **gens** <u>de</u> *sucre.*
- *Voldria* **molt** (<u>de</u>) *cafè amb* **bastant** (<u>de</u>) *sucre.*

Els quantitatius *gaire*, *cap* i *gens*, quan tenen valor negatiu, els usem amb *no*:

- <u>No</u> *tinc* **gaire** *temps i per això* <u>no</u> *faig* **gens** *d'esport.* **28.**▶

> **!** ■ En oracions interrogatives i condicionals, *cap* és equivalent a *algun*: *Té* **cap** *possibilitat de guanyar?* = *Té alguna possibilitat de guanyar?*

C. Adverbis quantitatius

C.1 Podem usar els quantitatius per modificar un verb, un adjectiu o un adverbi. Els adverbis quantitatius són invariables (masculí singular):

Verb	Adverbi		Verb	Adverbi	Adjectiu / Adverbi
plou	**massa** **molt** **bastant / força** **prou** **una mica / poc**		*és*	**massa** **molt** **bastant / força** **prou** **una mica / poc**	*exigent* *lluny*
no plou	**gaire** **gens**		*no és*	**gaire** **gens**	

D. Superlatiu absolut

D.1 Quan volem expressar que una qualitat es manifesta amb molta intensitat, usem els adjectius o adverbis acabats en *-íssim, -íssima, -íssims, -íssimes*:

- *En Pau és* **altíssim**. [Expressem de manera molt intensa la qualitat de ser alt.]

D.2 Els adjectius acabats en *-íssim, -íssima, -íssims, -íssimes* concorden en gènere i nombre amb el nom que acompanyen:

- <u>un examen</u> **dificilíssim**
- <u>una prova</u> **dificilíssima**

D.3 Afegim la terminació *-íssim, -íssima, -íssims, -íssimes* als **adjectius** i a alguns **adverbis**:

Adjectiu o adverbi	Terminació *-íssim, -íssima, -íssims, -íssimes*
acabats en vocal	Substituïm la vocal per les terminacions: *pobre: pobríssim, pobríssima, pobríssims, pobríssimes* *còmode: comodíssim, comodíssima, comodíssims, comodíssimes*
acabats en consonant	Hi afegim les terminacions: *fàcil: facilíssim, facilíssima, facilíssims, facilíssimes* *lluny: llunyíssim* *tard: tardíssim*
acabats en *-ble*	Substituïm la terminació *-le* per *-ilíssim, -ilíssima, -ilíssims, -ilíssimes*: *amable: amabilíssim, amabilíssima, amabilíssims, amabilíssimes* *fiable: fiabilíssim, fiabilíssima, fiabilíssims, fiabilíssimes*
acabats en: *-au, -eu, -iu, -ou* *-c* *-g* vocal tònica	Canvis ortogràfics: Adjectius acabats en vocal + *u: nou: novíssim, novíssima, novíssims, novíssimes* Adjectius acabats en *-c: poc: poquíssim, poquíssima, poquíssims, poquíssimes* Adjectius acabats en *-g: llarg: llarguíssim, llarguíssima, llarguíssims, llarguíssimes* Adjectius acabats en vocal tònica: *ple: pleníssim, pleníssima, pleníssims, pleníssimes*

E. Altres expressions de quantitat

E.1 Algunes expressions de quantitat equivalen a un quantitatiu:

	Noms comptables	Noms incomptables
molt	**un munt de** problemes **una pila de** llibres	**un munt de** paciència
bastant, força	**una colla d'**amics **un grapat de** caramels	**un grapat de** sorra
poc, una mica		**un pessic de** sal **un raig d'**oli [només amb líquids]
gens		**(gens) ni mica de** talent **gota de** gràcia [líquids i noms abstractes]

Exercicis

1 **[A]** La Loli està comprant a les parades del mercat. Llegeix les frases que diu i marca la interpretació més adequada.

0. *Ui, què fas! Em poses massa patates!*
   a. La Loli vol més patates.
   b. La Loli vol menys patates. X

1. Avui tinc gent a sopar; posa'm *uns quants* talls de carn.
   a. La Loli necessita alguns talls de carn, no gaires. _____
   b. La Loli necessita molts talls de carn. _____

2. No vull *gaire* pa, que després me'n sobra.
   a. La Loli necessita poc pa. _____
   b. La Loli necessita força pa. _____

3. *No em posis cap* magdalena, que encara en tinc.
   a. La Loli vol poques magdalenes. _____
   b. La Loli no vol magdalenes. _____

4. Voldria *molt* julivert, que vull fer una salsa verda.
   a. La Loli vol una quantitat abundant de julivert. _____
   b. La Loli vol una quantitat escassa de julivert. _____

5. Necessito *força* farina perquè faré un pastís per a vuit persones.
   a. La Loli necessita bastanta farina. _____
   b. La Loli necessita poca farina. _____

6. Tens aquelles galetes que *no* porten *gens de* sucre? És que ara faig règim.
   a. La Loli vol galetes amb poc sucre perquè fa règim. _____
   b. La Loli vol galetes sense sucre. _____

7. Avui posa'm *pocs* ous, que encara en tinc de la setmana passada.
   a. La Loli no vol cap ou. _____
   b. La Loli només vol alguns ous, no gaires. _____

2 [B] Completa la graella següent amb les formes que hi falten. Tingues en compte que en alguns casos no podràs omplir les quatre caselles.

	cafè	carn	plàtans	taronges
0.	*molt cafè*	*molta carn*	*molts plàtans*	*moltes taronges*
1.	massa			
2.	bastant			
3.		gens de		
4.	una mica de			
5.			uns quants	
6.		poca		
7.			força	
8.	prou			
9.			no gaires	

Quins quantitatius usem només amb noms incomptables? Quins quantitatius usem només amb noms comptables?

3 [A i B] La Carme està preocupada per un alumne seu i escriu un correu electrònic al psicòleg de l'escola perquè l'ajudi. Completa el text amb els quantitatius del requadre i fes la concordança del quantitatiu amb el nom quan calgui.

uns quants (3)	poc (2)	gaire	cap	gens

●○○   El cas d'en Marc

Benvolgut Sebastià,

Sóc la tutora d'en Marc. Ja t'he escrit (0.) *unes quantes* vegades per parlar-te'n. Estic preocupada perquè el seu cas no millora. No fa (1.) _____ dies em va venir a veure perquè (2.) _____ nois l'havien amenaçat a l'hora de pati. La veritat és que no té (3.) _____ amic i sempre està sol. Tampoc no s'esforça (4.) _____ per relacionar-se amb la gent i en (5.) _____ ocasions parla amb els companys de classe. A més, sembla que té (6.) _____ caràcter, i això el perjudica. Jo ja no sé què fer per integrar-lo, i (7.) _____ companyes m'han dit que parli amb tu. Em pots donar algun consell?

Moltes gràcies,
Carme

4 [C] Observa els dibuixos i completa les frases amb l'adverbi quantitatiu adequat.

0. *Fuma* poc / una mica.

1. Fuma _____.

2. Fuma _____.

3. L'aigua és _____ calenta.

4. L'aigua no és _____ calenta.

5. L'aigua és _____ calenta.

6. L'examen no està _____ bé.

7. L'examen està _____ bé.

8. L'examen està _____ bé.

9. L'examen no està _____ bé.

5 [D] Llegeix les frases següents i canvia la part destacada per un adjectiu o adverbi del requadre en forma superlativa:

bo	intel·ligent	car	còmode	tard	llarg	lluny	pobre

0. —*Aquest pa és deliciós. On l'heu comprat?*

   —*Aquest pa és* boníssim.

1. —El president fa uns discursos *que no s'acaben mai!*

   —El president fa uns discursos _____.

2. —Aquestes galetes *valen molts diners*. On les has comprades?

   —Aquestes galetes són _____.

3. —La regió de Nuràbia és *molt i molt pobra*.

   —La regió de Nuràbia és _____.

4. —El Sergi només té tres anys i ja llegeix i escriu perfectament. *Té una intel·ligència sorprenent.*

   —El Sergi és _____!

5. —Aquestes cadires són *tan còmodes!*

   —Aquestes cadires són _____!

6. —Voleu anar caminant fins al mar? Però si és *massa lluny!*

   —Però si és _____!

7. —Sabeu quina hora és? Són les tres de la matinada! S'ha fet *molt tard!*

   —S'ha fet _____!

6 [E] Canvia els quantitatius de les oracions següents per una expressió de quantitat del requadre. Les expressions es poden repetir.

un munt de	una pila de	un pessic de	un raig de	una colla de	gota de	un grapat de	gens ni mica de

0. *Tenim* molts / un munt de / una pila de / una colla de / un grapat de *dubtes sobre si volem un altre fill.*

1. He mirat a la nevera i no hi queda *gens de* _____ vi. En pots comprar?

2. Pots decorar el plat posant-hi *una mica de* _____ julivert per sobre.

3. Fa *molt* _____ temps que no veig en Carles.

4. Posa *una mica de* _____ vinagre a l'amanida.

5. Aquesta pel·lícula de terror no fa *gens de* _____ por.

6. Els Pérez tenen *molts* _____ problemes amb els veïns de dalt.

26. Contrast entre quantitatius

• molt o massa? poc o una mica?

A. Bastant, força o prou?

B. Poc, una mica, no gaire o uns quants?

C. Altres contrastos

A. Bastant, força o prou?

A.1 Usem *bastant* i *força* per parlar d'una quantitat abundant inferior a *molt*. Els dos quantitatius són equivalents:

- *Hi ha **bastanta** gent a la platja. = Hi ha **força** gent a la platja.*

A.2 Utilitzem *prou* per indicar una quantitat que considerem suficient respecte d'un límit que marquem. Amb *bastant* o *força* no marquem cap límit, només expressem una quantitat situada entre molt i poc:

- *El pa de pessic està **bastant** fred, però encara no es pot menjar.*
  [Diem la temperatura del pa de pessic.]

- *El pa de pessic està **prou** fred, ja es pot menjar.*
  [Diem que el pa de pessic està suficientment fred per menjar.]

En frases negatives substituïm *bastant* per *gaire*. En canvi, *prou* no canvia:

- *El pa de pessic no està ~~bastant~~ **gaire** fred, però ja es pot menjar.*
- *El pa de pessic no està **prou** fred i encara no es pot menjar.*

B. Poc, una mica, no gaire o uns quants?

B.1 Fem servir *poc* i *una mica* per referir-nos a una quantitat escassa amb noms incomptables. Usem *poc* quan tenim una percepció negativa de la quantitat i *una mica* quan la percepció és positiva:

- *Avui hi ha **poc** públic a la sala.*
- *Avui hi ha **una mica de** públic a la sala.*

B.2 Usem *pocs* i *uns quants* per referir-nos a una quantitat escassa amb noms comptables. Usem *pocs* o *poques* quan tenim una percepció negativa de la quantitat, i *uns quants* o *unes quantes* quan la percepció és positiva:

- *Avui hi ha **poques** persones a la sala.* [visió negativa de la quantitat]
- *Avui hi ha **unes quantes** persones a la sala.* [visió positiva de la quantitat]

B.3 Fem servir *poc* i *no gaire* per parlar d'una quantitat escassa. Els dos quantitatius són equivalents:

- *La Thelma té **poc** talent amb la guitarra. = La Thelma **no** té **gaire** talent amb la guitarra.*
  [noms incomptables]
- *Avui tinc **poques** clientes a la perruqueria. = Avui **no** tinc **gaires** clientes a la perruqueria.*
  [noms comptables]

C. Altres contrastos

C.1 Usem *molt* per indicar una quantitat abundant, mentre que amb *massa* expressem una quantitat en excés i, per tant, hi donem un sentit negatiu:

- *Hi ha **molta** gent al cine.*
  [La sala és plena.]
- *Hi ha **massa** gent al cine.*
  [Hi ha més persones que seients.]

C.2 Utilitzem *gens* per parlar de la quantitat zero, mentre que amb *no gaire* expressem una quantitat per sobre de zero i és sinònim de *poc*:

- *No queda **gens** de formatge.* [No n'hi ha.]
- *No queda **gaire** formatge.* [En queda poc.]

Exercicis

1 [A] Completa les oracions següents amb *bastant/força* o *prou*:

0. *El cotxe no està prou net. Torna'l a rentar.*
1. Aquest vi és _____ car perquè és d'una collita especial.
2. Necessito impressionar la meva xicota i aquest anell no em sembla _____ car.
3. A la biblioteca tenim _____ novel·les de ciència-ficció, no cal comprar-ne més.
4. A la biblioteca tenim _____ novel·les de ciència-ficció.
5. Avui ja hem treballat _____. Pleguem?
6. Avui hem treballat _____, però encara no hem acabat i no podem plegar.
7. Tu creus que hem comprat _____ menjar per al sopar d'aquest vespre?
8. Trobo que has comprat _____ menjar al supermercat. Quant t'ha costat tot això?

2 [B] La Fina ensenya el seu pis nou a la seva amiga Paula. Està molt contenta amb la compra perquè li agrada molt el pis, però a la Paula no li agrada gens. Llegeix les frases següents i escriu el nom de la persona que les diu:

0. *Té poca llum exterior.* Paula

1. Té *una mica* d'espai exterior per posar-hi plantes. _____
2. Té *poc* espai exterior i no hi cap res. _____
3. Té *pocs* armaris. _____
4. Té *uns quants* armaris. _____
5. En aquesta habitació entra *una mica* de claror. _____
6. En aquesta habitació entra *poca* claror. _____
7. Té *pocs* endolls. _____
8. Te *uns quants* endolls. _____

Reescriu les crítiques de la Paula fent servir *no gaire*:

Té poca llum exterior.   *No té gaire llum exterior.*
9. _____
10. _____
11. _____
12. _____

3 [C] Aquest és el rebost dels López. Mira els dibuixos i completa la llista amb *gens de* o *gaire*.

0. *No hi ha gens de tonyina.*
1. No hi ha _____ sucre.
2. No hi ha _____ farina.
3. No hi ha _____ cafè.
4. No hi ha _____ arròs.
5. No hi ha _____ llet.
6. No hi ha _____ oli.
7. No hi ha _____ sal.

oli sucre farina cafè llet arròs tonyina sal

4 [C] Relaciona cada frase de l'esquerra amb la interpretació més adequada.

0. *La parella de la meva mare és molt jove.*
   a. Opino que la diferència d'edat és un problema.
1. La parella de la meva mare és massa jove.
   b. *Constato que la diferència d'edat és gran.*
2. La meva companya de pis xerra molt i tenim llargues converses.
   a. Parla en excés i no m'agrada.
3. La meva companya de pis xerra massa.
   b. Parla en abundància, però això no és un problema.
4. Treballes molt. Deus tenir un bon sou.
   a. L'esforç és vist com una cosa positiva.
5. Treballes massa i acabaràs malament.
   b. L'esforç és vist com una cosa negativa.
6. Estàs molt prima. Que has fet dieta?
   a. La pèrdua de pes és vista com una cosa negativa.
7. Estàs massa prima! Que estàs malalta?
   b. La pèrdua de pes és vista com una cosa positiva.

27. Els indefinits

• Tenim **alguns** problemes.

A. Usos

B. Formes

C. Un altre o l'altre?

D. Pronoms indefinits

■ Usem els indefinits per referir-nos a una quantitat de persones, coses o fets que formen part d'un conjunt.

> • El jutge va interrogar **cadascun** dels acusats.
> [Seleccionem tots els membres del conjunt dels acusats, un per un.]

A. Usos

A.1 Usem els indefinits per seleccionar els membres que formen un grup:

Seleccionem la totalitat	Seleccionem una part de la totalitat	Seleccionem individualment els elements de la totalitat	Seleccionem un element del conjunt, tant és quin
tots els actors de la companyia	**uns** actors **alguns** actors **diversos** actors **diferents** actors	**cada** actor **cadascun** dels actors **cada un** dels actors	**qualsevol** actor

> ✎ ■ Si utilitzem *qualsevol*, *diferents* o *diversos* darrere del nom, el significat canvia:
>
> Això ho pot fer un treballador **qualsevol**. [un treballador no gaire qualificat]
> Això ho pot fer **qualsevol** treballador. [tant és quin treballador]
> S'han queixat treballadors **diversos / diferents**. [treballadors de sectors diferents, per exemple]
> S'han queixat **diversos / diferents** treballadors. [uns quants treballadors]

A.2 Fem servir *algun*, *alguna*, *alguns*, *algunes* amb noms comptables. En singular fan referència a una quantitat **molt** escassa (un o més d'un) i en plural, a una quantitat escassa:

> • Ja arriba el bon temps, he vist **algun** turista a la platja. [quantitat molt escassa: un o dos turistes]
> • Avui hi havia **alguns** turistes al centre de la ciutat. [quantitat escassa]

B. Formes

B.1 Les formes dels indefinits són:

	Masculí singular	Femení singular	Masculí plural	Femení plural
Quatre formes	**un** poble	**una** ciutat	**uns** pobles	**unes** ciutats
	un altre / **l'altre** poble	**una altra /** **l'altra** ciutat	**uns altres /** **els altres** pobles	**unes altres /** **les altres** ciutats
	tot el poble	**tota la** ciutat	**tots els** pobles	**totes les** ciutats
	algun poble	**alguna** ciutat	**alguns** pobles	**algunes** ciutats

	Masculí singular	Femení singular	Masculí plural	Femení plural
Dues formes	*cada un* dels pobles	*cada una* de les ciutats		
	cadascun dels pobles	*cadascuna* de les ciutats		
			diversos pobles	*diverses* ciutats

> ■ Usem *cada un* i *cadascun* seguits d'un nom en plural:
> *Hi haurà un obsequi per a **cadascun** dels <u>assistents</u>.*

	Masculí singular	Femení singular	Masculí plural	Femení plural
Una forma	*cada* poble	*cada* ciutat		
	qualsevol poble	*qualsevol* ciutat		
			diferents pobles	*diferents* ciutats

> ■ *Cada* és l'únic indefinit que no pot anar amb el nom elidit:
> *No patiu, hi ha un regal per a <s>Ø</s> / **cada** <u>convidat</u>.*
> *No patiu, hi ha un regal per a **cadascun**.* [dels convidats]
>
> **29.** ▶

C. *Un altre* o *l'altre*?

C.1 Amb *altre* precedit de l'article definit seleccionem una persona o una cosa ja **identificada** per l'oient que és diferent, però de la mateixa categoria:

- *Aquest diccionari és molt car. **L'altre** és més barat.*
  [Es refereix a un diccionari concret que té un preu inferior.]

C.2 Amb *altre* precedit de l'article indefinit afegim una persona o una cosa **no identificada** per l'oient que és diferent, però de la mateixa categoria:

- *Aquest diccionari és molt car, no en té **un altre**?*
  [El client vol un producte no identificat de preu inferior però dins la categoria de diccionaris.]

També usem *un altre* quan fem referència a una persona o una cosa que és igual a la que acabem de mencionar:

- *Aquest diccionari està molt bé. No en té **un altre**?* [un diccionari igual que l'anterior]

> ■ Fem servir *l'altre dia* per parlar d'un dia concret del passat recent, mentre que *un altre dia* sol fer referència a un dia no concret del futur:
> *Saps què em <u>va passar</u> l'**altre** <u>dia</u>?* [Fa uns quants dies.]
> *<u>Anirem</u> a Palamós **un altre** <u>dia</u>.* [Més endavant, però no sabem quin dia.]

> ■ Usem *els altres* per parlar dels elements que queden d'un grup. És equivalent a *la resta*:
> *Tinc uns quants exàmens sobre la taula. Algú sap on són **els altres**?* [Els exàmens que falten del conjunt.]
>
> **11. 12.** ▶

D. Pronoms indefinits

D.1 Les formes i usos dels pronoms indefinits són:

Coses	*M'agrada* **tot**. [el conjunt de les coses]	*M'agrada* **alguna cosa**. [una part del conjunt de les coses]	*No m'agrada* **res**. [cap cosa de tot el conjunt]
Persones	 **Tothom** *porta gorra.* [totes les persones del grup]	**Algú** *porta gorra.* [una part de les persones del grup]	 **Ningú** *porta gorra.* [cap persona del grup]

D.2 Utilitzem *algú* per parlar d'una persona no identificada i *alguna cosa* per parlar d'objectes o conceptes no identificats:

- **Algú** *t'ha trucat aquest matí.*
  [Ha trucat una persona que el parlant no coneix.]
- *Tinc* **alguna cosa** *a l'esquena? És que em fa mal...*

> ■ La forma *algo* no és normativa, però és freqüent en un registre col·loquial oral: *Et passa* **algo** (**alguna cosa**)?

> ■ En les oracions interrogatives i condicionals, també podem utilitzar *res* com a equivalent de *alguna cosa*:
> *Vol* **res** *més? =* *Vol* **alguna cosa** *més?*
> *Si necessites* **res** *més, truca. = Si necessites* **alguna cosa** *més, truca.*

D.3 *Cadascú* i *cada u* són pronoms que identifiquen individualment les persones d'un grup:

- **Cadascú / Cada u** *ha de portar alguna cosa per menjar.*
  [Cada persona del grup ha de dur alguna cosa per menjar.]

Exercicis

1 [B] Completa la graella següent amb les formes dels indefinits que hi falten. Tingues en compte que en alguns casos no podràs omplir les quatre caselles.

	pis	casa	pisos	cases
0.	*algun pis*	*alguna casa*	*alguns pisos*	*algunes cases*
1.	qualsevol pis			
2.				diferents cases
3.		cada casa		
4.	un altre pis			
5.			diversos pisos	
6.				cada una de les cases
7.		una casa		
8.	l'altre pis			
9.			cadascun dels pisos	
10.		tota la casa		

2 [B] Llegeix les preguntes següents i relaciona cada resposta amb la interpretació adequada:

0. —*Qui vindrà al casament?*
   a. —*Tots els companys de feina de l'Albert.* ————————→ a. *Vindrà la totalitat del personal.*
   b. —*Alguns companys de feina de l'Albert.* ————————→ b. *Vindrà part del personal.*

1. —Qui ha portat aquest paquet?
   a. —Uns alumnes de tercer.
   b. —Algun alumne de tercer.

   a. Un alumne de tercer.
   b. Diversos alumnes de tercer.

2. —Com es faran les eleccions a president?
   a. —Cada un dels socis presentarà un candidat.
   b. —Diversos socis presentaran un candidat.

   a. 100 socis = 100 candidats
   b. Un grup de socis = 1 candidat

3. —Qui ha de firmar aquest document d'autorització?
   a. —Qualsevol persona de casa teva.
   b. —Cadascuna de les persones de casa teva.

   a. L'han de firmar totes les persones de casa.
   b. L'ha de firmar una persona, tant és quina.

4. —Qui s'haurà de vacunar?
   a. —Tots els treballadors de l'hospital.
   b. —Cada treballador de l'hospital.

   a. Seleccionem individualment les persones.
   b. Seleccionem el conjunt de les persones.

3 [C] Llegeix les frases següents i reescriu-les canviant les formes destacades per *un altre* o *l'altre*. Tingues en compte la concordança de gènere i nombre.

0. —*Encara tinc set!*

   —*Vols* una *cervesa* més?
   Vols una altra cervesa?

1. —Quins coberts poso a taula? Aquests d'aquí?
   —No, posa *els coberts* que hi ha al moble del menjador.
   No, posa _____ que hi ha al moble del menjador.

2. *Fa tres dies* em vaig trobar el meu exmarit a la piscina.
   _____ em vaig trobar el meu exmarit a la piscina.

3. Tu, l'Ester i jo farem la ruta a peu, i *l'Àlvaro, en John i l'Antonieta* la faran a cavall.
   Tu, l'Ester i jo farem la ruta a peu, i _____ la faran a cavall.

4. Ja he trobat les sabates de xarol, però jo buscava *les sabates* de vellut.
   Ja he trobat les sabates de xarol, però jo buscava _____ de vellut.

5. —Pare, quan anirem al zoo?
   —*D'aquí a uns dies.* Avui no puc, fill.
   _____. Avui no puc, fill.

6. Mariona, no paro de pensar en el petó que em vas fer al pati de l'escola. Me'n podries fer *un d'igual*, sisplau?
   Me'n podries fer _____, sisplau?

7. —Vinc a tornar aquesta camisa.
   —Molt bé. Vol canviar-la per *una camisa diferent* o vol un val de compra?
   Molt bé. Vol canviar-la per _____ o vol un val de compra?

4 [D] Mira els dibuixos i completa les frases amb els pronoms indefinits del requadre. Hi ha algun pronom que es pot repetir.

tot	res	alguna cosa	algú	ningú	tothom	cadascú

0. *Tot* està d'oferta.

1. _____ està d'oferta.

2. _____ està d'oferta.

3. _____ és com és.

4. _____ treballa.

5. _____ treballa.

6. _____ entra per la porta.

7. Tens _____ per menjar?

5 Llegeix la conversa següent entre en Lluc i en Jon, i subratlla l'indefinit més adequat:

Jon: —Saps què? (0.) Un altre / L'altre / Els altres *dia em va passar una cosa que no et creuràs!*

Lluc: —Digues, digues. Què et va passar?

Jon: —Doncs que estava comprant al súper i de cop i volta ve cap a mi un pollastre gegant, vull dir (1.) *algú / algun / un* vestit de pollastre.

Lluc: —Què dius!

Jon: —Tal com ho sents! Resulta que el pollastre gegant oferia uns ous de promoció a (2.) *tot / tots / tothom*. Jo m'apropo per agafar (3.) *alguns / algú / algun* ou i de sobte el pollastre em mira i em diu: «Ei, Jon! Sóc jo! que no em coneixes?».

Lluc: —I tu sabies qui era?

Jon: —Sí, el vaig reconèixer per la veu. Era el meu profe de català!

Lluc: —Ostres, tu! I com és que feia de pollastre?

Jon: —Doncs resulta que amb el sou de professor no arriba a final de mes i per això té (4.) *alguna / una altra / una* feina.

Lluc: —Caram, noi!

Jon: —Llavors el professor-pollastre em diu: «Mira, Jon, et regalo un ou per a (5.) *cadascú / cada un / cada* dels alumnes de català i portes els ous demà a classe; però no diguis a (6.) *ningú / algú / cada un* qui te'ls ha regalat».

Lluc: —I tu què vas dir?

Jon: —Doncs jo li vaig contestar que no en diria (7.) *algo / alguna cosa / res* i vaig marxar amb una bossa plena d'ous.

Lluc: —Ostres, que fort!

Jon: —Doncs sí, noi. (8.) *Cadascú / Cadascun / Cada un* es busca la vida com pot...

6 En Kadim i la Natalie han escrit un correu electrònic per demanar informació sobre cursos de català i el secretari del centre els ha contestat amb el missatge següent. Corregeix-hi cinc errors d'indefinits.

● ○ ○   Curs de català

Hola, Kadim i Natalie,

Per inscriure-us en un curs de català, en primer lloc heu de fer un examen de nivell. Després, *cadascú vosaltres* ha de portar una foto i omplir la fitxa d'inscripció. El proper curs comença el dia 12 de juliol. Les classes són de 9 a 11 cada dia. Heu de comprar els llibres de text per al curs i un diccionari. Els venen a qualsevol llibreria. Nosaltres recomanem el diccionari *Saberut*, però si teniu un altre diccionari a casa també serveix. Cada setmana hi ha un examen per avaluar els coneixements. Si algun no pot venir a fer la inscripció, puc enviar els fulls a casa i els podeu tornar l'altre dia. Podeu pagar les despeses de matrícula en diverses bancs o també podeu fer el pagament per internet. Si ho feu per internet, necessiteu altre formulari.
Em sembla que això és tot. Si necessiteu saber algú més, truqueu al centre o escriviu-me un missatge.

Atentament,

Mark

---

0. ~~cadascú~~ cadascun de

1. _____

2. _____

3. _____

4. _____

5. _____

28. Contrast entre quantitatius de grau zero

• *No m'agrada **gens**. No m'agrada **res**.*

A. Gens o res?
B. Gens o cap?
C. Cap o ningú?

A. *Gens* o *res*?

A.1 Per expressar el grau zero en una gradació de quantitats usem *gens*:

• *Hi ha **molt** de <u>sucre</u>.*

• *No hi ha **gaire** <u>sucre</u>.*
[En queda poc.]

• *No hi ha **gens de** <u>sucre</u>.*
[És buit.]

Gens indica la quantitat zero de noms, adjectius i verbs:

• *No tinc **gens** de <u>son</u>.*

• *El llibre no és **gens** <u>bo</u>.*

• *El Pol no <u>camina</u> **gens**.*

26. ▶

A.2 Per referir-nos a la quantitat zero de coses usem el pronom *res*, que és sinònim de *cap cosa*:

• *Al pot no hi ha **res**.*
[No hi ha cap cosa: ni sucre, ni cafè, ni farina...]

Res és un pronom i, per tant, no modifica noms, adjectius ni verbs:

• *No tinc ~~res~~ **gens** de <u>son</u>.*

• *El llibre no és ~~res~~ **gens** bo.*

• *El Pol no camina ~~res~~ **gens**.*

El contrari de *res* és *tot / totes les coses*:

—*A mi, d'aquesta pel·lícula, m'ha agradat **tot**: els actors, el vestuari, la música...*
[totes les coses]

—*Doncs a mi no m'ha agradat **res**: ni els actors, ni l'argument, ni la música...*
[cap cosa de la pel·lícula]

27. ▶

A.3 *Gens* només reforça el sentit negatiu de la paraula que acompanya i, per tant, no és obligatori. *Res*, en canvi, és obligatori:

• *Els plàtans no m'agraden (**gens**).* [Només usem *gens* si volem reforçar el sentit negatiu.]

—*Què vols prendre?*
—*No vull prendre **res**, gràcies. ~~No vull prendre, gràcies.~~*

A.4 Podem usar *gens* i *res* amb el mateix verb, però amb significats diferents:

• *Tinc dos fills bessons molt ganduls: el Jan no <u>estudia</u> **gens** i el Marc no <u>estudia</u> **res** i s'està tot el dia al sofà!*
[L'un és estudiant i l'altre no ho és.]

B. *Gens* o *cap*?

B.1 Amb *gens de* i *cap* expressem la quantitat zero. *Gens* acompanya noms incomptables, i *cap*, noms comptables:

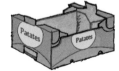

• *No queda **gens d'**<u>oli</u>.*

• *No queda **cap** <u>patata</u>.* **1.** ▶

 ■ Amb el quantitatiu *cap* sempre fem servir el nom en singular:
*Aquest any, no he llegit **cap** <u>llibre</u>. = No he llegit <u>llibres</u>.*

C. *Cap* o *ningú*?

C.1 Utilitzem *ningú* per expressar la quantitat zero de persones. És un pronom i, per tant, no acompanya el nom:

• *Avui, a classe, no* <u>hi ha</u> **ningú**. *Tothom està malalt.*

❗
■ *Avui, a classe, no hi ha* ~~ningú / ningun~~ ***cap*** *alumne. Tots estan malalts.*

C.2 Per expressar la quantitat zero de persones amb *cap* hem d'acompanyar el quantitatiu amb un nom:

• *Avui, a classe, no hi ha* **cap** <u>alumne</u>. *Tots estan malalts.*

Exercicis

1 **[A]** Llegeix les frases següents i relaciona-les amb les respostes més adequades:

0. 1. —*La política no m'interessa gens.* a
   2. —*De tot el que fan els polítics, no m'interessa res.* b

  a. —*A mi tampoc, però en canvi m'interessa molt el medi ambient.*
  b. —*A mi tampoc; ni els discursos, ni les propostes, ni els actes públics...*

1. 1. —Vaig anar a la botiga de roba que em vas dir i no em va agradar *res*.
   2. —Vaig anar a la botiga de roba que em vas dir i no em va agradar *gens*.

  a. —Doncs mira que tenen moltes coses d'estils diferents!
  b. —Per què? A mi m'agrada moltíssim! L'ha dissenyada en Faust Moliné!

2. 1. —Vam anar a un restaurant argentí i l'Eva no va menjar *gens*.
   2. —Vam anar a un restaurant argentí i l'Eva no va menjar *res*.

  a. —Va demanar dos plats i els va deixar gairebé sencers.
  b. —Només va demanar una aigua i un cafè.

3. 1. —A la Clàudia, això que dius no la molesta *gens*.
   2. —A la Clàudia, no la molesta *res*.

  a. —Perquè avui està de bon humor!
  b. —Per això és tan feliç!

4. 1. —El meu fill ara no llegeix *res*.
   2. —El meu fill no llegeix *gens*.

  a. —Diu que no té temps i per això no ho fa.
  b. —Ni novel·les, ni el diari, ni revistes...

2 En Paco deixa la feina i escriu una carta al seu cap. Llegeix-la i subratlla l'opció adequada.

Senyor director,

Dimiteixo. Me'n vaig molt lluny i no vull saber (0.) *gens / res* de vostè. Ja sé que (1.) *ningú / cap* li planta cara perquè vostè és molt ric, però jo sí perquè ja no hi tinc (2.) *gens / res* a perdre. (3.) *Ningú / Cap* treballador li ha dit mai que li fa pudor la boca? I que les seves bromes no fan (4.) *gens / res* de gràcia? I que no té (5.) *cap / gens* de gust a l'hora de vestir? I que la Susanna, la seva dona, no l'estima (6.) *gens / res*? Sàpiga, senyor director, que no m'emporto (7.) *res / gens* de l'empresa. Bé, sí, només aquell quadre tan valuós que no agrada a (8.) *ningú / cap*; a mi tampoc m'agrada (9.) *res / gens*, però així tindré un record dels meus quaranta anys a la seva empresa.

Atentament,

Paco

3 Llegeix les frases següents i corregeix els quantitatius quan calgui:

0. *Ahir vam anar al cine i la pel·lícula no ens va agradar* ~~res~~ gens.

1. No sé per què fas de dependenta; no tens cap paciència per tractar amb el públic.

2. He anat al mercat i no m'he comprat res. No he gastat ni un euro!

3. Vaig convidar molta gent a la festa d'aniversari i al final no va venir cap.

4. Avui, al lloc on dino cada dia, els ha quedat la sopa salada, però *ningú* client s'ha queixat.

5. Pere, no queda res de llet; podries passar pel supermercat i comprar-ne?

6. Em sap greu, no he comprat cap regal pel teu aniversari!

7. Fer aquest exercici sembla molt difícil, però ja veureu que no costa res.

29. L'elisió del nom

• *Quina **camisa** et poses? **La** verda.*

A. L'elisió del nom

B. L'elisió del nom amb determinants i complements

A. L'elisió del nom

A.1 Quan un nom se sobreentén pel context o perquè s'ha mencionat abans, el podem suprimir:

—*Quines <u>sabates</u> li agraden?*
—***Aquestes** i **les seves**.*
[les sabates que indica i les del dependent]

B. L'elisió del nom amb determinants i complements

B.1 Quan eliminem el nom que se sobreentén pel context o que ja s'ha dit abans, mantenim els determinants i els complements:

	(nom) + adjectiu	(nom) + preposició + nom	(nom) + que + frase
Article definit	—*Quin <u>bolígraf</u> vols?* —*El **vermell**.*	—*Quina <u>bufanda</u> t'agrada més?* —***La de llana**.*	—*Quina <u>samarreta</u> em poso?* —***La que et vas comprar a Lisboa**.*
Demostratiu	—*Quin <u>bolígraf</u> vols?* —***Aquest vermell**.*	—*Quina <u>bufanda</u> t'agrada més?* —***Aquesta sense serrell**.*	—*Quina <u>samarreta</u> em poso?* —***Aquella que et vas comprar a Lisboa**.*
Possessiu	*El meu <u>bolígraf</u> blau no funciona, però **el seu vermell**, sí.*	—*Quina <u>bufanda</u> t'agrada més?* —***La seva de llana**.*	
Article indefinit		—*Quin tipus de <u>bufanda</u> t'abriga més?* —***Una de llana**.*	—*Quina <u>samarreta</u> em poso?* —***Una que no t'engreixi**.*
Numeral		*Tinc tres <u>bufandes</u> de llana i **quatre de seda**.*	*Ara tinc <u>quatre samarretes</u> noves.* ***Dues que em van regalar i dues que em vaig comprar a Lisboa**.*
Quantitatiu		*Tinc poques <u>bufandes</u> de llana i **moltes de seda**.*	*Tinc <u>moltes samarretes</u> però **poques que em vagin bé**.*
Indefinit		—*Quina <u>bufanda</u> et compraràs?* —***Qualsevol de qualitat**.*	—*Quina <u>samarreta</u> et deixo?* —***Qualsevol que sigui de la meva talla**.*

B.2 Quan suprimim el nom de les estructures amb un *article indefinit*, un *numeral*, un *quantitatiu* o un *indefinit* + *adjectiu*, hem d'afegir la preposició *de* entre el determinant i l'adjectiu:

	Article indefinit	Numeral	Quantitatiu	Indefinit
(nom) + adjectiu	—*Quin <u>bolígraf</u> vols?* —*Un **de** vermell.* ~~Un vermell~~	*Tinc tres <u>bolígrafs</u> blaus i quatre **de** vermells.* ~~quatre vermells~~	*Tinc tres <u>bolígrafs</u> blaus i molts **de** vermells.* ~~molts vermells~~	—*Quin <u>bolígraf</u> vols?* —*Qualsevol **de** vermell.* ~~Qualsevol vermell~~

1 **[A]** Llegeix les preguntes següents i marca la resposta més adequada:

0. —*Les cerveses són fresques?*
   a. —*Només aquesta cervesa, les altres les acabo de posar a la nevera.*
   b. —*Només aquesta, les altres les acabo de posar a la nevera.* X

1. —Quantes pomes et poso?
   a. —Quatre pomes.
   b. —Quatre.

2. —Com aneu a Girona?
   a. —Amb el meu cotxe.
   b. —Amb el meu.

3. —Els meus companys de feina estan malalts.
   a. —Doncs els meus, també.
   b. —Doncs els meus companys de feina, també.

4. —El mes que ve tinc un casament i no sé quin d'aquests vestits posar-me.
   a. —Aquest vestit. És més elegant.
   b. —Aquest. És més elegant.

5. —Amb qui vas de vacances?
   a. —Amb dos amics.
   b. —Amb dos.

6. —Ara estàs llegint alguna cosa?
   a. —Sí, aquest. El coneixes?
   b. —Sí, aquest llibre. El coneixes?

7. —Hi ha bugaderies al teu barri?
   a. —Sí, moltes.
   b. —Sí, moltes bugaderies.

2 **[B]** La Pepa és una consentida i sempre té tot el que demana. Relaciona les preguntes que li fan amb la resposta adequada.

0. *Quines ulleres vols?* a

1. Quins pantalons et vols posar? ____

2. Quins talls de carn vols? ____

3. Quin CD vols escoltar? ____

4. Quina faldilla t'agrada més? ____

5. Quin llibre vols llegir? ____

6. Quines arracades vols pel teu aniversari? ____

7. Quina pel·lícula vols mirar? ____

8. Quines revistes et compro? ____

9. Quin ordinador necessites? ____

a. Aquestes modernes.

b. Les teves de diamants.

c. Alguna de terror.

d. Aquell que tens a la tauleta de nit.

e. La teva blava.

f. Aquests crus.

g. Els teus marrons.

h. Qualsevol que sigui de rock.

i. El portàtil.

j. Dues del cor.

3 **[B]** Quan fem compres, sovint ens donen més d'una opció. Completa les preguntes següents fent servir l'article indeterminat:

0. *Quin gelat vol,* (vainilla, xocolata) *un de vainilla o un de xocolata?*

1. Quin tipus d'ordinador busca, (*barat, car*) _____ ?

2. Quin tipus de pis busca, (*gran, petit*) _____ ?

3. Quin tipus de rentadora busca, (*sofisticada, senzilla*) _____ ?

4. Quin tipus de cotxe vol, (*quatre portes, cinc portes*) _____ ?

5. Quin tipus d'habitació prefereix, (*fumadors, no fumadors*) _____ ?

6. Quin tipus de planta vol, (*interior, exterior*) _____ ?

7. Quin tipus de llapis de memòria vol, (*que tingui 8 GB, que tingui 16 GB*) _____ _____ ?

4 En Narcís és un indecís. Ha quedat amb una noia per primer cop i té molts dubtes. La seva exdona l'ajuda a decidir-se. Completa les respostes de la dona a partir dels seus pensaments.

0. *Quina jaqueta em poso?*
   La de ratlles.

> La jaqueta de ratlles. Et fa més jove.

1. Quines sabates em poso?
_____

> Unes sabates que siguin elegants.

2. Quins pantalons em poso?
_____

> Uns pantalons clars. Semblaràs més jove.

3. Quina corbata em poso?
_____

> Aquella corbata que et vaig regalar. Et queda molt bé...

4. Quina camisa em poso?
_____

> La camisa negra. T'amaga la panxa.

5. Quins mitjons em poso?
_____

> Els mitjons de color rosa. Quedaràs molt original.

6. Quins calçotets em poso?
_____

> Uns calçotets vermells. Segur que marxa corrents.

7. A quin restaurant podem anar?
_____

> A algun restaurant car. Gasta't els diners, home!

8. Quina americana em puc posar?
_____

> Cap americana fosca! Sembla que vagis a un enterrament.

En quines respostes has afegit la preposició *de*? Per què?

5 **[B]** Llegeix les recomanacions que fa el doctor Sanot a un pacient per mantenir-se sa i corregeix els quatre errors que ha comès.

Fes dos àpats forts i *dos lleugers* al dia. Procura fer esport, sobretot algun que t'agradi. Menja aliments que siguin saludables, qualsevol que no tingui greixos està bé. En cada àpat, menja una verdura cuita i una crua. Beu dos litres d'aigua i un de te verd cada dia. Les begudes amb alcohol i les ensucrades estan prohibides. Per esmorzar, pots menjar un panet blanc o un integral amb formatge; pot ser un formatge fresc o un descremat. Per amanir els aliments, fes servir una cullerada d'oli i, si vols, una de vinagre. Després d'un àpat fort, menja per esmorzar tres pomes verdes i tres vermelles. Així eliminaràs les toxines!

0. *dos lleugers:* dos de lleugers

1. _____ : _____   3. _____ : _____

2. _____ : _____   4. _____ : _____

30. Els quantitatius en frases comparatives

• *Barcelona **és més gran que** Girona.*

A. Comparacions de desigualtat: *més* i *menys que*

B. Comparacions d'igualtat: *com, tan* i *tant com*

C. *Igual* i *mateix*

D. Comparatius irregulars

E. Superlatiu

F. Correlacions

A. Comparacions de desigualtat: *més* i *menys que*

A.1 Quan comparem persones o coses de característiques diferents amb **adjectius**, **adverbis** o **noms**, usem les estructures següents:

Primera part de la comparació	*més / menys*	Adjectiu / Adverbi / Nom	*que*	Segona part de la comparació
Barcelona és	**més**	*gran*	**que**	*Girona.*
A Barcelona es viu	**més**	*bé*	**que**	*a Girona?*
Girona té	**menys**	*habitants*	**que**	*Barcelona.*

> ■ Si volem precisar les comparacions, podem fer servir quantificadors (*una mica, bastant, molt*) davant de *més* i *menys*:
> *Lleida és **una mica** més gran que Girona.*
> *Girona és **molt** més gran que Vic.*

> ■ Quan la primera part de la comparació és positiva, en la segona part podem fer servir *no (pas)* després de *que*:
> *Barcelona és més gran que Girona. = Barcelona és més gran que **no (pas)** Girona.*

A.2 Quan fem la comparació mitjançant un **verb**, utilitzem l'estructura següent:

Primera part de la comparació	Verb	*més / menys*	*que*	Segona part de la comparació
Barcelona	*contamina*	**més**	**que**	*Girona.*
Girona	*contamina*	**menys**	**que**	*Barcelona.*

> ■ En les comparacions de desigualtat, podem usar *no pas* després de *que*: *Barcelona és més gran que **no pas** Girona.*
> ■ Quan comparem dues accions diferents, fem servir *no (pas)*: *El Joel gasta més que **no (pas)** guanya.*

A.3 Quan comparem **quantitats** i usem dos verbs, fem servir *del que, de la que, dels que* o *de les que* amb el nom elidit:

  • *La recepta del pastís demana més farina **de la que** tenim.*
  [Comparem la quantitat de farina que demana la recepta amb la quantitat de farina que tenim.]
  • *L'Ignasi guanya més **del que** necessita.*
  [Comparem la quantitat que guanya amb la quantitat que necessita.]

B. Comparacions d'igualtat: *com, tan* i *tant com*

B.1 Quan comparem persones o coses de característiques semblants, fem servir les estructures següents:

Primera part de la comparació	*tan / tant / tanta / tants / tantes*	Adjectiu / Adverbi / Nom	*com*	Segona part de la comparació
Perpinyà és	**tan**	*gran*	**com**	*Badalona?*
A Perpinyà es viu	**tan**	*bé*	**com**	*a Badalona?*
Perpinyà té	**tants** **tantes** **tanta** **tant**	*habitants* *places* *població* *prestigi*	**com**	*Badalona?*

Utilitzem les comparacions d'igualtat amb *no* per fer comparacions de desigualtat:

- *Vic **no** és <u>tan gran com</u> Perpinyà. = Vic és <u>més petit que</u> Perpinyà. / Perpinyà és <u>més gran que</u> Vic.*

> ■ Per destacar la manera com volem que es facin les coses, podem usar una comparació d'igualtat amb adverbis:
> *Contesta'm **tan aviat com** puguis.* [al **més aviat** possible; com **més aviat**, millor]   *Fes-ho **tan bé com** puguis.* [al **millor** possible]

B.2 Quan fem la comparació amb un verb, usem l'estructura següent:

Primera part de la comparació	Verb	tant	com	Segona part de la comparació
Barcelona	*contamina*	**tant**	**com**	*Girona?*

B.3 També podem fer comparacions sense referir-nos a quantitats usant la conjunció *com*:

- *La Mireia és <u>delicada</u> **com** <u>una rosa</u>, però <u>menja</u> **com** <u>un porc</u>.*
- *L'Anton és <u>alt</u> **com** <u>el seu pare</u>.*

Quan comparem la manera com fem les coses amb una altra manera possible de fer-les que no és la real, usem *com si* seguit de subjuntiu (imperfet o plusquamperfet):

- *<u>Parla</u> **com si** ell **fos** un expert en el tema.* [però no ho és]
- *<u>Actua</u> **com si** jo no l'**hagués avisat**.* [però ho he fet]   **59. 62. 63.** ▶

C. *Igual i mateix*

C.1 Quan expressem que una persona o una cosa és igual que una altra o fa una acció igual que una altra, fem servir *igual de* seguit d'un adjectiu o un adverbi i la conjunció *que*:

Primera part de la comparació	igual de	Adjectiu / Adverbi	que	Segona part de la comparació
Un pis a Ripoll és	**igual de**	**car**	**que**	*a Puigcerdà?*
A Ripoll es viu	**igual de**	**bé**	**que**	*a Puigcerdà?*

C.2 Quan expressem que dos noms tenen la mateixa característica o fan la mateixa acció, fem servir l'estructura següent:

Primera part de la comparació	Verb	el mateix / la mateixa / els mateixos / les mateixes	Nom	que	Segona part de la comparació
Tarragona	**té**	**la mateixa**	**població**	**que**	*Lleida?*
Lleida	**creix**	**al mateix**	**ritme**	**que**	*Tarragona?*

> ■ També podem expressar la mateixa idea amb les frases següents:
> *Tarragona i Lleida tenen **la mateixa** <u>població</u>?*
> *Lleida i Tarragona tenen **el mateix** <u>clima</u>?*
>
>   ■ Si sobreentenem el nom pel context, usem *el mateix*:
> —*Què demanes per beure?*
> —***El mateix** que tu.*

> ■ Quan fem comparacions i els noms són en plural, fem servir *el mateix nombre de* abans del nom per referir-nos a la quantitat i no a l'equivalència del significat dels noms:
> *L'Olga té el mateix nombre de fills que l'Alba = L'Olga té tres fills i l'Alba també.*
> [*L'Olga té els mateixos fills que l'Alba* voldria dir que els fills són les mateixes persones.]

C.3 Quan fem una comparació d'igualtat amb un verb, fem servir *igual que* o *el mateix que*:

Primera part de la comparació	Verb	*igual / el mateix*	*que*	Segona part de la comparació
Un pis a Ripoll	**val**	**igual**	**que**	*a Puigcerdà?*
Un hàmster	**menja**	**el mateix**	**que**	*un ratolí?*

D. Comparatius irregulars

D.1 Els adjectius i els adverbis següents tenen una forma comparativa amb *més* i una forma irregular:

més + adjectiu / adverbi	Comparatiu irregular
més bo / més bé	*millor*
més dolent / més malament	*pitjor*

- *L'arròs negre de Can Peix és **més bo / millor** que el de Can Rap.*

D.2 Les formes següents de comparatius irregulars són adjectius i han perdut el seu sentit comparatiu:

més + adjectiu / adverbi	Adjectiu
més gran	**major**
més petit	**menor**
més alt / de dalt	**superior**
més baix / de baix	**inferior**
més del davant / abans	**anterior**
més del darrere / després	**posterior**
més de dins	**interior**
més de fora	**exterior**

- *La influència **major** de la crisi és la bombolla immobiliària.*
  [més important, principal]
- *La influència del percentatge d'atur és **menor**.*
  [més petita, menys important]
- *Has d'escriure el teu nom a la part **superior** del full i has de firmar el document a la part **inferior**.*
  [de dalt, de baix]
- *En les unitats **anteriors**, s'han estudiat els verbs.*
  [d'abans]
- *L'oficina d'objectes perduts és a la part **posterior** de l'estació de tren.*
  [del darrere]

> ■ Usem els adjectius provinents de les formes comparatives irregulars en algunes expressions: *major d'edat, menor d'edat, causa major, força major, perill major, festa major, carrer major...*

E. Superlatiu

E.1 Quan expressem que un sol membre d'un grup destaca perquè té una qualitat superior o inferior a la resta, fem servir l'estructura següent:

Article determinat	Nom	*més / menys*	Adjectiu
el	forn	**més**	barat
la	rentadora	**menys**	barata
els	forns	**més**	barats
les	rentadores	**menys**	barates

—*Quant val* **el** forn **més barat**?
—**El més** barat *val uns 100 euros.*

Si volem referir-nos al grup amb què comparem el membre que destaquem, fem servir *de* seguit del nom del grup o *que* seguit d'un verb:

• *Quant val l'aspiradora més barata* **de** *totes les que tenen a la botiga?*
• *Quant val l'aspiradora més barata* **que** *tenen?*

E.2 Amb els adjectius següents podem usar el superlatiu regular o irregular: *el més gran (el major), el més petit (el menor), el més alt (el màxim), el més baix (el mínim), el més bo (el millor)* i *el més dolent (el pitjor).*

• *Quin és* **el** *preu* **més alt** *que pot pagar vostè cada mes? = Quin és el preu* **màxim** *que pot pagar vostè cada mes?*

> ■ Quan usem *millor* i *pitjor* com a superlatius amb un nom, col·loquem l'adjectiu davant del nom:
>
> *La Bàrbara és* **la millor** jugadora *de futbol del món.*

F. Correlacions

F.1 Quan expressem que a mesura que augmenta una quantitat n'augmenta o en disminueix una altra, utilitzem *com* seguit de *més* o *menys* i una altra frase amb *més* o *menys*:

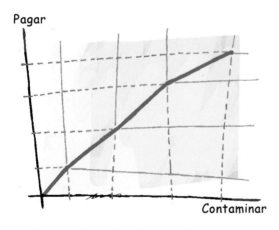

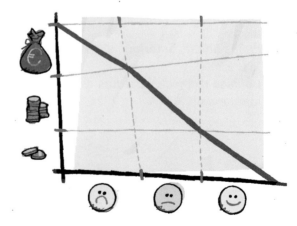

• **Com més** contamines, **més** pagues. • **Com més** diners tens, **menys** feliç ets.

1 [A] Mira la taula amb les característiques de dos països (Valunya i Balanova), i completa les frases.

	Valunya	Balanova
0. *Habitants*	5 000 000	4 000 000
1. Clima	fred a l'hivern, calor a l'estiu	temperatures suaus tot l'any
2. Costa	300 quilòmetres	50 quilòmetres
3. Llengües	4	6
4. Dialectes	12	2
5. Ciutats de més de 100 000 habitants	12	6
6. Grups religiosos	6	3
7. Dies de vacances	10	30

0. *Valunya té* més *habitants* que *Balanova.*

1. A Balanova fa _____ fred _____ a Valunya.

2. A Balanova tenen _____ platges _____ a Valunya.

3. A Balanova es parlen _____ llengües _____ a Valunya.

4. A Balanova es parlen molts _____ dialectes _____ a Valunya.

5. A Valunya hi ha _____ ciutats de més de 100 000 habitants _____ a Balanova.

6. A Valunya hi ha _____ grups religiosos _____ a Balanova.

7. A Valunya tenen _____ dies de vacances _____ a Balanova.

2 [A] En Quico i la Muriel fan vides molt diferents. Insereix *del que, de la que, dels que* o *de les que* on calgui.

0. *En Quico guanya | més | diners | necessita.*
        dels que

1. En Quico gasta | menys | diners | té.

2. En Quico surt | menys | voldria.

3. En Quico aparenta | més | anys | té.

4. En Quico dorm | menys | hores | són recomanables.

5. La Muriel gasta | més | té.

6. La Muriel beu i menja | més | li ha permès el metge.

7. La Muriel fa | més | viatges | es pot permetre.

8. La Muriel compra | més | sabates | necessita.

3 [A i B] En Miquel i l'Olga es volen comprar un ordinador, però no saben si triar un ordinador de sobretaula o un ordinador portàtil. Fixa't en la informació de la taula i completa les frases.

	Ordinador de sobretaula	Ordinador portàtil
Mida	• • •	•
Preu	• • •	•
Pes	• • •	•
Memòria	• • •	•
Pantalla	• • •	•
Teclat	sí	no
Perill d'escalfament	•	• • •
Programes	• • •	•

0. *Un portàtil és* més *petit que un ordinador de sobretaula.*

1. L'ordinador de sobretaula és _____ car _____ el portàtil.

2. Un portàtil és _____ lleuger _____ un ordinador de sobretaula.

3. Un ordinador de sobretaula pesa _____ _____ un portàtil.

4. El portàtil té _____ memòria _____ l'ordinador de sobretaula.

5. La pantalla d'un portàtil no és _____ gran _____ la d'un ordinador de sobretaula.

6. Escriure amb el teclat d'un ordinador de sobretaula és _____ còmode _____ escriure amb el d'un portàtil.

7. Un ordinador de sobretaula no s'escalfa _____ _____ un portàtil.

8. El portàtil té _____ programes _____ l'ordinador de sobretaula.

4 [B] La Dipa i l'Alba són dues candidates per a una feina de recepcionista d'un hotel. Llegeix les frases i subratlla l'opció més adequada.

0. *La Dipa té* tanta / tant *experiència com l'Alba.*

1. La Dipa parla *tantes / tants* llengües com l'Alba.

2. L'Alba atén el telèfon *tant / tan* bé com la Dipa.

3. L'Alba és *tan / tant* amable com la Dipa.

4. L'Alba està *tan / tanta* motivada com la Dipa.

5. L'Alba coneix *tantes / tants* programes informàtics com la Dipa.

6. La Dipa ha treballat a *tants / tantes* hotels com l'Alba.

7. La Dipa té *tan / tant* domini del català i el castellà com l'Alba.

5 [C] La gerent de l'hotel on volen treballar la Dipa i l'Alba fa les preguntes següents sobre les dues candidates. Completa les frases amb una estructura amb *mateix* o *igual* i les paraules entre parèntesis.

0. *La Dipa té* la mateixa experiència que l'Alba? *(experiència)*

1. La Dipa parla _____ l'Alba? *(llengües)*

2. L'Alba atén el telèfon _____ la Dipa? *(bé)*

3. L'Alba és _____ la Dipa? *(amable)*

4. L'Alba està _____ la Dipa? *(motivada)*

5. L'Alba coneix _____ la Dipa? *(programes informàtics)*

6. La Dipa ha treballat a _____ l'Alba? *(hotels)*

7. La Dipa té _____ del català i el castellà que l'Alba? *(domini)*

Les frases 1, 5 i 6 tenen dues interpretacions. Quines són?

6 [D] Fixa't en les paraules destacades i completa les frases amb un comparatiu irregular. Escriu al costat el comparatiu regular quan sigui possible.

0. *Ahir em trobava molt* malament, *però avui ja em trobo* millor / més bé.

1. Aquest matí em trobava *malament* i ara, a més, tinc mal d'esquena. Estic _____ / _____ .

2. La festa més *important* dels pobles s'anomena festa _____ .

3. La meva mare fa uns macarrons *boníssims*, però els de la meva cunyada encara són _____ / _____ .

4. El risc de contraure una malaltia pulmonar si fumes és molt *gran*, però encara és _____ / _____ si no fas exercici. Si fas exercici, en canvi, el risc és _____ / _____ .

5. La cantant Senyoreta Dada va fer un disc *dolent* l'any passat, però el que acaba de treure encara és _____ / _____ .

6. Has d'omplir la sol·licitud en la part *superior* i en la part _____ .

7. En algunes cafeteries, els preus a l'_____ són més cars que a l'_____ .

8. L'arribada dels romans a la península Ibèrica és *posterior* a l'arribada dels grecs però _____ a la dels àrabs.

7 [E] Completa les frases següents amb un superlatiu i un nom. Fixa't en les paraules destacades per saber quin nom i quin adjectiu has de fer servir. Quan sigui possible, escriu el superlatiu regular i l'irregular.

0. *M'acabo de llegir un* llibre *molt* llarg: *té 850 pàgines. És* el llibre més llarg *que m'he llegit en tota la meva vida.*

1. El nou *jugador* del Voramar ha jugat molt *bé*. De fet, ha estat _____ del partit!

2. La setmana passada vam anar a la platja a menjar un *arròs a la marinera* a Can Mongetes. Va ser molt *bo*. Fan _____ de tota la costa.

3. Aquest any s'han registrat *temperatures extremes*. _____ ha estat de 40 graus, i _____ , de −14 graus.

4. Tinc una *feina* molt *avorrida*. De fet, és _____ que he tingut mai.

5. L'Eloi és un *nen* de dos anys i fa més d'un metre *d'alçada*. És _____ de la classe.

6. Telequinze és un *canal* de televisió on fan programes molt *dolents*. És _____ , però el més vist.

8 [A, B, C i F] Completa la conversa següent entre en Marçal i la Rosa amb comparatius d'igualtat, de desigualtat o correlacions:

M: —Què fem? Quin pis ens quedem? El de 700 euros amb dues habitacions o el de 1000 euros amb tres?

R: —Jo prefereixo el que en té tres.

M: —Sí, però és una mica (0.) *més* car *que* l'altre, eh?

R: —Però és més gran. Té (1.) _____ espai _____ l'altre.

M: —Home, no gaire més espai... Un fa 75 metres quadrats i l'altre en fa 70. Quasi té (2.) _____ metres quadrats _____ l'altre.

R: —Sí, però el de 1000 euros, a més a més, té terrassa i ascensor.

M: —Sí, tots dos tenen terrassa. I la terrassa d'un és (3.) _____ petita _____ la de l'altre. I pel que fa a l'ascensor, pujar escales és bo per a la salut. Com (4.) _____ escales puges, _____ exercici fas i et trobes millor.

R: —Què dius! Com (5.) _____ escales puges menys en vols pujar i _____ et canses! Jo necessito un ascensor.

M: —D'acord. Però el pis de 1000 euros no té (6.) _____ llum _____ el de 700.

R: —Sí, home! El de 1000 euros té una galeria i hi entra molta llum. Jo diria que té (7.) _____ llum _____ l'altre pis.

M: —Potser sí. Continuo pensant que al pis de 700 euros viuríem (8.) _____ bé _____ al de 1000 i ens estalviaríem 300 euros cada mes.

R: —Sí, 300 euros de diferència és molt.

M: —No sé què fer. (9.) Com _____ pisos veus, _____ ganes tens de veure'n més. Quin atabalament!

R: —Uf, que difícil. No sé què fer.

M: —I si ho deixem per a demà i preparem el sopar?

R: —Som-hi! Demà serà un altre dia!

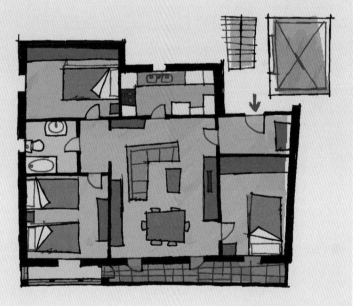

31. Els interrogatius (I)

• *Què* voldries?

■ Podem fer preguntes de resposta oberta o preguntes que es responen amb *sí* o *no*:

—*Quants anys tens?* [pregunta de resposta oberta]
—*Trenta.*

—*Tu tens trenta anys?* [pregunta que es respon amb sí o no]
—*Sí.*

■ Les preguntes de resposta oberta, les fem amb una entonació descendent suau:

• *Quants anys tens?*

[entonació descendent suau]

■ Les preguntes que es responen amb *sí* o *no*, les fem amb una entonació que acaba amb un ascens pronunciat:

• *Tens trenta anys?*

[entonació ascendent pronunciada]

■ Els interrogatius són paraules que es fan servir per demanar una informació que el parlant desconeix:

Interrogatius	Tipus d'informació
què	coses i accions
qui	persones
quin, quina, quins, quines	coses i persones
on	lloc
com	manera
quan	temps
quant, quanta, quants, quantes	quantitat
per què	causa o motiu
que	resposta sí / no

!
■ Quan fem preguntes amb interrogatius i un subjecte explícit, posem el subjecte darrere del verb:

On treballa *el teu pare?*

■ Podem usar els interrogatius sols quan queda clar de què o de qui estem parlant:

—*Ahir vaig veure la Mònica.*
—*On?* [= On la vas veure?]
—*Al carrer.*

A. *Què* i *qui*

A.1 Usem el pronom interrogatiu *què* per preguntar sobre **coses** o **accions**:

—*Què menges?*
—*Un caramel.*

—*Què feu els caps de setmana?*
—*Sortim fora amb els amics.*

A.2 Fem servir el pronom interrogatiu *qui* per preguntar sobre **persones**:

• *Qui* va dir: «*La vida és bonica però complicada*»?

> ❗ ■ *Què* i *qui* són pronoms i, per tant, mai acompanyen un nom:
> ~~Què~~ dia vas néixer? **Quin** dia vas néixer?
> ~~Qui~~ professor vas tenir l'any passat? **Quin** professor vas tenir l'any passat?

> ❗ ■ *Què* i *qui* poden portar preposicions:
> *De què fas?*
> *Amb qui aneu de vacances?*

B. *Quin, quina, quins i quines*

B.1 Els interrogatius *quin*, *quina*, *quins* i *quines* sempre acompanyen un nom. La forma que usem depèn del gènere i el nombre del nom:

	Singular	Plural
Masculí	**Quin** llibre llegeixes?	**Quins** actors t'agraden?
Femení	**Quina** música escoltes?	**Quines** actrius t'agraden?

B.2 Usem els interrogatius *quin*, *quina*, *quins* i *quines* per fer que l'interlocutor seleccioni coses o persones que formen part d'un grup identificat:

—**Quines** sabates es vol emprovar?
[de tot el conjunt de sabates que hi ha a l'aparador]
—*Les vermelles.*

Quan ja s'ha esmentat i queda clar de què o de qui parlem, fem servir l'interrogatiu sense el nom:

—*Al final,* **quines** *es queda?*
[No cal dir el nom perquè queda clar que parla de les sabates.]

29. ▶

> 🔖 ■ També usem *quin*, *quina*, *quins* i *quines* quan el parlant no pot identificar algú o alguna cosa que ha esmentat una altra persona i, per tant, demana un aclariment:
>
> —*Ahir vaig veure el teu cosí.*
> —*Quin cosí? Si jo no tinc cosins!*

C. *Qui, què o quin?*

C.1 Quan volem preguntar sobre la identitat d'una persona o bé sobre la definició d'una cosa que no coneixem, fem servir *qui* o *què* amb el verb *ser*:

—**Qui** és Václav Havel?
—*Un escriptor i polític txec.*

—**Què** és un coala?
—*Un animal que viu als arbres d'Austràlia.*

C.2 Fem servir *quin*, *quina*, *quins* o *quines* amb el verb *ser* quan volem que l'interlocutor seleccioni una persona o cosa que forma part d'un conjunt:

—***Quin*** *és el teu equip de futbol?*
[Entre tots els equips, quin és el teu?]
—*El Lleida CF.*

! ■ Quina és la teva adreça? = Quina adreça tens?

Exercicis

1 Subratlla quin tipus d'informació es demana amb els interrogatius de les frases anteriors.

0. *Quant:*   temps   <u>quantitat</u>   cosa

1. On: cosa   <u>lloc</u>   quantitat

2. Quants: temps   <u>quantitat</u>   persona

3. Com: <u>manera</u>   lloc   temps

4. Quan: quantitat   <u>temps</u>   cosa

5. Què: <u>acció</u>   lloc   temps

6. Quina: quantitat   temps   <u>cosa</u>

7. Quanta: persona   <u>quantitat</u>   cosa

8. Qui: cosa   lloc   <u>persona</u>

2 Ordena les paraules per formar preguntes i sabràs què es demana un estudiant estranger que vol venir a viure a Catalunya. Tingues en compte l'ordre de les paraules.

0. *un bitllet de metro? / Quant / val: Quant val un bitllet de metro?*

1. la Universitat Politècnica? / On / és: <u>On es la UP</u>

2. Quants / el Barça? / té / socis: <u>Quants socis te el B</u>

3. la gent / celebra / Com / el Cap d'Any?: <u>Com celebra la gent el CDA</u>

4. els estudiants? / fan vacances / Quan: <u>Quan Fan els est ?</u>

5. fan / Què? / els caps de setmana? / els joves: <u>Que fan els jov. els CDS</u>

6. miren / els catalans? / Quina televisió: <u>Quina TV miren els cats</u>

7. gent / Quanta / a Barcelona? / viu: <u>Quanta gent viu a Barca</u>

8. el president de la Generalitat? / és / Qui: <u>Qui es el pres de la G.</u>

3 [A] Completa les preguntes següents amb els interrogatius *què* o *qui*:

0. —*Què és la ictiologia?*
—*L'estudi dels peixos.*

1. —Amb <u>qui</u> aneu de viatge?
—Amb en Llorenç i en Josep Lluís.

2. —<u>Què</u> fas el cap de setmana?
—Em quedo a casa.

3. —<u>Què</u> menges?
—Una amanida de tomàquet i all.

4. —<u>Qui</u> va escriure *Viatge al centre de la terra?*
—Jules Verne.

5. —De <u>què</u> em parles?
—D'aquella amiga meva que és cantant.

6 —<u>Què</u> és això?
—Un ordinador de butxaca. Oi que és molt petit?

7. —<u>Qui</u> era Foucault?
—Un filòsof francès.

8. —<u>Què</u> podem regalar a l'Amèlia pel seu aniversari?
— Potser alguna cosa de roba.

4 [A i B] Completa les preguntes següents amb els interrogatius *què*, *qui*, *quin*, *quina*, *quins* i *quines*. Després, relaciona cada pregunta amb la resposta correcta.

0. *Quin dia va caure el mur de Berlín?* *a*

1. _Què_ va dir Juli Cèsar al seu assassí? _e_

2. _Quina_ciutat té un museu dedicat a la Coca-cola? _c_

3. _Quin_ país va organitzar els jocs olímpics del 2008? ____

4. _Quin_ club de futbol va fundar el suís Joan Gamper? ____

5. _Quins_astronautes van ser els primers que van arribar a la Lluna? _h_

6. _Qui_ va dir: «Ull per ull i el món acabarà cec»? _d_

7. _Quines_llengües són oficials a Suïssa? ____

8. _Quina_institució internacional es dedica a moltes tasques humanitàries? ____

a. El 9 de novembre de 1989.

b. El Barça.

c. Atlanta.

d. Mahatma Gandhi.

e. «Tu també, fill meu?»

f. L'alemany, el francès, l'italià i el romanx.

g. La Creu Roja.

h. Armstrong, Aldrin i Collins.

i. La Xina.

5 [A i B] Llegeix les preguntes i les respostes següents, i subratlla l'interrogatiu adequat:

0. —*L'ordinador no funciona!*

   —Quin / Què, *el portàtil o l'altre?*

1. —*Quina / Què és la teva habitació?*

   —Aquesta. L'altra és del meu company de pis.

2. —*Qui / Quina és la teva xicota?*

   —No la coneixes. Es diu Bea.

3. —*Què / Quin és un conillet d'Índies?*

   —És un conill més petit.

4. —Agafo un tall de pastís. *Quin / Qui és el més petit?*

   —Aquest que acabo de tallar.

5. —Al final anem de vacances a l'estranger!

   — Ah, sí? A *quin / què país?*

6. —*Qui / Quin ha telefonat?*

   —Un amic teu, però no recordo com es diu.

7. —He rentat tots els calçotets. Saps *qui / quins són els teus?*

   —Els més petits.

8. —Podríem quedar un dia de la setmana que ve.

   —*Què / Quin et va bé? Jo només puc els dimarts i els dijous.*

9. —*Quina / Qui era Margarida Xirgu?*

   —Una actriu catalana.

10. —He vist la teva germana al mercat.

    —*Quina / Què germana? La gran o la petita?*

6 [C] Llegeix els diàlegs següents i completa'ls amb els interrogatius *què*, *qui*, *quin*, *quina*, *quins* o *quines*:

0. —*Qui és el teu professor de matemàtiques?*

   —*Un senyor gran, però no sé com es diu.*

1. — _Quina_ és la teva habitació, la gran o la petita?

   —La petita.

2. — _Què_ és un tamarinde?

   —Un arbre asiàtic.

3. — _Qui_ són aquells nois que et telefonen cada dia?

   —Uns amics molt íntims...

4. — _Què_ és el teu plat preferit?

   —La truita de patates que fa el meu pare.

5. —Volíem comprar uns formatges francesos. Segons tu, _quins_ són els millors?

   —No ho sé... A mi m'agraden molt el camembert i el brie.

6. — _Quines_ són les verdures que no pots menjar?

   —La col, el bròquil i la coliflor.

32. Els interrogatius (II)

• *Que vindreu a la festa?*

A. *On, com, quan i per què*

B. *Quant, quanta, quants i quantes*

C. *Que amb preguntes de resposta sí o no*

D. Preguntes indirectes

E. *Oi? i veritat?*

A. On, com, quan i per què

A.1 Usem *on, com* i *quan* per preguntar sobre el **lloc**, la **manera** i el **temps**:

—*On* vius?
—A Tarragona.

—*Com* vas a la feina, amb cotxe o amb transport públic?
—Amb cotxe.

—*Quan* teniu vacances?
—A l'estiu i per Nadal.

A.2 Fem servir *per què* per preguntar sobre la **causa**: • *Per què* estàs enfadat amb mi?

> **!** ■ Utilitzem *per què no* per preguntar el motiu pel qual no es fa una acció i també per proposar a algú de fer una activitat:
> *Per què no* et menges les patates? Són molt bones!
> [Es pregunta la causa de no menjar-se les patates.]
> *Per què no* anem al cine aquesta nit?
> [Es proposa una activitat: anar al cine.]

> ■ Usem **perquè** (escrit en una sola paraula) per introduir una causa:
> —Per què no ve a sopar la tia Engràcia?
> —*Perquè* aquesta nit surt amb un senyor.

B. Quant, quanta, quants i quantes

B.1 Usem *quant* amb un verb per preguntar sobre una **quantitat**:

—*Quant* val aquest ordinador?
—Uns 1000 euros.

B.2 Fem servir *quant, quanta, quants* i *quantes* amb un nom per preguntar sobre una **quantitat** relacionada amb el nom. Usem les formes *quant* i *quanta* amb els noms no comptables, i *quants* i *quantes* amb els noms comptables:

	Singular (noms no comptables)	Plural (noms comptables)
Masculí	*Quant* vi beus per dinar?	*Quants* idiomes es parlen a Suïssa?
Femení	*Quanta* sal poses a la sopa?	*Quantes* habitacions té el teu pis?

> **!** ■ Fem servir *quant* per preguntar per la quantitat, i *quan* per preguntar pel temps.

1. ▶

C. Que amb preguntes de resposta sí o no

C.1 Per introduir una pregunta de resposta *sí* o *no*, podem usar *que*. En aquest cas, l'entonació de la pregunta és descendent suau:

• *Que* coneixeu la Laia? = Coneixeu la Laia?

[entonació descendent suau] [entonació ascendent pronunciada]

C.2 Usem l'interrogatiu *què* per preguntar sobre una cosa o un fet que el parlant desconeix:

—**Què** *mires?* [El parlant demana una informació que no té.]
—*Una pel·lícula de terror.*

En canvi, utilitzem *que* per demanar a l'interlocutor la confirmació o la negació del que preguntem. En aquest cas, les preguntes es poden respondre amb *sí* o *no*:

—**Que** *mires una pel·lícula?* [El parlant només demana la confirmació o la negació del que pregunta.]
—*No, és un capítol d'una sèrie.*

D. Preguntes indirectes

D.1 Fem preguntes indirectes quan inserim una pregunta en una frase afirmativa. Aquest tipus de preguntes es fan amb els mateixos interrogatius que les preguntes directes:

- *«Com s'acaba la pel·lícula?»* = *No sé* **com s'acaba la pel·lícula**.
  [pregunta directa]   [pregunta indirecta]
- *«Quin dia tornes?»* = *La Júlia vol saber* **quin dia tornes**.
  [pregunta directa]   [pregunta indirecta]

> ! ■ L'ordre de la frase interrogativa indirecta és igual que l'ordre de la pregunta directa.

D.2 Quan fem una pregunta indirecta amb una frase sense interrogatiu, usem la forma **si**:

- *«Demà hi ha vaga d'autobusos?»* = *Encara no sabem* **si** *demà hi ha vaga d'autobusos.*

E. *Oi?* i *veritat?*

E.1 Quan demanem la confirmació d'una informació, fem servir *oi* o *veritat* al final de la frase:

—*Tu i jo ens coneixem,* **oi**? [Em confirmes que tu i jo ens coneixem?]
—*Sí, anem al mateix gimnàs.*

> ! ■ Només fem l'entonació interrogativa amb *oi* i *veritat*, i no amb la informació que donem:
> *Tu fas molt d'esport, oi?*

> ■ També podem demanar la confirmació d'una informació amb l'estructura *oi / veritat que + frase*. En aquest cas, diem tota la frase amb entonació interrogativa:
> —*Oi que tu ets francès?*

Exercicis

1 [A] Completa el diàleg següent entre un periodista i un inventor amb els interrogatius *què, on, quan, com* i *per què*:

P: —*Senyor Agut, podria explicar* (0.) *què ha inventat?*
I: —*Un paraigua de protecció total.*
P: —(1.) __Què__ *és això?*
I: —*Un paraigua que protegeix tota la persona.*
P: —I (2.) __Com__ *és?*
I: —*Doncs és un paraigua normal que té una extensió de plàstic fins als peus. Així la persona no es mulla.*
P: —(3.) __Qui__ *va inventar aquest paraigua?*
I: —*Perquè a mi em molesta molt mullar-me. Sempre que plou em mullo les cames i no ho suporto.*

P: —(4.) __Quan__ *va inventar aquest paraigua?*
I: —*Doncs un dia de molta pluja. Vaig arribar a casa totalment xop.*
P: —I (5.) __perquè__ *vol fer ara amb el seu paraigua?*
I: —*El vull presentar en una fira d'invents.*
P: —(6.) __On__ *es fa aquesta fira?*
I: —*A Vilanova i la Geltrú.*
P: —*Doncs molta sort, senyor Agut!*

2 [A i B] Completa les preguntes següents amb els interrogatius *quan, quant, quanta, quants i quantes*. Després, relaciona-les amb les respostes corresponents.

0. *Quants cabells perdem cada dia?*   a

1. Quantes vegades riu una persona al dia? ___
2. Quant es va tardar per calcular la distància entre el Sol i la Terra? ___
3. Quan van morir Josep Pla i William Shakespeare? ___
4. Quant territori salvatge hi ha a l'Àfrica? ___
5. Quants habitants té el Vaticà? ___
6. Quant pot tardar una persona a congelar-se a l'aigua de l'Antàrtida? ___
7. Quanta aigua té el cos humà? ___
8. Quants ossos té l'esquelet d'un adult? ___

a. *Uns cent.*
b. Uns sis segons.
c. De dos-cents sis a dos-cents vuit.
d. El 23 d'abril.
e. El 28 % de l'extensió del continent.
f. El 60 % del seu pes, aproximadament.
g. Unes quinze vegades.
h. Uns nou-cents habitants.
i. Vint-i-dos segles.

3 [C] Completa els diàlegs següents amb *què* o *que*:

0. —*Que vols venir al cine aquesta tarda?*
   —Ho sento, però no puc. Ja he quedat.

1. —_____ vols prendre alguna cosa?
   —No ho sé... què tens?
   —Aigua, sucs, cafè...

2. —Què li passa, a la Lourdes? Sembla preocupada.
   —Què no ho saps? S'ha quedat sense feina!

3. —_____ voleu per sopar?
   —Poca cosa... _____ va sobrar truita de patates, ahir?
   —Sí, en queda un tros. El vols?

4. —_____ comprem a la Lola pel seu aniversari?
   —Deixa'm pensar-hi... _____ necessita alguna cosa especial?
   —Sí, em penso que necessita un raspall de dents elèctric.

5. —_____ vénen en Bernat i en Ferran a la festa?
   —No ho sé. _____ els van convidar?
   —A mi em sembla que no.

6. —Hola, Adrià, sóc al súper. _____ queden ous?
   —Sí, encara n'hi ha quatre. Escolta, _____ hi ha alguna oferta a la peixateria?
   —Sí, hi ha rap a bon preu. En compro?

7. —_____ fareu el pròxim cap de setmana?
   —Anem a un balneari. _____ voleu venir?
   —Doncs potser sí... A quin balneari aneu?

8. —Quan anem cap a la Provença, _____ podrem parar a Perpinyà?
   —Sí, i tant. _____ no coneixes la ciutat?
   —Sí, però fa molts anys que hi vaig anar.

4 [D] Què està pensant la gent de l'oficina? Mira el dibuix i completa els seus pensaments amb un interrogatiu o amb *si*. En alguns casos, hi ha més d'una opció.

M'agradaria saber...

0. *què* fan quan no miro.
1. Quan van de vacances.
2. amb qui van a dinar cada dia.
3. Si callen quan jo entro.
4. Quants anys aguantaran en aquesta oficina.
5. Si els agrada la feina que fan.

Em pregunto...

6. Quant temps fa que treballa aquí.
7. Si és soltera o casada.
8. de quina signe del zodíac és.
9. Que fa els caps de setmana.
10. Si plega sempre cinc minuts abans.

No sé...

11. Si podré parlar amb ell a soles.
12. Si jo li agrado.
13. _____ li truca cada dia abans de plegar.
14. quina adreça de correu electrònic té.
15. quin dia és el seu aniversari.

5 Llegeix les preguntes que es fan els nens i els pares, i completa-les amb l'interrogatiu adequat.

Els pares es pregunten:

0. *Què faig el cap de setmana amb el meu fill?*

1. He de donar diners al meu fill? _____ diners?

2. _____ és la millor edat per tenir fills?

3. _____ els joves prenen drogues? Hi ha algun motiu especial?

4. _____ pensen els nens de la mort?

5. _____ podem començar a parlar de sexe amb els nostres fills?

Els fills es pregunten:

6. _____ són els Reis?

7. _____ pot fer pipí en Batman amb el vestit que porta?

8. _____ s'amaga el senyor que hi ha dins els caixers automàtics?

9. En _____ idioma parlen els animals als seus fillets?

10. _____ falta per al meu aniversari?

6 Dues persones xategen per internet. Completa les preguntes que es fan amb els interrogatius del requadre.

com	per què no	quina	què (2)	oi	qui	quan	quins
quin	on	per què	quantes	que	quanta	quants	

S: —(0.) *Com et dius?*

G: —Gata Maula, i tu?

S: —Shin Chan.

G: —(1.) Quants anys tens?

S: —Dinou, i tu?

G: —Vint-i-un.

S: —(2.) On vius?

G: —A Barcelona. I tu?

S: —En un poble a prop de Barcelona.

G: —(3.) Quin poble?

S: —Sant Climent de Llobregat.

G: —(4.) Què fas normalment els caps de setmana?

S: —Surto de marxa.

G: —Amb (5.) qui ?

S: —Amb els meus col·legues de la universitat.

G: —(6.) Què estudies?

S: —Psicologia.

G: —I a (7.) quina universitat?

S: —A l'Autònoma, però no hi vaig cada dia.

G: —(8.) Quan hi vas?

S: —De dilluns a dijous. Els divendres tinc pràctiques. I tu, estudies?

G: —Sí, faig un mòdul formatiu d'esports. És que m'agraden molt els esports.

S: —Ah, sí? I (9.) què t'agraden?

G: —Tots: el futbol, el bàsquet, el ciclisme...

S: —I (10.) quantes hores d'esport fas al dia?

G: —Moltes. Al matí, a l'escola. I a la tarda també vaig al gimnàs o a entrenar-me a bàsquet.

S: —I els caps de setmana mires els esports a la tele, (11.) _____ ?

G: —Sí, no em perdo ni un partit.

S: —Ei, (12.) _____ quedem un dia?

G: —És que jo ho tinc una mica complicat per quedar.

S: —(13.) _____ ?

G: —Perquè cada dia em connecto al xat i no puc quedar amb tothom!

S: —Amb (14.) _____ gent has quedat?

G: —Amb trenta persones.

S: —(15.) _____ estàs cansat de sortir amb gent desconeguda?

G: —No, no. A mi m'encanta!

S: —Doncs, cap problema. No m'importa ser la persona trenta-u!

33. Els exclamatius

• *Quin* dia!

A. *Que* o *quin, quina, quins, quines*

B. *Com*

C. *Quant, quanta, quants i quantes*

■ Quan volem donar una força especial al que diem, fem una exclamació i usem l'entonació exclamativa descendent al final del missatge:

> • *Telefona'm més tard!*

■ En les exclamacions, podem destacar la **intensitat**, la **quantitat** i la **manera**. Segons el que volem destacar, fem servir exclamatius diferents:

Interrogatius	Tipus d'informació
que	intensitat
quin, quina, quins, quines	intensitat
com	manera
quant, quanta, quants, quantes	quantitat

> ❗ ■ Quan fem exclamacions amb el subjecte explícit, col·loquem el subjecte al final de la frase: *Que* simpàtic *(que) és el teu fill!*

A. *Que* o *quin, quina, quins, quines*

A.1 Amb *quin, quina, quins* i *quines*, sempre destaquem una **persona** o una **cosa**. En canvi, amb *que* destaquem una **característica** de la persona o cosa:

> • *Quina* noia! *Que* alta!

A.2 Fem servir *que* amb un adjectiu o un adverbi. En canvi, fem servir *quin, quina, quins* i *quines* amb un nom. La forma que usem dependrà del gènere i el nombre del nom:

que + adjectiu o adverbi	*quin, quina, quins, quines* + nom
Que bonic *(que) és aquest abric!* [És molt bonic.]	*Quin* pis *(que) tens!* [És molt bonic.]
Que bé *(que) parles l'anglès!* [Parles molt bé l'anglès.]	*Quina* pel·lícula *(que) hem vist!* [És molt dolenta.]
	Quins pastissos *(que) fas!* [Són molt bons.]
	Quines sabates *(que) t'has comprat!* [Són molt originals.]

> ❗ ■ Podem usar *que* entre l'exclamatiu i la frase, però no és obligatori.

A.3 Quan volem fer més èmfasi sobre una qualitat de la persona o la cosa, fem servir *quin, quina, quins* i *quines* amb *més* o *tan* seguits d'un adjectiu:

> • *Quin examen **més** difícil! = Quin examen **tan** difícil!*

B. *Com*

B.1 Fem servir l'exclamatiu *com* per destacar la **manera** com es fa una acció. *Com* sempre acompanya un verb:

> • ***Com*** <u>condueix</u> *en Carles!* [Em sorprèn la manera com condueix: molt bé o molt malament.]

> ▪ Segons el context, utilitzem *com* amb valor quantitatiu. En aquest cas, és equivalent a l'expressió *si que* + *verb*:
> ***Com** plou!* = ***Si que** plou!* [Plou molt.]

C. *Quant, quanta, quants i quantes*

C.1 Usem *quant, quanta, quants* i *quantes* amb un nom per destacar una **quantitat** relacionada amb el nom. Usem les formes en singular amb els noms no comptables, i les formes en plural, amb els comptables:

> • ***Quant*** *(de)* <u>fum</u> *(que) hi ha en aquest local!* [Hi ha molta quantitat de fum.]
> • ***Quanta*** <u>sal</u> *(que) poses al menjar!* [Hi poses molta quantitat de sal.]
> • ***Quants*** <u>idiomes</u> *(que) parla el John!* [Parla molts idiomes.]
> • ***Quantes*** <u>persones</u> *(que) hi havia al concert!* [Hi havia moltes persones.]

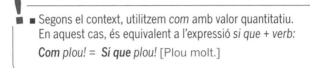

> ▪ Podem usar *que* entre l'exclamatiu i la frase, però no és obligatori.

Exercicis

1 Llegeix les exclamacions següents i classifica-les al quadre segons el que es destaca:

0. *Que avorrida!*

1. *Quina pel·lícula!*
2. *Si que fuma!*
3. *Quanta gent!*
4. *Com parla l'àrab!*
5. *Quina actriu!*
6. *Que bonic!*

7. *Quin cotxe!*
8. *Que difícil!*
9. *Quins nens!*
10. *Quants deutes!*
11. *Quines botigues!*
12. *Com viu aquesta gent!*

Destacar una qualitat d'una persona o una cosa	Destacar una persona o una cosa	Destacar una quantitat	Destacar com es fa una acció
0. *Que avorrida!*			

2 [A] Llegeix les frases següents i subratlla l'opció adequada:

0. *En Peter i en Jaume marxen dels restaurants sense pagar.* Que / Quina *barra!*

1. Vam fer un viatge a l'Índia. *Quin / Que* país!

2. Vam anar a veure la pel·lícula *Desapareguts*. *Que / Quina* bona!

3. En Pere i la Mari viuen a la casa nova. *Que / Quina* casa!

4. Aquest és el teu fill? *Quin / Que* gran!

5. Avui m'han posat tres multes. *Que / Quin* dia!

6. Els veïns del segon sempre perden les claus. *Quins / Que* despistats!

7. En Manel i en Blai sempre estan enfadats. *Que / Quins* nois!

8. La Cristina i la Marta s'han tirat amb paracaigudes? *Quines / Que* valentes!

9. La Roser cuina molt bé. *Quins / Que* pastissos fa!

10. T'agraden les sabates de l'Ester? *Que / Quines* sabates més lletges!

3 [A] Llegeix les frases següents, d'un grup de turistes que han visitat París, i completa-les amb *que, quin, quina, quins* i *quines*:

0. *Quins edificis hi ha al centre!*

1. _____ avingudes més amples!

2. _____ bonic que és el riu Sena!

3. _____ simpàtica és la gent!

4. _____ catedral més bonica!

5. _____ bo que és el menjar!

6. _____ parcs que hi ha a tot arreu!

7. _____ botigues de luxe!

8. _____ ajuntament!

9. _____ museus! Són molt grans!

10. _____ viatge hem fet!

4 [C] Llegeix les explicacions dels turistes que van anar a París i completa les respostes dels seus amics amb *quant, quanta, quants, quantes* o *si que* i una paraula del quadre.

diners	vau caminar	temps	dies	fotografies	hores	calories	calor

0. —*Vam comprar un abric de 1000 euros.*

   —*Quants diners per un abric!*

1. —Vam fer cua de les 8 a les 11 del matí per pujar a la torre Eiffel.

   —_____!

2. —Durant el dia estàvem a 40 graus.

   —_____ que vau passar!

3. —Vam fer 18 quilòmetres cada dia.

   —_____! Esteu en forma!

4. —Vam menjar molts pastissets de mantega, xocolata i ametlles.

   —Uf, _____!

5. —Vam estar un dia sencer al museu del Louvre. Unes deu hores.

   —Ui, _____! I el vau visitar tot?

6. —Vam estar-hi del 2 al 30 d'agost.

   —_____! Això sí que són vacances!

7. —Voleu mirar les fotografies? En tenim unes 5000.

   —_____! Potser un altre dia...

5 L'Eulàlia parla del seu nou veí. Completa el que diu amb un exclamatiu.

0. *Com parla! Parla molt bé.*

1. _____ plantes que té! Al seu balcó n'hi ha moltíssimes!

2. _____ simpàtic que és! Sempre està de bon humor.

3. _____ vesteix! Sempre porta roba molt original.

4. _____ feina més tranquil·la! Treballa a casa.

5. _____ llegeix! Sempre porta un llibre.

6. _____ plats que prepara! Sempre sento una olor molt bona des de casa.

7. _____ paciència que té! No es queixa mai del soroll que faig.

8. _____ amics que té! Sempre hi ha gent a casa seva.

9. _____ cames! Les té molt maques!

10. _____ guapo que és! I crec que no té parella!

11. _____ lliga! Cada dia arriba a casa amb una noia diferent.

12. _____ noi! Deu saber que jo existeixo?

El subjecte i els complements del verb

• *En Just* roba *carteres*.

A. Subjecte
B. Complement directe
C. Complement indirecte
D. Complement de règim verbal
E. Atribut
F. Complement predicatiu
G. Complements circumstancials

■ Quan volem comunicar una informació, sovint fem servir una frase formada per un subjecte (la persona o la cosa de què parlem) i un predicat (el que diem sobre la persona o la cosa). El predicat està format per un verb, que pot tenir diferents complements:

> • *La meva àvia* *llegeix el diari cada dia.*
> [subjecte]   [predicat]

■ El subjecte es pot eliminar quan ja s'ha esmentat o és clar pel context de què o de qui parlem:

> • *L'Eva no ve a la festa perquè* ↓ *està estudiant.*
>   [l'Eva]   **35.** ▶

■ L'ordre més freqüent dels elements d'una frase és **subjecte + verb + complements** (directe, indirecte, circumstancial, etc.):

> • *La meva àvia* *llegeix*   *el diari*   *cada dia.*
> [subjecte]   [verb] [complement directe] [complement circumstancial]

■ Hi ha altres possibilitats de combinació dels elements d'una frase:

> • *Ha passat* *una desgràcia* *a la urbanització.*
> [verb]   [subjecte]   [complement]

> • *Plou*   *moltíssim!*
> [verb] [complement]

■ Hi ha complements del verb que són obligatoris i altres complements que són opcionals perquè la frase tingui sentit. El tipus de verb determina si un complement és obligatori o opcional. Els obligatoris són el **complement de règim verbal**, l'**atribut** i el **complement predicatiu**. El **complement directe** i el **complement indirecte** generalment són obligatoris, tot i que en alguns casos en podem prescindir:

> • *Els professors* <u>confien</u> ***en els seus alumnes***. [complement de règim verbal]
> • *L'Albert i la Glòria* <u>són</u> **feliços**. [atribut]
> • *La Neus* <u>s'ha tornat</u> **molt conservadora**. [complement predicatiu]
> • *Per què sempre* <u>dius</u> **mentides**? [complement directe]
> • *Sisplau,* <u>telefoneu</u> **a la vostra àvia**! [complement indirecte]   **44.** ▶

■ Quan no repetim un complement del verb perquè ja tenim identificat de què o de qui parlem, usem un pronom feble:

> • *No trobo* <u>la cartera</u>*. Potser* **la** *tinc a casa o potser* **l'** *ha agafada l'Aniol.*

A. Subjecte

A.1 El subjecte és la persona o la cosa de la qual es dóna informació. Sempre concorda amb el verb en persona i nombre:

> • ***En Just*** <u>roba</u>**.**
>
> [subjecte] [3a persona del singular]

B. Complement directe

B.1 El complement directe (CD) completa el significat del verb indicant la persona o cosa que rep directament l'acció que expressa. Entre el verb i el complement directe no col·loquem cap preposició:

- *En Just roba **una cartera**.*

B.2 El complement directe pot ser una persona o una cosa:

- *Demà visitaré **el meu avi**.*
- *Demà visitaré **el Museu del Cinema**.*

> **!** ■ Fem servir la preposició *a* quan el complement directe és un **pronom personal fort** (*mi, tu, ell, ella, vostè...*) o un **pronom indefinit de persona** (*tothom, algú* i *ningú*). En aquest últim cas, el pronom pot anar amb preposició o sense:
>
> *La Vanesa t'estima **a** tu.*   *Aquestes mesures beneficien (**a**) tothom.*

C. Complement indirecte

C.1 El complement indirecte (CI) és el destinatari o receptor de l'acció que expressa el verb. Sempre porta la preposició *a* i es pot combinar amb el complement directe:

- *El Just roba la cartera **al director del banc**.*

D. Complement de règim verbal

D.1 El complement de règim verbal (CRV) és un complement que el verb exigeix per completar el seu significat. Sempre va introduït per una preposició que selecciona el verb (*a, de, en, amb* o *per*):

- *En Just es nega **a robar els pobres**.*

- *En Just es queixa **de la inseguretat ciutadana**.*

- *En Just confia **en la justícia**.*

- *En Just compta **amb l'ajut dels seus amics**.*

- *En Just lluita **per un món millor**.*

44.▶

E. Atribut

E.1 L'atribut és un complement que expressa alguna qualitat del subjecte. Els verbs que uneixen el subjecte amb l'atribut són *ser, estar* i *semblar*. El subjecte i l'atribut concorden en gènere i nombre:

- *En Just és **bo**.*
- *En Just està **orgullós de la seva feina**.*

- *En Just sembla **una bona persona**.*

F. Complement predicatiu

F.1 El complement predicatiu completa el significat del verb i, alhora, aporta una informació referida al subjecte o al complement directe:

- *En Just s'ha tornat* **conservador**.

- *En Just ha trobat la caixa forta* **buida**.

> ! ■ El complement predicatiu concorda amb el subjecte o el complement directe.

> ∅ ■ Verbs que solen regir complements predicatius: *tornar-se, quedar-se, trobar-se, presentar-se, aparèixer, anar, resultar, considerar, trobar, tractar, fer-se, dir-se, elegir, nomenar...*

G. Complements circumstancials

G.1 El complement circumstancial (CC) afegeix al verb una informació de **lloc**, de **temps**, de **manera**, d'**instrument**, de **companyia**, etc.:

- *En Just roba.* [Sabem que roba, però no sabem on, quan, amb qui...]
- *En Just roba carteres* **al carrer**. [lloc]
- *En Just roba* **els caps de setmana**. [temps]

- *En Just roba* **molt de pressa**. [manera]

- *En Just roba la caixa forta* **amb una palanca i una clau anglesa**. [instrument]

- *En Just roba* **amb el seu fill**, *en Justet*. [companyia]

Exercicis

1 **[A]** Llegeix la nota que deixa l'Emili a la seva dona i escriu els set subjectes explícits que hi trobaràs.

0. *La nena*   2. _____   4. _____   6. _____

1. _____   3. _____   5 _____   7. _____

> Anna,
> La nena té febre i avui no va a l'escola. La meva mare es queda amb ella. En Pau té un partit de futbol a les 6; l'acompanyo jo, d'acord? El gos també està malalt. El veterinari diu que ha de fer dieta dos dies. Les plantes del menjador estan seques; no les regaves tu aquesta setmana?
> Emili

En quins dos casos el subjecte s'ha elidit perquè ja sabem de qui parlem?

_____

_____

2 **[B i C]** Tria el complement adequat per a cada frase. Escriu si aquest complement és directe (CD) o indirecte (CI).

0. *Has enviat el correu electrònic...*
   a. *a la Maria? CI*
   b. *la Maria.*

1. Avui, a la plaça de la Vila, he vist...
   a. en Carles.
   b. a en Carles.

2. Si sortim a passejar, hem de posar... un morrió
   a. el gos.
   b. al gos.

3. Aquest estiu podríem fer una visita...
   a. als tiets de Mallorca.
   b. els tiets de Mallorca.

4. No veig...
   a. a les meves claus.
   b. les meves claus.

5. Els veïns del quart han perdut...
   a. al seu gat.
   b. el seu gat.

6. Si aneu a París, heu de visitar...
   a. el Museu del Louvre.
   b. al Museu del Louvre.

7. Fa estona que no veig...
   a. els nens.
   b. als nens.

8. No donis sardines...
   a. al gat!
   b. el gat!

3 [D] Relaciona els verbs amb el seu complement de règim verbal.

0. *Estic pensant...* —————————————→	a. *en les vacances.*
1. Voleu jugar...	b. a la venda de pisos?
2. No us descuideu...	c. en un campionat de futbol sala.
3. Estem d'acord...	d. en la reencarnació de les persones?
4. El Farners CF participa...	e. a bàsquet?
5. Tu et dediques...	f. de l'aniversari d'en Lluc!
6. No us rigueu...	g. dels defectes dels altres!
7. Estic preocupat...	h. per la meva salut.
8. Creieu...	i. amb tu!

4 [E] Llegeix les frases següents i classifica els complements segons que siguin atributs o altres complements.

0. *L'Esteve és producter de cinema. Ara s'està als Estats Units.*

1. Els meus fills estan *malalts*.

2. Vosaltres també sou *professors*?

3. En Joan i la Berta s'han separat. Ara ella està *en un pis de lloguer*.

4. Els nens són *a l'escola*?

5. El Felip s'estava *al Caixa Ric*, però va perdre la feina el mes passat.

6. Els pantalons estan *molt arrugats*.

7. La Carol és *infermera* a l'Hospital General.

8. Les plantes estan *pansides*. No les regues?

9. Què li passa a en Marc? Sembla *enfadat*.

Atributs
producter de cinema

Altres complements
als Estats Units

5 [F] Llegeix les frases següents i marca quin dels dos complements és un predicatiu:

0. *L'Anton s'ha quedat...*
   a. al bar.
   b. sord. X

1. La Laura s'ha fet...
   a. budista. ___
   b. una operació d'estètica. ___

2. En Miquel sempre va...
   a. amb moto. ___
   b. atabalat. ___

3. Vam trobar el restaurant...
   a. tancat. ___
   b. per internet. ___

4. La Rosa i l'Àlex s'han tornat...
   a. molt antipàtics. ___
   b. a casar. ___

5. Hem trobat un ratolí...
   a. mort. ___
   b. sota l'armari. ___

6. L'Amèlia s'ha quedat...
   a. a sopar a casa meva. ___
   b. molt parada quan m'ha vist. ___

7. Els excursionistes han aparegut...
   a. al fons de la vall. ___
   b. sans i estalvis. ___

6 [G] Completa les frases següents amb un complement circumstancial del requadre:

al seu diari	a poc a poc	a la seva habitació
a la nit	amb la seva dona	amb bolígraf vermell

0. *En Peter escriu comentaris al seu diari. (CC lloc)*

1. En Peter escriu sempre _____. (CC instrument)

2. En Peter escriu poemes _____. (CC lloc)

3. En Peter escriu cartes _____. (CC temps)

4. En Peter escriu els informes de la feina _____. (CC manera)

5. En Peter escriu novel·les _____. (CC companyia)

A. Formes i significat

A.1 Usem els pronoms personals forts per referir-nos a les persones que participen en el discurs: primera persona (la que parla), segona persona (la que escolta) o tercera persona (la que no és ni la que parla ni la que escolta).

A.2 Hi ha tres persones per al singular i tres per al plural:

	Singular	Plural
Primera persona	*jo*	*nosaltres*
Segona persona	*tu / vostè*	*vosaltres / vostès*
Tercera persona	*ell, ella*	*ells, elles*

■ La tercera persona, tant en singular com en plural, té forma masculina i femenina.

jo + tu   tu + tu

A.3 *Vostè* i *vostès* són pronoms de segona persona perquè es refereixen a la persona que escolta, però els fem servir amb el verb en tercera persona del singular (*vostè*) o del plural (*vostès*):

• I **vostè**, què en <u>pensa</u>, de la feina dels polítics?
• **Vostès** <u>han demanat</u> un cafè i un te?

A.4 Darrere de les preposicions, el pronom *jo* canvia a *mi*.

• L'Eva sempre parla malament ~~de jo~~ **de mi**.

> **!** ■ Amb les preposicions *segons*, *entre* i *fins i tot*, el pronom *jo* no canvia:
> <u>Entre</u> **ell i jo** ~~mi~~ vam fer tota la feina.

A.5 Els pronoms personals poden fer de subjecte, d'atribut o de complements del verb introduïts per una preposició:

• *Vaig convidar a sopar l'Eduard i la Maria, però **ella** no va venir.*
[subjecte]
• *El culpable és **ell**.*
[atribut]
• *Aquest cap de setmana vindreu amb **nosaltres**?*
[complement circumstancial]

34.▶

B. Usos

B.1 Fem servir els pronoms personals forts quan volem **distingir** diferents subjectes o quan volem **evitar una ambigüitat**:

- *Em penso que **vostè** és el lladre.* [*vostè* i no les altres persones]

- *He parlat amb la Marta i en Pol. Es veu que **ella** s'ha quedat sense feina.*
  [*Ella* permet saber que parlem de la Marta i no d'en Pol.]

B.2 No fem servir els pronoms personals forts quan queda clar de qui parlem:
- *El meu xicot es diu Alfonso, ~~ell~~ té vint-i-tres anys i ~~ell~~ és de Colòmbia.*
  [l'Alfonso]   [l'Alfonso]

B.3 Usem *vostè* o *vostès* com a formes de **respecte** o de **distanciament** entre els parlants: quan ens adrecem a una persona gran desconeguda, quan parlem amb algú amb qui no tenim una relació de confiança o també quan hi ha una jerarquia social entre els parlants:

- *I **vostè** no podria fer una excepció?*
  [La relació entre el policia i l'home és formal.]

- *Però **tu** saps quina hora és?*
  [La relació entre el policia i la seva dona és de confiança.]

B.4 Els pronoms personals forts només es refereixen a persones i no a coses:
- *Sempre porto corbata, però avui he vingut sense ~~ella~~.*
- *Tenia una col·lecció de cotxes esportius i sempre es passejava amb algun ~~d'ells~~ pel poble*

1 [A] La Marta parla durant el dia amb diferents persones i de diferents persones. Quin tractament fa servir en cada cas?

0. *Parla amb els seus dos fills:* vosaltres

1. Parla amb el seu marit: _____

2. Parla amb els seus veïns, que tenen vuitanta anys: _____

3. Parla amb les seves germanes: _____

4. Parla del seu marit: _____

5. Parla del seu marit i ella: _____

6. Parla amb una senyora gran, que li pregunta on és un carrer: _____

7. Parla d'ella mateixa: _____

8. Parla de la seva sogra: _____

9. Parla dels seus amics: _____

2 [A] Escriu el pronom personal plural que correspon a les combinacions següents:

0. *jo + tu:* nosaltres

1. tu + ell: _____

2. jo + vostè: _____

3. vostè + vostè: _____

4. jo + vosaltres: _____

5. tu + tu: _____

6. jo + ell: _____

3 [B] Completa amb un pronom personal fort del requadre una de les frases de cada parella.

jo	ella (2)	vosaltres	ells	ell	nosaltres (2)

0. a. —Hola, Miquel!, _____ sóc la Marta. Veig que no ets a casa. Sisplau, truca'm!

   b. —Hola, Sònia!

   —No, t'equivoques. Jo sóc la Marta. La Sònia és la meva germana.

1. a. Alguns veïns de l'escala volen pintar la façana, però _____ volem pintar l'escala.

   b. Els veïns de l'escala volem pintar la façana. També _____ volem pintar l'escala.

2. a. Coneixes en Paco? _____ és d'Alcalá de Henares, però viu a Madrid.

   b. En Paco i la Lucía viuen a Madrid, però _____ és andalusa.

3. a. El meu company és fantàstic. Renta els plats, va a comprar i, a més, _____ prepara el dinar cada dia.

   b. El meu company i jo ens repartim les feines de casa. Jo vaig a comprar i _____ prepara el dinar cada dia.

4. a. Els meus pares _____ van a Roma el cap de setmana.

   b. Els meus pares i les meves germanes viatjaran aquest cap de setmana. _____ van a Roma, i elles, a Londres.

5. a. La Marta i en Pep són vegetarians com vosaltres, i no mengen productes derivats de la llet; però _____ mengeu iogurts i formatge, oi?

   b. Tu i la Maria fa temps que sou vegetarians, oi? I _____ mengeu ous i formatge?

6. a. Dissabte, en Jordi fa una festa a casa seva. Vosaltres hi aneu? _____ no hi anem perquè tenim entrades per anar al teatre.

   b. Dissabte _____ anem al teatre i no podem anar a la festa d'en Jordi.

7. a. Per què l'Anna i en Tomàs no volen treballar junts? Però si _____ és molt intel·ligent!

   b. L'Anna és la meva millor amiga. _____ és molt treballadora.

4 [B] Fixa't en cada situació i subratlla l'opció adequada. En alguns casos, totes dues opcions són adequades.

0. *(Diàleg entre una mestra i un alumne)*

   Els teus companys es porten molt bé, però tu / vostè, *no.*

1. *(Diàleg entre una mestra i els pares d'un alumne)*

   Jo tinc molta paciència amb els nens, però *vosaltres heu / vostès han* d'entendre que s'acaba.

2. *(Diàleg entre un policia que posa una multa i el conductor del cotxe)*

   Jo només faig la meva feina i *vostè ha / tu has* de saber que no es pot circular a més de 50 per hora.

3. *(Diàleg entre dues parelles d'amics)*

   Nosaltres podem quedar dissabte a la nit. A *vostès els / vosaltres us* va bé?

4. *(Diàleg entre un teleoperador i una dona)*

   Bon dia, truco de l'empresa d'assegurances Seguretat. *És vostè / Ets tu* la propietària del pis?

5. *(Diàleg entre dos companys de feina)*

   El director ens vol veure al seu despatx. *Vostè sap / Tu saps* què ens vol dir?

6. *(Diàleg entre el director d'un banc i un empleat)*

   Aviat em jubilo i busco algú com *vostè / tu* per ocupar el meu lloc.

7. *(Diàleg entre una fornera i el fill d'una clienta)*

   Ui, quin nen més maco! Té, una galeta per a *tu / vostè.*

5 Llegeix les diferents notes que es deixen uns estudiants que comparteixen pis i corregeix els errors de pronoms personals forts. En cada nota n'hi ha un.

0 *ell / ella* ha trobat

0
Nois,
la Carla i l'Oriol deixen el pis. Es veu que ha trobat una feina a Mallorca.
                              Toni

1. _____

2. _____

3. _____

4. _____

5. _____

6. _____

1
Recorda que tu rentes els plats del dinar i rento els plats del sopar. Cada dia trobo molts plats per rentar!
                              Esteve

2
Nois,
qui de vostès fa servir el meu xampú? Recordeu que és un xampú especial i molt car.
                              Toni

3
Toni,
Hi ha una noia que et telefona cada dia. Diu que és una companya de la universitat i que ella vol parlar amb tu.
                              Sílvia

4
Nois,
els senyors del costat es queixen de les nostres festes. Recordeu que ell té més de vuitanta anys i està malalta.
                              Sandra

5
Carla,
vols venir amb jo al concert d'Els Bufats? És demà a la nit.
                              Oriol

6
Nois,
us recordo que quan s'acaba un producte, s'ha de comprar. Ahir no teníem sal i vam haver de cuinar sense ella.
                              Carla

36.
Els pronoms febles
Formes i posició

A. Formes
B. Ortografia
C. Posició dels pronoms febles

• *Vols explicar-**me** què **et** passa?*

■ Usem els pronoms febles per referir-nos a un complement del verb **identificat** perquè o bé n'acabem de parlar o bé és en el context on es produeix la comunicació:

> • *Volem anar a Venècia, però no sabem si **hi** anirem a l'estiu o a la tardor.*

> • *__En__ vols?*

■ No podem usar els pronoms febles sols. Sempre acompanyen un verb:

> —*Qui t'ha dit això?*
> —*Ell.* [Usem el pronom personal fort sol.]

> —*Coneixes en Sam?*
> —*Sí que __el__ conec.* [El pronom feble s'uneix a *conec*. Fa referència a *en Sam*.]
> *Sí que el / Sí que conec*

■ Hi ha tretze pronoms febles: *em, et, es, ens, us, el, la, els, les, li, en, ho* i *hi*. Els pronoms canvien la forma en funció de com comença o acaba el verb. Les formes que no canvien mai són *les, li, ho* i *hi*.

■ Quan volem destacar un complement del verb, normalment el col·loquem a l'inici de la frase i el repetim amb un pronom feble:

> • *El vi blanc, __el__ tinc a la nevera.*

■ Hi ha pronoms que no substitueixen cap complement del verb. La seva funció és modificar el sentit habitual del verb (*veure / veure-hi, sentir / sentir-hi, estar / estar-se'n,* etc.):

> • *__Vas veure__ el documental sobre el medi ambient?*
> [*Veure* vol dir «percebre alguna cosa amb la vista».]
> • *L'Àngel va tenir un accident i no __hi veu__ bé.*
> [*Veure-hi* es refereix al sentit de la vista.]

A. Formes

A.1 Les formes dels pronoms febles **davant** dels verbs començats en **consonant** són:

Persona gramatical	Singular		Plural	
	Masculí	Femení	Masculí	Femení
Primera persona (jo, nosaltres)	*em dutxo*		*ens rentem*	
Segona persona (tu, vosaltres)	*et diverteixes*		*us dieu*	
Tercera persona (ell, ella, vostè) (ells, elles, vostès)	*es compra*			
	el rento	*la compro*	*els reparteixo*	*les robo*
	li telefono			
	en tinc *ho veig* *hi vaig*			

A.2 Les formes dels pronoms febles **davant** dels verbs començats en **vocal** o **h** són:

Persona gramatical	Singular		Plural	
	Masculí	Femení	Masculí	Femení
Primera persona (jo, nosaltres)	*m'horroritzo*		*ens oblidem*	
Segona persona (tu, vosaltres)	*t'atipes*		*us inventeu*	
Tercera persona (ell, ella, vostè) (ells, elles, vostès)	*s'organitza*			
	l'escolto	*l'acompanyo la invento*	*els explico*	*les estimo*
	li agrada			
	n'accepto ho escolto hi entro			

A.3 Les formes dels pronoms febles **darrere** dels verbs acabats en **consonant** o **u** són:

Persona gramatical	Singular		Plural	
	Masculí	Femení	Masculí	Femení
Primera persona (jo, nosaltres)	*dutxar-me*		*fer-nos*	
Segona persona (tu, vosaltres)	*mou-te*		*repartiu-vos*	
Tercera persona (ell, ella, vostè) (ells, elles, vostès)	*pentinar-se*			
	rentar-lo	*explicar-la*	*obriu-los*	*deixar-les*
	telefoneu-li			
	vaig comprar-ne deixeu-ho aneu-hi			

A.4 Les formes dels pronoms febles **darrere** dels verbs **acabats en vocal (a, e, i)** són:

Persona gramatical	Singular		Plural	
	Masculí	Femení	Masculí	Femení
Primera persona (jo, nosaltres)	*explica'm*		*perdre'ns*	
Segona persona (tu, vosaltres)	*oblida't*		*entendre-us*	
Tercera persona (ell, ella, vostè) (ells, elles, vostès)	*aixequi's*			
	escolti'l	*deixi-la*	*porta'ls*	*deixa-les*
	telefona-li			
	compri'n deixa-ho porta-hi			

B. Ortografia

B.1 Davant dels verbs començats en consonant, els pronoms no s'apostrofen. Davant dels verbs començats en vocal o *h*, els pronoms *em*, *et*, *es*, *el*, *la* i *en* s'apostrofen:

• *Saps on és el meu llapis de memòria?* **El** *vaig deixar sobre la taula i ara no* **el** *trobo. Potser* **l'***he perdut.*

> **!**
> ■ El pronom *la*, davant d'un verb començat en *i*, *u* (o *hi*, *hu*) àtones, no s'apostrofa:
> *La mort violenta de la marquesa* **la** *investiga la policia secreta.*

B.2 Quan usem els pronoms febles darrere dels verbs acabats en consonant o *-u*, unim els pronoms al verb amb un guionet:

• *Per fer l'amanida, agafeu l'enciam, renteu-***lo** *i talleu-***lo***. Heu de deixar-***lo** *una estona amb aigua.*

B.3 Darrere dels verbs acabats en vocal (excepte *-u*), apostrofem *em*, *et*, *es*, *el*, *ens*, *els* i *en*:

—*On poso l'abric?*
—*Deixa***'l** *al penjador de l'entrada.*

> ■ En un registre col·loquial oral, sovint fem canvis en les formes dels verbs i dels pronoms per facilitar-ne la pronúncia:
> – Afegim *-e* a la segona persona de l'imperatiu: *promete'm* (promet-me), *serveixe'l* (serveix-lo), *llegeixe-ho* (llegeix-ho), *convence-la* (convenç-la)...
> – Eliminem la *-s* de la segona persona de l'imperatiu: *digue'm* (digues-me), *estigue't* (estigues-te), *tingue-ho* (tingues-ho)...
> – Eliminem la *-r* de l'infinitiu: *coneixe'l* (conèixer-lo), *coneixe't* (conèixer-te), *convence'ls* (convèncer-los)...

C. Posició dels pronoms febles

C.1 Generalment usem els pronoms febles davant del verb:

• *Ahir vaig comprar l'últim llibre del Cardona i ja* **l'***he llegit.*

Si el verb és un **infinitiu**, un **imperatiu afirmatiu** o un **gerundi**, els col·loquem darrere del verb:

• *Us podeu fer el sopar? És que jo no tinc temps de preparar-***lo***.*
[infinitiu]

• *Si us plau, les copes, posa-***les** *a l'armari del menjador.*
[imperatiu]

• *En Pere es passa el dia queixant-***se***. És un pesat!*
[gerundi]

C.2 Amb el **passat perifràstic** o amb una **perífrasi verbal**, podem usar els pronoms davant o darrere del verb:

• *Ja has anat a l'exposició del MNAC? Jo* **hi** *vaig anar la setmana passada. = Jo vaig anar-***hi** *la setmana passada.*
• **M'***heu de fer un favor. = Heu de fer-***me** *un favor.*
• *La moto vella de l'avi,* **l'***estic arreglant. = La moto vella de l'avi, estic arreglant-***la***.*

> **!**
> ■ No fem servir el mateix pronom davant i darrere del verb a la vegada:
> —*On és el cotxe?*
> —*Ahir* **el** *vaig aparcar-~~lo~~ al carrer / Ahir ~~el~~ vaig aparcar-***lo** *al carrer.*

C.3 Quan utilitzem dos o més pronoms, els col·loquem junts davant o darrere del verb:

—*Em va dir que es casava.*
—*Doncs a mi no* **m'ho** *va dir. = Doncs a mi no va dir-***m'ho***.* [no ~~em va dir-ho~~]

1 [A] Llegeix els textos publicitaris següents i subratlla els pronoms febles que hi apareixen:

0. *Ell mai no ho faria.*

1. Costa Daurada. Només hi faltes tu.

2. Encara busques la teva parella ideal? La trobaràs a *parellesmundi.com*.

3. Art, la millor cervesa catalana. Tasta-la!

4. Per Sant Jordi, regala-li una rosa!

5. La revolució dels ordinadors ha arribat amb el nou Mininet. El pots portar a la bossa o a la butxaca.

6. Xàmping hidrata els cabells i els deixa suaus i llisos.

7. Vols el millor rellotge del món? Truca al 902 30 30 30 i demana'l.

8. Info-ràpid, arreglem ordinadors en menys de 24 hores. Truca'ns al 93 339 25 09.

2 Escriu a qui o a què fan referència els pronoms dels textos publicitaris de l'exercici 1.

0. *abandonar el seu propietari*

1. _____

2. _____

3. _____

4. _____

5. _____

6. _____

7. _____

8. _____

3 [A i B] Llegeix les frases següents i subratlla el pronom adequat:

0. *T'*agrada / *Te* agrada llegir?

1. Pots deixar-*me* / deixar-*em* un bolígraf?

2. I el llibre, ja *el* has llegit / *l'* has llegit?

3. Sisplau, els plats, heu de rentar *'ls* / rentar-*los*.

4. No us mengeu tot el pastís. Deixeu-*ne* / Deixeu*'n* una mica.

5. No sé on és el meu abric. No *el* trobo / *lo* trobo enlloc.

6. No queden taronges. Si passes per la fruiteria, compra-*ne* / compra*'n* un quilo.

7. En Lluís i l'Àngels són uns antipàtics. Ahir no van saludar-*nos* / saludar-*ens*.

8. Per què *et* enfades / *t'*enfades tant amb els teus fills?

9. El moneder, porta*'l* / porta-*lo* sempre a la butxaca.

10. *Me* expliques / *M'*expliques un conte?

11. Els plats, deixa-*los* / deixa*'ls* sobre la taula.

12. Senyor Garcia, prengui-*se* / prengui*'s* les pastilles després de sopar.

13. *Em* passes / *Me* passes la sal?

4 [B] Llegeix el fragment del llibre *Petita crònica d'un professor de secundària*, de Toni Sala i, si cal, modifica la forma dels pronoms tenint en compte si estan col·locats davant o darrere el verb.

El dia u de setembre, els professors arribem als instituts. Dedicarem les dues setmanes que falten perquè comenci el curs a (0.) *preparar-lo*, però (1.) *ens haurem* d'esperar fins que no acabem de (2.) *ser hi* tots. (3.) *Em han enviat* a aquest poble perquè és lluny de les capitals i no té tren. L'institut és davant d'una plaça dura que cobreix un pàrquing. Hi ha grups d'estrangers a les voreres. Alguns seuen a sobre de les maletes i esperen que vinguin a (4.) *buscar los*.

El primer dia he de (5.) *presentar me* a un equip directiu i uns professors desconeguts. És molt semblant al primer dia de donar classe a un alumnat nou. Com (6.) *me anirà*, amb aquesta gent? L'institut ocupa uns locals de l'Ajuntament habilitats per (7.) *fer hi* classes. A secretaria (8.) *es fan* les primeres presentacions. L'administrativa (9.) *em demana* que (10.) *li ompli* un imprès.

Quan surto, travesso la plaça dura i (11.) *me aturo* a mirar el *carrusel*. És preciós. (12.) *Em passaria* el dia (13.) *contemplant lo*. Però no puc (14.) *entretenir me*: tinc un parell de setmanes per (15.) *preparar me* el curs. Hauria preferit (16.) *poder me* preparar les classes durant l'estiu, (17.) *fer ho* amb temps, professionalment.

El primer dia de classe. (18.) *Em presento*. Demano als alumnes que (19.) *se aixequin*. Passo llista. (20.) *Els obligo* a seure separats i per ordre alfabètic.

—(21.) *Deixa me* seure amb ella! –reclama una alumna–. (22.) Així *la ajudo*!

Ja comencem.

Toni SALA, *Petita crònica d'un professor de secundària*, 2001 (adaptació)

0. *preparar-lo*   4. _____   8. _____   12. _____   16. _____   20. _____
1. _____   5. _____   9. _____   13. _____   17. _____   21. _____
2. _____   6. _____   10. _____   14. _____   18. _____   22. _____
3. _____   7. _____   11. _____   15. _____   19. _____

5 [A i B] Omple els buits dels diàlegs següents amb les diferents formes del pronom feble que hi ha entre parèntesis:

0. —Heu de fer el trasllat al pis nou? *(ens)*
a. —Sí. Ens ajudeu?
b. —Sí. Podeu ajudar-nos?
c. —Sí. Ajudeu-nos, sisplau!

1. —Em portes a casa? *(et)*
a. —És que queda molt lluny. Si vols, _____ porto a la parada d'autobús.
b. —Sí, si _____ esperes un moment t'hi porto.
c. —Sí, però pots esperar _____ cinc minuts, sisplau?
d. —Sí, espera _____ al carrer, que agafo les coses.

2. —En Jordi és al bany? *(es)*
a. —Sí, sempre _____ dutxa abans d'esmorzar.
b. —Sí, _____ està dutxant.
c. —Sí, està dutxant _____
d. —Sí, esperi _____, que ara ve.

3. —La finestra és oberta? *(la)*
a. —Sí, _____ tanco?
b. —Sí, però jo no _____ he oberta.
c. —Sí. Puc tancar _____, si vols.
d. —Sí. Tanca _____, si et molesta.

4. —Els plats del dinar encara són bruts! *(els)*
a. —Doncs per què no _____ rentes?
b. —Sí, _____ he de rentar jo!
c. —Doncs renta _____!
d. —Pots rentar _____ tu, sisplau?

5. —On deixo el regal? *(el)*
a. —_____ pots deixar aquí.
b. —Aquí. On _____ has comprat?
c. —Pots deixar _____ aquí.
d. —Deixa _____ sobre la taula.

6. —Compro maduixes? *(en)*
a. —No, encara _____ tenim.
b. —No, que encara _____ hi ha a la nevera.
c. —No, perquè ja vaig comprar _____ ahir.
d. —Sí, compra _____ mig quilo.

7. —Hem guanyat el partit! *(us)*
a. —Molt bé. _____ felicito!
b. —Que bé. Vull convidar _____ a sopar per celebrar-ho.
c. —Això vol dir que _____ heu classificat per jugar la final?

6 [C] Escriu el pronom davant o darrere el verb, tenint en compte les formes verbals. En alguns casos, totes dues possibilitats són vàlides. Relaciona cada pronom amb el complement que substitueix.

0. *hi a*   Què us sembla si hi anem aquesta nit?

~~Què us sembla si anem~~ Ø ~~aquesta nit?~~

1. us ____   _____ demanaré un favor.

Demanaré _____ un favor.

2. el ____   _____ has de rentar a mà.

Has de rentar _____ a mà.

3. les ____   No _____ donis als nens, que es poden tallar.

No donis _____ als nens, que es poden tallar.

4. ens ____   _____ estàs dient que deixes la feina?

Estàs dient _____ que deixes la feina?

5. els ____   _____ pots fer a la galta o a la boca.

Pots fer _____ a la galta o a la boca.

6. li ____   Fes _____ un bon regal, que s'ho mereix.

_____ fes un bon regal, que s'ho mereix.

7. ho ____   Només _____ vam dir a la meva família.

Només vam dir _____ a la meva família.

8. la ____   Tu _____ saps fer bé?

Tu saps fer _____ bé?

9. en ____   Ahir _____ vaig comprar mig quilo perquè estaven d'oferta.

Ahir vaig comprar _____ mig quilo perquè estaven d'oferta.

10. em ____   _____ expliques què et passa?

expliques _____ què et passa?

a. *al cine*

b. les tisores

c. la crema catalana

d. a mi

e. a nosaltres

f. de sardines

g. a vosaltres

h. el jersei

i. a en Robert

j. que ens casàvem

k. els petons

37. Els pronoms febles *em, et, es, ens i us*

• *Em vesteixo sol.*

A. Formes: complement directe (CD) i complement indirecte (CI)

B. Usos

C. Valor reflexiu

D. Valor recíproc

E. Duplicació de pronoms

A. Formes: complement directe (CD) i complement indirecte (CI)

A.1 Els pronoms de **primera**, **segona** i **tercera persona** tenen les mateixes formes per al **CD** i el **CI**:

		Davant de verb començat en consonant	Davant de verb començat en vocal o *h*	Darrere de verb acabat en consonant o *-u*	Darrere de verb acabat en vocal (*-a,-e, -i*)
Singular	Primera persona (jo)	**em** *dutxo*	**m'***afaito*	*escriu-***me**	*explica'***m**
	Segona persona (tu)	**et** *conec*	**t'***horroritza*	*vas esperar-***te**	*recorda'***t**
	Tercera persona (ell, ella, vostè)	**es** *diu*	**s'***espera*	*va comprar-***se**	*prengui'***s**
Plural	Primera persona (nosaltres)	**ens** *explica*		*vas dir-***nos**	*espera'***ns**
	Segona persona (vosaltres)	**us** *recorda*		*recordeu-***vos**	*vaig veure-***us**
	Tercera persona (ells, elles, vostès)	**es** *renten*	**s'***estimen*	*van oblidar-***se**	*esperin-***se**

36. 38. ▶

La tercera persona té la mateixa forma en singular i en plural:

• *La Clara **es** dutxa cada matí.*
• *La Clara i en Martí **es** fan un petó.*

B. Usos

B.1 Quan les persones *jo, tu, nosaltres* i *vosaltres* fan de complement directe o indirecte del verb, usem els pronoms *em, et, ens* i *us*:

• *L'Eloi **em** dibuixa.*
[em = complement directe]

• *L'Eloi **em** dibuixa <u>una guitarra</u>.*
[em = complement indirecte]

34. ▶

C. Valor reflexiu

C.1 Usem les formes *em, et, es, ens* i *us* quan expressem que l'acció que fa el subjecte recau sobre ell mateix, sobre una part del seu cos o sobre alguna cosa que porta:

- *Jo* **em** *rento sola.*
  [subjecte] [CD]
    [El subjecte i el CD són la mateixa persona.]

- *En Lluïset* **es** *renta les mans tot sol.*
  [subjecte] [CI]
    [El subjecte i el CI són la mateixa persona.]

C.2 Les formes dels pronoms amb els verbs reflexius són les següents. Poden canviar segons que col·loquem els pronoms davant o darrere del verb:

(jo)	**em**	dutxo	(nosaltres)	**ens**	dutxem
(tu)	**et**	dutxes	(vosaltres)	**us**	dutxeu
(ell, ella, vostè)	**es**	dutxa	(ells, elles, vostès)	**es**	dutxen

36. ▶

C.3 També usem els pronoms per expressar possessió:

- **M'**han robat el cotxe! [Han robat el meu cotxe.]

D. Valor recíproc

D.1 Usem els pronoms *ens, us* i *es* per expressar que una acció és recíproca entre dos subjectes o més. En aquests casos, les persones fan i reben la mateixa acció:

- *L'Oriol i la Berta* **s'**escriuen cartes d'amor.
  [L'Oriol escriu cartes a la Berta i la Berta escriu cartes a l'Oriol.]

E. Duplicació de pronoms

E.1 Quan volem destacar una persona respecte d'altres, fem servir un pronom feble de CD o CI juntament amb un pronom personal fort amb la preposició *a*:

- *En Carles deu estar enfadat. Ahir, a la festa, només* **em** *va saludar* <u>*a mi*</u>.
  [I no va saludar els altres convidats.]

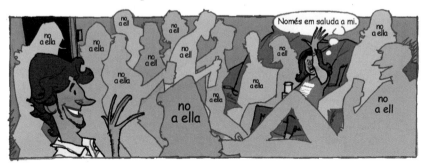

1 [A] Llegeix les frases i completa-les amb el pronom adequat.

0. *em / m' / -me / 'm*

    a. *Em passes la sal?*

    b. *Per què m'expliques això?*

    c. *Pots portar-me amb moto?*

    d. *Deixa'm el bolígraf un moment!*

1. *et / t' / -te / 't*

    a. Vols comprar _____ un cotxe?

    b. _____ passa alguna cosa?

    c. Pentina _____ abans de sortir!

    d. Aquest matí _____ he vist al carrer.

2. *es / s' / -se / 's*

    a. Cada dia _____ dutxa a la nit.

    b. Si vol aquesta feina, talli _____ els cabells.

    c. En Martí i la Marta van oblidar _____ del meu aniversari.

    d. En Joan no _____ afaita mai.

3. *ens / -nos / 'ns*

    a. Els nostres amics volen fer _____ un regal.

    b. _____ agrada molt el teu pis.

    c. Explica _____ el conte de la Caputxeta!

4. *us / -vos / -us*

    a. _____ vaig donar el meu nou número de telèfon?

    b. La Clara diu que no vol veure _____ més.

    c. Nens, heu de rentar _____ les mans abans de dinar!

2 [B] En Nico va a viure a un pis d'estudiants amb la Judit i en Marc. Completa el diàleg amb les diferents formes dels pronoms *em, et, ens* i *us*.

Judit: —Vols que (0.) t'expliquem *com funciona tot?*

Nico: —I si, per començar, (1.) _____ ensenyeu l'habitació on dormiré?

Marc: —És la més petita, però està bé. El llit és nou i també (2.) _____ hem comprat un armari.

Judit: —I si vols, també (3.) _____ podem deixar una taula per estudiar.

Nico: —I com (4.) _____ repartiu les feines de casa?

Judit: —En Marc i jo (5.) _____ repartim totes les feines, però no cuinem perquè no ens agrada.

Nico: —Doncs jo puc (6.) preparar _____ el sopar. És que a mi m'agrada molt cuinar. Suposo que (7.) _____ deixareu un espai a la nevera.

Marc: —Sí, si et va bé, podem (8.) deixar _____ el primer prestatge.

Nico: —Perfecte. Ah!, i també (9.) heu d'explicar _____ com funciona la rentadora!

Marc: —Sí, mira, (10.) dóna _____ un minut i t'ho demostro, perquè tinc roba bruta per rentar.

Nico: —I com són els veïns?

Judit: —Estan bé, però (11.) _____ controlen bastant. Una vegada (12.) van amenaçar _____ perquè fèiem massa soroll.

Marc: —Em sap greu, però ara hem de marxar. Et deixem sol, però si tens algun problema, (13.) truca _____ al mòbil.

3 [C i D] Qui fa què? Relaciona cada subjecte amb tots els predicats possibles.

0. *Jo*   *a*

1. ella _____

2. nosaltres _____

3. vosaltres _____

4. jo _____

5. ells _____

6. tu _____

    a. *em banyo.*

    b. us telefoneu sovint.

    c. ens expliquem els problemes.

    d. s'odien.

    e. em pinto les ungles.

    f. us afaiteu cada dia.

    g. es talla els cabells.

    h. t'embrutes la roba quan menges.

    i. no es pentinen.

    j. es posa roba de segona mà.

    k. ens vestim sols.

    l. em dutxo a la nit.

    m. et rentes les mans.

Quines construccions de les anteriors són reflexives i quines són recíproques?

Reflexives: _____   Recíproques: _____

4 [C i D] Completa el text que ha escrit la Clara amb els pronoms amb valor reflexiu.

Què faig un dia de cada dia

Em dic Clara i tinc set anys. Ja sé escriure i faig segon de primària. Cada dia (0.) **em** llevo a les 8 i (1.) _____ vesteixo sola. La meva germana té tres anys i no (2.) _____ vesteix sola perquè és petita. Després de (3.) vestir _____, (4.) _____ pentino i esmorzo. Després d'esmorzar, la meva germana i jo (5.) _____ rentem les dents i esperem el papa per anar a l'escola. Ell a vegades (6.) _____ afaita i l'hem d'esperar una mica. La mama i el papa sempre tenen pressa. A la tarda, quan arribem a casa, la meva germana i jo (7.) _____ dutxem juntes. Ens agrada molt. Després jo (8.) _____ poso el pijama i faig els deures. El papa i la mama a vegades van a l'habitació i (9.) _____ barallen o (10.) _____ estimen. I jo faig aquesta redacció perquè sóc gran i ja sé escriure.

5 [D] Llegeix les frases següents i tria l'opció més adequada:

0. *La Sònia sempre mira els esports, però a mi no m'interessen.*

   a. *a mi*   b. Ø

1. Al casament d'en Pau i la Lola hi havia molts convidats. Ara bé, em van demanar _____ que llegís un poema.

   a. Ø   b. a mi

2. Si demà no teniu res a fer, us convido _____ a casa.

   a. a vosaltres   b. Ø

3. Estem participant en un concurs. De moment, entre cent aspirants ens han escollit _____.

   a. Ø   b. a nosaltres.

4. Mari, la història amb la Tere s'ha acabat. Jo només t'estimo _____.

   a. Ø   b. a tu

5. Demà al matí us envio _____ les fotos del cap de setmana.

   a. a vosaltres   b. Ø

6. La Marina i jo volem fer un sopar romàntic. Ens aconselles _____ un bon restaurant?

   a. Ø   b. a nosaltres

7. —Aquell noi t'està saludant.

   —No el conec. Crec que et saluda _____.

   a. a tu.   b. Ø

38. Els pronoms de tercera persona *el, la, els, les* i *li*

• *Aquest llibre no l'he llegit.*

A. Formes del CD

A.1 Les formes dels pronoms de complement directe (CD) de tercera persona davant i darrere del verb són:

		Davant de verb començat en consonant	Davant de verb començat en vocal o *h*	Darrere de verb acabat en consonant o *-u*	Darrere de verb acabat en vocal (*-a, -e, -i*)
Singular	masculí	*el* llegeix	*l'escolta*	*poseu-lo*	*deixi'l*
	femení	*la* fa		*obre-la*	
Plural	masculí	*els* explica		*vaig donar-los*	*compra'ls*
	femení	*les* dibuixa		*escriu-les*	

36. ▶

B. Formes del CI

B.1 Les formes dels pronoms de complement indirecte (CI) de tercera persona davant i darrere del verb són:

	Davant de verb començat en consonant o vocal	Darrere de verb acabat en consonant o *-u*	Darrere de verb acabat en vocal (*-a, -e, -i*)
Singular	*li* agrada *vaig telefonar-li* *explica-li*		
Plural	*els* interessa	*vaig dir-los*	*explica'ls*

- *Li* i *els* tenen la mateixa forma per al masculí i per al femení.
- El pronom *li* no s'apostrofa mai:
  *A l'Albert **li** agrada ~~l'agrada~~ cuinar.*
- En un registre col·loquial, sobretot oral, fem servir la forma *els hi* en lloc del pronom *els*:
  —*Joan, els nens estan molt nerviosos. **Els hi** has donat cafè?* [registre col·loquial]
  —***Els** volem donar les gràcies per la seva col·laboració.* [registre formal]

36. ▶

C. Usos

C.1 Usem els pronoms de CD i CI per referir-nos a persones o coses **concretes i identificades** per l'oient perquè n'hem parlat abans o perquè són en el context de la comunicació:

—*Un tallat, sisplau!*
—***El** vol amb la llet calenta?*
  [el tallat que acaba de demanar]

• ***El** puc agafar?*
  [el diari]

—*Avui és l'aniversari de l'Anna.*
—***Li*** *has comprat alguna cosa?* [a l'Anna]

• *Perdoni,* ***li*** *puc fer una pregunta?* [a vostè]

C.2 Fem servir els pronoms de CD per referir-nos a persones o coses. En canvi, amb els pronoms de CI ens referim només a persones:

   • *He vist* <u>el cotxe d'en Pau</u>*.* ***L'****ha deixat davant de casa.*
   [l' = el cotxe d'en Pau]
   • *He vist* <u>la veïna del segon</u>*.* ***L'****he trobada a l'entrada.*
   [l' = la veïna del segon]
   • *He vist* <u>la veïna del segon</u>*.* ***Li*** *he dit que fa molt de soroll a la nit.*
   [li = a la veïna del segon]

> ■ En alguns casos, usem els pronoms de CI per referir-nos a coses:
>
> *El cotxe no s'engega. Saps què* ***li*** *passa?* [li = al cotxe]

C.3 També usem els pronoms de complement indirecte per indicar possessió:

   • ***Li*** *han robat la cartera.* [la seva cartera]

D. Pronoms de CI amb verbs d'activitat psicològica

D.1 Usem els pronoms de CI amb els verbs que expressen gustos, preferències, opinions i estats, etc. Alguns d'aquests verbs són *agradar, semblar, interessar, venir de gust, doldre, fer mal, caure bé / malament*, etc.

   • *A la Maria* ***li*** *fa mal el peu.*

> ! ■ Amb aquests verbs, és obligatori l'ús d'un pronom feble de CI. Per fer èmfasi en la persona, fem servir el pronom i també el complement introduït per la preposició *a*:
>
> <u>Al Ferran</u> ***li*** *agrada esquiar.* ~~Al Ferran agrada esquiar.~~
> <u>A vosaltres</u> ***us*** *interessa la política?*

D.2 Amb els verbs d'activitat psicològica, la persona és el CI, i allò que interessa, agrada, etc. és el subjecte gramatical. Usem el verb en singular si el subjecte és un infinitiu o un nom en singular, i usem el verb en plural si el subjecte és un nom en plural:

	Pronoms de CI	Verb	Subjecte
A mi	***m'***		*ballar* [infinitiu]
A tu	***t'***	*agrada*	
A ell, ella, vostè	***li***		*la música clàssica* [nom en singular]
A nosaltres	***ens***		
A vosaltres	***us***	*agraden*	*les pel·lícules romàntiques* [nom en plural]
A ells, elles, vostès	***els***		

1 **[A i B]** En Sebastià treballa de majordom a casa dels Misèries. Completa les instruccions que li donen amb els pronoms adequats i digues a què fan referència.

a. *el cotxe*
b. els cobradors de factures
c. les plantes
d. el gos
e. la nena
f. el menjar

0. *el / l' / 'l:* a
   No el deixis al carrer, l'has de netejar abans de sortir, porta'l al mecànic.

1. la / l' / -la: _____
   _____ portes a l'escola, _____ has d'acompanyar a classe de ballet, vigila _____ si parla amb desconeguts.

2. el / l' / -lo / 'l: _____
   No _____ portis al parc dels nens, deixa _____ una estona lliure, has de portar _____ a la perruqueria, _____ has de lligar quan hi hagi cotxes.

3. les / -les: _____
   Has de regar _____ al vespre, _____ has de protegir del fred.

4. 'ls / -los / els: _____
   Quan arribin, no _____ perdis de vista, has d'ensenyar _____ el gos i, sobretot, deixa _____ a la porta, que no entrin!

5. l' / -lo / el / 'l: _____
   No has de llençar _____, compra _____ en un lloc barat, _____ has d'aprofitar bé i, sobretot, que no _____ toqui el gos.

2 **[A i B]** Subratlla els pronoms de tercera persona de les frases següents i relaciona'ls amb la persona o la cosa a la qual fan referència:

0. *Les portes als peus:* a

1. Les fem servir per tallar coses: _____

2. L'utilitzes per saber el significat de paraules: _____

3. Li expliques què et fa mal: _____

4. T'agradaria trobar-lo pel carrer: _____

5. Ens el posem quan tenim fred: _____

6. L'estimes molt: _____

7. Els necessites per comprar coses: _____

8. Li demanes ajuda quan tens problemes: _____

9. Pots tenir-lo a partir dels divuit anys: _____

10. Els expliquen contes: _____

11. Els agrada conèixer la vida dels altres: _____

a. *les sabates*

b. a les persones xafarderes

c. als nens petits

d. el carnet de conduir

e. el teu fill

f. l'abric

g. al metge

h. al teu millor amic

i. el teu actor preferit

j. els diners

k. el diccionari

l. les tisores

3 **[A i B]** Completa les frases següents amb els pronoms adequats:

0. *el / l'*
   a. *No trobo el cotxe. On l'has aparcat?*
   b. *El diari, només el llegeixo els caps de setmana.*

1. els / les
   a. Avui he vist les teves germanes. No sé què _____ han dit, però estan molt enfadades!
   b. Aquestes noies són les meves amigues. No _____ coneixes?
   c. La Mariona i l'Eva volien un gos, però els seus pares _____ han comprat un peix.

2. l' / li
   a. En Jordi té un cosí que viu al Perú. Cada dia _____ escriu un correu electrònic per saber com està.
   b. La biografia del meu avi, _____ escric a mà. No m'agrada escriure amb ordinador.
   c. El gat està una mica estrany. Que _____ heu donat vi?

3. -les / -los
   a. Les meves nebodes han aprovat el curs. Per celebrar-ho, podríem portar _____ al zoo.
   b. Les nenes han crescut molt. Ahir vam haver de comprar _____ roba nova.
   c. Els llibres que vau agafar de la biblioteca, heu de tornar _____ demà.

Quins pronoms de les frases anteriors fan de CI?

4 [C] Completa aquest poema del poeta Lo Gaiter Anònim amb els pronoms adequats.

Si el meu equip fa un gol,
(0.) *el celebro tocant el flabiol.*

Aprenc a ballar el tango
i (1.) _____ ballo mentre menjo un mango.

Quan em visita la meva iaia
(2.) _____ faig un suc de papaia.

Em compro una guitarra
i (3.) _____ toco amb la mà trencada.

Quan convido les meves amigues a sopar,
(4.) _____ preparo un plat que cal descongelar.

Si un llibre t'avorreix,
(5.) posa _____ a la peixera amb el peix.

Sempre evito les escales
perquè després (6.) he de baixar _____.

Com que la meva veïna té sentit de l'humor,
(7.) _____ escric cartes d'amor.

La meva mare diu que sóc un animal,
i jo (8.) _____ estimo perquè és molt legal.

Escric aquests versos graciosos
per regalar (9.) _____ als amics ociosos.

5 [D] Completa les frases següents amb el pronom de CI adequat i subratlla quin és el subjecte:

0. *A mi m'agrada...*
   a. *llegir*
   b. *les novel·les romàntiques.*

1. A tu _____ agraden...
   a. les pel·lícules de terror?
   b. l'art contemporani?

2. A l'Anna no _____ cauen bé...
   a. la seva sogra.
   b. els seus veïns.

3. A nosaltres no _____ ve de gust...
   a. anar al cine.
   b. els macarrons.

4. A vosaltres també _____ fa mal...
   a. les dents?
   b. l'ungla del dit gros del peu?

5. A la Sònia i la Maria no _____ agraden...
   a. els esports d'aventura.
   b. el futbol.

6. A mi _____ cau bé...
   a. el nou director.
   b. els companys de feina.

7. A tu _____ interessa...
   a. comprar-me el cotxe?
   b. les notícies d'economia?

8. A en Miquel i a l'Albert _____ dol...
   a. el mal resultat del seu equip.
   b. les crítiques negatives.

9. Com que està embarassada, a l'Ester _____ vénen de gust...
   a. els embotits.
   b. la xocolata.

10. A nosaltres _____ interessen...
    a. la crisi econòmica.
    b. els problemes dels altres.

6 [D] Llegeix el correu electrònic que escriuen en Pep i la Núria a una estudiant que viurà amb ells, i completa'l amb els pronoms de CI adequats.

● ○ ○   La nostra família

Benvolguda Clara,

Som en Pep i la Núria, els pares de l'Estel i la Jana, i estem molt contents que vinguis a viure amb nosaltres l'any que ve. Ens preguntes com és la família, què (0.) *ens* agrada fer... T'ho expliquem: l'Estel té 8 anys i és una nena molt activa: (1.) _____ agraden molt els esports, sobretot el futbol i el bàsquet. Això sí, mai (2.) _____ ve de gust estudiar o fer els deures. En canvi, la Jana, que té sis anys, és molt tranquil·la, (3.) _____ agrada molt llegir. Ja veuràs que són dues nenes molt maques, tot el que els proposes (4.) _____ sembla bé; només protesten quan han de menjar verdura, no (5.) _____ agrada gens, i quan en mengen, diuen que (6.) _____ fa mal la panxa. No m'estranya, a mi tampoc (7.) _____ agrada la verdura!

Jo sóc professor en un institut i la Núria treballa en un banc. Els caps de setmana (8.) _____ agrada sortir: anar al parc amb les nenes, anar al cine o al teatre, fer excursions... Si (9.) _____ ve de gust venir amb nosaltres, cap problema!

Bé, de moment aquest és el nostre primer correu electrònic. Si vols, ens escrius i ens expliques una mica com ets i què (10.) _____ agrada fer en el temps lliure.

Fins aviat!

Pep i Núria

• *De sal, no **en** queda gens.*

A. Formes

A.1 Les formes del pronom *en* davant i darrere del verb són:

Davant de verb començat en consonant	Davant de verb començat en vocal o *h*	Darrere de verb acabat en consonant o *-u*	Darrere de verb acabat en vocal (*-a, -e, -i*)
***en** fa*	***n'**he vist*	*vaig comprar-**ne***	*porta**'n***

36. ▶

B. Usos

B.1 Usem el pronom *en* per referir-nos a l'**existència** o la **quantitat** de persones o coses **identificades** per l'oient perquè n'hem parlat abans o perquè són en el context on es produeix la comunicació:

—*Teniu <u>cotxe</u>?*
—*No, no **en** tenim.*

—***En** vols?* [una part del que està menjant]
—*No, gràcies.*

B.2 Amb el pronom *en* només substituïm el nom i no l'expressió de quantitat que l'acompanya:

—*Tenim <u>ous</u>?*
—*Sí, **en** queden <u>tres</u>.* [en = ous]

—*Sí, **en** queden <u>uns quants</u>.*

—*No, no **en** queda <u>cap</u>.* [quantitat nul·la d'ous]

> **!** ■ Les quantitats a què ens referim poden ser més o menys precises. Les expressem amb numerals cardinals (*un, dos, tres, quatre*, etc.); quantitatius (*molt, bastant, poc*, etc.); indefinits (*alguns, uns quants*, etc.); adverbis de quantitat (*més, menys*), o noms que indiquen una quantitat (*un tros, un grapat*, etc.).

B.3 Fem servir el pronom *en* quan ens referim a persones o coses no concretes amb verbs que expressen situacions habituals (*fer*, *tenir*, *portar*, etc.):

> —*Normalment* portes ulleres? [No parlem d'unes ulleres concretes.]
> —*Només **en** porto per conduir.*

14.▶

B.4 Fem servir el pronom *en* quan ens referim a la quantitat de persones o coses identificades. En canvi, usem els pronoms *el*, *la*, *els* i *les* quan ens referim a persones o coses identificades sense expressar-ne la quantitat:

> —*Has convidat* els teus amics *a la festa?*
> —*Només **n'**he convidat* uns quants.
> [Expressa la quantitat d'amics que ha convidat.]

> —*Has convidat* els teus amics *a la festa?*
> —*Sí que **els** he convidat.*
> [Es refereix als seus amics, però no expressa la quantitat.]

C. El pronom *en* amb verbs impersonals i verbs de moviment

C.1 Fem servir el pronom *en* per referir-nos al subjecte o al complement directe de verbs com *haver-hi*, *caldre*, *fer falta* o *quedar*:

> • *Ahir hi havia molta neu; en canvi avui **n'**hi ha poca.*
>   [de neu]
> • *Volia comprar entrades per al concert, però no **en** queden.*
>   [d'entrades]

> **!** ■ No usem el pronom *en* quan el verb té el subjecte o el complement directe explícit:
> ***Hi ha*** cerveses *a la nevera?*
> ~~*N'hi ha cerveses a la nevera?*~~

C.2 Fem servir el pronom *en* per referir-nos al subjecte de verbs de moviment com *sortir*, *arribar*, *venir* o *marxar*:

> • *Han de venir molts convidats, però de moment no **n'**ha arribat cap.* [convidat]
> • *Hi ha vaga de trens. Avui no **en** surt cap de l'estació.* [cap tren]
> • *Vam convidar molts amics a la festa, però només **en** van venir dos.* [dos amics]

D. El pronom *en* i la preposició *de*

D.1 Quan el CD al qual ens referim amb el pronom *en* inclou un adjectiu o un participi, mantenim l'adjectiu o el participi amb la preposició *de* al davant:

> • *Necessites* unes sabates *per anar al casament? Si vols, **en** tinc unes **de** vermelles molt boniques.*

29.▶

D.2 Si volem destacar un complement del verb, el desplacem a l'esquerra. En aquest cas, introduïm el complement amb la preposició *de* i també usem el pronom *en*:

> • ***D'**esport, en feu?*
> • ***D'**ascensor, n'hi ha al teu edifici?*

1 [A] Llegeix les frases següents i subratlla el pronom adequat:

0. *D'ascensor,* en / ne / <u>n'</u>hi ha a casa teva?

1. No queda gens de sal. Si passes pel supermercat, compra -ne / 'n / en.

2. Sisplau, no em posis més vi, que no ne / n' / en puc prendre!

3. El nou jugador de l'Europa marca molts gols. Al partit d'ahir, va fer -ne / 'n / en tres.

4. Acabo de trobar cinc bolets. I tu, quants en / ne / n' has trobat?

5. D'exercicis de pronoms, feu en / 'n / -ne uns quants.

6. En Pau és molt bon lector. De llibres, en / ne / n' té molts.

2 [B] Llegeix les frases següents i subratlla a què fa referència el pronom *en* en cada cas:

0. *La màquina de fotografiar necessita piles. A veure si aquesta tarda en comprem!*
   a. màquina de fotografiar
   b. *piles*

1. Les filles de la Glòria són petites. La Marta té quatre anys i la Mònica *en* té dos.
   a. filles
   b. anys

2. Voleu veure les fotos de les vacances? *En* vam fer moltes!
   a. vacances
   b. fotos

3. El nostre pis és petit i només té un dormitori. *En* busquem un amb dues habitacions.
   a. pis
   b. dormitori

4. El meu llapis de memòria només té 2 GB, i *en* necessitaria, com a mínim, 8!
   a. llapis
   b. GB

5. Em deixes diners per comprar el diari? Pensava que *en* tenia, però ara veig que no porto res.
   a. diners
   b. diari

6. Lluís, has agafat el cotxe? Ahir vaig omplir el dipòsit de gasolina i avui ja no *n'*hi ha!
   a. dipòsit
   b. gasolina

7. No tindrem prou cadires perquè la Mariona ha convidat tots els seus amics a la festa. Em penso que *en* vindran vint.
   a. amics
   b. cadires

8. Per fer l'allioli només ens queden dos grans d'all. Si ens *en* calen més, haurem de demanar-ne als veïns.
   a. allioli
   b. grans d'all

3 [C i D] Què hi ha al rebost dels Misèries? Subratlla l'opció adequada.

0. *De carn, no* <u>n'hi ha</u> / hi ha.

1. *Hi ha / N'hi ha* un paquet de pasta.

2. De pernil, no *n'hi ha / hi ha* gens. Només *en / Ø* queda l'os del pernil.

3. No *n'hi ha / hi ha* cap ampolla de vi. Fa anys que no *hi ha / n'hi ha* cap.

4. *En / Ø* queda un tros de formatge.

5. De paquets d'arròs, *Ø / en* queda un.

6. De patates, *en / Ø* queden unes quantes, però són de l'any passat.

7. Al rebost *Ø / en* fa falta un gat perquè *hi ha / n'* hi ha moltes rates.

4 **[D]** Completa les respostes usant les paraules que et donem i el mateix verb que s'ha fet servir en la pregunta.

0. *descafeïnat*
   —*Queda cafè?*
   —*Només* en queda de descafeïnat.

1. fresc
   —Tens vi?
   —Sí, _____ a la nevera.

2. moltes
   —Heu fet fotos en aquest viatge?
   —Sí, _____.

3. una, vella
   —En Toni té bicicleta?
   —Sí, _____.

4. una mica
   —Aquest plat porta mostassa?
   —Sí, _____.

5. tres, petites
   —Quantes habitacions té el vostre pis?
   —_____.

6. uns quants
   —Has fet tots els exercicis?
   —Només _____.

7. un, nou
   —Encara tens l'ordinador del teu pare?
   —No, ara _____.

8. dues, una, verda, i, vermella
   —Quantes samarretes noves tens?
   —_____.

5 L'Àlex té una entrevista amb l'encarregat d'un bar per treballar de cambrer. Omple els buits amb la forma adequada del pronom *en* o amb Ø.

E: —Quants anys té?
A: —Ara (0.) *Ø* tinc vint-i-cinc anys, però la setmana que ve *en* faig vint-i-sis.
E: —Té parella?
A: —No, ara no (1.) ____ tinc.
E: —Li agrada conèixer gent?
A: —Sí, crec que sóc una persona sociable i (2.) ____ tinc molts amics.
E: —Quantes feines ha tingut fins ara?
A: —(3.) ____ he tingut poques perquè estudiava i només treballava els caps de setmana.
E: —Fuma?
A: —Només (4.) ____ fumo un cigarret de tant en tant.
E: —Quines característiques creu que ha de tenir un cambrer?
A: —Home, de paciència, (5.) ____ ha de tenir molta. També rapidesa i memòria.
E: —El molesta treballar els caps de setmana?
A: —No, però m'agradaria (6.) tenir ____ algun de lliure de tant en tant.
E: —Sap preparar un *mojito*?
A: —Sí. Es fa amb llimona, rom, sucre i gel. Ah, i de menta, també (7.) ____ porta, oi?
E: —Molt bé! La feina és seva. Tindrà el sou base, però amb les propines (8.) ___ pot guanyar molts diners. Alguna pregunta?
A: —Sí, quanta gent treballa en aquest bar?
E: —De cambrers, (9.) ____ hi ha tres. També hi ha un cuiner i jo, que sóc el propietari.

6 Un detectiu investiga la mort de la marquesa Gotim. Completa les seves notes amb la forma adequada dels pronoms *en*, *la*, *els* i *les*.

(0.) *La marquesa Gotim tenia molts diners, però ella sempre deia que no* en *tenia.* Els *guardava sota el coixí.*
Vivia en una casa molt gran a Sant Esteve d'Amunt i (1.) ____ tenia una altra a Sant Esteve d'Avall. Les cases no (2.) ____ cuidava perquè no volia gastar diners.
Feia anys que vivia amb una minyona i un jardiner, però no (3.) ____ estimava gens. Ella deia que, de servei, no (4.) ____ necessitava més.
Cada dia mirava la televisió, però (5.) ____ apagava quan hi havia la minyona. (6.) ____ tenia una al menjador i una altra, a l'habitació.
Tenia pocs amics i sempre (7.) ____ criticava. Sempre (8.) ____ havia tingut pocs.
De rentadora, no (9.) ____ tenia. (10.) ____ va tenir una fa molts anys i quan es va espatllar, no (11.) ____ va arreglar.

40. El pronom *ho*

• *On **ho** poso, tot això?*

A. Formes

A.1 El pronom *ho* sempre té la mateixa forma:

Davant del verb: **ho** *canvio*

Darrere del verb: *he de fer-**ho*** **36.** ▶

B. Usos

B.1 Usem el pronom *ho* per referir-nos a alguna cosa o a un conjunt de coses identificades perquè n'hem parlat abans o perquè són en el context de comunicació. Les coses a les quals ens referim amb el pronom *ho* no sabem què són, no volem dir-ne el nom o no sabem com es diuen.

• *Si no treus el que hi ha sobre el teu llit, **ho** llençaré!*

[Es refereix al conjunt de coses que hi ha sobre el llit i no podem dir el nom de cada cosa.]

❗ ■ Normalment el pronom *ho* fa referència a alguna cosa que pot ser representada pels demostratius neutres *això* i *allò*:

*Què és allò que hi ha al menjador? On **ho** has comprat?* [No sabem què és o no en diem el nom.] **19.** ▶

B.2 També utilitzem *ho* per referir-nos a un fet, una situació o alguna cosa que sabem, diem, pensem o sentim:

—*És veritat que estàs embarassada?*
—*Qui t'**ho** ha dit?* [que estic embarassada]

—*Com es diu ordinador en anglès?*
—*No **ho** sé.* [com es diu *ordinador* en anglès]

C. *El* o *ho*?

C.1 Fem servir el pronom *el* per referir-nos a una persona o una cosa concreta que identifiquem amb un nom masculí singular. En canvi, usem el pronom *ho* per parlar d'un conjunt de coses. També utilitzem *ho* per referir-nos a fets, pensaments, sentiments, accions, etc.:

• *El treball, he d'acabar-**lo** abans de de les vacances.* [el treball]

• *Tot això, he d'acabar-**ho** abans de les vacances.* [el conjunt de coses]

El treball he d'acabar-lo abans de les vacances

Tot això, he d'acabar-ho abans de les vacances.

• *La Mar s'ha casat per segona vegada. **Ho** vaig saber ahir. ~~El~~ vaig saber / Vaig saber~~-lo~~ ahir.*

C.2 Quan ens referim a una persona o una cosa identificades usem els pronoms *el, la, els* o *les*. En canvi, quan ens referim a l'acció expressada pel verb, usem el pronom *ho*. En aquest cas, podem fer servir el verb *fer* com a sinònim de l'acció:

—Ja <u>has comprat</u> <u>les entrades del concert</u>?

—Sí, ja **ho** he fet.   —Sí, ja **les** he comprat.
[comprar]   [les entrades]

> ■ No usem el pronom *ho* amb valor d'article neutre:
> *No sé ~~ho~~ el que vull.* **17.** ▶

D. El pronom *ho* en funció d'atribut

D.1 Fem servir el pronom *ho* per substituir l'atribut dels verbs *ser, estar* i *semblar*:

- *En Martí és <u>molt alt</u> i el seu pare també **ho** és.*
- *Crec que en Joan està <u>enfadat amb mi</u>, però ell diu que no **ho** està.*
- *La Mari és <u>molt nerviosa</u>, però no **ho** sembla.* **34.** ▶

Exercicis

1 [B] Relaciona cada frase amb la interpretació més adequada.

> A. Es refereix a una cosa o un conjunt de coses, però no es diu el nom de l'objecte.
> B. Es refereix a un fet, una situació o alguna cosa que sabem, diem, pensem o sentim.

0. *Allò de l'altre dia va estar molt bé. Per què no ho repetim?* b

1. Nen, no toquis això, que ho trencaràs. _____

2. No cridis, ja saps que no ho suporto. _____

3. On ho posem, tot això? _____

4. La Maria i en Pere s'han separat. Ho ha dit en Maties. _____

5. Manel, et trobes bé? Mai rentes els plats i avui ho has fet! _____

6. Què és això tan lleig? D'on ho has tret? _____

7. El que va passar entre en Tom i jo no ho sabràs mai. _____

8. Què ha estat això? Vosaltres també ho heu sentit? _____

2 La Mar i en David es canvien de pis. Llegeix el diàleg i subratlla el pronom més adequat.

Mar: —On poso això?

David: —*No* (0.) ho/el/lo *sé.* (1.) *Deixa* -ho/'l/-lo *a l'habitació.*

Mar: —I ell rellotge de l'àvia? On (2.) el/ho/lo posem?

David: —Uf, em penso que no funciona. Per què no (3.) ho/lo/el llencem?

Mar: —Ja saps que no (4.) ho/el/lo podem fer. És un record de la família!

David: —I què fem amb tot això? (5.) El/Ho/Lo posem a l'habitació?

Mar: —I a l'armari de l'estudi? Està buit, oi?

David: —No, no (6.) el/l'/ho està. Hi he posat tots els meus CD i DVD.

Mar: —I l'equip de música, també (7.) ho/el/l' has posat a l'estudi?

David: —No, encara no (8.) l'/ho/el he fet. És que ja no queda espai!

Mar: —És que aquest pis és massa petit.

David: —No, no (9.) l'/ho/lo és, el que passa és que tu (10.) ho/el/lo guardes tot!

Mar: —Mira, ja no puc més. Estic molt cansat!

David: —Jo també (11.) ho/l'/lo estic i m'aguanto. Va, treballa!

3 [C] Completa les respostes següents amb el pronom *el*, *la*, *els*, *les* o *ho*:

0. —*Has comprat el regal per a la iaia?*
   —*Sí, ja l'he comprat*

   —*Has comprat allò que et vaig dir?*
   —*Sí, ja ho he comprat.*

1. —Heu fet els exercicis?
   —Sí, ja _____ hem fet!

2. —Heu fet el que em vau prometre?
   —Sí, ja _____ hem fet!

3. —Han arreglat la nevera?
   —Sí, _____ van arreglar ahir.

4. —Han arreglat tot el que es va espatllar?
   —Sí, _____ van arreglar ahir.

5. —Podeu agafar allò de la taula?
   —Sí, ja _____ agafem.

6. —Podeu agafar l'ordinador portàtil?
   —Sí, ja _____ agafem.

7. —On deixo les bosses del supermercat?
   —Deixa _____ a la cuina.

8. —On deixo tot això?
   —Deixa _____ a la cuina.

9. —En Roger sap quin dia va néixer el seu pare?
   —No, no _____ sap.

10. —En Roger sap l'adreça dels seus avis?
    —No, no _____ sap.

11. —On has comprat això?
    —_____ he comprat en un mercat de segona mà.

12. —On has comprat aquest gerro?
    —_____ vaig comprar en un mercat de segona mà.

4 La Mar i en David ja estan instal·lats al pis nou. Llegeix el correu electrònic que envien als seus amics i corregeix-hi els quatre errors de pronoms que han comès.

●○○   Inauguració del pis

Ja vivim al pis nou! Estem molt contents i la Perla, la nostra gossa, també *l'*està perquè ara tenim una terrassa petita! La nova adreça és: c/ Jocs Florals, 24, 1r. De moment no tenim telèfon; vindran a instal·lar-ho el mes que ve. Si voleu venir a visitar-nos, ho podeu fer a partir de la setmana que ve. Hem decidit fer un sopar d'inauguració del pis. Volem inaugurar-ho el dia 20 de juny. Si no podeu venir, el sentim molt, però la data no es canvia! I si veniu, no porteu cap regal; ho que ens fa feliços és la vostra assistència!

Mar i David

0. *l'*està: *ho* està
1. _____
2. _____
3. _____
4. _____

41. Els pronoms *hi* i *en*

• A Londres, no **hi** anirem. No **en** parlem més.

A. Formes

A.1 El pronom *hi* sempre té la mateixa forma:

Davant del verb: **hi** *treballo*

Darrere del verb: *vaig anar-***hi**

A.2 Les formes del pronom *en* davant i darrere del verb són:

Davant de verb començat en consonant	Davant de verb començat en vocal o *h*	Darrere de verb acabat en consonant o *-u*	Darrere de verb acabat en les vocals *-a, -e, -i*
en *fa*	**n'***he vist*	*vaig comprar-***ne**	*porta'***n**

36. ▶

B. *Hi* i *en* en funció de complement circumstancial de lloc

B.1 Usem el pronom *hi* per referir-nos a un **lloc** identificat perquè n'hem parlat abans:

—*Encara vas al gimnàs cada dia?*
—*Sí, normalment ***hi*** vaig al matí.*
[al gimnàs]

B.2 Fem servir el pronom *en* per referir-nos a un lloc identificat perquè n'hem parlat abans. Normalment, el lloc està relacionat amb un **verb de moviment** (*sortir de, venir de...*) amb el qual s'expressa la **procedència** de l'acció:

—*Avui has anat al gimnàs?*
—*Sí, ara ***en*** surto!* [del gimnàs]

El lloc al qual ens referim amb el pronom *en* va introduït per la preposició *de*, que és la preposició que expressa procedència:

• *L'home va demanar un cafè i va deixar sobre la taula una bossa de plàstic.*
  *A l'hora de pagar, ***en*** va treure un bitllet de 500 €.* [de la bossa de plàstic]
• *La policia va encerclar l'edifici. Al cap d'uns deu minuts ***en*** va sortir un dels sospitosos.*
  [de l'edifici]

34. ▶

C. *Hi* en funció de complement circumstancial

C.1 Fem servir el pronom *hi* per referir-nos a un complement circumstancial del verb identificat perquè n'hem parlat abans. Aquest complement ens dóna informació, per exemple, sobre com es fa una cosa (complement de manera), amb què es fa (complement d'instrument o mitjà) o amb qui es fa (complement de companyia):

- *En Manuel dorm de costat i la seva dona també **hi** dorm.* [de costat]
- *La Gemma sempre escriu amb la ploma del seu avi. **Hi** escriu des que tenia dotze anys.* [amb la ploma del seu avi]
- *La Montse sempre treballa amb en Pol. En canvi, l'Aurora no **hi** vol treballar mai.* [amb en Pol] **34.** ▶

D. *Hi* i *en* en funció de complement de règim verbal

D.1 Usem els pronoms *hi* i *en* per referir-nos a un complement de règim verbal, que pot ser una persona, una cosa o un fet identificats perquè n'acabem de parlar:

- *La feina és molt dura, però ja t'**hi** acostumaràs.* **34.** ▶ [a la feina]

D.2 Quan la preposició que requereix el verb és *de*, usem el pronom *en*. Quan la preposició que requereix el verb és *a*, *en*, *amb* o *per*, usem el pronom *hi*:

- *L'Eva sempre parla de futbol. En canvi, el seu marit no **en** parla mai.* [de futbol]
- *Abans jugava a futbol cada setmana. Ara no **hi** jugo mai.* [a futbol]

D.3 Alguns verbs que requereixen la preposició *de* són:

Verbs amb la preposició *de*		
adonar-se de	dubtar de	preocupar-se de
burlar-se de	ocupar-se de	queixar-se de
descuidar-se de	parlar de	riure's de

D.4 Alguns verbs que requereixen les preposicions *a*, *en*, *amb* i *per*:

Verbs amb la preposició *a*			
accedir a	aspirar a	contribuir a	jugar a
acostumar-se a	atrevir-se a	dedicar-se a	negar-se a
			renunciar a
Verbs amb la preposició *en*			
confiar en	creure en	interessar-se en	participar en
convertir-se en	consistir en	intervenir en	pensar en
Verbs amb la preposició *amb*			
avenir-se amb	comptar amb	conformar-se amb	estar d'acord amb
Verbs amb la preposició *per*			
interessar-se per	lluitar per	optar per	treballar per

44. ▶

E. *Hi* i *en* en funció de complement predicatiu

E.1 Fem servir els pronoms *hi* i *en* per referir-nos a un complement predicatiu identificat perquè n'hem parlat abans. El complement predicatiu completa el significat del verb i, alhora, aporta una informació referida al subjecte o al complement directe:

Pronoms	Verbs	Exemple
hi	*anar, tornar-se, quedar-se, trobar, trobar-se, posar-se, deixar...*	*En Quim té dos fills. Un va sempre ben vestit i l'altre no **hi** va mai.* [ben vestit] *Abans no era conservadora, però m'**hi** he tornat.* [conservadora]
en	*dir-se, fer-se, sentir-se, trobar-se...*	*No sóc vegetarià, però segurament me'**n** faré.* [vegetarià] *Us sentiu responsables del que ha passat? Nosaltres no ens **en** sentim gens.* [responsables]

> ■ Alguns verbs, com *posar-se, fer-se, tornar-se, sentir-se* i *trobar-se* admeten els dos pronoms. Generalment usem el pronom *en* quan volem destacar el sentit quantitatiu o d'intensitat de la frase:
>
> *Els nens de l'escola La Pau s'han posat malalts i el professorat també s'**hi** ha posat.* [malalt]
> *Em pensava que em posaria morena i no me **n**'he posat gens.* [morena]

Exercicis

1 [B] La Pili sospita que el seu xicot l'enganya i decideix contractar un detectiu privat perquè el segueixi cada dia. Llegeix les frases següents i subratlla l'opció adequada:

0. *El xicot de la Pili cada dia surt de casa per anar a l'oficina.* Hi / Ø *arriba tard.*

1. A les dues *hi* / Ø va a un bar a dinar. *En* / Ø surt a les tres.

2. Després Ø / *hi* torna a l'oficina. *Hi* / Ø està fins a les 6 de la tarda.

3. Després de treballar, *hi* / Ø va al gimnàs fins a les 9 del vespre.

4. Quan *en* / Ø plega del gimnàs, Ø / *hi* va a un bar de copes. Fa temps que Ø / *hi* treballa.

5. *En* / Ø torna a casa seva a les 5 de la matinada. *Hi* / Ø va amb taxi. Dorm poc, dues hores, perquè l'endemà *hi* / Ø ha d'anar a l'oficina.

6. Quan algú truca a casa seva a la nit, ell no pot contestar perquè no *hi* / Ø és mai. El seu xicot fa una doble vida.

2 [B] Llegeix els missatges que han escrit diferents persones en un web de viatges i reescriu les frases destacades fent servir els pronoms de lloc *en* i *hi*.

0. *Aquest estiu volem anar al Tibet. Algú sap si cal un permís per entrar al Tibet?*
   Aquest estiu volem anar al Tibet. Algú sap si cal un permís per entrar-hi?

1. Busquem persones per anar al Marroc en bicicleta. *Anem al Marroc del 15 al 30 d'agost.* _____

2. Tinc un pis a París i el llogo durant l'agost. *Jo estic al pis de l'1 al 15 d'agost i el llogo del 16 al 30.* _____

3. Busquem gent per fer un viatge a Xile els mesos de novembre i desembre. *Entrarem a Xile pel nord i sortirem de Xile pel sud.* _____

4. Som un grup d'excursionistes i l'any passat vam pujar al Montblanc. *Aquest any volem pujar al Montblanc una altra vegada.* Busquem gent per completar el grup. _____

5. Som en Marc i la Laia. Ara vivim a Berlín. *Tornem de Berlín el 14 de setembre.* Algú vol compartir el cotxe amb nosaltres? _____

6. Del 2 al 15 d'agost farem un creuer pels canals del Migdia. *Navegarem pels canals del Migdia amb una barca per a sis persones.* Busquem dues persones interessades. _____

3 [D] Fixa't en els verbs de les frases següents i completa-les amb una preposició del requadre i el pronoms *hi* o *en*:

amb (2)	*de* (3)	*a* (3)	*en* (2)	*per*

0. *L'Ernest somia amb la victòria del seu equip a la lliga europea. Hi somia des que tenia quinze anys.*

1. Vosaltres us aveniu _____ els vostres sogres? Jo no m' _____ avinc gens.

2. L'Eva sempre es queixa _____ la feina. En canvi, nosaltres no ens _____ queixem mai.

3. Tu t'atreveixes _____ saltar amb paracaigudes? Jo no m' _____ atreveixo!

4. Per què no confieu _____ el projecte de l'empresa? Jo _____ confio molt!

5. Jo sempre vull parlar _____ política amb els meus amics i ells no _____ volen parlar mai.

6. Et dediques _____ l'art? Quina casualitat, jo també m' _____ dedico!

7. Només algunes persones s'interessen _____ la conservació de l'Amazones, però crec que tothom s' _____ hauria d'interessar.

8. Tu jugues cada setmana _____ la loteria? Jo només _____ jugo per Nadal.

9. La Marta i l'Oriol creuen _____ Déu; en canvi, els seus fills no _____ creuen.

10. Tothom es burla _____ la professora de matemàtiques, però nosaltres no ens _____ burlem.

Quines preposicions estan relacionades amb el pronom *hi* i quina amb el pronom *en*?

4 [B i C] Subratlla els dos complements que substitueixen els pronoms *hi* i *en*.

0. Hi *arribeu aviat.*
   a. *al concert*
   b. *a la classe de ball*
   c. *de la biblioteca*

1. *Hi* vaig sovint.
   a. al cine
   b. de l'autobús
   c. amb metro

2. *Hi* estudio.
   a. a casa meva
   b. amb els meus amics
   c. l'anglès i el francès

3. *Hi* porto flors.
   a. a la meva mare
   b. a l'església
   c. al cotxe

4. *En* sortim tard.
   a. de l'escola
   b. del cine
   c. al restaurant

5. Ja no *hi* treballes?
   a. amb l'Oriol
   b. al supermercat
   c. de la fàbrica

6. *En* treu un tresor
   a. del fons del mar
   b. al carrer
   c. del seu jardí

7. *Hi* deixen el cotxe
   a. a un amic
   b. al carrer
   c. davant de casa seva

8. *Hi* escriu cartes d'amor.
   a. al lavabo
   b. amb bolígraf vermell
   c. al seu veí

5 [B i C] Classifica els complements subratllats de l'exercici anterior segons la seva funció.

	Complement circumstancial de lloc	Complement circumstancial de lloc que expressa procedència	Complement circumstancial de manera, instrument o companyia
0. *Hi arribeu aviat.*	*a. al concert* *b. a la classe de ball*		
1. Hi vaig sovint.			
2. Hi estudio.			
3. Hi porto flors.			
4. En sortim tard.			
5. Ja no hi treballes?			
6. En treu un tresor.			
7. Hi deixen el cotxe.			
8. Hi escriu cartes d'amor.			

6 **[B i C]** Completa amb els pronoms *hi* i *en* l'informe d'uns extraterrestres sobre alguns costums dels habitants de la Terra.

> Seguint les instruccions dels meus superiors, vaig anar al planeta Terra per estudiar els éssers que hi habiten. (0.) *Hi vaig estar quinze dies.* Aquestes són algunes curiositats dels terrícoles:
>
> – Van a la feina cinc dies seguits. (1.) _____ van amb cotxe o amb metro. (2.) _____ tornen molt cansats.
>
> – Viuen en llocs petits. Normalment (3.) _____ viuen amb altres persones.
>
> – A vegades van amb una nau que es diu *avió*. (4.) _____ van sobretot quan no treballen.
>
> – Els diumenges van a un lloc que es diu *camp de futbol*. (5.) _____ surten molt contents o molt tristos.
>
> – Quan no treballen, es queden a casa davant d'una tele. (6.) _____ passen moltes hores.
>
> – No mengen amb les mans. Només (7.) _____ mengen una cosa que es diu *entrepà*.
>
> – Hi ha persones que passegen amb un animal que es diu *gos*. (8.) _____ passegen al matí o a la nit.
>
> – Al matí o a la nit entren a un lloc que es diu *dutxa*. (9.) _____ surten mullats.

7 **[E]** Llegeix les frases següents i subratlla l'opció correcta:

0. —*Després de menjar les croquetes, ens vam trobar malament.*

   —*Nosaltres també* ens hi */ ens en vam trobar.*

1. —El pare de l'Àngel anava molt mudat el dia del casament del seu fill.

   —Sí, i la mare també *hi / n'*anava.

2. —Has deixat els nens sols?

   —Sí, però només *els hi / els n'* he deixat un quart d'hora!

3. No em diguis més Pauet, que no *m'hi / me'n* dic!

4. Us fareu socis del club Super 10? Nosaltres també *ens hi / ens en* farem!

5. —Quan tothom se'n va, em quedo sol a casa.

   —Quina sort! Jo no *me'n / m'hi* quedo mai perquè a casa sempre hi ha gent.

6. —Trobo aquests exàmens molt difícils!

   —Sí, nosaltres també *els en / els hi* trobem!

7. —Us sentiu culpables del que ha passat?

   —La veritat és que no *ens en / ens hi* sentim gens.

8. Abans la Bibiana no era gens valenta, però des que és bombera, *s'hi / se n'*ha tornat.

42. Combinació de dos pronoms

• *Me la dónes?*

A. Ordre i posició

A.1 Per substituir dos complements del verb, fem servir dos pronoms junts davant o darrere del verb:

• *T'agrada l'anell que porto?* **Me l'**ha regalat *l'Artur.*
[a mi, l'anell]

• *En Xavi té un cotxe nou.* Va comprar-**se'l** *la setmana passada.*

> ! ■ Els pronoms no es poden separar:
> *Tinc la teva bufanda.* **Te la** *vas deixar a casa meva.*
> ~~Te~~ *vas deixar~~-la~~ a casa meva.* **36.** ▶

A.2 Quan combinem els pronoms de CI *em, et, es, ens, els* i *us* amb les formes *el, la, els, les, en, ho* i *hi*, col·loquem en primer lloc els pronoms de CI:

• *Quan acabi de llegir la novel·la,* **te la** *deixaré.*
  [CI] [CD]

A.3 Quan combinem el pronom de CI *li* amb els pronoms de complement directe *el, la, els, les* i *en*, col·loquem en primer lloc els pronoms de CD:

• *En Toni vol un rentaplats pel seu aniversari. Potser* **l'hi** *compraré.*
  [CD][CI]

B. Ortografia

B.1 En les combinacions de dos pronoms, fem servir l'apòstrof quan suprimim una vocal. Davant de verb començat en vocal, els pronoms *el, la* i *en* s'apostrofen amb el verb. Davant de verb començat en consonant, els pronoms *el, els* i *en* s'apostrofen amb el primer pronom.

• *No entenc el problema.* **Me l'**expliques?
• *Necessito el cotxe aquesta tarda.* **Me'l** deixes?

B.2 Darrere del verb, generalment fem servir el guionet entre el verb i els pronoms. Entre els dos pronoms utilitzem o bé guionet o bé apòstrof quan suprimim una vocal:

• *Avui estreno les sabates.* Vaig comprar-**me-les** *ahir.*
• *Avui estreno els pantalons.* Vaig comprar-**me'ls** *ahir.*

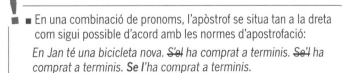

> ! ■ En una combinació de pronoms, l'apòstrof se situa tan a la dreta com sigui possible d'acord amb les normes d'apostrofació:
> *En Jan té una bicicleta nova.* ~~Se'l~~ *ha comprat a terminis.* ~~Se'l~~ *ha comprat a terminis.* **Se l'**ha comprat a terminis.

C. Combinacions amb els pronoms *em*, *et*, *es*, *ens* i *us*

C.1 Els pronoms *em*, *et* i *es* canvien a *me*, *te* i *se* quan es combinen amb un altre pronom. Quan es combinen amb els pronoms *hi* i *ho*, s'apostrofen:

- *Ahir vam veure una pel·lícula boníssima. **Te la** recomanem.*
- *Hem d'anar al centre. **M'hi** portes amb cotxe?*

C.2 Els pronoms *ens* i *us*, quan es combinen amb els altres pronoms davant del verb, no canvien. Darrere de verb acabat en consonant o *-u*, *ens* es converteix en *nos*, i *us*, en *vos*:

- *Ara tenim un gos. **Ens el** <u>van donar</u> la setmana passada.*

↓

*<u>Van donar</u>-**nos-el** la setmana passada.*

- *Si voleu escoltar aquests discos, **us els** <u>podeu emportar</u> a casa.*

↓

*<u>Podeu emportar</u>-**vos-els** a casa.*

C.3 Darrere d'un verb acabat en vocal, el pronom *ens* s'apostrofa amb el verb i el pronom *us* no canvia:

- *Si tens pressa, et deixem la moto, però torna'**ns-la** aquesta tarda.*
- *Les pastilles Tabarr són per al mal de cap. Heu de prendr<u>e</u>-**us-les** amb aigua.*

> ■ En usos col·loquials orals, els pronoms *ens* i *us* combinats amb els pronoms *hi* i *en* es redueixen a *'s*:
>
> *Anem's-en* (anem-nos-en)
> *Fixeu's-hi* (fixeu-vos-hi)

D. Combinació de pronoms

D.1 Les combinacions dels pronoms *em*, *et*, *es*, *ens* i *us* amb els pronoms *el*, *la*, *els*, *les*, *en*, *ho* i *hi* són:

		Davant d'un verb començat en consonant	Davant d'un verb començat en vocal o *h*	Darrere d'un verb acabat en consonant o *-u*	Darrere d'un verb acabat en vocal
Em +	**el**	*me'l* <u>compres</u>	*me l'<u>envies</u>*	*vas compra<u>r</u>-**me'l***	*compr<u>a</u>-**me'l***
	la	*me la* <u>compres</u>		*vas comprar-**me-la***	*compr<u>a</u>-**me-la***
	els	*me'ls* <u>compres</u>	*me'ls* <u>envies</u>	*vas compra<u>r</u>-**me'ls***	*compr<u>a</u>-**me'ls***
	les	*me les* <u>compres</u>	*me les* <u>envies</u>	*vas comprar-**me-les***	*compr<u>a</u>-**me-les***
	en	*me'n* <u>compres</u>	*me n'<u>envia</u>*	*vas compra<u>r</u>-**me'n***	*compr<u>a</u>-**me'n***
	ho	*m'ho* <u>compres</u>	*m'ho* <u>envies</u>	*vas compra<u>r</u>-**m'ho***	*compr<u>a</u>-**m'ho***
	hi	*m'hi* <u>portes</u>	*m'hi* <u>esperes</u>	*vas porta<u>r</u>-**m'hi***	*esper<u>a</u>-**m'hi***

		Davant d'un verb començat en consonant	Davant d'un verb començat en vocal o *h*	Darrere d'un verb acabat en consonant o *-u*	Darrere d'un verb acabat en vocal
Et +	**el**	*te'l* compres	*te* l'envies	*vas comprar-**te'l***	*compra-**te'l***
	la	*te la* compres		*vas comprar-**te-la***	*compra-**te-la***
	els	*te'ls* compres	*te'ls* envies	*vas comprar-**te'ls***	*compra-**te'ls***
	les	*te les* compres	*te les* envies	*vas comprar-**te-les***	*compra-**te-les***
	en	*te'n* compres	*te n'*envia	*vas comprar-**te'n***	*compra-**te'n***
	ho	*t'ho* compres	*t'ho* envies	*vas comprar-**t'ho***	*compra-**t'ho***
	hi	*t'hi* porto	*t'hi* espero	*vaig portar-**t'hi***	*espera-**t'hi***
Es +	**el**	*se'l* compra	*se* l'envia	*va comprar-**se'l***	*compri-**se'l***
	la	*se la* compra		*va comprar-**se-la***	*compri-**se-la***
	els	*se'ls* compra	*se'ls* envia	*va comprar-**se'ls***	*compri-**se'ls***
	les	*se les* compra	*se les* envia	*va comprar-**se-les***	*compri-**se-les***
	en	*se'n* compra	*se n'*envia	*va comprar-**se'n***	*compri-**se'n***
	ho	*s'ho* compra	*s'ho* envia	*va comprar-**s'ho***	*compri-**s'ho***
	hi	*s'hi* queda	*s'hi* espera	*va quedar-**s'hi***	*esperi-**s'hi***
Ens +	**el**	*ens el* compres	*ens* l'envies	*vas comprar-**nos-el***	*compra'**ns-el***
	la	*ens la* compres		*vas comprar-**nos-la***	*compra'**ns-la***
	els	*ens els* compres	*ens els* envies	*vas comprar-**nos-els***	*compra'**ns-els***
	les	*ens les* compres	*ens les* envies	*vas comprar-**nos-les***	*compra'**ns-les***
	en	*ens en* compres	*ens n'*envies	*vas comprar-**nos-en***	*compra'**ns-en***
	ho	*ens ho* compres	*ens ho* envies	*vas comprar-**nos-ho***	*compra'**ns-ho***
	hi	*ens hi* portes	*ens hi* esperes	*vas portar-**nos-hi***	*espera'**ns-hi***

		Davant d'un verb començat en consonant	Davant d'un verb començat en vocal o *h*	Darrere d'un verb acabat en consonant o *-u*	Darrere d'un verb acabat en vocal
Us +	**el**	*us el compro*	*us l'envia*	*va comprar-vos-el*	*heu de beure-us-el*
	la	*us la compro*		*va comprar-vos-la*	*heu de beure-us-la*
	els	*us els compro*	*us els envia*	*va comprar-vos-els*	*heu de beure-us-els*
	les	*us les compro*	*us les envia*	*va comprar-vos-les*	*heu de beure-us-les*
	en	*us en compro*	*us n'envia*	*va comprar-vos-en*	*heu de beure-us-en*
	ho	*us ho compro*	*us ho envia*	*va comprar-vos-ho*	*heu de beure-us-ho*
	hi	*us hi porto*	*us hi espera*	*va portar-vos-hi*	*heu de moure-us-hi*

E. Combinació de *el, la, els, les, en* i *ho* amb *li* i *els*

E.1 El pronom *li*, quan es combina amb els pronoms de CD *el, la, els, les* i *en*, es converteix en *hi*:

> • En Jordi m'ha deixat aquest llibre i no sé quan **l'hi** podré tornar.
>
> [el] [li > hi]

E.2 En un registre col·loquial, simplifiquem les combinacions dels pronoms de CI *li* i *els* amb els pronoms *el, la, els, les, en* i *ho* de la manera següent:

CI	CD	Formes col·loquials	Formes normatives
Li +	**el**	*l'hi compres*	
	la	*l'hi compres*	*la hi compres*
	els	*els hi compres*	
	les	*els hi compres*	*les hi compres*
	en	*n'hi compres*	*li'n compres*
	ho	*l'hi compres*	*li ho compres*

CI	CD	Formes col·loquials	Formes normatives
Els +	**el**	*els hi compres*	*els el compres*
	la		*els la compres*
	els		*els els compres*
	les		*els les compres*
	en		*els en compres*
	ho		*els ho compres*

F. Pronoms que canvien el significat del verb

F.1 Hi ha pronoms que no substitueixen cap complement del verb, sinó que en modifiquen el sentit:

Verbs sense pronom	Verbs amb pronoms
anar: dirigir-se a un lloc concret. *Cada dia **vaig** al mercat.*	*anar-**se'n**: abandonar un lloc; *marxar*. *Si **te'n vas**, tanca la porta.*
passar: produir-se un fet o creuar per un lloc. *Aquí sempre **passen** coses estranyes.*	*passar-**s'ho** bé: gaudir. *Ahir, a la festa, **ens ho vam passar** molt bé.*
sortir: passar de l'interior a l'exterior d'un lloc. *Fa dos dies que no **sortim** de casa.*	*sortir-**se'n**: vèncer una situació adversa. *En Dani té una feina difícil, però **se'n surt** bé.*
tornar: anar cap al lloc d'on s'havia sortit o anar a un lloc una altra vegada. *No **tornarem** mai més a aquest hotel.*	*tornar-**s'hi**: defensar-se. *Si et donen un bufetada, no **t'hi tornis**.*

1 [B i C] Llegeix les frases i torna a escriure els pronoms i els verbs tenint en compte els canvis de forma i els ortogràfics.

0. *T'agrada la meva jaqueta nova? Em la vaig comprar la setmana passada i em la he posat avui. Me la vaig comprar / me l'he posat*

1. Ja tens el meu últim llibre? Si no el tens, *et el* regalo, però aquesta vegada *et el* has de llegir. _____ / _____

2. En Carles ja viu al pis nou. Diu que *et el* vol ensenyar, però és millor si *et el* ensenya de dia, perquè encara no té llum. _____ / _____

3. La meva iaia porta dents postisses. A vegades *es les* deixa sobre la taula. _____

4. Demà vaig a una exposició d'en Llàtzer Tou. Vols acompanyar *em hi*? _____

5. Ja tenim torradora! *Ens la* ha regalada la meva germana. _____

6. Les sabates noves em fan mal. Vaig posar *em les* ahir i avui ja no *em les* puc posar. _____ / _____

7. Ja no queda pastís. *Us el* heu menjat tot? _____

8. No entenc aquests problemes de matemàtiques. *Em els* expliques, sisplau? _____

9. He esborrat el correu electrònic que em vas enviar ahir. Envia *em el* una altra vegada, sisplau. _____

10. Això que dius no ho entenem. Explica *ens ho* una altra vegada. _____

2 [D] Completa la graella següent amb els pronoms i els verbs corresponents a cada persona:

	jo	tu	ell o ella
el vestit nou	*me'l poso* _____ vaig posar vaig posar _____ _____ he posat	_____ poses *te'l vas posar* *vas posar-te'l* _____ has posat	_____ posa _____ va posar va posar _____ *se l'ha posat*
la jaqueta	*me la poso* _____ vaig posar vaig posar _____ _____ he posat	_____ poses *te la vas posar* vas posar _____ _____ has posat	_____ posa _____ va posar va posar _____ _____ ha posat
els texans	*me'ls poso* _____ vaig posar vaig posar _____ _____ he posat	_____ poses _____ vas posar vas posar _____ _____ has posat	_____ posa _____ va posar va posar-*se'ls* _____ ha posat
les sabates	_____ poso _____ vaig posar vaig posar _____ _____ he posat	*te les poses* _____ vas posar vas posar-*te-les* _____ has posat	_____ posa _____ va posar va posar _____ _____ ha posat
mitjons	*me'n poso* _____ vaig posar vaig posar-*me'n* _____ he posat	_____ poses _____ vas posar vas posar _____ _____ has posat	_____ posa _____ va posar va posar _____ _____ ha posat
el que hi ha a l'armari	*m'ho poso* _____ vaig posar vaig posar _____ _____ he posat	_____ poses _____ vas posar vas posar-*t'ho* _____ has posat	_____ posa _____ va posar va posar _____ _____ ha posat

3 [D] Completa la graella següent amb les combinacions de pronoms adequades:

	nosaltres			vosaltres		
el vestit nou	_ens el posem_ _____ vam posar	vam posar _____		_us el poseu_ _____ vau posar	vau posar _____	
	_____ hem posat	posa'_ns-el_		_____ heu posat		
la jaqueta	_ens la posem_ _____ vam posar	vam posar _____		_____ poseu _____ vau posar	vau posar _____	
	_____ hem posat	posa _____		_us l'heu posat_		
els texans	_____ posem _ens els_ vam posar	vam posar _____		_____ poseu _____ vau posar	vau posar _____	
	_____ hem posat	posa _____		_us els_ heu posat		
les sabates	_ens les posem_ _____ vam posar	vam posar-_nos-les_		_____ poseu _____ vau posar	vau posar _____	
	_____ hem posat	posa _____		_____ heu posat		
mitjons	_ens en posem_ _____ vam posar	vam posar _____		_____ poseu _____ vau posar	vau posar _____	
	_____ hem posat	posa _____		_____ heu posat		
el que hi ha a l'armari	_____ posem _ens ho_ vam posar	vam posar _____		_____ poseu _____ vau posar	vau posar _____	
	_____ hem posat	posa _____		_____ heu posat		

4 [D] Llegeix els anuncis següents que hi ha penjats en una escola d'idiomes i substitueix-hi els complements destacats per un pronom. Quan sigui possible, escriu la combinació de pronoms davant i darrere del verb.

0. _Voleu fer d'extres per participar en una pel·lícula? Si hi esteu interessats, us explicarem què heu de fer per participar-hi el proper divendres a les 12.00 h al bar:_ us ho explicarem

1. Algú ha trobat un casc de moto? Em vaig oblidar _el casc_ a l'aula i no el trobo: _____

2. Si algú troba unes claus, em pot deixar _les claus_ a consergeria?: _____

3. Encara no tenim les dates de matrícula del nou curs. Us enviarem _les dates_ per correu electrònic. La Direcció: _____

4. Som en Jordi i la Paula, els representants dels alumnes. Si ens voleu fer comentaris, ens podeu enviar _els comentaris_ a l'adreça alumnes@dmail.com: _____

5. Tinc dos llibres de 1r d'anglès. Algú es va deixar _els llibres_ al bar. Em podeu trucar al 666 89 03 40: _____

6. Tinc dues gates per regalar. Si algú es vol quedar _les gates_, que em truqui al 688 20 91 12: _____

7. He perdut un paraigua blau. Crec que m'he deixat _el paraigua_ a l'aula 11. Si el trobeu, deixeu-lo a consergeria: _____

8. Tens un gos i no disposes de temps per treure'l a passejar? Jo et puc cuidar _el gos_ tots els matins. Truca'm al 699 48 72 03: _____

9. Els alumnes de 5è d'anglès estem organitzant un viatge a Escòcia. Si us voleu apuntar _al viatge_, hem quedat el dia 11 a les 15.00 a l'aula 20: _____

10. Dimecres, a les 20.00, passem la pel·lícula _Forasters_ a la sala d'actes. No et perdis _la pel·lícula_!: _____

11. Si voleu llibres en francès, jo us puc donar uns quants _llibres_. Truqueu-me al 667323456: _____

5 [E] Llegeix els diàlegs entre en Víctor Trapella i la seva mare, i subratlla les combinacions de pronoms adequades.

0. —Has estirat les trenes a la veïna del segon?

   —*Sí que* <u>els hi</u> / *l'hi* *he estirat perquè és dolenta.*

1. —Has tornat les notes firmades als teus professors?

   —No, no *n'hi* / *els hi* he tornat.

2. —Has donat vi al gat?

   —Sí, *l'hi* / *li n'* he donat una mica. Però no passa res, oi?

3. —Ja has donat el dibuix que vas fer a l'avi?

   —No, encara no *li ho* / *l'hi* he donat!

4. —Has robat els cromos a la teva germana?

   —No, no *els l'* / *els hi* he robat! Sempre m'acuseu a mi!

5. —Has donat els llibres de l'escola als teus amics?

   —Bé, només *els n'* / *els hi* he deixat uns quants dies.

6. —Has dit que nosaltres et castiguem a la teva tutora de l'escola?

   —Sí que *els hi* / *l'hi* he dit, però de broma.

6 [E] Llegeix la carta que envien els Reis d'Orient a la Laia i omple els buits amb les combinacions col·loquials *l'hi* o *els hi*.

Estimada Laia,

Som en Melcior, en Gaspar i en Baltasar, els Reis d'Orient. Ens vas demanar molts regals per a tu i la teva família, però aquest any hem tingut pocs diners i no ho hem pogut comprar tot. Volies una consola per a la teva cosina. No (0.) l'hi hem portat perquè els seus pares ja (1.) _____ han comprat. També volies una manta per a la teva gata i el teu gos. No (2.) _____ hem portat perquè només tenim diners per fer regals als nens. El jersei per al nòvio de la teva mare, no (3.) _____ hem comprat perquè en té molts. Volies dos llibres per al teu pare, però tampoc (4.) _____ hem portat perquè no té temps de llegir. També demanaves molts regals per als teus amiguets. Tranquil·la, que (5.) _____ hem portat, però a casa seva. I, finalment, ens vas demanar un aparell per a la teva iaia sorda, però ja (6.) _____ portarem l'any que ve perquè, de moment, ella ja sent el que li interessa. Però tu, tot això, no (7.) _____ diguis, que s'enfadaria!

Un petó fort dels tres reis d'orient,

Melcior, Gaspar i Baltasar

7 [F] Llegeix les frases següents i completa-les amb una combinació de pronoms o amb Ø:

0. *tornar* / *tornar-s'hi*

   a. *Ja saps que en Màrius és més fort que tu. Per què quan et pega* t'hi *tornes?*

   b. *Si vas a casa d'en Màrius, no tornis* Ø *tard!*

1. *anar* / *anar-se'n*

   a. _____ vaig. Fins demà!

   b. Cada dissabte _____ vaig a la discoteca *Cuba Libre*.

2. *sortir* / *sortir-se'n*

   a. A quina hora _____ sortiu de la feina?

   b. Si no _____ sortiu amb aquesta feina, us puc ajudar.

3. *passar* / *passar-s'ho bé*

   a. Si arrambes el cotxe a la dreta, _____ passes bé.

   b. Per què ja no vols venir amb nosaltres? Però si _____ passaves bé!

4. *tornar* / *tornar-s'hi*

   a. Si el teu cap et maltracta, no _____ tornis a la feina.

   b. Si el teu cap et maltracta, no _____ tornis.

43. Els pronoms relatius

• *El llibre **que** estic llegint és molt bo.*

A. Oracions explicatives i especificatives

B. *Que*

C. *El qual, la qual, els quals, les quals*

D. *Qui*

E. *On*

■ Usem els pronoms relatius per referir-nos a un nom que acabem d'esmentar. Amb els pronoms relatius **unim** dues frases i **substituïm el nom** al qual ens referim:

> • *Avui estrenem el **cotxe**. + Vam comprar el **cotxe** la setmana passada.*
> [Diem per primer cop el nom.] [Donem informació del nom que acabem de dir.]

> *Avui estrenem el <u>cotxe</u> **que** vam comprar la setmana passada.*
> [El pronom relatiu es refereix a *cotxe* i, a més, uneix les dues frases.]

■ L'**antecedent** és el nom de l'oració principal que substituïm amb el pronom relatiu.

A. Oracions explicatives i especificatives

A.1 Les oracions introduïdes amb un relatiu poden ser explicatives o especificatives. Amb les oracions **especificatives**, precisem el nom del qual parlem:

> • *La <u>noia</u> **que porta ulleres** és la meva germana.*
> [És la que porta ulleres i no l'altra.]

A.2 Amb les oracions **explicatives**, aportem més informació sobre el nom:

> • *La <u>Gina</u>, **que ja té tres nens**, està embarassada.*
> [No identifiquem qui és la Gina, només donem una informació sobre la quantitat de fills que té.]

> ■ En els textos escrits, les oracions explicatives van entre comes.

B. *Que*

B.1 Usem el pronom relatiu *que* quan ens referim a persones o coses que acabem d'esmentar. L'antecedent també pot ser un element temporal:

> • *Aquesta nit surto amb un <u>noi</u> **que** treballa amb mi.*
> • *El <u>robot de cuina</u> **que** us vau comprar funciona bé?*
> • *L'<u>any</u> **que** vaig néixer va caure el mur de Berlín.*

B.2 Davant del pronom relatiu *que* pot haver-hi articles, demostratius i quantitatius. En aquests casos, elidim el nom perquè queda clar de què o de qui parlem:

> • *Aquest <u>jersei</u> no et queda bé. Et queda millor **el que** et vas comprar l'altre dia.*
> [El jersei que et vas comprar l'altre dia.]
> • *El teu <u>germà</u> és **aquell que** porta ulleres i barret?* [És aquell noi que porta ulleres i barret?]
> • *L'Andreu i l'Àngels tenen dos <u>fills</u>: **un que** estudia medicina i **un altre que** treballa en una fàbrica.* [Un fill que estudia i un altre fill que treballa.]

29. ▶

B.3 Fem servir *el que* sense antecedent per referir-nos a una cosa o un conjunt de coses quan no sabem què és o no volem dir-ne el nom:

> • *Deixeu sobre la taula **el que** porteu a les butxaques.*

Deixeu sobre la taula el que porteu a les butxaques.

B.4 Fem servir *el que* quan ens referim a un fet, una situació o alguna cosa que pensem, diem, sabem o sentim:

> • ***El que*** *diu l'Anna és mentida.*

17. ▶

C. *El qual, la qual, els quals, les quals*

C.1 En oracions **explicatives**, podem fer servir el pronom relatiu *que* o les formes compostes *el qual, la qual, els quals, les quals*. Les formes compostes concorden amb gènere i nombre amb l'antecedent:

> • *Tothom espera la dimissió del* <u>president</u>, ***el qual*** *no vol deixar el càrrec.*
> • *Tothom espera la dimissió del* <u>president</u>, ***que*** *no vol deixar el càrrec.*

C.2 També fem servir les formes compostes *el qual, la qual, els quals* i *les quals* amb una preposició per referir-nos a persones, coses o llocs. Les oracions poden ser explicatives o especificatives:

> • *L'Arnau Penques és l'escriptor* <u>d</u>**el qual** *t'he parlat alguna vegada.*
> • *L'escriptor Arnau Penques només ha escrit un llibre,* <u>amb</u> **el qual** *ha guanyat molts diners.*

> **!** ▪ Els relatius compostos s'usen sobretot en un registre formal escrit.

D. *Qui*

D.1 Utilitzem el pronom *qui* amb les preposicions *a, amb, de, en* i *per* quan ens referim a una persona ja esmentada anteriorment:

> • *La* <u>Mariona</u> *és la persona de l'oficina* <u>amb</u> ***qui*** *treballo més bé.*

D.2 Amb el pronom *qui* ens referim a una persona no concreta, i és equivalent a *la persona* o *les persones que*:

> • ***Qui*** *treballi més tindrà dos dies extres de vacances.*
> [La persona o les persones que treballin més, però no es parla de ningú en concret.]

Qui treballi més, tindrà dos dies més de vacances.

E. *On*

E.1 Fem servir el pronom relatiu *on* quan l'antecedent és un lloc:

> • *Aquest estiu anirem al* <u>poble</u> ***on*** *va néixer el meu pare.*

> **!** ▪ També podem utilitzar les preposicions *per* i *de* davant del pronom relatiu *on*:
> *Sempre s'oblida del* <u>camí</u> **per on** *ha de girar.*

1 [B] Subratlla l'antecedent de les frases i la informació que es dóna del nom.

0. *En Pep surt amb <u>una noia</u> que <u>és belga</u>.*
                      antecedent   informació

1. Tinc un gat persa que només juga amb els gossos.

2. El cotxe que està aparcat davant del banc és d'en Miquel.

3. L'isard és un animal que viu a les muntanyes altes.

4. Necessito el llibre que et vaig deixar el mes passat.

5. L'estiu que ens vam conèixer va ser molt divertit.

6. En Ramon i en Xavi són dos amics meus que viuen a l'Argentina.

7. Coneixes el noi que ens està saludant?

8. Les ostres que vam menjar ahir ens han fet mal.

2 [B] Llegeix les frases següents i subratlla l'opció adequada:

0. *La policia no troba el lladre <u>que</u>/ el que va robar el banc.*

1. Avui surto amb el noi *el que / que* vaig conèixer per internet.

2. *El que / Que* acabes de dir no em fa gràcia.

3. No sé si posar-me el vestit nou o *el que / que* em vas regalar tu.

4. Els veïns *els que / que* criden tant viuen al 4t 2a.

5. On deixem *que / el que* hem comprat per a la festa?

6. Quan la Lola i en Cesc es van separar, van llençar tot *el que / que* s'havien regalat.

7. Recordes l'Emma, la noia dels cabells arrissats? És *que / aquella que* et vaig presentar a la festa.

3 [B i D] Completa les frases següents amb els pronoms relatius *que* o *qui*:

0. *Aquell és el senyor amb qui hem de parlar.*

1. Els representants d'art _____ ens van vendre els quadres eren estafadors.

2. Demà arriba a Catalunya un cosí meu _____ viu al Brasil.

3. Si es presenta a casa teva un home _____ vol revisar el gas, no li obris la porta.

4. Us va bé quedar a les 9.00 per anar a sopar? En tot cas, _____ arribi primer al restaurant, que reservi taula.

5. En aquesta pizzeria busquen nois o noies _____ tinguin moto per repartir pizzes.

6. Avui finalment us presentaré la noia de _____ tant us he parlat.

7. En aquell accident d'avió, només es van salvar els passatgers _____ seien a la cua.

4 Llegeix el correu electrònic següent i completa els buits amb un pronom relatiu del requadre:

on (3)	les que	qui (2)	amb qui	que (4)	els que

● ○ ○   Sopar d'antics alumnes

Hola a tothom!

Som l'Helena Vicenç i el Jose Lahuerta, companys teus de classe de l'escola El Cim (0.) *on* vam estudiar. Com que fa molts anys que no ens veiem, hem decidit organitzar un sopar d'antics alumnes (1.) _____ es farà el 15 de setembre, el dia (2.) _____ començàvem les classes quan érem estudiants. Ens trobarem a les 6 de la tarda a la classe (3.) _____ vam fer l'últim curs, l'aula 14. (4.) _____ no pugui venir a les 6 que vingui a les 8 al bar L'As de Copes. Després anirem al restaurant Can Pinxo, (5.) _____ soparem, parlarem, ballarem... També hem convidat alguns professors, però només (6.) _____ ens queien bé! Estem buscant fotos (7.) _____ siguin d'aquella època per fer un muntatge; de moment, tenim (8.) _____ ens ha passat l'escola del seu arxiu.

Hem intentat contactar amb tothom, però (9.) _____ no és a la llista és perquè no hem aconseguit la seva adreça electrònica. Si teniu contacte amb companys (10.) _____ no són a la llista, comenteu-los això del sopar.

Ja ho sabeu, si voleu recordar vells temps amb els companys (11.) _____ vau passar la vostra infantesa, apunteu-vos-hi!

Helena i Jose

44. Tipus de verbs

• *Em llevo, menjo un entrepà i vaig a la feina.*

A. El verb
B. Verbs amb CD i verbs amb CI
C. Verbs pronominals
D. Verbs amb preposició
E. Verbs copulatius
F. Verbs impersonals

A. El verb

A.1 Usem els verbs per referir-nos a **accions** o **estats** de persones i coses:

- *L'Albert **estudia** català als vespres.*
  [Estudiar és una acció que fa l'Albert.]
- *A l'Albert li **agrada** estudiar idiomes.*
  [Agradar és un estat de l'Albert.]

A.2 El verb i el subjecte d'una frase concorden en persona i nombre:

- *Els <u>ingredients</u> per a la recepta **són** barats.*
        [plural]   [3a persona del plural]

- *<u>Jo</u>   **sóc** de Girona.*
  [1a persona del singular] [1a persona del singular]

B. Verbs amb CD i verbs amb CI

Podem classificar els verbs segons els complements que els acompanyen:

B.1 La majoria de verbs van seguits d'un CD. Aquests verbs s'anomenen **transitius**:

—*Què fas?*
—***Miro** la tele.*
  [V] [CD]

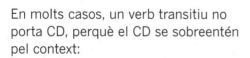

Exemples de verbs transitius:
beure, comprar, escoltar, llegir, mirar, menjar, escriure, obrir, tancar, veure...

En molts casos, un verb transitiu no porta CD, perquè el CD se sobreentén pel context:

—*Què fas?*
—***Menjo**.*
  [És una acció tan habitual que entenem que menja alguna cosa.]

> ■ El CD pot ser també una oració:
> *En Robert diu <u>que no pot venir a la reunió</u>.*
>   [CD]

B.2 Alguns verbs van acompanyats d'un CD i un CI:

> • *He regalat <u>un pastís</u> <u>al meu nebot</u>. Avui és el seu aniversari.*
>   [V]   [CD]   [CI]

Exemples de verbs amb CD i CI: *comprar, dedicar, demanar, dir, donar, ensenyar, enviar, explicar, presentar, regalar...*

B.3 Hi ha verbs que només requereixen el subjecte i no necessiten cap altre complement obligatori. Aquests verbs s'anomenen **intransitius**:

> –*Què fas quan surts de la feina?*
> –**Passejo** *una estona.*
>   [V]

Exemples de verbs intransitius: *córrer, dormir, passejar, plorar, riure, somiar...*

B.4 Hi ha un grup de verbs en què el CD o el CI és la persona que experimenta un sentiment, i el subjecte és allò que provoca aquest sentiment:

> • *A en Pere no <u>li</u> **agraden** <u>els coloms</u>.*
>   [CI]   [V]   [Subjecte]

Exemples de verbs d'aquest grup: *agradar, fer mal, fer fàstic, importar, interessar, molestar, avorrir, preocupar...* **38.**▶

C. Verbs pronominals

C.1 Alguns verbs van sempre acompanyats d'un pronom feble (*em, et, es, ens, us*). S'anomenen verbs **pronominals**:

> • *Sempre **em** <u>descuido</u> les claus!* [~~Sempre **descuido** les claus!~~]
>   [Pronom] [V]

Exemples de verbs pronominals: *adonar-se, assemblar-se, atrevir-se, empassar-se, emportar-se, endur-se, penedir-se, quedar-se, queixar-se...*

C.2 Hi ha verbs que poden anar amb pronom o sense:

> • *L'actor **s'**avorreix.*   • *L'actor <u>avorreix</u> el públic.*
>   [Pronom] [V]   [V]   [CD]

Exemples de verbs que poden anar amb pronoms o sense: *aturar, aturar-se; avorrir, avorrir-se; despertar, despertar-se; espantar, espantar-se; moure, moure's; molestar, molestar-se; traslladar, traslladar-se...*

D. Verbs amb preposició

D.1 Hi ha verbs que sempre exigeixen un complement introduït per una preposició. Aquests verbs s'anomenen verbs de **règim verbal**:

> —**A** què et <u>dediques</u>?
> [Prep]   [V]

> —<u>Depèn</u> **de** la temporada. A l'estiu <u>faig</u> **de** cambrer, i a l'hivern <u>faig</u> **de** traductor.
> [V] [Prep]   [V] [Prep]   [V] [Prep]

Exemples de verbs de règim verbal:

Verbs amb la preposició **de**			
anar de (=tractar sobre)	constar de	ocupar-se de	queixar-se de
adonar-se de	descuidar-se de	parlar de	riure's de
burlar-se de	dubtar de	preocupar-se de	

Verbs amb la preposició **a**	
accedir a	dedicar-se a
acostumar-se a	jugar a
aspirar a	negar-se a
atrevir-se a	renunciar a
contribuir a	

Verbs amb la preposició **en**	
centrar-se en	interessar-se en
confiar en	intervenir en
convertir-se en	participar en
creure en	pensar en
consistir en	

Verbs amb la preposició **amb**	
avenir-se amb	estar d'acord amb
comptar amb	somiar amb
conformar-se amb	

Verbs amb la preposició **per**	
interessar-se per	optar per
estar per	treballar per
lluitar per	

D.2 Els verbs que indiquen situació o moviment van amb preposició. La preposició que fem servir depèn de si s'expressa situació o, en el cas que s'expressi moviment, de la direcció del moviment:

> • El tren **surt de** l'estació a les 8.
>   [V] [Prep]

> • El tren **surt cap a** París a les 8.
>   [V] [Prep]

Exemples de verbs que indiquen situació o moviment amb preposició: *anar, baixar, col·locar, entrar, marxar, penjar, posar, pujar, situar, sortir...* **79. 81. 82.** ▶

E. Verbs copulatius

E.1 Els verbs **copulatius** *ser, estar* i *semblar* uneixen el subjecte i l'atribut. Van seguits d'un nom, d'un adjectiu o d'una frase:

> • <u>Anar de vacances al Tibet</u> **sembla** <u>una bona opció</u>.
>   [Subjecte]   [V]   [Atribut] **34.** ▶

F. Verbs impersonals

F.1 Els verbs **impersonals** no tenen subjecte. Expressen existència (*haver-hi*), necessitat (*caldre*) o fenòmens meteorològics (*fer fred, fer calor*, etc.). Aquests verbs es conjuguen en la tercera persona del singular (*hi ha, cal, fa fred, fa calor...*):

> • **Hi ha** vint-i-tres alumnes a la classe de xinès.
>   [V]

1 [B] Relaciona els verbs de l'esquerra amb els complements directes (CD) de la dreta. Hi ha més d'una opció possible.

Verb	CD
0. *menjar*	a. *un tros de meló*
1. beure	b. novel·les policíaques
2. escoltar	c. els verbs irregulars
3. saludar	d. el full de paper
4. escriure	e. la cinquena simfonia
5. obrir	f. tres copes de vi blanc
6. llegir	g. la porta del cotxe
7. estudiar	h. la parella
8. estimar	i. els veïns
9. doblegar	j. el cotxe
10. engegar	k. el diari

2 [B] A la columna de l'esquerra hi ha verbs transitius i verbs intransitius. Relaciona els transitius amb el CD de la columna de la dreta i encercla els intransitius.

Verb	CD
0. *aprendre*	
1. córrer	
2. apagar	un quadre
3. aixecar	*anglès*
4. plorar	el braç
5. riure	l'ordinador
6. omplir	la roba
7. rentar	la sol·licitud
8. passejar	
9. penjar	

3 [B] Escriu els complements (CD i CI) del requadre i relaciona'ls amb una situació i un verb a la taula del costat.

CD i CI:

les gràcies, un llibre i una rosa, al cap, un dia de festa, a l'agent, *als assistents*, a la parella, al jutge, postals, la veritat, als amics i familiars, el subjuntiu, als alumnes, el passaport

Situació	Verb	CD	CI
Conferència	0. *donar*	*les gràcies*	*als assistents*
Sant Jordi	1. regalar		
Classe de català	2. explicar		
Judici	3. dir		
Frontera	4. ensenyar		
Vacances	5. enviar		
Feina	6. demanar		

4 [B] La Maria és una fanàtica del Japó. Classifica les frases següents segons la seva estructura:

0. *Li agrada el cinema de Kurosawa.*
1. Li interessen els canvis de govern del Japó.
2. Li encanta el peix cru.
3. Llegeix *manga*.
4. Parla japonès.
5. Li agraden molt els rams de flors artístics.
6. Té molts amics japonesos.
7. Organitza festes japoneses a casa seva.

[Subjecte] [Verb] [CD]	[CI] [Verb] [Subjecte]
	Li agrada el cinema de Kurosawa.

En quina de les dues columnes la Maria no és el subjecte?

5 [C] Llegeix les frases següents i marca amb una X quin dels dos verbs és pronominal:

0. a. Atura *el taxi!*
   b. *El taxi no* s'atura. X

1. a. A quina hora *et despertes?*
   b. A quina hora *despertes la teva filla?*

2. a. El gat *espanta el ratolí.*
   b. El gat *s'espanta.*

3. a. Els llums *s'encenen i s'apaguen.*
   b. L'Andreu *encén i apaga el llum.*

4. a. La Nàdia *es mou* molt.
   b. La Nàdia *mou* la cadira.

5. a. Ahir els seguidors del Vila Club de Futbol *es van avorrir* molt.
   b. Ahir els jugadors del Vila Club de Futbol *van avorrir* els seus seguidors.

6. a. El fum del tabac *molesta* les persones que no fumen.
   b. *Em molesta* el fum del tabac.

6 [C] Encercla l'opció correcta.

0. *A vegades a la feina* _____.
   (a.) m'avorreixo   b. avorreixo

1. L'Esteve sempre _____ de tot.
   a. queixa   b. es queixa

2. No _____ els veïns.
   a. molesteu   b. us molesteu

3. El seu fill no _____ gens a ells.
   a. s'assembla   b. assembla

4. La Sònia _____ la seva filla a les 7 del matí.
   a. es desperta   b. desperta

5. _____ dels teus propis errors?
   a. T'adones   b. Adones

6. _____ a saltar en paracaigudes?
   a. Atreveixes   b. T'atreveixes

7. _____ el soroll dels cotxes?
   a. Et molesta   b. Molesta

8. La Nora _____ a la mateixa hora que la seva filla.
   a. desperta   b. es desperta

7 [D] Llegeix l'entrevista següent a un director de cinema i afegeix les preposicions que requereixen els verbs:

A: —Bona tarda.

B: —Bona tarda.

A: —Com valora la seva nova pel·lícula?

B: —Bé, la valoració (0.) depèn *de* cadascú.

A: —(1.) _____ què es refereix?

B: —És una pel·lícula transgressora i potser no agradarà a tothom.

A: —(2.) _____ què va?

B: —La pel·lícula (3.) se centra _____ els canvis culturals al món. És una pel·lícula per a un públic global.

A: —És molt llarga. Gairebé dura tres hores.

B: —Sí, la pel·lícula (4.) consta _____ tres parts clares. Cadascuna necessita almenys una hora.

A: —Podem (5.) parlar una mica _____ la seva vida privada?

B: —Esclar!

A: —És casat?

B: —Bé, fa cinc anys (6.) em vaig casar _____ la Clàudia, la meva nòvia de sempre.

A: —Són feliços?

B: —Doncs no gaire. Fa un mes (7.) em vaig divorciar _____ la meva dona.

A: —Em sap greu. Li donem les gràcies per atendre'ns. Fins a la propera!

8 [F] Completa la postal següent amb els verbs impersonals del requadre:

hi ha (2)	
cal	
neva	
fa fred	
plou	
fa calor	

Girona, 20 de setembre de 2015

Hola, Marta!

Girona és una ciutat fantàstica. (0.) Hi ha *gent de molts llocs i el clima és bo. A l'estiu* (1.) _____ *i a l'hivern* (2.) _____. *A la tardor* (3.) _____ *de tant en tant i a l'hivern alguna vegada* (4.) _____. (5.) _____ *muntanyes a la vora per anar a esquiar i platja per prendre el sol. És molt agradable passejar pels carrers de la ciutat i veure els diferents estils arquitectònics. Si véns a veure'm a la primavera,* (6.) _____ *que portis roba variada perquè el temps canvia de pressa. Això és tot de moment. Fins aviat!*

Petons,

Lluïsa

45. La conjugació verbal

• *cuino, cuines, cuina*

A. Formes personals i no personals

B. La flexió verbal: terminacions

C. La conjugació verbal

A. Formes personals i no personals

A.1 Les formes verbals tenen dues parts: l'**arrel** i la **terminació**. L'arrel dóna informació sobre el significat del verb. La terminació dóna informació sobre la persona, el nombre, el temps i el mode:

• *cant-ar*   • *cant-o*   • *cant-ava*   • *cant-aré*

[arrel] [terminació]

A.2 Les formes verbals es divideixen en personals i no personals. Les personals tenen una terminació diferent segons la persona i el nombre del subjecte. Les no personals no canvien de forma:

Formes personals	
jo	*arrib-o*
tu	*arrib-es*
ell, ella, vostè	*arrib-a*
nosaltres	*arrib-em*
vosaltres	*arrib-eu*
ells, elles, vostès	*arrib-en*

Formes no personals		
Infinitiu	Gerundi	Participi
arrib-ar	*arrib-ant*	*arrib-at*
córr-er	*corr-ent*	*corre-gut*
perd-re	*perd-ent*	*perd-ut*
lleg-ir	*lleg-int*	*lleg-it*

46. ▶

B. La flexió verbal: terminacions

B.1 Usem les terminacions verbals per referir-nos a la persona que fa una acció (jo, nosaltres...), a quan la fa (present, passat, futur) i a la manera com el parlant percep l'acció (real, irreal, possible...):

• *Els treballadors de l'empresa deman**en** un augment de sou.*

[-*en* dóna informació sobre les persones a què es refereix el verb demanar (ells), sobre el marc temporal (present) i sobre la manera com el parlant veu l'acció (de manera real).]

B.2 Els paradigmes verbals tenen **sis formes** diferents segons el subjecte amb què concorda el verb:

	salud-ar
jo	*salud-o*
tu	*salud-es*
ell, ella, vostè	*salud-a*
nosaltres	*salud-em*
vosaltres	*salud-eu*
ells, elles, vostès	*salud-en*

B.3 Hi ha quatre terminacions de persona que són les mateixes en tots els temps:

-**s** (*tu*) -**m** (*nosaltres*) -**u** (*vosaltres*) -**n** (*ells, elles, vostès*)

La terminació de *jo* sol ser -*o* i la d'*ell* / *ella* / *vostè* sol ser Ø, tot i que tenen altres variants.

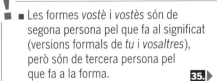

■ Les formes *vostè* i *vostès* són de segona persona pel que fa al significat (versions formals de *tu* i *vosaltres*), però són de tercera persona pel que fa a la forma. **35.** ▶

C. La conjugació verbal

C.1 Hi ha tres models de conjugació verbal segons la manera com acaba l'infinitiu del verb:

Primera conjugació -ar	Segona conjugació -er/-re	Tercera conjugació -ir
esmorzar dinar berenar	córrer voler perdre	sortir dormir llegir

C.2 S'anomenen verbs **regulars** els verbs que segueixen el model de conjugació sense modificacions ni en l'arrel ni en la terminació. Quan hi ha canvis, s'anomenen verbs **irregulars**. Els canvis poden ser:

- canvi en la terminació: *jo est-**ic*** (estar)
- canvi en l'arrel: *nosaltres mo**v**-em* (moure)
- canvi lèxic: *jo **vaig*** (anar)

Exercicis

1 [A] Classifica les formes verbals següents a les taules segons que siguin personals o no personals:

estudio	dividit	estudiar	corres	dividir	perdut
saber	estudiant	esmorzem	dividint	sabut	saben
sabent	menja	perdent	dividiu	estudiat	perdre

Formes personals	
jo	*estudio*
tu	
ell, ella, vostè	
nosaltres	
vosaltres	
ells, elles, vostès	

Formes no personals		
Infinitiu	Gerundi	Participi

2 [B] Relaciona les arrels verbals amb la terminació d'infinitiu corresponent per saber a quina conjugació pertanyen els verbs. Si no en saps els infinitius, fes servir el diccionari.

Arrel	Conjugació
vend-	Primera: -ar
dibuix-	
cau-	
pod-	
camin-	Segona: -er
rob-	-re
part-	
perd-	
obr-	
córr-	
lleg-	Tercera: -ir
encend-	
seu-	

3 [B] Reescriu les formes verbals separant el radical de la terminació. Si no hi ha cap terminació, escriu Ø després de l'arrel. Els infinitius t'ajudaran a fer la separació de manera correcta.

vol**er**	arrib**ar**	obr**ir**	dorm**ir**	part**ir**	estudi**ar**	perd**re**	envi**ar**

0. *enviàveu*   *envi-àveu*
1. arribo _____
2. arribeu _____
3. estudia _____
4. dormim _____

5. enviem _____
6. perdo _____
7. partim _____
8. dormo _____
9. volem _____

10. arribàveu _____
11. volia _____
12. dormien _____
13. perdíeu _____
14. perd _____

15. envieu _____
16. obres _____
17. partiu _____
18. estudiava _____
19. obríeu _____

4 [B] Escriu al costat de cada frase el pronom personal a què es refereix la forma verbal.

0. *Cada dia* surto *de la feina a les vuit tocades.* Jo

1. *Surten* de la feina a les 10 de la nit. _____

2. No *ets* gaire exigent. _____

3. *Van* a esmorzar a mig matí. _____

4. *Intentarem* fer la feina ben feta. _____

5. *Cobreu* gaire? _____

6. *Tindràs* possibilitat de canviar de feina? _____

7. M'*encarrego* de l'agenda del director. _____

8. *Teniu* bones amistats? _____

9. On *anem* a dinar? _____

5 [A i B] Quines accions fa cada persona? Llegeix les frases següents, subratlla les terminacions verbals i classifica les frases a la taula.

0. Ten*im* amics estrangers.
1. *Parleu* molt bé l'anglès.
2. *Estudia* basc als vespres.
3. No *bereno*.
4. *Fumen* molt.

5. *Llegim* còmics.
6. *Escolteu* música a la nit.
7. *Fas* cada dia la migdiada.
8. Em *dutxo* al vespre.
9. *Miren* la tele cada dia.

10. *Teniu* molts amics.
11. No *fumes*.
12. *Passeges* amb el teu gos.
13. No em *connecto* a internet.

en Pere i jo	vosaltres	la Lola i en Paco	jo	en Xavier	tu
Tenim amics estrangers.					

6 [C] Marca si les formes de present següents són regulars o irregulars.

0. *comprar: compro, compres, compra* Regular / Irregular

1. voler: vull, vols, vol	Regular / Irregular	7. veure: veig, veus, veu	Regular / Irregular
2. mirar: miro, mires, mira	Regular / Irregular	8. entrar: entro, entres, entra	Regular / Irregular
3. parlar: parlo, parles, parla	Regular / Irregular	9. beure: bec, beus, beu	Regular / Irregular
4. anar: vaig, vas, va	Regular / Irregular	10. viure: visc, vius, viu	Regular / Irregular
5. tenir: tinc, tens, té	Regular / Irregular	11. fer: faig, fas, fa	Regular / Irregular
6. dir: dic, dius, diu	Regular / Irregular	12. donar: dono, dónes, dóna	Regular / Irregular

46. Les formes verbals no personals

• cantar, cantant, cantat

A. L'infinitiu: formes i usos

B. El gerundi: formes i usos

C. El participi: formes i usos

■ Les formes no personals són l'infinitiu, el gerundi i el participi. Aquestes formes no canvien perquè no es conjuguen:

- infinitiu: *marxar*

- gerundi: *marxant*

- participi: *marxat*

■ Les formes no personals es poden combinar amb altres formes verbals per expressar:

- El temps i l'aspecte verbals: *he estudiat, vaig estudiar, estava estudiant...*

- Matisos de significat mitjançant les perífrasis verbals: *he d'estudiar* (obligació), *continuo estudiant* (continuació)...

49. 51. 52. 54. 66. 67. 68 ▶

> ■ L'infinitiu i el gerundi tenen una forma simple i una de composta. La composta es forma amb l'infinitiu o el gerundi del verb *haver* seguit del participi del verb a què ens referim:
>
> *M'agrada **participar** en aquest concurs literari.* [infinitiu simple]
> *M'agrada **haver participat** en aquest concurs literari.* [infinitiu compost]
> *Em vaig fer mal **corrent**.* [gerundi simple]
> ***Havent treballat** tantes hores, no m'estranya que estigui cansada.* [gerundi compost]

A. L'infinitiu: formes i usos

A.1 L'infinitiu és la forma que serveix per referir-se al verb en general. Els verbs apareixen al diccionari amb aquesta forma:

> **viure** *v. intr.* Tenir vida. *És impossible de viure sense menjar. Els peixos no poden viure fora de l'aigua.*

A.2 Hi ha tres classes de verbs (conjugacions) segons la terminació de l'infinitiu: *-ar, -er/-re, -ir.* Hi ha molts verbs acabats en *-ar* i menys acabats en *-er/-re* o *-ir*:

Primera conjugació	Segona conjugació		Tercera conjugació
-ar	-er	-re	-ir
cant-**ar**	vol-**er**	cau-**re**	sort-**ir**
arrib-**ar**	sab-**er**	vend-**re**	dorm-**ir**
llog-**ar**	córr-**er**	perd-**re**	lleg-**ir**

> ■ Usem el verb *anar* seguit d'un infinitiu per formar el passat perifràstic (*vaig comprar, vas comprar...*) i en diverses perífrasis verbals. **49. 66. 67.** ▶
>
> ■ Els verbs *dir* i *dur* es conjuguen com els verbs de la segona conjugació.

A.3 Fem servir l'infinitiu per referir-nos a l'acció o l'estat del verb. En aquest ús, l'infinitiu és com un nom i en pot fer totes les funcions:

- Subjecte: ***Fumar** és perjudicial per a la salut.*

- Complement directe: *Aquest estiu vull **anar** a Roma de vacances.*

- Complement circumstancial: *En **sortir** del cine la vaig veure.*

B. El gerundi: formes i usos

B.1 Formem el gerundi afegint les terminacions *-ant*, *-ent* o *-int* a l'arrel del verb:

-ar	-er	-ir
cant-**ant**	corr-**ent**	lleg-**int**

Els gerundis dels verbs acabats en *-ndre*, *-ldre* i *-ure* són irregulars:

-ndre, -ldre	-ure	
elisió de -d-	canvi de -u- per -v-	canvi de -u- per -i-
aprendre: apre**nent** valdre: val**ent** ...	beure: be**vent** moure: mo**vent** ploure: plo**vent** escriure: escri**vint** viure: vi**vint** ...	seure: se**ient** veure: ve**ient** creure: cre**ient** treure: tra**ient** caure: ca**ient** riure: ri**ent** ...

! ■ dir: dient; riure: rient; dur: duent.

■ Usem el gerundi amb el verb *estar* per formar la perífrasi durativa (*estic comprant, estàs comprant...*). **68.** ▶

B.2 Usem el gerundi per parlar de la manera com fem les coses:

—*Com t'has aprimat?*
—**Menjant** *poc i* **fent** *molt d'exercici.*

■ Per donar instruccions sobre com s'arriba als llocs, fem servir el gerundi d'un verb de direcció (*pujant, baixant, sortint, entrant, girant...*) seguit de la localització del lloc:
—*On viu la Marisa?*
—*Pujant a mà dreta.*

B.3 També utilitzem el gerundi per parlar de quan fem les coses:

• **Estant** *de vacances, vaig trobar-me el meu exmarit.* [= quan estava de vacances]

C. El participi: formes i usos

C.1 Formem el participi afegint les terminacions *-at*, *-ut* i *-it* a l'arrel del verb.

-ar	-er / re	-ir
cant-**at** arrib-**at** llog-**at**	sab-**ut** perd-**ut**	sort-**it** dorm-**it** lleg-**it**

■ Usem el participi amb el verb *haver* per formar el perfet (*he comprat, has comprat...*), el plusquamperfet (*havia comprat, havies comprat...*) i altres temps compostos. **49. 51. 52. 53. 54.** ▶

C.2 Els participis dels verbs de la segona conjugació acabats en *-ndre*, *-ldre* i *-ure* són irregulars:

-ndre	-ldre, -ure	
-ès, -ost	-gut	
aprendre: apr-**ès** encendre: enc-**ès** prendre: pr-**es** entendre: ent-**ès** correspondre: coresp-**ost** respondre: resp-**ost** ...	valdre: val-**gut** caldre: cal-**gut** ...	beure: be-**gut** creure: cre-**gut** seure: se-**gut** moure: mo-**gut** riure: ri-**gut** ...

! ■ vendre: ven-**ut**

C.3 Els participis següents també són irregulars:

-er, -re		-ir	
viure: **viscut**	voler: **volgut**	oferir: **ofert**	complir: **complert**
caure: **caigut**	escriure: **escrit**	omplir: **omplert**	imprimir: **imprès**
poder: **pogut**	veure: **vist**	obrir: **obert**	morir: **mort**
treure: **tret**	ser: **sigut, estat**		

■ dur: **dut**

C.4 Podem usar les formes de participi com a adjectius. En aquest cas, concorden amb el nom en gènere i nombre:

- *El gos està **espantat**.*
- *Llibres més **llegits**.*
- *Preus **rebaixats**.*
- *Cançons més **escoltades**.*

7. 8. ▶

Exercicis

1 **[A]** Completa les normes de conducta de l'autobús que va de Barcelona a Andorra fent servir l'infinitiu adequat.

pagar escoltar menjar parlar beure portar fumar treure canviar baixar pujar

0. *No pots* pagar *amb un bitllet de més de 20 euros.*

1. Està prohibit _____.

2. No es pot _____ música sense auriculars.

3. Està prohibit _____ de seient durant el trajecte.

4. No es pot _____ el braç per la finestra.

5. Està prohibit _____ entrepans i _____ alcohol.

6. No pots _____ animals (excepte un gos pigall).

7. Està prohibit _____ a l'autobús despullat.

8. No es pot _____ amb el conductor.

9. En _____ de l'autobús, s'han d'agafar tots els paquets.

2 **[B]** Relaciona els infinitius amb la terminació del gerundi si és regular. Si el verb és irregular, escriu-ne la forma sencera.

Infinitiu	Gerundi
0. saltar	• -ant
1. escriure	• -ent
2. redactar	• -int
3. creure	
4. encendre	
5. dir	Formes irregulars
6. resoldre	*Escrivint*
7. viure	_____
8. córrer	_____
9. saber	_____
10. aprendre	_____
11. llegir	_____
12. imprimir	_____
13. veure	_____
14. beure	_____

3 [B] En Pere és el nou secretari de l'empresa HLA i no sap com es fan moltes de les feines. Per això, demana consell a un company. Completa les respostes del company fent servir els verbs del requadre.

pensar
enviar
portar
vestir
prémer
ser
demanar
fer
atendre
engegar
ajudar
saludar

0. —*Com convoco una reunió?*

—*Pensant quines persones hi han d'anar i enviant-los un correu electrònic.*

1. —Com imprimeixo un document?

—_____ la impressora i _____ el botó.

2. —Com puc ser un bon secretari?

—_____ al cap si ha dormit bé i _____-li un cafè.

3. —Com puc ser un bon company de feina?

—_____ els teus companys quan calgui i _____ respectuós amb ells.

4. —Com rebo els clients?

—_____-los i _____-los de pressa.

5. —Com puc donar una bona imatge de mi mateix?

—_____ de manera apropiada i no _____ errors gramaticals en les cartes i els correus electrònics.

4 [B] Fixa't en els plànols per dir on és cadascun d'aquests llocs. Fes servir els verbs *pujar, baixar, entrar* i *sortir* en les teves indicacions.

0. *On és la parada de l'autobús? Pujant a mà dreta.*

1. On és la parada de metro? _____ a mà esquerra.

2. On és la farmàcia? _____ a la dreta.

3. On és la universitat? _____ a l'esquerra.

4. On és el lavabo? _____ a mà esquerra.

5. On és el quiosc? _____ a mà dreta.

 1. 2.
 3.  4. 5.

5 [C] Escriu el participi d'aquests infinitius i classifica'ls a la taula.

llogar   saber   patir
comprar   aprendre   escriure
perdre   asseure   llegir
caldre   aixecar   veure
sortir   riure   morir
entrar   plorar
vendre   omplir

-at	-ut	-it	Irregular
llogat			

6 [C] Completa les expressions dels dibuixos amb el participi dels verbs del requadre. Quan calgui fes la concordança.

asseure's   desordenar   arrugar   imprimir   encendre   perdre   obrir   tancar   apagar   omplir

0. *nens asseguts*   2. tele _____   4. papers _____   6. finestra _____   8. sol·licitud _____

1. llibres _____   3. tele _____   5. documents _____   7. finestra _____   9. gos _____

47. Formes del present d'indicatiu

• *canto, cantes, canta*

A. Formes regulars

A.1 Les formes del present d'indicatiu dels verbs regulars són:

	Primera conjugació	Segona conjugació	Tercera conjugació	
	-ar	-er / -re	-ir	-ir (amb -eix-)
jo	cant-**o**	perd-**o**	dorm-**o**	lleg-**eix**-**o**
tu	cant-**es**	perd-**s**	dorm-**s**	lleg-**eix**-**es**
ell, ella, vostè	cant-**a**	perd	dorm	lleg-**eix**
nosaltres	cant-**em**	perd-**em**	dorm-**im**	lleg-**im**
vosaltres	cant-**eu**	perd-**eu**	dorm-**iu**	lleg-**iu**
ells, elles, vostès	cant-**en**	perd-**en**	dorm-**en**	lleg-**eix**-**en**

La majoria de verbs de la primera conjugació són regulars, mentre que la majoria dels de la segona són irregulars. En la tercera conjugació hi ha dos models: els que tenen l'increment -eix- en totes les persones excepte *nosaltres* i *vosaltres* (com *llegir*) i els que no tenen l'increment (com *dormir*). Són més freqüents els verbs amb -eix-.

> ! ■ En els verbs *córrer, omplir* i *obrir*, la tercera persona del singular acaba amb -e: ell, ella, vostè *corre; omple; obre.*

A.2 Els verbs amb infinitius acabats en -car, -gar, -çar i -jar canvien les consonants corresponents per *qu, gu, c* i *g* davant de les terminacions que comencem amb *e* o amb *i*:

	-car	-gar	-çar	-jar
	practicar	jugar	avançar	passejar
jo	practic-o	jug-o	avanç-o	passej-o
tu	practi**qu**-es	ju**gu**-es	avan**c**-es	passe**g**-es
ell, ella, vostè	practic-a	jug-a	avanç-a	passej-a
nosaltres	practi**qu**-em	ju**gu**-em	avan**c**-em	passe**g**-em
vosaltres	practi**qu**-eu	ju**gu**-eu	avan**c**-eu	passe**g**-eu
ells, elles, vostès	practi**qu**-en	ju**gu**-en	avan**c**-en	passe**g**-en

Exemples de verbs amb canvi de consonant:

-*car:* aparcar, educar, buscar, arriscar, marcar, col·locar...

-*gar:* engegar, negar, doblegar, fregar, entregar, obligar...

-*çar:* alçar, finançar, començar, forçar, escurçar, adreçar-se...

-*jar:* assajar, barrejar, sacsejar, netejar, bloquejar...

B. Formes irregulars de la primera conjugació

B.1 Només hi ha dos verbs irregulars de la primera conjugació:

	anar	estar
jo	vaig	estic
tu	vas	estàs
ell, ella, vostè	va	està
nosaltres	anem	estem
vosaltres	aneu	esteu
ells, elles, vostès	van	estan

C. Formes irregulars de la segona conjugació

C.1 La majoria de verbs irregulars de la segona conjugació tenen la terminació -c per a la primera persona del singular:

- *aprendre: jo* apren-**c**
- *beure: jo* be-**c**
- *escriure: jo* escri-**c**

C.2 Els verbs acabats en -*dre* (-*ldre*, -*ndre*) perden la -*d*:

	apren-**dre**	ven-**dre**	pren-**dre**	val-**dre**
jo	apren-c	ven-c	pren-c	val-c
tu	apren-s	ven-s	pren-s	val-s
ell, ella, vostè	aprèn	ven	pren	val
nosaltres	apren-em	ven-em	pren-em	val-em
vosaltres	apren-eu	ven-eu	pren-eu	val-eu
ells, elles, vostès	apren-en	ven-en	pren-en	val-en

C.3 Els verbs irregulars acabats en -*ure* tenen la terminació -c per a la primera persona del singular.

Alguns canvien la -*u*- per -*v*- en les formes de la primera i la segona persones del plural (*nosaltres* i *vosaltres*):

	vi-**ure**	escri-**ure**	be-**ure**	mo-**ure**
jo	vis-c	escri-c	be-c	mo-c
tu	viu-s	escriu-s	beu-s	mou-s
ell, ella, vostè	viu	escriu	beu	mou
nosaltres	viv-im	escriv-im	bev-em	mov-em
vosaltres	viv-iu	escriv-iu	bev-eu	mov-eu
ells, elles, vostès	viu-en	escriu-en	beu-en	mou-en

Altres verbs acabat en -*ure* canvien la -*u*- per -*i*- en les formes de la primera i la segona persones del plural (*nosaltres* i *vosaltres*):

	cre-**ure**	se-**ure**	tre-**ure**	ca-**ure**
jo	cre-c	se-c	tre-c	cai-c
tu	creu-s	seu-s	treu-s	cau-s
ell, ella, vostè	creu	seu	treu	cau
nosaltres	crei-em	sei-em	trai-em	cai-em
vosaltres	crei-eu	sei-eu	trai-eu	cai-eu
ells, elles, vostès	creu-en	seu-en	treu-en	cau-en

C.4 Els verbs acabats en -*èixer* tenen la terminació -c en la primera persona del singular i afegeixen -e en la segona persona del singular:

	con-**èixer**	apar-**èixer**
jo	cone-**c**	apare-**c**
tu	coneix-**e**s	apareix-**e**s
ell, ella, vostè	coneix	apareix
nosaltres	coneix-em	apareix-em
vosaltres	coneix-eu	apareix-eu
ells, elles, vostès	coneix-en	apareix-en

> ■ Alguns verbs acabats en -*èixer* no tenen la terminació -c en la primera persona del singular: *créixer* (*creix-***o**), *néixer* (*neix-***o**), *merèixer* (*mereix-***o**).

C.5 Altres verbs freqüents amb irregularitats són:

	ser	saber	poder	voler	fer	veure	riure
jo	**sóc**	**sé**	**puc**	**vull**	**faig**	**veig**	**ric**
tu	**ets**	**saps**	**pots**	vols	**fas**	veus	rius
ell, ella, vostè	**és**	**sap**	**pot**	vol	**fa**	veu	riu
nosaltres	**som**	sabem	podem	volem	fem	**veiem**	**riem**
vosaltres	**sou**	sabeu	podeu	voleu	feu	**veieu**	**rieu**
ells, elles, vostès	**són**	saben	poden	volen	**fan**	veuen	riuen

	dir	dur
jo	**dic**	**duc**
tu	di**us**	duus (o dus)
ell, ella, vostè	di**u**	duu (o du)
nosaltres	diem	duem
vosaltres	dieu	dueu
ells, elles, vostès	diuen	duen

D. Formes irregulars de la tercera conjugació

D.1 La primera i tercera persones del singular dels verbs *venir* i *tenir* són irregulars:

	venir	tenir
jo	vin-**c**	tin-**c**
tu	vén-s	ten-s
ell, ella, vostè	**ve**	**té**
nosaltres	ven-im	ten-im
vosaltres	ven-iu	ten-iu
ells, elles, vostès	vén-en	ten-en

Exercicis

1 **[A]** Subratlla la terminació dels verbs i escriu la persona a què es refereix cadascun.

jo
tu
ell, ella, vostè
nosaltres
vosaltres
ells, elles, vostès

0. *Em despert_o_ a les 7.00.* jo

1. *Es lleva a les 7.10.* _____

2. *Es renta les dents a les 7.15.* _____

3. *Em miro al mirall a les 7.30.* _____

4. *Es dutxen a les 7.45.* _____

5. *Esmorzeu a les 8.00.* _____

6. *Mireu la tele i escolteu la ràdio entre les 8.00 i les 8.30.* _____

7. *Agafem les coses per anar a la feina a les 8.45.* _____

8. *Surts de casa a les 8.50.* _____

9. *Arribem a la parada de metro a les 8.55.* _____

10. *Entro al vagó de metro a les 9.00.* _____

11. *Observes la gent del metro durant el trajecte.* _____

12. *Arribeu a la feina a les 9.30.* _____

2 [A] Escriu la consonant que calgui en les sèries de formes verbals següents:

0. *buscar:* bus**c**o, bus**qu**es, bus**c**a.

1. aparcar: apar__o, apar__es, apar__a.

2. engegar: enge__o, enge__es, enge__a.

3. començar: comen__em, comen__eu, comen__en.

4. bloquejar: bloque__o, bloque__es, bloque__a.

5. netejar: nete__em, nete__eu, nete__en.

6. obligar: obli__o, obli__es, obli__a.

7. adreçar-se: m'adre__o, t'adre__es, s'adre__a.

8. educar: edu__em, edu__eu, edu__en.

9. barrejar: barre__em, barre__eu, barre__en.

3 [A] Fixa't en els verbs següents de la tercera conjugació amb l'increment -*eix*- i marca i corregeix la forma incorrecta que hi ha en cada sèrie:

0. *dormo, dorms, dorm, dormim, dormiu, ~~dormeixen~~. dormen*

1. dirigeixo, dirigeixes, dirigeix, dirigim, dirigiu, dirigen. _____

2. llegeixo, llegeixes, llegeixe, llegim, llegiu, llegeixen. _____

3. parteixo, parteixes, parteix, partim, partiu, parten. _____

4. assisto, assisteixes, assisteix, assistim, assistiu, assisteixen. _____

5. serveixo, serveixes, serveix, servim, serveixiu, serveixen. _____

6. em diverteixo, et diverteixes, es diverteix, ens divertim, us divertiu, es diverten. _____

7. condueixo, condues, condueix, conduïm, conduïu, condueixen. _____

4 [A] La Mar té una cita i es prepara algunes preguntes que farà al noi amb qui sortirà. Escriu la forma del verb entre parèntesis.

0. *Llegeixes* (llegir) *cada dia el diari?*

1. En una discoteca, t'_____ (*avorrir-se*) o et _____ (*divertir-se*)?

2. Com et _____ (*vestir-se*) els dies de cada dia? I quan surts de festa?

3. _____ (*patir*) quan mires una pel·lícula de terror?

4. _____ (*conduir*) per anar a la feina o agafes el transport públic?

5. Quan els teus amics fan un error de llengua, els _____ (*corregir*)?

6. _____ (*discutir*) amb els teus amics o la teva família?

7. Quan vols conèixer algú, t'_____ (*atrevir-se*) a començar una conversa?

8. Quan escoltes una cançó trista, t'_____ (*entristir-se*).

9. _____ (*prescindir*) del que diuen les males llengües?

5 [A] Escriu què fan aquestes persones durant el cap de setmana fent servir una forma de present del verb entre parèntesis.

0. *La Núria i en Toni* visiten (visitar) *els pares de la Núria i* cuinen (cuinar) *algun plat complicat.*

1. La Cristina _____ (*jugar*) amb el seu gat i _____ (*mirar*) els esports a la tele.

2. En Llorenç _____ (*preparar*) les classes de la setmana i _____ (*xatejar*) per internet.

3. En Jordi i la Jordina _____ (*passejar*) pel parc i _____ (*practicar*) l'anglès amb els turistes.

4. Nosaltres _____ (*dormir*) fins tard i _____ (*repassar*) les lliçons de català.

5. Tu _____ (*practicar*) el criquet al parc i _____ (*conversar*) amb els amics?

6. La Najat _____ (*llegir*) el diari i _____ (*netejar*) casa seva.

7. Vosaltres també _____ (*llegir*) el diari i _____ (*netejar*) el pis?

8. En Raj i la Sira _____ (*jugar*) a futbol amb els amics i sovint _____ (*marcar*) algun gol.

9. En Javier i en Dairo _____ (*obrir*) la seva botiga de queviures a les 10 i la _____ (*tancar*) a les 8 del vespre.

10. Tu _____ (*fregar*) els plats bruts de la setmana i _____ (*netejar*) casa teva?

11. Nosaltres _____ (*treballar*) en un locutori i _____ (*parlar*) amb els amics del barri.

12. Vosaltres us _____ (*quedar-se*) a casa i _____ (*descansar*) tot el dia?

6 [C] La Montse ha fet seixanta anys i ha escrit uns versos sobre ella. Completa'ls amb les formes de primera persona dels verbs entre parèntesis.

0. *Tinc* (tenir) *seixanta anys.*

3. _____ (escriure) poesia.

6. Em _____ (moure).

1. _____ (aprendre) de la vida.

4. _____ (dir) veritats.

7. _____ (riure).

2. _____ (prendre) el millor.

5. _____ (creure) en mi.

8. _____ (ser) jo.

7 [C] Imagina que els versos de l'exercici anterior els han escrit la Montse i l'Anna. Torna'ls a escriure amb les formes adequades.

0. *Tenim* (tenir) *seixanta anys.*

3. _____ (escriure) poesia

6. Ens _____ (moure).

1. _____ (aprendre) de la vida.

4. _____ (dir) veritats.

7. _____ (riure).

2. _____ (prendre) el millor.

5. _____ (creure) en nosaltres.

8. _____ (ser) nosaltres.

8 [B, C i D] S'assemblen o no? Escriu la forma de primera persona (jo) del present d'indicatiu d'aquests verbs i indica si tenen la mateixa terminació (Sí) o no (No).

0. *poder, voler: puc, vull*   *Sí/No*

1. venir, tenir: _____, _____   Sí/No

2. aprendre, prendre: _____, _____   Sí/No

3. ser, saber: _____, _____   Sí/No

4. seure, veure: _____, _____   Sí/No

5. beure, creure: _____, _____   Sí/No

6. témer, córrer: _____, _____   Sí/No

7. dir, dur: _____, _____   Sí/No

8. néixer, créixer: _____, _____   Sí/No

9. fer, veure: _____, _____   Sí/No

10. escriure, seure: _____, _____   Sí/No

11. entendre, viure: _____, _____   Sí/No

12. perdre, rebre: _____, _____   Sí/No

13. anar, fer: _____, _____   Sí/No

9 [C i D] Completa els diàlegs següents amb les formes dels verbs proporcionats:

0. *Prendre*

—*Què* prens *tu?*

—*Jo sempre* prenc *el mateix: coca-cola i whisky.*

—*I vosaltres, què* preneu?

—*Nosaltres* prenem *un combinat de fruites.*

1. Estar

—Com _____ tu?

—No _____ gaire bé.

—I vosaltres, com _____?

—_____ perfectament!

2. Creure

—Tu què _____?

—Jo _____ que el català és més fàcil que l'anglès.

—I vosaltres, què _____?

—Nosaltres _____ que totes dues llengües són fàcils d'aprendre.

3. Riure

—De què _____ tu?

—_____ dels pantalons que portes.

—I vosaltres, de què _____?

—Nosaltres no _____ de res.

4. Fer, anar

—Tu què _____ aquest cap de setmana?

—Dissabte no _____ res i diumenge _____ a una calçotada.

—I vosaltres, què _____?

—Nosaltres _____ a un concert de La Pili.

5. Voler

—Tu què _____ fer diumenge que ve?

—_____ fer alguna cosa diferent.

— I vosaltres, què _____ fer?

—Nosaltres _____ anar a la vall de Boí.

6. Venir

—Tu _____ a la festa de demà?

—Encara no sé si _____.

— I vosaltres, _____?

—Nosaltres _____ segur!

10 [C i D] Completa els diàlegs de l'exercici anterior amb les formes dels verbs proporcionats. Fixa't que en aquest cas les persones es tracten de *vostè* i *vostès*.

0. *Prendre*

—*Què* pren, *vostè?*

—*Jo sempre prenc el mateix: coca-cola i whisky.*

—*I vostès, què* prenen?

—*Nosaltres prenem un combinat de fruites*

1. Estar

—Com _____ vostè?

—No estic gaire bé.

— I vostès, com _____ ?

—Estem perfectament!

2. Creure

—Vostè què _____ ?

—Penso que el català és més fàcil que l'anglès.

—I vostès, què _____ ?

—Nosaltres creiem que totes dues llengües són fàcils d'aprendre.

3. Riure

—De què _____ vostè?

—Ric dels pantalons que porta.

—I vostès, de què _____ ?

—Nosaltres no riem de res.

4. Fer, anar

—Què _____ aquest cap de setmana, vostè?

—Dissabte no faig res i diumenge vaig a una calçotada.

—I vostès, què _____ ?

—Nosaltres anem a un concert de La Pili.

5. Voler

—Què _____ fer diumenge que ve, vostè?

—Vull fer alguna cosa diferent.

—I vostès, què _____ fer?

—Nosaltres volem anar a la vall de Boí.

6. Venir

—_____ a la festa de demà, vostè?

—Encara no sé si vinc.

—I vostès, _____ ?

—Nosaltres venim segur!

A. Ús de present
B. Ús de futur
C. Ús de passat

A. Ús de present

A.1 Usem el present per parlar d'accions que passen en el **moment en què es parla**:

> —*On són els nens?*
> —*Són al menjador. En Pau **mira** la tele i la Sònia **dibuixa**.*

A.2 Fem servir el present per parlar d'accions **habituals** que es repeteixen:

> • *Cada dia **em llevo** a les sis, però els caps de setmana **em llevo** a les nou.*

A.3 Utilitzem el present per fer afirmacions generals sobre fets **atemporals** o per fer **descripcions**:

> • *Tres i tres **fan** sis.*   • *La Blanca **té** els cabells negres i **porta** ulleres.*

A.4 Usem el present per donar **instruccions**:

> • *Per muntar la taula, **agafes** les potes i les **poses** sobre la superfície de la taula. Tot seguit, **cargoles** les potes i ja està.*
>
> —*Perdona, saps on és l'escola d'adults?*
> —*Sí, **puges** per aquest carrer i **gires** a l'esquerra al segon carrer.*

A.5 També fem servir el present per fer **peticions** i demanar **favors** o **permís**:

> • *Em **passes** la sal, sisplau?* [Fem una petició.]
> • *Em **pots** venir a buscar a l'estació, sisplau?* [Demanem un favor.]
> • ***Obro** la finestra?* [Demanem permís.]

B. Ús de futur

B.1 Utilitzem el present per referir-nos a accions futures que les vivim com a fets actuals (accions planificades o que sabem que passaran):

> • *Demà **tinc** examen de català.*
> [N'estic segur. Ho sé des de fa temps.]

> —*On **aneu** de vacances aquest estiu?*
> —***Anem** a Costa Rica.*

B.2 Usem el present en preguntes per fer **propostes** o **invitacions**:

> • *Què us sembla si **anem** a la platja demà?*
> • ***Véns** a sopar a casa aquest vespre?*

C. Ús de passat

C.1 Fem servir el present per **narrar** esdeveniments del passat. Aquest ús és freqüent en titulars de notícies, biografies, arguments d'obres i narracions orals:

> —De què va la pel·lícula?
> —**És** un noi jove que se'n va al Senegal, **coneix** els membres d'una tribu nòmada i **fa** vida amb ells. Al final... [Els fets no passen ara, sinó que són fets narrats del passat.]
> —No, no m'expliquis el final, sisplau!

> **Els Mossos detenen una banda de traficants a Girona**

> **El regidor de districte posa la primera pedra dels nous pisos socials a Badalona**

> **L'Ajuntament de Viella inaugura la nova piscina municipal**

> ▪ En aquest ús també podem fer servir temps verbals de passat (perifràstic o perfet):
>
> Els Mossos **detenen** una banda de traficants a Girona.
> [= van detenir / han detingut] **49. 51.** ▶

Exercicis

1 [A] Marca cada frase amb la lletra que indica quin ús té el present.

A: Accions del moment en què es parla
B: Accions habituals
C: Fets atemporals o descripcions
D: Instruccions
E: Peticions, favors o permís

0. *Cada vespre m'agrada escoltar una mica de música i prendre una copeta de vi.* B

1. A l'estiu anem de vacances a Cadaqués i a l'hivern anem a Puigcerdà. ____

2. Un nou estudi demostra els aspectes positius de l'energia solar. ____

3. En Joan és a la seva habitació. Fa els deures. ____

4. Què fas els caps de setmana? ____

5. Obres la finestra, sisplau? ____

6. En Pau es lleva cada dia a les set del matí. ____

7. Què fa en Joan? Encara no es lleva? ____

8. Per anar a l'estació, puges per aquest carrer i gires a l'esquerra. ____

9. El xicot de l'Anna és baixet, grassonet i porta ulleres. ____

10. Per fer una truita poses oli a la paella i després hi tires els ous batuts. ____

11. Estic content perquè la feina em va bé. ____

12. La majoria de ciutadans estan a favor de la prohibició del tabac als espais públics. ____

2 [A] La Leti i la Meri són la parella ideal. Completa les frases amb la forma apropiada de present tenint en compte que la Leti demana favors i la Meri ofereix ajuda.

0. *Leti: Em planxes (planxar) la roba, reineta?*

1. Meri: Et _____ (preparar) l'esmorzar, carinyo?

2. Leti: Em _____ (fer) un massatge al coll, sisplau?

3. Meri: _____ (voler) un aperitiu per al sopar, amor?

4. Leti: _____ (desparar) la taula, cuqueta?

5. Meri: Et _____ (portar) a la feina en cotxe demà, carinyet?

6. Leti: Em _____ (fer) l'entrepà per endur-me demà a la feina, vida meva?

7. Leti: Em _____ (triar) la roba per anar a la feina demà, videta?

8. Meri: _____ (engegar) la tele perquè vegis el teu programa preferit?

3 [B i C] Marca si els verbs en present fan referència al passat o al futur.

0. *Les nevades* causen *el caos a les carreteres.* *Passat / Futur*

1. Mercè Rodoreda *neix* a Barcelona l'any 1908. Passat / Futur

2. Aquest cap de setmana ens *quedem* a casa. Passat / Futur

3. La reunió d'avui *és* a les 4 de la tarda. Passat / Futur

4. En la seva última pel·lícula, Jon Fort interpreta el paper d'un empresari ric que *agafa* un avió que *cau* en una illa. A l'illa, el protagonista *comença* una vida de Robinson Crusoe. Passat / Futur

5. Una banda *atraca* un banc i no *se n'emporta* res. Passat / Futur

6. Karim el Bargouti *publica* la seva primera novel·la l'any 2008 i *guanya* el premi Literatura Global. Passat / Futur

7. Les pluges *destrossen* la teulada del nou teatre. Passat / Futur

8. La cançó tracta sobre una parella que no *està* contenta amb el seu cos i *decideix* fer-se la cirurgia estètica. Passat / Futur

9. A quina hora *surt* el teu vol cap a Pequín? Passat / Futur

10. Mercè Rodoreda *mor* a Girona el 1983. Passat / Futur

4 En el missatge electrònic següent, la Maria explica com passa les vacances amb la seva família. Omple els buits amb la forma de present dels verbs entre parèntesis.

● ○ ○   Unes bones vacances

Hola, família!

Com va tot? Aquest any (0.) *som* (ser, nosaltres) a Blanes perquè no (1.) _____ (*tenir*) gaires diners per anar a l'estranger, i visitar el propi país també (2.) _____ (*ser*) interessant. Ens (3.) _____ (*estar*) en un apartament petitó però molt còmode. Fins i tot (4.) _____ (*tenir*) una piscina. La nostra rutina (5.) _____ (*ser*) de vacances totals. (6.) _____ (*llevar-se, nosaltres*) a les 9 o les 10 del matí, (7.) _____ (*esmorzar*) i després (8.) _____ (*anar*) una estona a la platja. (9.) _____ (*tornar*) a casa per dinar i (10.) _____ (*fer*) un dinar saludable i bo. A vegades, en Roc (11.) _____ (*anar*) al mercat i (12.) _____ (*comprar*) peix fresc i alguna cosa per fer amanida. Si no, (13.) _____ (*menjar*) coses que (14.) _____ (*tenir*) a casa: embotit, verdures i alguna llauna. A les tardes, cadascú (15.) _____ (*fer*) alguna activitat diferent. Jo (16.)_____ (*quedar-se*) a casa i (17.) _____ (*llegir*) una mica, en Roc (18.) _____ (*jugar*) a la petanca amb uns amics belgues, la Maria (19.) _____ (*sortir*) amb les amigues pel passeig marítim, i en Roger (20.) _____ (*pintar*) algun quadre. Això sí que (21.) _____ (*ser*) vida! (22.) _____ (*tornar, nosaltres*) a Girona dimecres i de seguida cap a la feina. Dijous ja (23.)_____ (*treballar, jo*). Això (24.) _____ (*ser*) tot de moment. Ah!, una cosa més: Anna, (25.) _____ (*poder*) passar per casa a regar les plantes? Me les (26.) _____ (*estimar*) molt i (27.) _____ (*necessitar*) aigua!

Una abraçada i fins aviat!

Maria

49. El passat perifràstic i el perfet d'indicatiu

• *Ahir **vaig perdre** les claus de casa i avui les **he trobat***.

■ Per referir-nos a accions del passat en mode indicatiu, podem usar diferents formes verbals:

Passat perifràstic: • *La pel·lícula **va començar** a les 8 del vespre.*

Perfet: • *Al públic li **ha agradat** la pel·lícula.*

Imperfet: • *Quan **començava** la pel·lícula es va sentir un crit.*

Plusquamperfet: • *Quan vam entrar al cine ja **havia començat** la pel·lícula.*

■ Podem fer servir diferents expressions de temps per situar una acció en el passat:

- *Abans-d'ahir, ahir*
- *Ahir al matí / migdia / vespre*
- *Ahir a la tarda / nit*
- *Aquest matí / vespre / any / cap de setmana*
- *Aquesta tarda*
- *Avui*

51. 72. 73. ▶

A. Passat perifràstic: forma

A.1 El passat perifràstic és un temps compost per les formes del present del verb *anar* (excepte en el cas de les formes *vam* i *vau*) i l'infinitiu del verb que volem utilitzar:

anar (auxiliar) + Infinitiu

jo	**vaig arribar**
tu	**vas arribar**
ell, ella, vostè	**va arribar**
nosaltres	**vam arribar**
vosaltres	**vau arribar**
ells, elles, vostès	**van arribar**

• *Ahir **vam anar** al cinema i després **vam fer** una copa al bar del costat.*

■ Els pronoms poden anar davant de l'auxiliar o després de l'infinitiu:
*Ahir **em** <u>vaig llevar</u> a les set del matí.* = *Ahir <u>vaig llevar</u>-**me** a les set del matí.* **36.** ▶

B. Passat perifràstic: ús

B.1 Usem el passat perifràstic per parlar d'accions del passat que considerem **finalitzades**. Visualitzem aquestes accions del passat d'una manera global i sense relació amb el present:

• *L'any passat **vaig anar** de vacances a Benidorm.* [Ja no estic de vacances a Benidorm.]

L'any passat   Ara

■ No fem servir *anar + a + infinitiu* per parlar del passat.
~~*Ahir vaig a comprar un ordinador.*~~
*Ahir **vaig comprar** un ordinador.* **67.** ▶

C. Perfet: forma

C.1 El perfet és un temps compost de les formes del present del verb *haver* i el participi passat del verb que volem utilitzar:

	haver (auxiliar) + Participi
jo	**he arribat**
tu	**has arribat**
ell, ella, vostè	**ha arribat**
nosaltres	**hem arribat**
vosaltres	**heu arribat**
ells, elles, vostès	**han arribat**

• *Avui **hem anat** al cinema.*

D. Perfet: usos

D.1 Usem el perfet per parlar d'accions que s'han produït en el passat però que encara tenen **relació amb el present**:

Avui

Aquest matí

Avui

• *Avui **m'he llevat** a les 10, **m'he mirat** al mirall i **m'he deprimit**.* [Relació amb el present: són accions que han passat avui, i el dia encara no ha acabat.]

• *Aquest matí **m'he llevat** a les 10.* [Relació amb el present: el matí forma part d'avui i el dia encara no ha acabat.]

D.2 Usem el perfet per parlar d'**experiències** del passat que tenen alguna relació amb el present:

• ***Has anat** alguna vegada a un restaurant tailandès?*
[Relació amb el present: has tingut aquesta experiència en algun moment de la teva vida fins ara?]

D.3 Fem servir el perfet per parlar de **resultats** d'accions del passat:

—*On és en Pere?*
—***Ha tingut** un accident i no **ha pogut** venir.* [Resultat: en Pere no és a la festa.]
—*I la Pilar?*
—*No ho saps? Se **n'ha anat** a viure al Nepal.* [Resultat: és al Nepal ara.]

El resultat de l'acció pot ser molt recent:

• *Què **ha estat** això?*

E. Passat perifràstic o perfet?

E.1 Utilitzem el passat perifràstic i el perfet per parlar d'**accions passades**, però la **distància temporal** respecte del present és diferent:

Passat perifràstic	Perfet
La referència temporal **no té cap connexió amb el present**. Per això, usem el passat perifràstic amb les expressions temporals següents:	La referència temporal **inclou el present**. Per això, l'usem amb els adverbis i expressions temporals següents:
• *abans-d'ahir, ahir* • *ahir al matí / migdia / vespre* • *ahir a la tarda / nit* • *la setmana passada / el mes passat / l'any passat* • *l'estiu / l'hivern passat* • *la tardor / primavera passada* • *fa una setmana / un mes / un any*	• *avui* • *aquest matí / vespre* • *aquesta tarda / nit* • *aquesta setmana / temporada / època* • *aquest mes / any*
 La setmana passada — Ara	 Aquest matí — Avui
La setmana passada **vaig anar** *a Barcelona.*	*Aquest matí* **he anat** *a Barcelona.*

E.2 Usem el passat perifràstic i el perfet per parlar d'**experiències del passat**, però la **manera** com relacionem el moment de l'experiència amb el present és diferent. Podem fer servir els dos temps amb les expressions temporals següents:

• *alguna vegada / algun cop*
• *una vegada, dues vegades... / un cop, dos cops...*
• *mai*

Passat perifràstic	Perfet
En el cas del passat perifràstic, el moment de l'experiència passada no es relaciona amb el present.	En el cas del perfet, el moment de l'experiència passada es relaciona amb el present.
Vaig anar *al Japó* <u>*tres vegades*</u>*.* [l'any passat: al gener, al febrer i al març]	***He anat*** *al Japó* <u>*tres vegades*</u>*.* [en tota la meva vida]
No ***vaig anar*** <u>*mai*</u> *a la Biblioteca de Catalunya.* [quan vivia a Barcelona]	*No* ***he anat*** <u>*mai*</u> *a la Biblioteca de Catalunya.* [en la meva vida]

1 [A] Llegeix l'entrevista següent que un estudiant de periodisme (P) fa a en Luis (L) i escriu el subjecte a què fan referència les formes verbals:

P: —Com (0.) *vas arribar* a Catalunya? *tu*

L: —(1.) *Vaig arribar* en avió, amb un vol regular La Paz - Barcelona. _jo_

P: —Els teus familiars es (2.) *van quedar* a Bolívia? _ells_

L: —Sí, però (3.) *van venir* més tard. _ells_

P: —Quan (4.) *va venir* la teva família? _ella_

L: —(5.) *Va venir* al cap de dos anys. _ell_

P: —(6.) *Vau tenir* dificultats per integrar-vos? _vosaltres_

L: —No, cap. (7.) *Vam integrar-nos* al barri de seguida. _nosaltres_

P: —Les teves filles (8.) *van néixer* a Catalunya o a Bolívia? _elles_

L: —Totes dues (9.) *van néixer* a Bolívia. _elles_

P: —(10.) *Va ser* difícil trobar feina? _ella_

L: —No.

P: —Com (11.) en *vas trobar*? _tu_

L: —(12.) *Vaig venir* amb un contracte de treball. _jo_

P: —Et (13.) *va agradar* la feina? _ella_

L: —Molt. Encara hi segueixo.

P: —Moltes gràcies

L: —De res.

2 [A i B] Llegeix aquest text escrit en present i escriu a sota les formes de present en passat perifràstic.

Normalment, en Bilal es lleva a les set del matí i surt de casa a dos quarts de vuit. Va a la feina amb bicicleta i comença la jornada laboral a les vuit. Però ahir tot va ser diferent. El gat (0.) *s'enfila* al seu llit. (1.) *Comença* a miolar molt fort i (2.) *desperta* en Bilal. En Bilal (3.) *mira* el rellotge: les deu! Quin ensurt! (4.) *S'aixeca* ràpidament, (5.) es *vesteix* i (6.) *surt* sense esmorzar. (7.) *Arriba* a la feina a dos quarts d'onze. El seu cap el (8.) *crida* al despatx i li (9.) *demana* explicacions. En Bilal hi (10.) *va* i li (11.) *demana* excuses. El seu cap és bastant amable, (12.) l'*escolta* i al final li (13.) *dóna* un cop a l'esquena i (14.) *van* a esmorzar junts. Al final, no va ser un matí tan dolent.

0. es va enfilar
1. va començar
2. va despertar
3. va mira
4. va aixecar-se
5. es va vestir
6. es va surtir
7. va arribar
8. va cridar
9. va demanar
10. va anar
11. va demanar
12. li va escoltar
13. li va donar
14. van anar a esmorzar

3 [B] Corregeix els errors de les respostes dels diàlegs següents quan calgui:

0. —Què vas fer ahir al vespre?
—~~Vaig a anar~~ al centre cívic a escoltar un grup de música. *Vaig anar*

1. —On vas néixer?
—~~Neixo~~ a Vic. Vaig néixer

2. —Què vas fer ahir al matí?
—~~Em quedo~~ a casa a descansar. _____

3. —Vau anar de vacances l'estiu passat?
—Sí, vam ~~a~~ viatjar a Alacant. _____

4. —Quin any vas arribar a Catalunya?
—Vaig arribar fa tres anys. en 2011 p. e.

5. —Treballes?
—Sí, ahir vaig començar una feina nova. _____

6. —On vas anar ahir?
—Vaig al despatx del meu company a buscar un informe. Vaig anar

7. —Et van renovar el contracte?
—Sí, van a fer-ho la setmana passada. van fer-ho

4 [C] Algunes persones expliquen què han fet durant les vacances d'estiu. Indica a quina persona es refereix cada frase escrivint el pronom personal corresponent.

0. *Ens hem quedat a Barcelona. Nosaltres.*

1. El juliol han fet una ruta en bicicleta pel País Basc. _ells_

2. Durant l'agost he organitzat un festival de música rock a la platja. _jo_

3. Hem anat a París i a la Bretanya. _nosaltres_

4. M'he quedat sol a casa escrivint una novel·la. _jo_

5. Heu visitat algun museu? _vosaltres_

6. Han pintat el pis i han fet el lavabo nou. _ells_

7. Cada dia hem visitat un poble diferent de la vall d'Aran. _nosaltres_

8. He sortit de marxa i he gastat un munt de calés. _jo_

9. Per què no has anat enlloc? _tu_

10. T'hem trobat molt a faltar. _nosaltres_

5 [C i D] La policia interroga un criminal. Completa les preguntes amb una forma del perfet dels verbs del requadre.

| prendre _pres_ | encendre _encès_ | imprimir _imprès_ | veure | escriure _escrit_ | voler |
| creure _cregut_ | treure _tret_ | ser _estat_ | obrir _obert_ | vendre _venut_ | |

0. *Ha pres alguna vegada drogues al·lucinògenes?*

1. _Ha cregut_ alguna vegada que s'ha de robar per viure?

2. _____ alguna vegada una foguera per cremar la casa del veí?

3. _Ha venut_ alguna vegada drogues?

4. _Ha obert_ alguna vegada un compte bancari il·legal?

5. _Ha imprès_ alguna vegada bitllets falsos?

6. _____ alguna vegada un assassinat?

7. _Ha escrit_ alguna vegada una nota de segrest?

8. _____ alguna vegada robar un banc?

9. _____ alguna vegada el cap d'una banda d'atracadors?

10. _____ alguna vegada una pistola d'un maletí per assassinar algú?

6 [D] En Joan i la Kathy parlen de com els ha anat el dia. Corregeix les quatre formes verbals incorrectes que fa servir la Kathy.

Joan: —Com ha anat el dia?

Kathy: —Com sempre. Aquest matí (0.) ~~em vaig llevar~~ d'hora, (1.) *vaig anar* a la feina i (2.) *vaig fer* la rutina de cada dia: (3.) *he contestat* els correus electrònics, (4.) *he fet* trucades i (5.) *he redactat* informes. I tu?

Joan: —Doncs jo (6.) *he tingut* un dia fantàstic. I a la tarda, (7.) *has fet* res especial?

Kathy: —Sí! (8.) *Vaig anar* a una llibreria a comprar una guia de París, però no en (9.) *vaig trobar* cap. Es veu que anar a París està de moda. Després (10.) *he tornat* a casa a peu i un autobús (11.) m'*ha esquitxat* i (12.) m'*ha mullat* els pantalons nous. Quina ràbia!

Joan: —Quin dia!

0. *m'he llevat*

1. _he anat_

2. _vaig tornar_

3. _vaig esquitxar-me_

4. _vaig mullar-me_

7 [D] Uns quants convidats no han anat a la festa d'aniversari de la Clàudia, i en Robert li explica per què. Escriu la forma del perfet del verb adequat.

0. *En Seidou ha anat a una altra festa.* (agafar, anar, donar)

1. En Lluc s'ha trencat el braç. (rebre, trencar-se, posar-se)

2. L'Empar s'ha trobat malament. (trobar-se, donar, marxar)

3. En Llorenç s'ha separat de la seva dona. (agafar, tocar, separar-se)

4. A la Najat li ha tocat la loteria i ha marxat a les Bahames. (tocar, marxar, rebre)

5. La Dolors i la Kathy _____ un nen. (donar, tenir, cremar-se)

6. A l'Albert li _____ un gatet i n'està enamorat. (tenir, donar, anar)

7. En Pau i en Pol han anat a la platja, no s'han posat crema i s'han cremat. (posar-se, dormir, anar, cremar-se)

8. En Colin ha tingut un accident. (posar-se, tocar, tenir)

9. Els pares de la Júlia no han rebut la invitació. (donar, trencar-se, rebre)

8 [E] Marca l'adverbi o l'expressió temporal més convenient per completar la frase tenint en compte el temps verbal que s'hi ha fet servir.

0. *Vaig celebrar el meu aniversari...*   a. el cap de setmana passat   b. avui   c. aquesta setmana

1. Què et van regalar...?   a. pel teu aniversari   b. aquesta tarda   c. aquest cop

2. M'ho vaig passar molt bé...   a. dissabte   b. aquest vespre   c. ara

3. La nostra empresa ha obtingut molt bons resultats...   a. l'any passat   b. fa dos anys   c. aquest any

4. Els beneficis van ser de més de cinc milions d'euros...   a. l'any passat   b. aquest any   c. avui

5. Què ha passat...?   a. ara   b. ahir   c. abans-d'ahir

6. Has anat... al Marroc?   a. l'any passat   b. sempre   c. alguna vegada

7. Vaig trobar-me malament i no vaig anar a la feina.   a. aquest matí   b. aquesta setmana   c. dilluns passat

8. ... m'ha interessat l'art africà.   a. Sempre   b. L'any passat   c. Fa temps

9 [E] Llegeix els principis de les frases i relaciona'ls amb la continuació més adequada.

0. *Alguna vegada heu vist girafes... a*   a. al llarg de la vostra vida?
Alguna vegada vau veure girafes... b   b. durant l'època que vau viure a l'Àfrica?

1. *Vam ser molt feliços... b*   a. durant tots aquests anys de matrimoni.
Hem estat molt feliços... a   b. fins que el matrimoni es va trencar.

2. *Em va felicitar molta gent... ____*   a. l'any que em van donar el premi.
M'ha felicitat molta gent... ____   b. ara que he trobat una feina.

3. *La Maria i en Josep han volgut canviar de vida... a*   a. i per això marxen de la ciutat.
La Maria i en Josep van voler canviar de vida... b   b. i per això van marxar a l'estranger.

4. *Has tingut alguna vegada un accident... b*   a. durant l'època que conduïes sense carnet?
Vas tenir alguna vegada un accident... a   b. amb aquest cotxe tan vell que tens?

5. Els nostres pares *es van comprar* un pis... ____   a. quan es van casar.
Els nostres pares *s'han comprat* un pis... ____   b. quan han tingut diners.

6. No *em vaig banyar* mai al mar de nit. ____   a. Em fa molta por.
No *m'he banyat* mai al mar de nit. ____   b. Era petit i els meus pares no volien.

50. L'imperfet d'indicatiu

• Abans **anava** més al gimnàs que ara.

A. Formes regulars

A.1 Formem l'imperfet afegint a l'arrel dels verbs les terminacions següents:

	Primera conjugació	Segona conjugació		Tercera conjugació
	compr-ar	**sab-er**	**perd-re**	**obr-ir**
jo	compr-**ava**	sab-**ia**	perd-**ia**	obr-**ia**
tu	compr-**aves**	sab-**ies**	perd-**ies**	obr-**ies**
ell, ella, vostè	compr-**ava**	sab-**ia**	perd-**ia**	obr-**ia**
nosaltres	compr-**àvem**	sab-**íem**	perd-**íem**	obr-**íem**
vosaltres	compr-**àveu**	sab-**íeu**	perd-**íeu**	obr-**íeu**
ells, elles, vostès	compr-**aven**	sab-**ien**	perd-**ien**	obr-**ien**

B. Formes irregulars

B.1 En els verbs acabats en -dre (-ndre, -ldre), usem les terminacions de la segona i la tercera conjugació, però sense la -d- de l'infinitiu:

	enten-dre	**val-dre**
jo	enten-ia	val-ia
tu	enten-ies	val-ies
ell, ella, vostè	enten-ia	val-ia
nosaltres	enten-íem	val-íem
vosaltres	enten-íeu	val-íeu
ells, elles, vostès	enten-ien	val-ien

B.2 Els verbs acabats en -ure tenen canvis en les formes d'imperfet:
Canvi de -u- per -v-:

	escri-ure	**vi-ure**	**mo-ure**
jo	escri**v**-ia	vi**v**-ia	mo**v**-ia
tu	escri**v**-ies	vi**v**-ies	mo**v**-ies
ell, ella, vostè	escri**v**-ia	vi**v**-ia	mo**v**-ia
nosaltres	escri**v**-íem	vi**v**-íem	mo**v**-íem
vosaltres	escri**v**-íeu	vi**v**-íeu	mo**v**-íeu
ells, elles, vostès	escri**v**-ien	vi**v**-ien	mo**v**-ien

Canvi d'accent: la vocal tònica no és la i de la terminació, sinó la vocal de l'arrel per a totes les persones:

	cre-ure	**se-ure**	**ve-ure**	**fer**	**dur**
jo	cr**e**-ia	s**e**-ia	v**e**-ia	f**e**-ia	d**u**-ia
tu	cr**e**-ies	s**e**-ies	v**e**-ies	f**e**-ies	d**u**-ies
ell, ella, vostè	cr**e**-ia	s**e**-ia	v**e**-ia	f**e**-ia	d**u**-ia
nosaltres	cr**è**-iem	s**è**-iem	v**è**-iem	f**è**-iem	d**ú**-iem
vosaltres	cr**è**-ieu	s**è**-ieu	v**è**-ieu	f**è**-ieu	d**ú**-ieu
ells, elles, vostès	cr**e**-ien	s**e**-ien	v**e**-ien	f**e**-ien	d**ú**-ien

Canvi d'arrel i d'accent: la vocal tònica no és la *i* de la terminació, sinó la *e* de l'arrel per a totes les persones:

	ca-**ure**	ri-**ure**	dir
jo	**que**-ia	**re**-ia	**de**-ia
tu	**que**-ies	**re**-ies	**de**-ies
ell, ella, vostè	**que**-ia	**re**-ia	**de**-ia
nosaltres	**què**-iem	**rè**-iem	**dè**-iem
vosaltres	**què**-ieu	**rè**-ieu	**dè**-ieu
ells, elles, vostès	**que**-ien	**re**-ien	**de**-ien

B.3 Les formes d'imperfet del verb *ser* són irregulars. La síl·laba tònica no és la de la terminació, sinó la de l'arrel per a totes les persones:

	ser
jo	**era**
tu	**eres**
ell, ella, vostè	**era**
nosaltres	**érem**
vosaltres	**éreu**
ells, elles, vostès	**eren**

C. Usos

C.1 Usem l'imperfet per referir-nos a **accions habituals** del **passat**:

- *Abans **anava** molt al gimnàs.*

dl. dt. dc. dj. dv. ds. dg.

C.2 Quan fem servir l'imperfet, ens centrem en el **desenvolupament** de les accions i no en quan comencen o s'acaben:

- *Ahir a les 10 del vespre mirava una pel·lícula.*
  [No sabem si va acabar de mirar la pel·lícula o no].

68. ▶

C.3 Utilitzem l'imperfet per **descriure** persones, coses i situacions en el passat:

- *En Pere, quan **era** jove, **duia** els cabells llargs.*
  [Ser jove és un estat del passat. Dur els cabells llargs és una característica del passat.]
- *A principis del segle xx, Vic **tenia** uns 9.500 habitants.*

▪ Fem servir la forma d'imperfet en lloc de la de present en diàlegs de situacions de servei per mostrar cortesia. En aquests casos usem, sobretot, els verbs *voler*, *venir* i *buscar*:

—Bon dia.
—Hola, **buscava / busco** un anorac per anar a esquiar.

També podem usar la forma del condicional del verb voler (*voldria*). **54.** ▶

▪ En textos narratius (literaris), fem servir l'imperfet per narrar esdeveniments del passat. Aquest ús és equivalent al del passat perifràstic:

*Antoni Gaudí va viure una vida plena d'acció. I el final no va ser diferent: l'any 1926 **moria** atropellat per un tramvia de manera accidental.* [va morir]

51. ▶

D. Ara i abans

D.1 Per comparar **hàbits** d'abans i d'ara, usem l'imperfet i el present:

Abans. Ara.

- *Abans* **fumava** *molt. En canvi, ara* **fumo** *menys.*

D.2 Fem servir el present quan descrivim com són les coses o les persones en el moment actual. En canvi, utilitzem l'imperfet per a les **descripcions** en el passat:

—*Com* **és** *el pis nou?*
—**És** *fantàstic.* **Té** *molta llum i* **és** *més gran que el d'abans.*
—*Com* **era** *el d'*abans*?*
—**Era** *petit, només* **tenia** *una habitació i* **era** *molt fosc.*

Exercicis

1 [A] Subratlla la forma d'imperfet de cada parella.

0. *elles sortien* / *elles surten*

1. jo ballava / jo ballo
2. tu renoves / tu renovaves
3. nosaltres estudiem / nosaltres estudiàvem
4. ells somiaven / ells somien
5. vosaltres arribeu / vosaltres arribàveu

6. vostè copia / vostè copiava
7. ell robava / ell roba
8. nosaltres volem / nosaltres volíem
9. ell estudiava / ell estudia
10. jo trobava / jo trobo
11. ells miraven / ells miren

2 [B] Marca si les frases següents fan referència a abans o a ara:

0. a. *Vèiem moltes pel·lícules al cinema del poble.*	Abans	Ara
b. *Veiem moltes pel·lícules al cinema del poble.*	Abans	Ara
1. a. Seiem al banc per descansar.	Abans	Ara
b. Sèiem al banc per descansar.	Abans	Ara
2. a. Crèiem en els ideals marxistes.	Abans	Ara
b. Creiem en els ideals marxistes.	Abans	Ara
3. a. De què rieu?	Abans	Ara
b. De què rèieu?	Abans	Ara
4. a. De petits, mai dèiem la veritat.	Abans	Ara
b. De petits, mai diem la veritat.	Abans	Ara
5. a. Els teus amics duien pantalons de campana?	Abans	Ara
b. Els teus amics duen pantalons de campana?	Abans	Ara
6. a. Vèieu la sèrie Tam i Gerra?	Abans	Ara
b. Veieu la sèrie Tam i Gerra?	Abans	Ara
7. a. Què fèieu els caps de setmana?	Abans	Ara
b. Què feu els caps de setmana?	Abans	Ara

3 [B] Completa els paradigmes de l'imperfet dels verbs de la taula.

	escriure	caure	riure	ser	aprendre	dir	fer	resoldre	viure
jo	escrivia	queia	reia	era	aprenia	deia	feia	resolia	vivia
tu	escrivies	quèies	reies	eres	aprenies	deies	feias	resolies	vivies
ell, ella, vostè	escrivia	queia	reia	era	aprenia	deia	feia	resolia	vivia
nosaltres	escrivíem	quèiem	rèiem	èrem	apreníem	dèiem	fèiem	resolíem	vivíem
vosaltres	escrivíeu	quèieu	rèieu	èreu	apreníeu	dèieu	fèieu	resolíeu	vivíeu
ells, elles, vostès	escrivien	quèien	reien	eren	aprenien	deien	feien	resolien	vivien

4 [C] Ahir al vespre va haver-hi un robatori a la sucursal del banc La Faixa. Completa les frases amb els verbs del requadre per descobrir què feia cada persona de l'edifici del davant.

escriure
ser
mirar
prendre
fer-se
treure
moure
parlar
tocar

0. *En Pere escrivia un correu electrònic.*

1. La Maria i en Pau _____ un petó.

2. En Joan _parlava_ per telèfon.

3. La Laura i la Mariona _veien_ una pel·lícula a la tele.

4. La Nora _tocava_ el violí.

5. En Keith _____ la roba de la maleta de viatge.

6. La Júlia i en Pep _movien_ els mobles del menjador per poder pintar.

7. La senyora Vila _prenia_ una copa de xerès.

8. El senyor Vila _feia_ dins del banc! Ell és el lladre!

5 [D] Llegeix les frases següents i subratlla el verb adequat segons que els hàbits siguin del present o del passat:

0. Escrivim / Escrivíem *cartes amb màquina d'escriure.*

1. Els nens treballaven / treballen a les fàbriques.

2. Xategem / Xatejàvem amb ordinador amb persones que no coneixem.

3. Les dones no treballaven / treballen fora de casa.

4. Escrivim / Escrivíem correus electrònics.

5. Els nens i les nenes estaven / estan separats a l'escola.

6. Miràvem / Mirem pel·lícules amb l'ordinador.

7. Hi havia / Hi ha granges a la ciutat per anar a comprar-hi llet.

8. La tele era / és en blanc i negre.

9. Podem / Podíem veure només dos canals de televisió.

10. La gent portava / porta barret els dies de festa per anar a missa.

6 [D] Completa les frases següents amb una forma de present o d'imperfet, segons que facin referència a la Badalona d'abans o a la d'ara:

0. *A l'època romana, a Badalona es cultivava la vinya i l'olivera.*

1. En l'actualitat, a Badalona _hi ha_ (haver-hi) pocs camps de conreu.

2. Al segle xx, Badalona no _tenia_ (tenir) port esportiu.

3. Al segle xxi, Badalona _té_ (tenir) port esportiu.

4. A l'edat mitjana, a Badalona _hi havia_ (haver-hi) dos barris.

5. Actualment, Badalona _té_ (tenir) trenta-quatre barris.

6. Al segle xix, la gent de Badalona es _dedicava_ (dedicar) a la indústria.

7. En aquests moments, molts habitants de Badalona es _dedica_ (dedicar) al sector de serveis.

A. Passat perifràstic, perfet o imperfet?

B. Combinacions d'imperfet, passat perifràstic i perfet

C. Usos amb expressions temporals

A. Passat perifràstic, perfet o imperfet?

A.1 Usem el passat perifràstic o el perfet per parlar de fets del passat que fan referència a la **totalitat de l'acció** (del principi al final). En canvi, fem servir l'imperfet quan ens centrem en el **desenvolupament** de l'acció i no en el fet acabat:

> • *Ahir la Núria **va menjar** sushi per sopar.* [La Núria va començar i va acabar.] / *Aquest vespre la Núria **ha menjat** sushi per sopar.* [La Núria ha començat i ha acabat.]

[|———|]

> • *Ahir la Núria **menjava** sushi per sopar.*
> [Ens centrem en el procés de menjar i no sabem si ha finalitzat o no. Com que no sabem si ha acabat, és probable que demanem més informació: La Núria menjava sushi i... què va passar?]

49. 50. ▶ ... ————————————— ...

A.2 Quan **narrem** fets, sovint fem servir les formes del passat perifràstic, del perfet i de l'imperfet. Utilitzem el passat perifràstic o el perfet per parlar de **què va passar** o **ha passat** en un moment concret, i usem l'imperfet per descriure les **circumstàncies** dels fets:

> • *Ahir **hi va haver** un accident davant de casa. Un cotxe **anava** a tota velocitat en una direcció. Una moto **venia** de l'altra direcció. Un noi que **escoltava** música **creuava** el carrer i tots tres **van xocar**. Per sort, ningú no es **va fer** mal.*

Què va passar?
Hi va haver un accident.
Tots tres van xocar.
Ningú no es va fer mal.

En quines circumstàncies?
Un cotxe anava a tota velocitat.
Una moto venia de l'altra direcció.
Un noi escoltava música.
El noi creuava el carrer.

A.3 Amb el verb *ser*, usem el passat perifràstic o el perfet per fer una **valoració** final d'una acció o una experiència. Fem servir l'imperfet per **descriure** una situació:

> • *Fa anys vaig col·laborar amb una ONG a l'Índia. **Era** una organització que tenia diferents centres i ajudava la gent amb pocs recursos. **Va ser** una experiència molt positiva.*

B. Combinacions d'imperfet, passat perifràstic i perfet

B.1 Quan parlem d'una acció en **desenvolupament interrompuda** per una altra acció **acabada**, fem servir l'imperfet (acció en desenvolupament) i el passat perifràstic o el perfet (acció acabada):

- *Quan **creuava** el carrer, **va passar** una moto a tota velocitat.* [Presentem l'acció de creuar el carrer com una acció en desenvolupament i la de passar una moto com una acció finalitzada que interromp l'altra acció.]

B.2 Quan parlem de dues accions **acabades**, pot ser que una acabi després de l'altra o que totes dues acabin al mateix temps. En tots dos casos usem formes del passat perifràstic o del perfet:

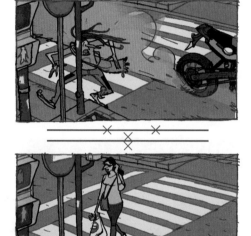

- *Ahir **vaig creuar** el carrer i **va passar** una moto a tota velocitat.*
  [Primer vaig creuar i després va passar la moto.]

- *Ahir, quan **vaig creuar** el carrer, **va passar** una moto a tota velocitat.*
  [Les accions de creuar i passar acaben al mateix temps.]

B.3 Quan ens referim a dues accions que **es desenvolupen** en el passat al mateix temps, utilitzem l'imperfet per a totes dues accions:

- *Mentre **creuava** el carrer, **parlava** per telèfon.*
  [Les accions de creuar i parlar per telèfon es desenvolupen al mateix temps.]

C. Usos amb expressions temporals

C.1 Amb algunes expressions temporals podem fer servir el passat perifràstic, el perfet o l'imperfet. L'ús d'una forma o d'una altra depèn, en la majoria de casos, de com el parlant visualitza l'acció:

Expressió temporal	Passat perifràstic / Perfet	Imperfet
del... al...	*Del 1936 al 1939 **hi va haver** una guerra civil a Espanya.* *Del gener al febrer **hi ha hagut** inundacions.* [Donem importància al principi i al final d'un procés.]	~~*Del 1936 al 1939 **hi havia** una guerra civil a Espanya.*~~ [L'expressió *del... al...* delimita l'acció; per això no podem usar l'imperfet.]
durant + nom	*El cap **va estar** molt nerviós durant la reunió.* *El cap **ha estat** molt nerviós durant la reunió.* [Donem importància al fet que l'acció o el procés ja ha finalitzat.]	*El cap **estava** molt nerviós durant la reunió.* [Descrivim com estava el cap.]
durant + quantitat de temps	*El cap **va estar** molt nerviós durant dues hores.* *El cap **ha estat** molt nerviós durant dues hores.* [Donem importància a la durada total i finalització del procés.]	~~*El cap **estava** molt nerviós durant dues hores.*~~ [*Durant* delimita l'acció; per això no podem fer servir l'imperfet.]

Expressió temporal	Passat perifràstic / Perfet	Imperfet
cada + nom	*L'estiu passat cada dia* **vam anar** *a la platja.* *Aquest estiu cada dia* **hem anat** *a la platja.* [Donem importància al fet que l'acció o el procés ja ha finalitzat.] dilluns dimarts dimecres dijous divendres	*L'estiu passat cada dia* **anàvem** *a la platja.* [Ús habitual. Donem importància a la repetició de l'acció.] dilluns dimarts dimecres dijous divendres
sempre	*Sempre* **vam anar** *de vacances a Lloret de Mar.* [Donem importància a tot el període de temps i al fet que el període i l'acció ja han finalitzat.] *Sempre* **hem anat** *de vacances a Lloret de Mar.* [Donem importància al fet que hi vam anar en el passat i hi continuem anant en el present.]	*Sempre* **anàvem** *de vacances a Lloret de Mar.* [Donem importància al fet que l'acció era una rutina habitual.]
a les + hora	*A les 5* **vam sortir** *de casa.* [Donem importància al fet que es tracta d'una acció finalitzada.]	*A les 5* **sortíem** *de casa.* [Donem importància al desenvolupament de l'acció.]

Exercicis

1 [A] Relaciona les frases següents amb els dibuixos corresponents:

 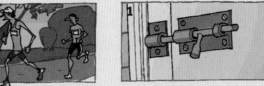 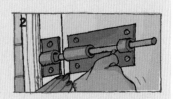

0. a. *En Joan corria una cursa de 10 quilòmetres.* 2
   b. *En Joan va córrer una cursa de 10 quilòmetres.* 1

4. a. Va tancar la porta. 1
   b. Tancava la porta. 2

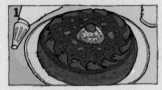  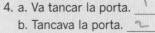  

1. a. Va fer un pastís d'aniversari. 1
   b. Feia un pastís d'aniversari. 2

5. a. Va arribar tard. 1
   b. Arribava tard. 2

2. a. Va regar les plantes. 2
   b. Regava les plantes. 1

6. a. Va anar al cinema. 1
   b. Anava al cinema. 2

  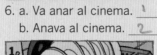  

3. a. Va menjar un plat de macarrons. 2
   b. Menjava un plat de macarrons. 1

7. a. Va rentar els plats. 1
   b. Rentava els plats. 2

2 [A] Llegeix la història següent i subratlla la forma verbal més adequada. Fixa't en els dibuixos per saber què va passar i en quines circumstàncies.

(0.) _Plovia_ / _Va ploure_. Al parc no (1.) _hi va haver_ / _hi havia_ ningú. Jo (2.) _estava_ / _vaig estar_ sol. (3.) _S'acostava_ / _Es va acostar_ una persona. (4.) _S'obria_ / _Es va obrir_ la jaqueta. (5.) _Es treia_ / _Es va treure_ una placa d'identificació. (6.) _Era_ / _Va ser_ un policia. (7.) _Buscava_ / _Va buscar_ un criminal molt perillós. (8.) _Tenia_ / _Vaig tenir_ un ensurt!

3 [A] Completa les històries següents amb una forma del passat perifràstic, perfet o imperfet dels verbs entre parèntesis. En alguns casos, hi ha més d'una opció.

Història 1

Dissabte passat (0.) _feia_ (fer) molta calor. (1.) _____ (ser, nosaltres) a la platja. La gent (2.) p r e n i a (prendre) el sol. Jo (3.) dormia (dormir). De sobte, (4.) vam sentir (sentir, nosaltres) un tro. (5.) Va començar (començar) a ploure. La gent (6.) corria (córrer) cap als bars. Al cap de cinc minuts tots els bars (7.) eran (ser) plens. Nosaltres (8.) vam quedarer (quedar-se) a fora i (9.) _____ (mullar-se) de cap a peus!

ens vam mullar | to be soaked

Història 2

Aquest vespre (10.) Vaig anar (anar, jo) pel carrer de Balmes amb la moto. Quan (11.) se esparav (esperar-se) al semàfor, un cotxe (12.) va arribar (arribar) per darrere i m' (13.) va empenyer (empènyer) cap endavant. (14.) Vaig xocar (xocar) contra una altra moto. La persona del davant m' (15.) va insultat (insultar). Jo (16.) _____ (baixar) de la moto i ell també. Quina sorpresa! (17.) _____ (ser) el meu company de feina. Ell també (18.) _____ (tornar) de la feina i (19.) _____ (tenir) pressa. (20.) _____ (fer) cara de cansat. Al final, ell (21.) _____ (disculpar-se) per l'insult i (22.) _____ (anar) a fer una copa junts.

4 [B] Completa les frases següents amb una forma del passat perifràstic o de l'imperfet, segons que les accions siguin simultànies o no. En alguns casos, hi ha més d'una possibilitat.

0. _Quan preparava_ (preparar) _el sopar, vaig sentir un soroll estrany dins de la nevera._

1. Van regalar un cotxe al meu germà quan ___feia___ (fer) divuit anys.

2. Quan vosaltres ___teníeu___ (tenir) divuit anys, sortíeu cada nit els caps de setmana?

3. Aquest matí, quan nosaltres ___travessiem___ (travessar) el carrer, un cotxe ens _____ (esquitxar).

4. Ahir al matí, quan el meu fill _____ (mirar) la tele, es va sentir una explosió i es va apagar tot.

5. A l'estiu, quan _____ (anar) a l'Alguer de vacances, sempre practicàvem una mica l'alguerès.

6. Aquesta nit, quan _____ (dormir), han trucat a la porta i ens han despertat.

7. Quan la Raixa _____ (veure) aquell noi, se'n va enamorar a l'acte.

8. Quan _____ (adonar-se) de l'error, em vaig espantar.

9. Quan vosaltres _____ (ser) al cine, ha caigut un xàfec.

5 [C] En Masa i la Makiko van anar a la Festa Major de Gràcia fa dues setmanes i ens expliquen quines activitats van fer-hi. Completa les frases amb una forma d'imperfet o de passat perifràstic. Fixa't en les expressions temporals que fan servir. En algunes frases, pots utilitzar tant l'imperfet com el passat perifràstic.

0. *De les 8 a les 10 del matí* vam engalanar *(engalanar)* els carrers.

1. De les 10 a les 11 _____ *(fer)* una xocolatada. Durant una hora, _____ *(menjar)* coca i xocolata desfeta sense parar.

2. Cada vespre _____ *(anar)* a un concert diferent.

3. Cada matí _____ *(anar)* a veure els diferents carrers engalanats.

4. Durant el concert de dissabte _____ *(trobar-se)* uns companys de feina a l'envelat. _____ *(ballar)* durant tres hores, sense parar.

5. Al concert d'havaneres, la gent _____ *(cantar)* moltes cançons i _____ *(beure)* rom cremat.

6. A les quatre de la matinada _____ *(anar)* a dormir.

6 Llegeix el conte de *La Caputxeta Vermella* i subratlla les formes verbals més adequades.

Hi havia una vegada una nena que (0.) *vivia / va viure* a la vora del bosc. Li (1.) *deien / van dir* Caputxeta Vermella perquè sempre (2.) *duia / va dur* una caputxa vermella. La seva àvia (3.) *vivia / va viure* en una caseta bosc endins i (4.) *estava / va estar* malalta. Un dia, la seva mare li (5.) *demanava / va demanar* que portés a l'àvia un cistell amb coses per menjar i beure. La mare li (6.) *deia / va dir* que no passés per dins del bosc. La Caputxeta (7.) *marxava / va marxar* de bon matí cap a la caseta de l'àvia. Per fer drecera, (8.) *passava / va passar* per dins del bosc. Quan (9.) *caminava / va caminar* pel bosc, (10.) *sentia / va sentir* un soroll estrany. Al cap de poc, el (11.) *tornava / va tornar* a sentir i davant seu s'hi (12.) *plantava / va plantar* un llop amb cara de mala bava. Li (13.) *demanava / va demanar* on (14.) *anava / va anar* i la Caputxeta (15.) *deia / va dir* que (16.) *anava / va anar* a casa l'àvia. El llop, que (17.) *era / va ser* molt llest, (18.) *s'afanyava / es va afanyar* a arribar a casa l'àvia i se la (19.) *menjava / va menjar*. Quan la Caputxeta (20.) *arribava / va arribar* a la casa, (21.) *veia / va veure* que l'àvia tenia unes orelles i unes dents molt llargues. Era el llop! En un tres i no res, el llop es (22.) *menjava / va menjar* la Caputxeta. Per sort, (23.) *passava / va passar* un llenyataire per la vora de la caseta. (24.) *Sentia / Va sentir* el soroll, hi (25.) *entrava / va entrar* i (26.) *obria / va obrir* la panxa del llop. Així és com es (27.) *salvaven / van salvar* la Caputxeta i la seva àvia. Vet aquí un gat, vet aquí un gos i aquest conte ja s'ha fos.

7 L'Anna i en Pau escriuen un correu electrònic a la germana d'en Pau per parlar-li de les seves vacances al Pirineu. Completa el text amb les formes adequades de l'imperfet o del perfet. En algun cas hi ha més d'una possibilitat.

● ○ ○   Excursió a Núria

Hola, Cesca!

Fa dos dies que no us escrivim perquè no hem tingut gaire temps amb tanta activitat. Avui és diumenge i (0.) *hem anat* (anar, nosaltres) a Núria. (1.) _____ (agafar) el tren des de Barcelona de bon matí i (2.) _____ (anar) fins a Ribes de Freser. El tren (3.) _____ (ser) ple de gent i el primer tros de viatge (4.) _____ (anar) drets, però després (5.) _____ (baixar) gent i (6.) _____ (poder) seure. (7.) _____ (arribar) a Ribes al cap d'unes dues hores. Quan (8.) _____ (baixar) del tren, (9.) _____ (fer) bastant fred. Sort que (10.) _____ (portar) un anorac i guants! I després, cap al Puigmal! (11.) _____ (començar) a caminar cap a les onze del matí. No (12.) _____ (estar) sols! Resulta que (13.) _____ (haver-hi) un grup de joves que també (14.) _____ (anar) a pujar el Puigmal. Dos-cents adolescents! A nosaltres ens agrada la gent jove, però dos-cents són massa! Mentre (15.) _____ (pujar), (16.) _____ (sentir) els xiscles, cançons i petites baralles dels joves. Quan un no (17.) _____ (dir) que (18.) _____ (estar) cansat, l'altre (19.) _____ (dir) que (20.) _____ (voler) tornar a casa. La veritat és que (21.) _____ (ser) bastant insuportable. De mica en mica, però, ens hi (22.) _____ (acostumar) i al final ens (23.) _____ (fer) amics i tot. No cal dir que les vistes des de dalt del Puigmal són fantàstiques. Ens encanta el Pirineu. Bé, això és tot. Et trobem a faltar. D'aquí a tres dies ja tornarem a ser a casa. Fins aviat!

Anna i Pau

• *Havies estat* a París?

A. Forma

A.1 Per formar el plusquamperfet usem la forma de l'imperfet de l'auxiliar *haver* seguida del participi del verb que volem fer servir:

	haver (auxiliar) + Participi
jo	**havia arribat**
tu	**havies arribat**
ell, ella, vostè	**havia arribat**
nosaltres	**havíem arribat**
vosaltres	**havíeu arribat**
ells, elles, vostès	**havien arribat**

46. ▶

B. Usos

B.1 Fem servir el plusquamperfet per referir-nos a una acció **acabada** i **anterior** a una altra del **passat**:

> ■ Per a accions posteriors a una acció del passat utilitzem el passat perifràstic, mentre que per a accions anteriors usem el plusquamperfet.
>
> *Vam arribar a l'estació i no **vam agafar** el tren perquè ja **havia marxat**.*

• *Quan vam arribar a la festa, ja **havien marxat** tots els convidats.*
[L'acció passada de marxar és acabada i anterior a l'acció passada d'arribar.]

• *Quan vam arribar, marxaven els convidats.*
[L'acció de marxar es produeix en el moment en què té lloc la d'arribar.]

51. ▶

B.2 Usem el plusquamperfet per parlar d'un moment anterior a un de passat que és molt **recent**.

—*És la primera vegada que visiteu París?*
—*Sí, no hi **havíem estat** mai.*
[abans d'ara]

B.3 Fem servir el plusquamperfet per referir-nos a accions del passat que ens semblen **llunyanes** i incertes:

—*El coneixes?*
—*Em sembla que **havíem anat** al mateix institut.*
[Tinc la sensació que vam anar al mateix institut.]

> ■ En aquest ús, també podem utilitzar el passat perifràstic: *Em sembla que **vam anar** al mateix institut.*

B.4 Usem el plusquamperfet quan **reproduïm** en passat el que ha dit una persona en passat perifràstic o perfet:

• *«He canviat de feina.»*
• *Vaig trobar-me en Jordi pel carrer i em <u>va dir</u> que **havia canviat** de feina.*
[Canviar de feina és anterior a l'acció de dir.]

69. ▶

1 [A] En Jan és professor de català i arriba vint minuts tard el primer dia de classe. Completa les frases amb la forma del plusquamperfet dels verbs entre parèntesis.

Quan va arribar en Jan a l'aula...

0. ... *la Sara s'havia adormit* (adormir-se).

1. ... en Juan ja _havien marxat_ (marxar).

2. ... la Violeta i la Irina _havian obert_ (obrir) el llibre i _havian fet_ (fer) dos exercicis de repàs.

3. ... l'Ainhoa i l'Iker _havien trucat_ (trucar) a la Jin per dir-li que no hi havia classe.

4. ... jo _havia encès_ (encendre) l'ordinador i _havia enviat_ (enviar) correus electrònics de la feina.

5. ... jo i dos companys més _havíem anat_ (anar) a l'aula del costat a estudiar.

6. ... vosaltres ja _havíeu repassat_ (repassar) les lliçons de l'any passat.

2 [B] En les frases següents falta l'acció anterior a les accions del passat que et donem. Completa-les amb una forma del plusquamperfet.

0. *Vaig trucar a la Raquel per anar al cine. No va respondre.* (sortir amb en Joan) *Havia sortit amb en Joan.*

1. En Ramon i l'Amàlia van anar de vacances a Cadaqués. No van trobar l'hotel que buscaven. Hi _havien construït_ un pàrquing. (construir)

2. Vam esperar la Sue i en Kamal fora de l'estadi fins a les nou del vespre. No els vam trobar. _Havien marxat_ (marxar) mitja hora abans.

3. Vaig anar al Kikea a comprar un llum. No n'hi havia. _S'havia acabat_ (acabar-se).

4. L'Elvira i la Rosa van esperar la Maria a l'entrada del teatre. La Maria no va aparèixer. No _s'havia recordat_ (recordar-se) de la cita.

5. Em va agradar tornar al poble dels meus pares. Tot era igual. No _havia canviat_ (canviar) res.

6. Em van regalar l'última novel·la d'en Jordi Comí. La vaig tornar a la llibreria. Ja l' _havia llegit_ (llegir).

7. Vam anar a fer una reserva de cotxe ahir al matí. Vam arribar d'hora a l'oficina. Encara no _havia obert_ (obrir).

3 [B] Fas una sèrie de coses per primer cop i un company et demana si és la primera vegada que les has fet. Completa les frases amb la forma del plusquamperfet i relaciona cada situació de l'esquerra amb una frase de la dreta.

0. *Vas a un restaurant japonès i menges sushi per primer cop.*   a. No hi _havies jugat_ (jugar) mai?

1. Vas a un restaurant tailandès molt conegut per primer cop.   b. No hi _havies estat_ (estar) mai?

2. Jugues a tenis per primer cop i ho fas molt bé.   c. *No havies menjat* (menjar) *mai menjar oriental?*

3. T'assabentes que el teu cap s'entén amb el seu secretari.   d. No n' _havies begut_ (beure) mai cap?

4. Llegeixes una novel·la de Paula Cabré i t'agrada molt.   e. No _havies llegit_ (llegir) cap novel·la seva?

5. Beus un *mojito* per primera vegada.   f. No ho _havies sentit_ (sentir) a dir mai?

4 [B] Completa les frases següents amb una forma del plusquamperfet o del passat perifràstic, segons que l'acció sigui anterior o posterior a les accions passades que et donem:

0. *Ahir vaig anar a comprar unes cortines i no vaig poder comprar res. Les havien venut (vendre) totes.*

1. Ahir vaig arribar al despatx i no hi havia ningú. _Havia sortit_ (sortir) tothom a causa d'una amenaça de bomba.

2. Ahir vaig comprar un ratolí i es va espatllar. _Vaig anar_ (anar) a la botiga i el _havia tornat_ (tornar).

3. Fa dues setmanes vaig estar malalt i no vaig anar a la feina. _Vaig estar_ (estar) a casa de baixa dos dies.

4. L'estiu passat vam anar de vacances i quan vam arribar a l'hotel no tenien lloc per a nosaltres perquè no _havien rebut_ (rebre) la nostra reserva.

5. Ahir vaig anar a buscar els nens a l'escola. Vaig arribar-hi tard i els nens ja _havia marxat_ (marxar) sols cap a casa.

6. Fa un munt de temps _vaig comprar_ (comprar) les verdures al mercat, però vaig deixar de fer-ho.

7. Fa mesos vaig escriure una carta de queixa a la companyia del gas. Finalment, ahir em _van contestar_ (contestar).

8. Fa molts anys, l'Anna i jo _vam considerar_ (considerar) la possibilitat d'anar a viure a pagès, però al final no ho vam fer.

53. El futur simple i el futur perfet

• On **anireu** de vacances?

A. Formes regulars

A.1 Per formar el futur afegim les terminacions següents a l'infinitiu del verb:

	Primera conjugació	Segona conjugació	Tercera conjugació
	salt-**ar**	empèny-**er**	lleg-**ir**
jo	saltar-**é**	empenyer-**é**	llegir-**é**
tu	saltar-**às**	empenyer-**às**	llegir-**às**
ell, ella, vostè	saltar-**à**	empenyer-**à**	llegir-**à**
nosaltres	saltar-**em**	empenyer-**em**	llegir-**em**
vosaltres	saltar-**eu**	empenyer-**eu**	llegir-**eu**
ells, elles, vostès	saltar-**an**	empenyer-**an**	llegir-**an**

A.2 En els verbs acabats en *-re* suprimim la *-e* final de l'infinitiu:

	perd-**re**	encend-**re**	beu-**re**
jo	**perdr**-é	**encendr**-é	**beur**-é
tu	**perdr**-às	**encendr**-às	**beur**-às
ell, ella, vostè	**perdr**-à	**encendr**-à	**beur**-à
nosaltres	**perdr**-em	**encendr**-em	**beur**-em
vosaltres	**perdr**-eu	**encendr**-eu	**beur**-eu
ells, elles, vostès	**perdr**-an	**encendr**-an	**beur**-an

B. Formes irregulars

B.1 Els verbs següents presenten canvis en l'arrel verbal en les seves formes de futur:

	saber	poder	voler	fer
jo	**sabr**-é	**podr**-é	**voldr**-é	far-é
tu	**sabr**-às	**podr**-às	**voldr**-às	far-às
ell, ella, vostè	**sabr**-à	**podr**-à	**voldr**-à	far-à
nosaltres	**sabr**-em	**podr**-em	**voldr**-em	far-em
vosaltres	**sabr**-eu	**podr**-eu	**voldr**-eu	far-eu
ells, elles, vostès	**sabr**-an	**podr**-an	**voldr**-an	far-an

■ Altres verbs que presenten el mateix canvi que el verb *fer*: *treure* (trauré...), *néixer* (naixeré...).

	tenir	venir	anar	haver
jo	**tindr**-é	**vindr**-é	**anir**-é	**haur**-é
tu	**tindr**-às	**vindr**-às	**anir**-às	**haur**-às
ell, ella, vostè	**tindr**-à	**vindr**-à	**anir**-à	**haur**-à
nosaltres	**tindr**-em	**vindr**-em	**anir**-em	**haur**-em
vosaltres	**tindr**-eu	**vindr**-eu	**anir**-eu	**haur**-eu
ells, elles, vostès	**tindr**-an	**vindr**-an	**anir**-an	**haur**-an

C. Usos

C.1 Usem el futur per parlar d'accions que sabem que passaran en un **temps posterior** al moment en què parlem:

> • *Normalment tanquem la botiga a les vuit, però* <u>*demà*</u> ***tancarem*** *a les 6 perquè hem de fer inventari.*

> ▪ Quan tenim certesa que l'acció passarà, també podem fer servir el present:
> *Normalment* **tanquem** *la botiga a les vuit, però demà* **tanquem** *a les 6 perquè hem de fer inventari.* [Sabem que demà tancarem a les 6 perquè ho hem planificat així.] **48.**▶

Per parlar del futur, podem fer servir els adverbis i les expressions temporals següents:

- *demà*
- *demà passat*
- *d'aquí a dos dies / dues setmanes / dos mesos...*
- *la setmana que ve*
- *l'any que ve*
- *a partir de demà / la setmana que ve...* **72.**▶

C.2 Fem servir el futur per fer **prediccions** de fets futurs que no sabem exactament si passaran o no:

> • *De gran,* **seré** *ric i* **tindré** *una casa amb una piscina amb forma de cor.*
> • *L'any 2050 el nombre de parlants de català* **serà** *superior al de l'any 2000.*
> [És una especulació. No sabem del cert si passarà o no.]

> ▪ No usem el futur per fer suposicions:
> *El xicot de la Maria sembla molt jove. Quants anys* ~~**tindrà**~~? [Quants anys **deu tenir**?] **67.**▶

> **!** ▪ Utilitzem la perífrasi *anar + a + infinitiu* per parlar d'accions que estem a punt de fer:
> *Quina casualitat, ara mateix* **anava a trucar-te!** **66.**▶

> ▪ També fem servir el futur per amenaçar:
> *Si no rebo l'informe abans de les 9, em* **sentiràs**.

D. El futur perfet: formes i usos

D.1 Formem el futur perfet amb les formes del futur de l'auxiliar *haver* seguides del participi del verb que volem usar:

	haver (auxiliar) + Participi
jo	*hauré saltat*
tu	*hauràs saltat*
ell, ella, vostè	*haurà saltat*
nosaltres	*haurem saltat*
vosaltres	*haureu saltat*
ells, elles, vostès	*hauran saltat*

D.2 Utilitzem el futur perfet per parlar d'una **acció del futur acabada**:

- *L'any 2026 s'**hauran acabat** les obres de la Sagrada Família.* [Les obres acabaran abans del 2026.]
- *L'any 2026 s'**acabaran** les obres de la Sagrada Família.* [L'any 2026 finalitzen les obres, no abans.]

D.3 Fem servir el futur perfet per parlar d'accions **futures acabades anteriors** a altres accions futures:

- *Avui, quan comenci la manifestació, les botigues ja **hauran tancat**.*
  [Les botigues tancaran abans de la manifestació.]
- *Avui, quan comenci la manifestació, les botigues **tancaran**.*
  [Les botigues tancaran en el moment en què comenci la manifestació.]

Exercicis

1 [A] Fixa't en les parelles de verbs següents i subratlla les formes del futur:

0. *creuré* / *creure*

1. sortirem / sortiríem
2. escriure / escriuré
3. apreneu / aprendreu
4. sorprendrem / sorprenem
5. partireu / partiríeu

6. aprendre / aprendré
7. dibuixaria / dibuixarà
8. viure / viuré
9. esmorzareu / esmorzaríeu
10. beuré / beure

2 [B] Fixa't en les sèries següents, corregeix els errors, si n'hi ha, i escriu la forma correcta:

0. ~~feré~~, faràs, farà: *faré*

1. saberé, sabràs, sabrà: _saberé_
2. podré, podràs, podrà: _podra_
3. farem, fareu, feran: _Feran_
4. tendré, tindràs, tindrà: _tindré_
5. vindrem, vindreu, vindran: _vindren_

6. anaré, aniràs, anirà: _aniré_
7. haurem, haureu, hauran: _hauran_
8. treuré, trauràs, traurà: _traure_
9. voldrem, voldreu, voldran: _voldr_
10. anirem, anireu, anaran: _aniran_

3 [C] Omple els buits amb una forma del futur dels verbs del requadre.

sortir	rebre	visitar	poder	tenir
tornar	arribar	dinar	anar (2)	ser

● ○ ○   Viatge a la Xina

Benvolguts amics i amigues,

Us escric per donar-vos alguns detalls sobre el vostre viatge a la Xina d'aquest setembre. De moment, us dono informació sobre el vostre primer dia a la Xina. (0.) *Sortireu* de Girona en avió. (1.) _Anireu_ a Pequín l'endemà al matí. El guia us (2.) _rebrà_ a l'aeroport. Tot seguit, (3.) _anireu_ en taxi de l'aeroport a l'hotel. (4.) _Podreu_ quedar-vos a l'hotel dues hores per descansar. A les 12 del migdia (5.) _visitareu_ cap a la Ciutat Prohibida. (6.) _____ la Ciutat Prohibida i (7.) _____ allà mateix. Després de dinar, (8.) _tindreu_ una hora de temps lliure. A les quatre de la tarda, aproximadament, (9.) _dinareu_ a l'hotel. Així (10.) _serà_ el vostre primer dia a la Xina! Aviat us donarem informació sobre la resta de dies.

Atentament,

Marta Vila, Coordinadora de viatges

4 **[C]** Marca si les frases següents són promeses de futur que fan candidats electorals o són fets planificats:

0. *a. Millorarem les escoles bressol.*   Promesa de futur: *a*
   b. Dilluns organitzarem una trobada amb alcaldes de les comarques centrals.   Fet planificat: *b*

1. a. Contractarem mil mestres més.   Promesa de futur: a
   b. Dijous anirem a fer un acte a Tarragona.   Fet planificat: b

2. a. Farem una festa de final de campanya.   Promesa de futur: b
   b. Construirem tres-centes escoles noves.   Fet planificat: a

3. a. Abaixarem els impostos.   Promesa de futur: a
   b. Començarem la campanya a la plaça de Catalunya de Barcelona.   Fet planificat: b

4. a. Acabarem la campanya a la plaça del Vi de Girona.   Promesa de futur: b
   b. Millorarem les infraestructures del país.   Fet planificat: a

5. a. Abaratirem el preu de les matrícules escolars.   Promesa de futur: a
   b. Serem a Lleida l'últim cap de setmana de campanya.   Fet planificat: b

En quin dels dos casos (promesa de futur o fet planificat) també podríem utilitzar una forma de present?

5 **[D]** Completa amb un participi aquestes frases sobre el que hauran fet diferents persones al final del seu primer curs de català. Després, escriu la persona a què fa referència cada frase.

jo
tu
ell, ella, vostè
nosaltres
vosaltres
ells, elles, vostès

0. *Hauràs llegit* (llegir) *textos en català. Tu*
1. Haurem **fet** (fer) amics. nos
2. Hauràs **millorat** (millorar) la pronunciació. tu
3. Haureu **escoltat** (escoltar) cançons en català. vos
4. Hauran **escrit** (escriure) redaccions en català. ells
5. Hauré **conegut** (conèixer) nous companys de classe. jo
6. Haurà **preparat** (preparar) presentacions orals. el/ella
7. Haurem **entès** (entendre) una mica més la cultura catalana. nos

6 **[D]** Relaciona les frases de l'esquerra amb les frases equivalents de la dreta segons el significat del futur i del futur perfet.

0. a. A la segona meitat del segle XXI es descobrirà una vacuna contra el càncer. → a. La vacuna contra el càncer es descobrirà a partir de l'any 2050.
   b. A la segona meitat del segle XXI ja s'haurà descobert una vacuna contra el càncer. → b. Abans de la segona meitat del segle XXI, ja tindrem la vacuna contra el càncer.

1. a. Les obres del pàrquing s'acabaran a finals de juliol.   a. S'acabaran abans de finals de juliol.
   b. Les obres del pàrquing s'hauran acabat a finals de juliol.   b. S'acabaran l'última setmana de juliol.

2. a. Rebreu les notes del curs al gener.   a. Durant el mes de gener obtindreu les notes.
   b. Haureu rebut les notes del curs al gener.   b. Abans del mes de gener o els primers dies de gener obtindreu les notes.

3. a. Quan la meva exnòvia arribi, jo ja hauré marxat.   a. La meva exnòvia arribarà i jo no hi seré.
   b. Quan la meva exnòvia arribi, jo marxaré.   b. La meva exnòvia arribarà i jo marxaré.

4. a. Quan arribeu, mirarem les fotos del viatge.   a. Arribareu a casa i mirarem les fotos.
   b. Quan arribeu, ja haurem mirat les fotos del viatge.   b. Primer mirarem les fotos i després arribareu a casa.

5. a. A les nou del matí ja hauran obert els grans magatzems.   a. Obriran exactament a les nou del matí.
   b. A les nou del matí obriran els grans magatzems.   b. Obriran abans de les nou del matí.

6. a. Quan arribeu, anirem a comprar les pizzes per sopar.   a. Comprarem les pizzes després que vosaltres arribeu.
   b. Quan arribeu, ja haurem anat a comprar les pizzes per sopar.   b. Comprarem les pizzes abans que vosaltres arribeu.

54. El condicional simple i el condicional perfet

• Què **faries** tu?

A. Formes regulars

B. Formes irregulars

C. Usos

D. Condicional perfet: formes i usos

A. Formes regulars

A.1 Per formar el condicional afegim les terminacions següents a l'infinitiu:

	Primera conjugació	Segona conjugació	Tercera conjugació
	salt-**ar**	tém-**er**	dorm-**ir**
jo	saltar-**ia**	temer-**ia**	dormir-**ia**
tu	saltar-**ies**	temer-**ies**	dormir-**ies**
ell, ella, vostè	saltar-**ia**	temer-**ia**	dormir-**ia**
nosaltres	saltar-**íem**	temer-**íem**	dormir-**íem**
vosaltres	saltar-**íeu**	temer-**íeu**	dormir-**íeu**
ells, elles, vostès	saltar-**ien**	temer-**ien**	dormir-**ien**

Els canvis de les arrels en el condicional són els mateixos que en el futur. En els verbs acabats en -*re* suprimim la -e de l'infinitiu:

	perd-**re**	encend-**re**	beu-**re**
jo	**perdr**-ia	**encendr**-ia	**beur**-ia
tu	**perdr**-ies	**encendr**-ies	**beur**-ies
ell, ella, vostè	**perdr**-ia	**encendr**-ia	**beur**-ia
nosaltres	**perdr**-íem	**encendr**-íem	**beur**-íem
vosaltres	**perdr**-íeu	**encendr**-íeu	**beur**-íeu
ells, elles, vostès	**perdr**-ien	**encendr**-ien	**beur**-ien

53. ▶

B. Formes irregulars

B.1 Els verbs següents presenten canvis en l'arrel verbal en les formes del condicional:

	saber	poder	voler	fer
jo	**sabr**-ia	**podr**-ia	**voldr**-ia	far-ia
tu	**sabr**-ies	**podr**-ies	**voldr**-ies	far-ies
ell, ella, vostè	**sabr**-ia	**podr**-ia	**voldr**-ia	far-ia
nosaltres	**sabr**-íem	**podr**-íem	**voldr**-íem	far-íem
vosaltres	**sabr**-íeu	**podr**-íeu	**voldr**-íeu	far-íeu
ells, elles, vostès	**sabr**-ien	**podr**-ien	**voldr**-ien	far-ien

■ Altres verbs que presenten el mateix canvi que el verb *fer*: *treure* (*trauria...*), *néixer* (*naixeria...*).

	tenir	venir	anar	haver
jo	**tindr**-ia	**vindr**-ia	**anir**-ia	**haur**-ia
tu	**tindr**-ies	**vindr**-ies	**anir**-ies	**haur**-ies
ell, ella, vostè	**tindr**-ia	**vindr**-ia	**anir**-ia	**haur**-ia
nosaltres	**tindr**-íem	**vindr**-íem	**anir**-íem	**haur**-íem
vosaltres	**tindr**-íeu	**vindr**-íeu	**anir**-íeu	**haur**-íeu
ells, elles, vostès	**tindr**-ien	**vindr**-ien	**anir**-ien	**haur**-ien

C. Usos

C.1 Usem el condicional per parlar de fets **hipotètics** del present o del futur que són possibles, però que no sabem si passaran o no:

- **M'agradaria** comprar un pis aquest any. [No sé si podré o no. És el meu desig.]
- **Vindria** a la festa aquest dissabte, però no puc. [Hi havia la possibilitat, però no podré.]
- Què **faries** amb un sou més alt? [Quines coses seria possible fer amb un sou més alt?]

> **!** ■ Sovint fem servir el condicional en frases amb la conjunció *si*:
> Si tinguessis un sou més alt, què **faries**? **70.▶**

> ■ No usem el condicional per fer suposicions del passat:
> No sé a quina hora vaig tornar a casa ahir al vespre. ~~Serien~~ les 10. [**Devien** ser les 10.] **67.▶**

C.2 Fem servir el condicional per donar **consells**:

—Quina corbata em poso?
—Jo em **posaria** la groga. Et queda més bé. [El meu consell és que et posis la groga.]
—Doncs jo, al teu lloc, no ho **faria**. El groc porta mala sort.

Per donar consells en condicional, sovint fem servir els verbs *poder* (podria, podries...) i *haver de* (hauria de, hauries de...):

—No sé què fer per deixar de fumar!
—**Podries** provar els xiclets. / **Hauries de** provar els xiclets. **67.▶**

C.3 També usem el condicional per fer preguntes amb un grau de **cortesia** alt:

- Perdoni, **podria** indicar-me on és l'oficina de treball?

C.4 Utilitzem el condicional quan **reproduïm** en passat el que va dir una persona en futur:

- «No <u>tornaré</u> mai més a aquest restaurant!»
- <u>Va dir</u> que no **tornaria** mai més a aquell restaurant. **69.▶**

D. Condicional perfet: formes i usos

D.1 Formem el condicional perfet amb l'auxiliar del verb *haver* en condicional seguit del participi del verb que volem usar:

	haver (auxiliar) + Participi
jo	*hauria llegit*
tu	*hauries llegit*
ell, ella, vostè	*hauria llegit*
nosaltres	*hauríem llegit*
vosaltres	*hauríeu llegit*
ells, elles, vostès	*haurien llegit*

46.▶

D.2 Fem servir el condicional perfet per parlar des del present d'accions **hipotètiques del passat** que no s'han realitzat:

- En Pau tenia una entrevista de feina i va arribar-hi tard. Jo **hauria arribat** puntualment.
  [Fem una hipòtesi del que podria haver passat, però no va passar.]

Sovint fem servir el condicional perfet en frases amb la conjunció *si* per fer suposicions en passat:

- <u>Si m'hagués trobat</u> la meva exnòvia, jo no l'**hauria convidat** a dinar. **70.▶**

D.3 Usem el condicional perfet quan **reproduïm** en el passat el que va dir una persona en futur perfet:

- «A les vuit <u>haurem acabat</u> la feina». • <u>Va dir</u> que a les vuit **haurien acabat** la feina. **69.▶**

1 [A] Fixa't en les parelles de verbs següents i subratlla la forma del condicional:

0. *tu llegies / tu llegiries*

1. jo saltaria / jo saltaré
2. tu dormies / tu dormiries
3. nosaltres beuríem / nosaltres beurem
4. vosaltres apreníeu / vosaltres aprendríeu
5. vosaltres prendríeu / vosaltres prendreu

6. ella aprenia / ella aprendria
7. ells obririen / ells obrien
8. vostè dormirà / vostè dormiria
9. jo perdia / jo perdria
10. m'agradaria / m'agradarà

Quines parelles són de condicional amb imperfet i quines de condicional amb futur?

– Condicional i imperfet:
– Condicional i futur:

2 [B] Fixa't en les sèries següents i corregeix les formes errònies, si és que n'hi ha:

0. *tindríem, tindríeu, tendrien: tindrien*

1. saberia, sabries, sabria: _____
2. podríem, podríeu, podrien: _____
3. feria, faries, faria: _____
4. tendria, tindries, tindria: _____
5. aniríem, aniríeu, anirien: _____

6. hauria, havries, hauria: _____
7. treuria, trauries, trauria: _____
8. vindria, vindries, vendria: _____
9. voldríem, voldríeu, voldrien: _____
10. correríem, correrieu, correrien: _____

3 [C] En Mamadou i la Jin expressen alguns dels seus desitjos. Escriu la forma del condicional dels verbs entre parèntesis.

0. *M'agradaria* (agradar) *comprar-me un pis.*

1. Ens _____ (*encantar*) parlar el català sense problemes.

2. _____ (*voler*) tenir una feina segura.

3. _____ (*desitjar*) poder tornar al Senegal a l'estiu.

4. No ens _____ (*agradar*) tenir un sou mitjà tota la vida.

5. Ens _____ (*interessar*) aprendre altres llengües.

6. _____ (*voler*) formar un grup de música senegalesa.

4 [C] Què faries amb els alumnes si fossis professor de català? Completa les frases següents amb una forma del condicional dels verbs del requadre:

ensenyar	cantar	mirar	utilitzar	corregir
fer	anar	organitzar	formar	llegir

0. *Ensenyaria més vocabulari.*

1. _____ més pel·lícules.
2. _____ menys exercicis de gramàtica.
3. _____ més la pronunciació.
4. _____ còmics d'acció.
5. _____ a veure més exposicions.
6. _____ cançons en diferents llengües.
7. _____ una festa amb menjars de diferents països.
8. _____ més els ordinadors.
9. _____ un grup de música amb els alumnes.

5 [C] Què faries tu? Quins consells donaries tu a les persones següents? Relaciona cada situació amb un consell i escriu els verbs en condicional.

Situació	Jo si fos de tu...
0. *La Marta té sobrepès i es cansa molt.*	a. _____ (*sortir*) menys el diumenge i _____ (*dormir*) set hores com a mínim.
1. En Lluc vol aprendre xinès.	b. *Aniria* (anar) *més al gimnàs i menjaria* (menjar) *de manera equilibrada.*
2. La Montse no té mai temps per descansar i quedar amb les amigues.	c. _____ (*escoltar*) més i _____ (*pensar*) abans de parlar.
3. En Pedro sempre està cansat a la feina els dilluns.	d. M'_____ (*organitzar*) més el temps i _____ (*reservar*) temps per quedar amb les amigues.
4. La Maite es baralla constantment amb el seu marit.	e. _____ (*fer*) un curs de relaxació o de ioga.
5. En José fa tres anys que aprèn català i ho vol deixar.	f. Em _____ (*matricular*) en un curs universitari no presencial i em _____ (*treure*) el títol.
6. La Dolors no té cap títol universitari i no troba feina.	g. M'_____ (*apuntar*) a un curs intensiu de xinès i _____ (*anar*) a bars amb cambrers xinesos.
7. En Robert és molt nerviós.	h. _____ (*fer*) una llista amb els avantatges i inconvenients de continuar aprenent català i _____ (*prendre*) una decisió.

6 [C] Escriu versions més corteses de les peticions que diferents persones fan al secretari de l'escola.

0. a. *Apunta'm l'horari.*

　b. *Podries / Podria* (poder) *apuntar-me l'horari, sisplau?*

1. a. Vull un certificat d'assistència.

　b. _____ (*voler*) un certificat d'assistència.

2. a. Volem apuntar-nos a un curs de nivell bàsic.

　b. Ens _____ (*interessar*) apuntar-nos a un curs de nivell bàsic.

3. a. Parla'm més a poc a poc.

　b. _____ (*poder*) parlar més a poc a poc, sisplau?

4. a. Volem començar el curs al desembre.

　b. _____ (*ser*) possible començar el curs al desembre?

5. a. Vull fer el curs en línia.

　b. _____ (*haver-hi*) la possibilitat de fer el curs en línia?

6. a. Dóna'ns una sol·licitud.

　b. Ens _____ (*donar*) una sol·licitud, sisplau?

7 [D] Escriu la forma adequada del verb entre parèntesis per fer preguntes sobre accions hipotètiques del passat que no es van realitzar.

0. *Tu què hauries fet* (fer)?

1. Vosaltres què _____ (*dir*) en aquell moment?

2. Els teus amics què _____ (*pensar*) en aquella situació?

3. Les teves amigues què _____ (*decidir*) en un cas semblant?

4. Vostè què _____ (*suggerir*) en aquella reunió?

5. Vostès quina decisió _____ (*prendre*) en aquelles circumstàncies?

6. Tu què _____ (*proposar*) per a aquell projecte?

7. Ells què _____ (*pensar*) d'aquella proposta?

8 [D] Escriu frases que expressin accions que tu no hauries fet en les situacions que es presenten. Reescriu només la frase del verb en cursiva.

0. *En Llorenç* es va barallar amb el seu cap *i el van acomiadar de la feina.*

   Jo no m'hauria barallat amb el meu cap.

1. La Marta *va agafar diners de la caixa* i es va comprar una moto.

   _____

2. En Pere *va beure cinc combinats* i va insultar el seu millor amic a la discoteca.

   _____

3. En Pau i la Maite *van viatjar sols a l'Índia* i es van posar malalts.

   _____

4. La Núria *va fumar-se un porro* i va anar a una entrevista de feina.

   _____

5. La Roberta *va deixar la pizza al forn* i va anar a comprar una ampolla de vi.

   _____

6. La Lídia *va marxar de vacances un mes* i va deixar el projecte a mig fer.

   _____

7. La Dolors *va deixar el seu gat sol a casa* durant quatre dies i el gat es va deprimir.

   _____

9 Marca la resposta adequada a cada frase tenint en compte l'ús del condicional simple i del condicional perfet.

0. —*Vaig acabar el curs de català i no vaig continuar.*

   a. —*Al teu lloc, jo hauria continuat.*

   b. —*Al teu lloc, jo continuaria.*

1. —Vaig veure un accident de moto al carrer i no vaig saber què fer.

   a. —Jo si fos de tu hauria trucat a una ambulància.

   b. —Jo si fos de tu trucaria a una ambulància.

2. —Tinc 3000 euros i no sé si fer el lavabo nou o anar-me'n de viatge a l'Equador.

   a. —Jo, al teu lloc, faria el lavabo nou.

   b. —Jo, al teu lloc, hauria fet el lavabo nou.

3. —La Sara volia el videojoc més car del mercat i li vam regalar pel seu aniversari. Va ser caríssim.

   a. —Jo si fos de tu no l'hi hauria comprat.

   b. —Jo si fos de tu no l'hi compraria.

4. —La setmana passada em van oferir una feina però estava molt mal pagada i no la vaig acceptar. He fet bé?

   a. —En la teva situació, jo agafaria la feina.

   b. —En la teva situació, jo hauria agafat la feina.

5. —Estic a punt d'enviar un missatge al meu cap dient-li que és un bandarra.

   a. —Jo si fos de tu no enviaria el missatge.

   b. —Jo si fos de tu no l'hauria enviat.

6. —Estic molt tip. He menjat massa. Prenc postres?

   a. —Jo si fos de tu no hauria pres postres.

   b. —Jo si fos de tu no prendria postres.

55. El subjuntiu present

• *canti*, *cantis*, *canti*

A. Formes regulars

B. Formes amb *-gu-*

C. Formes irregulars

■ L'indicatiu i el subjuntiu són modes verbals que ens indiquen com és la informació que donem sobre fets, persones i objectes. Amb l'**indicatiu**, **declarem** un fet perquè el sabem o en tenim evidència. En canvi, usem el **subjuntiu** quan l'oració principal expressa **dubte**, **possibilitat**, **negació** o **emocions**:

> • *Tinc* febre.
> [Declaro que tinc febre.]
> • *Dubto que* ***tingui*** *febre.*
> [Expresso dubte sobre una informació.]

A. Formes regulars

A.1 En el subjuntiu només hi ha quatre temps: present, imperfet, perfet i plusquamperfet. Formem el present de subjuntiu afegint les terminacions següents a l'arrel verbal:

	Primera conjugació	Segona conjugació		Tercera conjugació	
	*salt-**ar***	*córr-**er***	*perd-**re***	*dorm-**ir***	*lleg-**ir***
jo	*salt-**i***	*corr-**i***	*perd-**i***	*dorm-**i***	*lleg-eix-**i***
tu	*salt-**is***	*corr-**is***	*perd-**is***	*dorm-**is***	*lleg-eix-**is***
ell, ella, vostè	*salt-**i***	*corr-**i***	*perd-**i***	*dorm-**i***	*lleg-eix-**i***
nosaltres	*salt-**em***	*corr-**em***	*perd-**em***	*dorm-**im***	*lleg-**im***
vosaltres	*salt-**eu***	*corr-**eu***	*perd-**eu***	*dorm-**iu***	*lleg-**iu***
ells, elles, vostès	*salt-**in***	*corr-**in***	*perd-**in***	*dorm-**in***	*lleg-eix-**in***

> ■ Els verbs acabats en *-jar* (*barrejar*...), *-car* (*practicar*...), *-çar* (*començar*...) i *-gar* (*pagar*...) presenten canvis ortogràfics: jo *passegi*, jo *practiqui*, jo *comenci*, jo *pagui*...
>
> ■ Els verbs acabats en *-air* (*agrair*...), *-eir* (*obeir*...), *-uir* (*traduir*...), *-iar* (*canviar*...) i *-uar* (*continuar*...) porten dièresi en algunes persones: nosaltres *agraïm*, vosaltres *agraïu*...

B. Formes amb *-gu-*

B.1 Els verbs que tenen *-c* en la forma de la primera persona del singular del present d'indicatiu, tenen *-gu-* en totes les formes de present de subjuntiu:

	estar (jo esti-**c**)	aprendre (jo apren-**c**)	escriure (jo escri-**c**)	beure (jo be-**c**)	tenir (jo tin-**c**)
jo	*esti**gu**i*	*apren**gu**i*	*escri**gu**i*	*be**gu**i*	*tin**gu**i*
tu	*esti**gu**is*	*apren**gu**is*	*escri**gu**is*	*be**gu**is*	*tin**gu**is*
ell, ella, vostè	*esti**gu**i*	*apren**gu**i*	*escri**gu**i*	*be**gu**i*	*tin**gu**i*
nosaltres	*esti**gu**em*	*apren**gu**em*	*escri**gu**em*	*be**gu**em*	*tin**gu**em*
vosaltres	*esti**gu**eu*	*apren**gu**eu*	*escri**gu**eu*	*be**gu**eu*	*tin**gu**eu*
ells, elles, vostès	*esti**gu**in*	*apren**gu**in*	*escri**gu**in*	*be**gu**in*	*tin**gu**in*

Altres verbs amb *-gu-* en les formes del present de subjuntiu: *conèixer* (*jo conec*): *conegui*...; *creure* (*jo crec*): *cregui*...; *caure* (*jo caic*): *caigui*...; *venir* (*jo vinc*): *vingui*...; *poder* (*jo puc*): *pugui*...; *dir* (*jo dic*): *digui*...; *dur* (*jo duc*): *dugui*...

47 ▶

C. Formes irregulars

C.1 Els verbs següents presenten irregularitats en l'arrel:

	ser	saber	cabre	veure	fer
jo	sigui	sàpiga	càpiga	vegi	faci
tu	siguis	sàpigues	càpigues	vegis	facis
ell, ella, vostè	sigui	sàpiga	càpiga	vegi	faci
nosaltres	siguem	sapiguem	capiguem	vegem	fem
vosaltres	sigueu	sapigueu	capigueu	vegeu	feu
ells, elles, vostès	siguin	sàpiguen	càpiguen	vegin	facin

	anar	haver	viure	voler
jo	vagi	hagi	visqui	vulgui
tu	vagis	hagis	visquis	vulguis
ell, ella, vostè	vagi	hagi	visqui	vulgui
nosaltres	anem	hàgim	visquem	vulguem
vosaltres	aneu	hàgiu	visqueu	vulgueu
ells, elles, vostès	vagin	hagin	visquin	vulguin

Exercicis

1 [A] Marca la terminació de present de subjuntiu de cada forma.

0. salt-em

1. dormim em
2. perdem
3. corrin

4. llegeixi
5. afegim
6. cuinis

7. mireu
8. llegeixin
9. posi

10. escalfem
11. obri
12. escoltem

13. reuneixi
14. berenis
15. correu

2 [A] Marca si les formes següents són d'indicatiu o de subjuntiu. En algun cas, poden ser de tots dos modes.

I: Indicatiu   S: Subjuntiu

0. cuines   (I) S
1. mengis   I (S)
2. practiques   (I) S
3. llegim   I (S)

4. reparteixin   I (S)
5. practiqueu   (I) S
6. canviïs   I (S)
7. enviem   (I) S

8. recordi   I (S)
9. surti   I (S)
10. imprimeixi   I (S)

3 [A] Completa la taula següent amb el paradigma de present de subjuntiu dels verbs que es proposen i encercla els canvis ortogràfics de cada forma:

	jugar	buscar	obligar	desplaçar
jo	jugui			desplaci
tu	juguis			
ell, ella, vostè		busqui		
nosaltres		busquem		desplacem
vosaltres			obligueu	
ells, elles, vostès			obliguin	

4 [B] Completa les sèries següents amb la forma del present de subjuntiu de la persona indicada:

Present d'indicatiu (jo)	Present d'indicatiu	Present de subjuntiu
0. *bec*	*ells beuen*	*ells beguin*
1. estic	tu estàs	tu *estiguis*
2. aprenc	ell aprèn	ell *aprengui*
3. bec	ell beu	ell _____
4. crec	nosaltres creiem	nosaltres _____
5. puc	vosaltres podeu	vosaltres _____
6. vinc	vostè ve	vostè _____
7. prenc	nosaltres prenem	nosaltres _____
8. conec	tu coneixes	tu *coneixis*
9. moc	tu mous	tu _____
10. tinc	vosaltres teniu	vosaltres *tingiu*

5 [C] Escriu la forma corresponent del present de subjuntiu.

0. *som: siguem*

1. sóc: *sigui*

2. saps: *sapigues*

3. anem: *vagim*

4. caps: _____

5. hi ha: *hi hagi*

6. veig: _____

7. fem: *fagim*

8. sabem: *sapiguem*

9. són: *siguin*

10. faig: _____

11. ets: _____

12. visc: _____

13. vols: _____

14. feu: _____

15. viu: _____

6 En Hassan i la Marta estan a punt de casar-se i es diuen les frases següents. Haurien d'utilitzar el subjuntiu en totes, però fan alguns errors. Marca les sis formes verbals incorrectes i corregeix-les.

0. *M'agrada que m'estimis.* *És correcte.*

1. M'agrada que em dius coses boniques a l'orella. _____

2. M'entusiasma que t'agraden les mateixes pel·lícules que a mi. _____

3. Espero que tinguem un pis amb una terrassa ben aviat. _____

4. M'il·lusiona que vulgues viure amb mi. _____

5. No em molesta que tu i els teus amics aneu de copes sense mi. _____

6. M'agrada que la teva germana visqui lluny de nosaltres. _____

7. No m'agrada que els teus pares ens truquen cada vespre. _____

8. No em molesta que no tinguem gaires diners. _____

9. M'il·lusiona que estem tan units. _____

10. No em molesta que tinguis caspa. _____

11. M'agrada que tu i els teus amics llegiu el diari cada diumenge. _____

12. Espero que sabem què fem. _____

56. Indicatiu o subjuntiu? (I)

• *T'aconsello que **facis** exercici.*

A. Indicatiu o subjuntiu?

A.1 En oracions compostes, hi ha una oració **principal** i una de **subordinada**. La subordinada depèn de l'oració principal. A l'oració principal, sempre usem l'indicatiu; en canvi, a la subordinada, podem usar l'indicatiu o el subjuntiu depenent del significat del verb principal:

Oració principal	Conjunció	Oració subordinada
Crec *L'Uri no creu* *L'Anna sap* *M'agrada*	*QUE*	*les enquestes **diuen** la veritat.* *les enquestes **diguin** la veritat.* *tu **dius** la veritat.* *m'**escriguis** cartes a mà com abans.*

[Amb el verb de l'oració principal expressem l'afirmació, el dubte, l'emoció, la possibilitat, etc. En aquesta oració només podem usar l'indicatiu.]

[Usem una conjunció per unir les dues oracions.]

[Expressem amb indicatiu o subjuntiu allò que afirmem, dubtem, que és possible, que ens emociona, etc.]

83. ▶

A.2 L'alternança entre indicatiu i subjuntiu depèn de la classe d'informació que proporcionem:

Usem l'indicatiu quan **declarem** una informació, és a dir, quan expressem certesa.

• *En Pere **té** parella.*
[Declarem una informació. No ens impliquem en la veracitat de la informació.]

• *Sé que en Pere **té** parella.*
[Declarem una informació i expressem certesa.]

57. ▶

En canvi, amb el subjuntiu **no declarem** una informació, sinó que expressem –mitjançant el verb de l'oració principal– influència, dubte o valoracions:

• *Dubto que en Pere **tingui** parella.*
[No declarem una informació. Expressem dubte.]

• *M'agrada que en Pere **tingui** parella.*
[No declarem una informació. Fem una valoració.]

B. Influència, preferència i desig

B.1 Usem el subjuntiu quan expressem que algú o alguna cosa **influeix** en una altra. La influència pot ser directa (ordres) o indirecta (consells, desitjos i preferències):

> • *Vull que arribis puntual.* [*Vull que:* ordre]

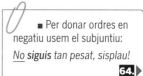

> • *T'aconsello que **arribis** puntual.* [*T'aconsello que:* consell]
> • *Espero que t'**agradi**.* [*Espero que:* desig]
> • *M'estimo més que **arribis** puntual.* [*M'estimo més que:* preferència]

Altres verbs d'influència, preferència o desig:

aconsellar	suggerir	preferir	obligar
demanar	voler	tenir ganes	esperar
exigir	desitjar	prohibir	confiar

> ■ Per donar ordres en negatiu usem el subjuntiu:
> *No **siguis** tan pesat, sisplau!*
> **64.** ▶

B.2 Amb els verbs d'influència, podem fer oferiments a altres persones:

> • *Vols que t'**ajudi** a fer els deures?*   • *Vol que li **reservi** una taula?*

Amb els verbs *caldre* i *fer falta*, usem la forma de tercera persona seguida del subjuntiu per indicar obligació o necessitat:

> • *Cal que et **matriculis** al curs abans del dia 10.*   • *Fa falta que **portis** el resguard de matrícula.*

B.3 Usem *tant de bo* seguit del subjuntiu per expressar un desig:

> —*Avui arriba el nou cap de l'empresa.*
> —*Tant de bo **sigui** algú ben format i bon treballador.*
> [*No sé com serà. Desitjo que sigui una persona ben formada i treballadora.*]

> ■ També podem usar *tant de bo* seguit de perfet, imperfet o plusquamperfet de subjuntiu per expressar desitjos del passat amb una connexió amb el present, desitjos del futur que pensem que difícilment es compliran i desitjos del passat que no s'han complert:
> *Tant de bo en Pere **hagi trobat** entrades per al concert dels U4.* [Desitjo que hagi trobat entrades per al concert.]
> *Tant de bo en Pere **trobés** entrades per al concert dels U4.* [Desitjo que trobi entrades, però serà difícil.]
> *Tant de bo en Pere **hagués trobat** entrades per al concert dels U4.* [Esperava que trobés entrades, però no en va trobar.]
> **63.** ▶

B.4 Amb expressions de desig, podem elidir el verb principal i només dir el que desitgem:

> • *Que t'ho **passis** bé.* [= Espero que t'ho passis bé.]   • *Que **aprofiti**.* [Abans de començar un àpat.]
> • *Que **vagi** bé.* [Quan ens acomiadem.]   • *Que et **milloris**.* [Quan algú es troba malament.]

C. Infinitiu o subjuntiu?

C.1 Fem servir el subjuntiu quan el subjecte de l'oració principal i el de la subordinada són diferents:

> • *Vull que **facis** més exercici.*
>   [jo]   [tu]

Quan el subjecte de les dues oracions és el mateix, en l'oració subordinada utilitzem un infinitiu en lloc del subjuntiu:

> • *Vull **fer** més exercici.*
>   [jo] [jo]
> • *Volem **fer** més exercici.*
>   [nosaltres] [nosaltres]

> ■ Amb alguns verbs, podem fer servir l'infinitiu encara que el subjecte de la principal i el de la subordinada siguin diferents. En aquests casos, en la frase hi ha un pronom que indica que els subjectes són diferents:
> *Jo et recomano **fer** més exercici. = Jo et recomano que **facis** més exercici.*
>   [tu] [jo] [tu]   [jo]   [tu]

D. Demanar permís

D.1 Amb les expressions *molestar, importar* i *fer res* i la conjunció *que* a l'oració principal, podem fer **peticions**:

- *Us molesta que* **apugi** *una mica el volum de la ràdio?* [= Puc apujar una mica el volum de la ràdio?]
- *Li fa res que* **apugi** *una mica el volum de la ràdio?*
- *T'importa que* **apugi** *una mica el volum de la ràdio?*

> ■ Usem l'indicatiu quan la conjunció que usem és *si*:
>
> *Et molesta si...*
> *Et fa res si...*
> *T'importa si...*
> *Us molesta si* **apujo** *una mica el volum de la ràdio?*
> *Li fa res si* **apujo** *una mica el volum de la ràdio?*
> *T'importa si* **apujo** *una mica el volum de la ràdio?*

E. Valoracions

E.1 Usem el subjuntiu quan el parlant fa alguna **valoració** sobre algú o alguna cosa:

- *M'agrada que* em **toquis** *els cabells.* [*M'agrada que:* valoració.]

Altres expressions de valoració:

(no) agradar	*(no) molestar*	*(no) alegrar*	*(no) empipar*	*(no) sorprendre's*
(no) saber greu	*(no) entusiasmar*	*(no) il·lusionar*	*(no) emprenyar*	*no fer res*

57.▶

E.2 Fem valoracions amb els verbs *ser* i *estar* seguits d'un adjectiu o un nom i una forma del subjuntiu:

Valoració		
estar + adjectiu + *que* + **subjuntiu**	*ser* + adjectiu + *que* + **subjuntiu**	*ser* + nom + *que* + **subjuntiu**
estic fart que *estic tip que* *estic content que* *estic trist que* ...	*és bo que* *és dolent que* *és interessant que* *és divertit que* *és positiu que* ...	*és una llàstima que* *és una pena que* ...
Estic tip que els preus del lloguer **augmentin** tant. *És negatiu que* els preus del lloguer **augmentin** tant. *És una pena que* els preus del lloguer **augmentin** tant.		

Exercicis

1 [A] Marca la forma verbal adequada segons el significat de la frase.

0. a. *En Joan* ⟨té⟩ / *tingui una casa molt gran.*
   b. *No crec que en Joan* té / ⟨tingui⟩ *una casa gaire gran.*

1. a. *L'any que ve* vas / vagis *de vacances al Marroc?*
   b. *Pot ser que l'any que ve* vas / vagis *de vacances al Marroc?*

2. a. *No m'agrada que els bancs* cobren / cobrin *comissions per tot.*
   b. *Els bancs* cobren / cobrin *comissions per tot.*

3. a. *Et recomano que* aprens / aprenguis *català.*
   b. *Crec que* has / hagis *d'aprendre català.*

4. a. *Espero que* t'agrada / t'agradi *aquest regal.*
   b. *T'*agrada / *T'*agradi *aquest regal?*

5. a. *Dubto que* tinc / tingui *un sou millor l'any que ve.*
   b. *Sé que* tindré / tingui *un sou millor l'any que ve.*

6. a. *Dubto que l'economia* millora / millori.
   b. *És veritat que l'economia* millora / millori.

2 [B] Reescriu les frases que diu el nou cap d'una oficina als seus treballadors fent servir un verb del requadre en l'oració principal. Fixa't en les paraules proporcionades per construir la frase.

desitjar	confiar	preferir	esperar	aconsellar	suggerir	tenir ganes	caldre

0. DESIG | *nosaltres* | *ser un equip eficient* — *Desitjo que (nosaltres) siguem un equip eficient.*

1. GANES | nosaltres | augmentar els beneficis de l'empresa — *Tinc ganes de que augmentem.*

2. SUGGERIMENT | nosaltres | fer reunions curtes però efectives — *Suggereixo que fem reunions curtes*

3. CONFIANÇA | nosaltres | treballar junts molt temps — *Confio en que treballem junts molt temps*

4. CONSELL | vostès | venir a veure'm si hi ha algun problema — *Els aconsello que vingin*

5. PREFERÈNCIA | vostès | ser directes amb mi — *Prefereixo que siguin directes*

6. ESPERANÇA | nosaltres | ser millors que els competidors — *Espero que siguem millors que*

7. OBLIGACIÓ | vostès | posar-hi el seu gra de sorra — *Cal que hi posin el seu gra de sorra.*
to do your bit

3 [B] El dia de Cap d'Any, diferents persones formulen desitjos per a l'any que comença. Fixa't en les persones i les seves circumstàncies, i relaciona-les amb un desig fent servir *tant de bo*. Després, escriu el desig que formula cada persona.

Persona	Quin desig té per al nou any?
0. *Anna: té una feina precària.*	a. _____ (*treure*) bones notes el trimestre que ve.
1. Juan: els seus fills han tret males notes l'últim trimestre.	b. _____ (*trobar*) un pis barat al passeig marítim.
2. Pau: s'ha separat de la seva dona.	c. *Tant de bo conservi* (*conservar*) *la feina.*
3. Sílvia: el seu gat està malalt.	d. _____ (*no morir-se*).
4. Pedro: la seva dona viu a l'Equador.	e. _____ (*poder*) treballar en una escola innovadora.
5. Kamal: vol obrir una botiga de queviures.	f. _____ (*aconseguir*) un crèdit per obrir el negoci.
6. Cristina i Pau: volen un pis amb vistes al mar.	g. _____ (*venir*) a viure amb mi aquest any.
7. Jin: vol ser mestre.	h. _____ (*conèixer*) algú interessant aquest any que comença.

4 [B] Els treballadors de l'empresa Curra redacten un manifest en el qual exigeixen als executius de la direcció de l'empresa millores en la seva feina. Completa les frases ordenant els mots proporcionats. Posa en subjuntiu el verb que et donem en infinitiu.

0. *ens* | *hores extres* | que | *exigim* | *ens* | *pagar*
   Exigim que ens paguin les hores extres.

1. comunicar | amb vint-i-quatre hores d'antelació | que | *volem* | els canvis d'horari | els directius
   Volem que _____

2. *cal* | l'empresa | complir | que | a la feina | les normes d'higiene
   Cal que _____

3. les persones més grans | *demanem* | que | acomiadar | no
   Demanem que _____

4. seguretat | haver-hi | obliga | *l'Estatut del treballador* | que | al lloc de treball
   L'Estatut del treballador obliga que _____

5. els menors de setze anys | que | treballar | *la llei* | prohibeix
   La llei prohibeix que _____

6. *exigim* | haver-hi | calefacció | als tallers | que | a l'hivern
   Exigim que _____

7. augmentar | *volem* | els sous | que
   Volem que _____

5 [B] Completa els oferiments que fa la Mireia a l'Amàlia, una senyora gran a qui cuida. Fes servir els verbs del requadre.

portar	mirar	avisar	anar	llegir	apujar

0. *L'Amàlia fa cara de tenir set.*   *Vol que li porti* un got d'aigua?

1. Fa fred a l'habitació. _____ la calefacció?

2. L'Amàlia cada dia mira el telenotícies del migdia. _____ juntes el telenotícies?

3. A l'Amàlia li agrada molt la novel·la històrica. _____ un capítol de la novel·la que vam començar?

4. L'Amàlia es troba molt malament. _____ una infermera?

5. Dimarts és l'aniversari de la néta de l'Amàlia. _____ a comprar un regal per a ella?

6 [C] Un grup d'amics parlen de l'excursió al Puigsacalm que han organitzat. Escriu frases amb les paraules que et donem fent servir un infinitiu o un verb en subjuntiu segons el subjecte de l'oració principal i el de la subordinada. En algun cas, pot haver-hi més d'una possibilitat.

0. *(jo) esperar (jo) passar-m'ho molt bé.*   *Espero passar-m'ho molt bé.*

1. *(vosaltres)* em recomanar *(jo)* dur paraigua? _____

2. *(jo)* confiar *(el meu gos)* arribar al cim. _____

3. *(jo)* suggerir *(algú)* portar berenar. _____

4. *(vosaltres)* dubtar *(jo)* ser el primer d'arribar al cim? _____

5. *(jo)* agradar *(jo)* sortir a la muntanya els caps de setmana. _____

6. *(jo)* agradar haver-hi gent diferent en l'excursió. _____

7. *(jo)* us suggerir *(vosaltres)* portar botes impermeables. _____

8. *(jo)* molestar *(la gent)* llençar brossa a la muntanya. _____

7 [D] En Pedro i en Robert viuen junts en un pis. En Pedro fa una festa dissabte que ve i demana uns quants favors a en Robert. Completa les frases amb una forma de l'indicatiu o del subjuntiu dels verbs.

0. *Et fa res si convido (convidar) els meus companys de feina a sopar dissabte?*

1. Et fa res que dues companyes _____ *(quedar-se)* a dormir?

2. Et molesta que les companyes _____ *(fer servir)* el teu xampú?

3. T'importa que _____ *(quedar-se)* a esmorzar?

4. Et fa res si _____ *(posar)* la música una mica alta?

5. Et molesta si no _____ *(rentar)* els plats després del sopar?

6. Et molesta que _____ *(agafar)* el teu ordinador portàtil per posar música?

7. T'importa que els meus amics _____ *(portar)* una guitarra i la _____ *(tocar)*?

8 [E] L'Anna, que és una dona que no suporta el fum ni la gent deixada, parla del seu xicot. Classifica els verbs del requadre segons que puguin expressar valoracions positives o negatives. Després, escriu una frase amb cada verb per veure què pensa l'Anna del seu xicot.

agradar
molestar
no agradar
entusiasmar
saber greu
no molestar
empipar
encantar

☺	agradar
☹	

0. *fer el sopar cada dia. M'agrada que faci el sopar cada dia.*

1. menjar-se les ungles _____.

2. fer esport cada dia _____.

3. fumar _____.

4. portar els cabells greixosos _____.

5. saber cuinar molt bé _____.

6. parlar amb la boca plena _____.

7. tenir poca paciència _____.

8. enviar missatges romàntics per mòbil _____.

9 [E] En Ciset té setanta-cinc anys i es lamenta d'algunes coses que observa en els temps actuals. Completa les frases amb el verb més adequat en subjuntiu.

conèixer-se	consumir	dissenyar	fer-se	sopar
desaparèixer	ser	queixar-se	treure	

0. És *una llàstima que els veïns de l'edifici no es coneguin.*

1. És una pena que _____ els petits comerços.

2. No és bo que les famílies _____ davant la tele i no parlin.

3. És estrany que la gent _____ diners d'un caixer automàtic.

4. És sorprenent que la gent no _____ de la incomoditat de viatjar amb avió.

5. És increïble que totes les gestions bancàries _____ per internet.

6. És fastigós que la gent _____ productes plens de conservants.

7. És horrorós que tota la música comercial _____ en anglès.

8. No és bo que els arquitectes _____ les ciutats pensant sobretot en els cotxes.

10 L'Alberto va a una oficina de treball per demanar consell i té la conversa següent amb una assessora. Omple els buits amb el present d'indicatiu, el present de subjuntiu o l'infinitiu del verb entre parèntesis.

A: —Bon dia. Com el puc ajudar?

B: —Bon dia. (0.) *Necessito* (necessitar) que (1.) m'_____ (*assessorar*) sobre com puc fer el meu currículum. Estic buscant feina i espero (2.) _____ (*trobar*)-ne una ben aviat.

A: —Cap problema. (3.) _____ (*ser*) molt senzill. Per començar, ha de fer una llista de les seves dades personals i la seva experiència laboral.

B: —Molt bé. Cal que hi (4.) _____ (*posar*) totes les meves dades personals?

A: —No, no és necessari que hi (5.) _____ (*fer constar*) si és casat o solter, per exemple.

B: —D'acord. M'aconsella que hi (6.) _____ (*detallar*) totes les feines des que tenia catorze anys fins ara?

A: —No, no cal. És recomanable que hi (7.) _____ (*mencionar*) les feines més pertinents per a la feina que busca. Sap escriure el currículum amb el format adequat? Vol que el (8.) _____ (*fer*) junts amb l'aplicació informàtica?

B: —No, no cal, no (9.) _____ (*preocupar-se*). A casa tinc ordinador i els meus fills em podran ajudar.

A: —Només són cinc minuts.

B: —De veritat, no cal. (10.) _____ (*tenir*) una pregunta més: fa falta que (11.) _____ (*dir*) quines llengües conec i quins coneixements d'informàtica tinc?

A: —Sí, és important que (12.) _____ (*destacar*) el coneixement de llengües i el nivell. Avui dia les empreses (13.) _____ (*exigir*) que els seus treballadors (14.) _____ (*saber*) idiomes i (15.) _____ (*tenir*) bon tracte amb la gent.

B: —Molt bé.

A: —Alguna cosa més?

B: —No, això és tot.

A: —Perfecte. Li fa res que li (16.) _____ (*fer*) un parell de preguntes per fer estadístiques? Em fa falta (17.) _____ (*afegir*) aquesta informació a la seva fitxa.

B: —Cap problema. No (18.) _____ (*patir*). Digui, digui.

A: —D'on és i quants anys fa que viu a Catalunya?

B: —(19.) _____ (*ser*) de l'Equador i fa tres anys que (20.) _____ (*viure*) a Catalunya.

A: —Moltes gràcies. Això és tot.

B: —De res. Fins a una altra!

A: —Que (21.) _____ (*anar*) bé. I tant de bo no ens (22.) _____ (*veure*) fins d'aquí a molts dies.

B: —Moltes gràcies, de nou. Adéu!

57. Indicatiu o subjuntiu? (II)

• *És probable que **plogui**, però no crec que **nevi**.*

A. Dubte, probabilitat i certesa

B. Comunicació, pensament i percepció

A. Dubte, probabilitat i certesa

A.1 Fem servir el subjuntiu a l'oració subordinada quan el verb de l'oració principal expressa dubte o probabilitat. Si el verb de l'oració principal expressa certesa fem servir l'indicatiu:

- *Dubto que en Joan **parli** malament de mi.*
  [*Dubto que*: dubte: subjuntiu.]
- *És probable que en Joan **parli** malament de mi.*
  [*És probable que*: probabilitat: subjuntiu.]
- *Sé que en Joan **parla** malament de mi.*
  [*Sé que*: certesa: indicatiu.]

A.2 També podem expressar dubte i probabilitat (amb el verb en subjuntiu a l'oració subordinada) i expressar certesa (amb el verb en indicatiu a l'oració subordinada) amb les estructures següents:

• *Dorm en Mixo?*

Dubte i probabilitat	Certesa
Subjuntiu	Indicatiu
*És probable que **dormi**.* *És possible que **dormi**.* *Pot ser que **dormi**.*	*Pel que sembla **dorm**.* *Es veu que **dorm**.* *Sembla que **dorm**.* *Estic segur que **dorm**.* *Segur que **dorm**.* *És segur que **dorm**.* *És cert que **dorm**.* *És evident que **dorm**.* *És veritat / veritable que **dorm**.*

> ■ Amb *potser*, *probablement* i *segurament* usem l'indicatiu per expressar dubte:
>
> *Potser **dorm**.*
> *Probablement **dorm**.*
> *Segurament **dorm**.*

A.3 Quan neguem les expressions de certesa, podem usar l'indicatiu o el subjuntiu a l'oració subordinada. Usem el subjuntiu quan expressem dubte:

- *No és veritat que els homes **guanyin** més que les dones.* [Dubto d'això.]

Usem l'indicatiu quan fem referència a alguna cosa que algú ha declarat:

—*Els homes guanyen més que les dones.*
—*Què dius! No és veritat que els homes **guanyen** més que les dones.*
[Tu declares una cosa i jo dic que això no és veritat.]

> ■ Quan neguem una frase amb *potser*, *probablement* i *segurament*, usem l'indicatiu:
>
> *Potser no **dorm**.*

B. Comunicació, pensament i percepció

B.1 Quan comuniquem alguna cosa a algú de manera afirmativa, usem l'indicatiu a l'oració subordinada:

* *El cambrer <u>explica</u> als clients que les postres **són** casolanes.* [Comunica als clients que són casolanes.]

Quan afirmem el que pensem o sentim, també fem servir l'indicatiu a l'oració subordinada:

* *Els clients <u>creuen</u> que les postres **són** casolanes.* [Pensen que són casolanes.]
* *Els clients <u>noten</u> que les postres **són** casolanes.* [Les tasten i perceben que són casolanes.]

Altres verbs de comunicació, pensament o percepció:

Verbs de comunicació	Verbs de pensament	Verbs de sentit o percepció
explicar	creure	notar
dir	pensar	sentir
afirmar	considerar	percebre
escriure	oblidar	veure
llegir	opinar	escoltar
comunicar	imaginar	descobrir
confirmar	saber	adonar-se
aclarir	semblar	
assegurar	suposar	
comentar		
negar		

B.2 Quan neguem un verb de comunicació, de pensament o de sentit a l'oració principal, podem fer servir l'indicatiu o el subjuntiu en la frase subordinada, però hi ha un canvi de significat. Usem el subjuntiu quan no ens comprometem amb la veracitat del que afirmem o pensem. En canvi, usem l'indicatiu quan afirmem alguna cosa perquè la sabem o algú l'ha declarat:

—*És bona la crema?*
—*<u>No</u> noto que **sigui** casolana. Diria que és comprada.*
 [No sé si és casolana o no.]

—*És bona la crema?*
—*<u>No</u> noto que **és** casolana. Diria que és comprada.*
 [Tinc informació que diu que és casolana, però no ho noto.]

1 [A] L'Izem ha anat a una entrevista de feina i parla amb en Jan sobre com li ha anat. Completa les frases amb una forma d'indicatiu (present o futur) o de subjuntiu del verb entre parèntesis.

0. *És evident que* és *(ser) una bona empresa.*

1. És probable que el sou _____ (*ser*) bastant baix.

2. Sembla que el meu perfil _____ (*interessar*) a l'empresa.

3. Estic segur que em _____ (*trucar*) per oferir-me la feina.

4. És cert que jo _____ (*poder*) ser una bona aportació a l'empresa.

5. Estic segur que no _____ (*ser*) la feina ideal, però almenys és una feina.

6. Pel que sembla, els treballadors _____ (*estar*) bastant contents amb l'empresa.

7. És probable que el meu sou inicial no _____ (*ser*) gaire alt.

8. Segur que m'_____(*agradar*) la feina.

2 [A] La Naja acaba de perdre la feina i en Josep l'anima sobre les perspectives de trobar un nou lloc de treball. Reescriu les frases de la Naja negant el verb principal.

0. *J: Estic segur que trobaràs una altra feina ben aviat.*

   N: No estic segura que trobi una altra feina aviat.

1. J: És evident que tens un bon currículum.

   N: _____

2. J: Potser trobaràs una feina millor.

   N: _____

3. J: Estic convençut que la teva situació millorarà.

   N: _____

4. J: Segurament cobraràs més en una altra empresa.

   N : _____

5. J: És veritat que ets una persona treballadora i intel·ligent.

   N: _____

6. J: Probablement tindràs millors companys a la feina nova.

   N: _____

3 [B] Completa les frases següents amb una forma de l'indicatiu o del subjuntiu dels verbs del requadre. En alguns casos són possibles totes dues formes.

estar	0. a. *L'Anna nota que* està *més grassa.*
	b. *En canvi, en Xavi no nota que l'Anna* estigui / està *més grassa.*
passar	1. a. En Marçal s'imagina que el seu cap _____ diners de l'empresa.
	b. En canvi, l'Albert no s'imagina que _____ grans quantitats de diners.
tenir	2. a. L'Oriol nota que els seus amics _____ una vida millor que ell.
	b. En canvi, els amics de l'Oriol no noten que ells _____ una vida millor.
haver-hi	3. a. L'Isaac sent que es _____ gran.
	b. En canvi, la dona de l'Isaac no sent que ell es _____ gran.
fer	4. a. Els psicòlegs consideren que cada cop _____ més problemes psicològics.
	b. En canvi, la gent no considera que cada cop _____ més problemes psicològics.
robar	5. a. En Robert i la seva exnòvia s'adonen que _____ massa estona junts.
	b. Els amics d'en Robert i la Sandra no s'adonen que _____ massa estona junts.
caldre	6. a. L'ajuntament comunica als ciutadans que _____ pagar l'impost d'aigua.
	b. La propietària de la finca no comunica als llogaters que _____ pagar les despeses de la comunitat.

4 [A i B] La Núria acaba de ser mare i això li ha canviat la vida. Les seves amigues especulen sobre el seu nou comportament. Completa les frases següents amb la forma de l'indicatiu o del subjuntiu del verb entre parèntesis:

0. *Suposo que ara té (tenir) menys temps per a les amigues.*

1. Pot ser que el seu marit no l'_____ (ajudar) gaire i _____ (estar) atabalada.

2. Dubto que _____ (tenir) ganes de fer coses el cap de setmana.

3. Potser _____ (tenir) altres amigues.

4. Crec que no _____ (haver) de criticar-la. Fer de mare es difícil!

5. Estic segura que li _____ (agradar) ser mare i no _____ (pensar) en nosaltres.

6. És possible que _____ (estar) molt enfeinada.

7. M'imagino que _____ (llevar-se) molt d'hora i _____ (haver) de cuidar la nena, i no _____ (tenir) temps per fer altres coses.

8. Pot ser que _____ (estar) cansada i no _____ (voler) sortir tant.

9. No crec que _____ (ser) tan dur fer de mare. Jo també ho he fet!

5 [B] Relaciona cada frase amb una possible continuació tenint en compte l'ús de l'indicatiu i el subjuntiu. Escriu la lletra al costat de la frase corresponent.

0. a. *L'Anna no nota que està més prima.* a
   b. *L'Anna no nota que estigui més prima.* b

    a. *Realment s'ha aprimat.*

    b. *No tinc clar si està més prima o no.*

1. a. L'Albert no s'imagina que el seu cap robi diners de l'empresa. ____
   b. L'Albert no s'imagina que el seu cap roba diners de l'empresa. ____

    a. Corren rumors per l'oficina fa dies.

    b. Tothom sap que el cap és un lladre.

2. a. L'Oriol no nota que els seus amics tinguin una vida millor que ell. ____
   b. L'Oriol no nota que els seus amics tenen una vida millor que ell. ____

    a. Tots tenen més o menys el mateix estil de vida.

    b. Realment tenen un estil de vida millor: han estudiat i tenen sous més alts.

3. a. L'Isaac no veu que es fa gran. ____
   b. L'Isaac no veu que es faci gran. ____

    a. Fa esport cada dia i està en forma.

    b. És que ja ha fet seixanta anys.

4. a. La psicòloga no considera que cada cop hi ha més problemes psicològics. ____
   b. La psicòloga no considera que cada cop hi hagi més problemes psicològics. ____

    a. L'augment dels problemes psicològics és un tòpic.

    b. Les enquestes demostren que ha augmentat el nombre de persones amb problemes psicològics.

5. a. En Robert i la seva exnòvia no s'adonen que passin massa estona junts. ____
   b. En Robert i la seva exnòvia no s'adonen que passen massa estona junts. ____

    a. Fins i tot s'han oblidat que tenen altres amics.
    b. No en són conscients.

L'indicatiu i el subjuntiu en les oracions relatives

- *Busca un regal que t'agradi.*

A. Persones i coses: *que*

B. Persones, coses i situacions: *el, la, els, les que*

C. Persones: *qui*

D. Lloc i manera: *on* i *com*

■ En les oracions relatives, amb *que, qui, on, com*, etc., podem usar el verb de l'oració subordinada en indicatiu o en subjuntiu.

43. ▶

A. Persones i coses: *que*

Indicatiu	Subjuntiu
Usem l'indicatiu quan parlem d'una persona o una cosa que coneixem i que podem **identificar**: *La Lluïsa vol un cotxe que **funciona** amb electricitat i gasolina.* [Ja sap quin cotxe és, el té identificat: és el Toio 234.]	Usem el subjuntiu quan parlem d'una persona o una cosa que **no podem identificar** perquè no sabem on és o si existeix: *La Lluïsa vol un cotxe que **funcioni** amb electricitat i gasolina.* [No sap encara quin model es comprarà.]
 Toio 234	

B. Persones, coses i situacions: *el, la, els, les que*

Indicatiu	Subjuntiu
Fem servir l'indicatiu en frases amb relatiu neutre o amb el nom elidit quan ens referim a persones o coses **conegudes** i **identificables**: —*Què fem?* —<u>*El que tu **dius**.*</u> [Això que tu estàs dient.] —*Quina aigua comprem?* —<u>*La **que** és més barata.*</u> [Aquesta, que és més barata.]	Fem servir el subjuntiu en frases amb relatiu neutre o amb el nom elidit quan parlem de persones o coses que **no podem identificar**: —<u>*El que tu **diguis**.*</u> [Les coses que tu diràs, que encara no sabem.] —*Quina aigua comprem?* —<u>*La que **sigui** més barata.*</u> [La més barata, que no sé quina és encara.]
 Quina aigua comprem? La que és més barata.	 Quina aigua comprem? La que sigui més barata.

17. ▶

C. Persones: *qui*

Indicatiu	Subjuntiu
En les oracions relatives amb *qui*, utilitzem l'indicatiu quan ens referim a persones **identificades**: _Qui_ **estudia** _català sap que aquesta gramàtica el pot ajudar._ [Sabem que hi ha persones que estudien català.]	En les oracions relatives amb *qui* utilitzem el subjuntiu quan parlem de persones que **no podem identificar**: _Qui_ **estudiï** _català, s'adonarà que necessita aquesta gramàtica._ [No pensem en persones concretes, sinó en els possibles estudiants de català.]

D. Lloc i manera: *on* i *com*

Indicatiu	Subjuntiu
Utilitzem els relatius *on* i *com* seguits de l'indicatiu per parlar d'un lloc o d'una manera de fer **identificats**: _Volem anar a un restaurant_ _on_ **fan** _cuscús amb pollastre._ [Ja sabem quin és: el restaurant Marràqueix.]	Utilitzem els relatius *on* i *com* seguits del subjuntiu per parlar d'un lloc o una manera de fer **no identificats**: _Volem anar a un restaurant_ _on_ **facin** _cuscús amb pollastre._ [L'hem de buscar a la guia de la ciutat.]

—*Com ens repartim la feina?* —_Com_ **diu** _en Manel: tu t'ocupes dels entrants, jo faig la carn i ell prepara les postres._	—*Com ens repartim la feina?* —_Com_ **digui** _en Manel, que si no s'enfadarà._

1 [A] Els propietaris del restaurant Ca la Pepa busquen un nou cuiner i parlen de quin és el millor candidat. Marca si es refereixen a persones identificades o no.

0. *El candidat que parla més idiomes sap anglès, francès, català i rus.*
    ⓐ *Persona identificada*
    b. *Persona no identificada*

1. El candidat que sàpiga treballar en equip serà l'escollit per a la plaça de cuiner.
    a. Persona identificada
    b. Persona no identificada

2. El candidat que té més experiència és del Marroc.
    a. Persona identificada
    b. Persona no identificada

3. El candidat que sigui més creatiu tindrà més possibilitats d'obtenir la plaça.
    a. Persona identificada
    b. Persona no identificada

4. El candidat que té millors valoracions té molt bon currículum.
    a. Persona identificada
    b. Persona no identificada

5. El candidat que conegui més estils de cuina pot coordinar els ajudants.
    a. Persona identificada
    b. Persona no identificada

6. El candidat que té més disponibilitat horària pot treballar tots els caps de setmana.
    a. Persona identificada
    b. Persona no identificada

7. El candidat que és més internacional ha treballat en més de sis països.
    a. Persona identificada
    b. Persona no identificada

2 [A] A l'oficina de treball, la secretària dóna informació d'ofertes i demandes de feina. Completa les frases amb una forma d'indicatiu o de subjuntiu dels verbs del requadre.

saber	0. *Es necessita un traductor que sàpiga català, xinès i japonès.*
tenir (2)	1. Busquem un soldador que _____ experiència.
estar	2. Busquem un comptable que _____ expert en temes fiscals.
conèixer	3. Disposem d'un traductor que _____ del català al xinès.
traduir	4. Es necessita un carnisser que _____ el ritus *halal*.
ser (2)	5. Tenim un soldador que _____ disponible a partir del mes que ve.
disposar de	6. Disposem d'un carnisser que _____ especialista en carns ecològiques.
poder (2)	7. Necessitem un repartidor que _____ cotxe propi.
	8. Hi ha una pastissera que _____ molta experiència.
	9. Es busca un cuidador de gent gran que _____ treballar a les nits.
	10. Tenim un repartidor que _____ treballar els caps de setmana.

3 [B] En Lluc i en Nil van a esquiar el cap de setmana. En Lluc fa la maleta i fa preguntes a en Nil. Completa les possibles respostes amb una forma d'indicatiu o de subjuntiu.

0. —*Quin jersei vols?*
    a. —*El que sigui (ser) més calent.*
    b. —*El que hi ha (haver-hi) sobre la cadira. L'hi vaig deixar ahir vespre.*

1. —Quins pantalons vols?
    a. —Els que _____ (comprar) a Andorra l'any passat.
    b. —Els que _____ (ser) més calents. Tria'ls tu.

2. —Quines ulleres vols?
    a. —Les que _____ (ser) més grosses. N'hi ha dues o tres.
    b. —Les que _____ (portar) sempre.

3. —Quins guants vols?
    a. —Els que t'_____ (agradar) a tu. Aquells que em vas regalar.
    b. —Els que t'_____ (agradar) més. Tant me fa.

4. —Quins calçotets vols?
    a. —Els que _____ (tenir) ossets. Són maquíssims.
    b. —Els que tu _____ (voler).

5. —Quina motxilla vols?
    a. —La que _____ (estar) neta. La vaig rentar el cap de setmana passat.
    b. —La que _____ (tenir) més butxaques. Tria tu mateix.

4 [C] Escriu al costat de cada frase la interpretació més adequada segons l'ús d'indicatiu o de subjuntiu.

0. *Qui té un gos ja sap que l'ha de treure a passejar cada dia.* b

   a. *Si vols tenir un gos, has de treure'l a passejar cada dia.*

   b. *Les persones que tenen un gos saben que l'han de treure a passejar cada dia.*

1. <u>Qui compra</u> una assecadora ja sap que consumeix molta energia. ___

   a. Les persones que compren assecadores saben que consumeixen energia.

   b. No sabem si la gent compra assecadores, però sabem que consumeixen molta energia.

2. <u>Qui compri</u> una assecadora, pot comprar una rentadora per la meitat de preu. ___

   a. Les persones que han comprat una assecadora han pogut comprar una rentadora amb descompte.

   b. Els possibles compradors d'una assecadora rebran un descompte si compren també una rentadora.

3. <u>Qui sàpiga</u> xinès tindrà més possibilitats de trobar feina en el futur. ___

   a. Sé que hi ha moltes persones que saben xinès. Aquestes persones troben feina fàcilment.

   b. Trobar feina serà més fàcil per a les persones amb coneixements de xinès.

4. <u>Qui sap</u> xinès ja sap que l'entonació és difícil. ___

   a. Els que parlen xinès saben que l'entonació en aquesta llengua és difícil.

   b. No sé si hi ha algú a la classe amb coneixements de xinès.

5. <u>Qui decideix</u> tenir fills, ja sap que mantenir-los és car. ___

   a. És probable que hi hagi persones que volen tenir fills i han de saber que és car mantenir-los.

   b. Les persones que prenen la decisió de tenir fills són conscients que és car mantenir-los.

6. <u>Qui decideixi</u> tenir fills, ha de saber que cal tenir molta paciència amb ells. ___

   a. La gent sap que cal tenir paciència per tenir fills.

   b. Si vols tenir fills, és convenient que sàpigues que cal tenir molta paciència amb ells.

5 Omple els espais buits amb un relatiu de lloc (*on*) o de manera (*com*) i marca si la forma verbal que hi ha a continuació és d'indicatiu (I) o de subjuntiu (S).

La Vall de Boí: un cap de setmana de natura, cultura i gastronomia

La Vall de Boí està situada a la comarca de l'Alta Ribagorça, al nord-oest de Catalunya. És una zona (0.) *on* hi ha (Ⓘ / S) els elements ideals per passar un cap de setmana inoblidable. Si busqueu un lloc (1.) _____ <u>convisquin</u> (I / S) cultura, natura i gastronomia, la vall de Boí és el vostre lloc.

La Vall de Boí és una zona (2.) _____ es <u>pot</u> (I / S) gaudir del millor art romànic català. Si voleu visitar un lloc (3.) _____ es <u>prepari</u> (I / S) cuina de muntanya, us recomanem el restaurant La Vall, situat just davant de l'església de Boí. També us recomanem un hotel a Taüll (4.) _____ us <u>tractaran</u> (I / S) d'allò més bé i (5.) _____ es <u>menja</u> (I / S) exquisidament: Cal Robert. Si hi aneu en època de bolets i en trobeu, us poden preparar un plat de bolets (6.) _____ més us <u>agradi</u> (I / S). I si el que us apassiona és el senderisme, feu alguna excursió al Parc Nacional d'Aigüestortes. Podeu fer l'excursió (7.) _____ més us <u>convingui</u> (I / S): a peu, amb esquís, en grup organitzat o en taxi.

Si us interessaria rebre més informació, faciliteu-nos les vostres dades (8.) _____ s'<u>indica</u> (I / S) a continuació. Dipositeu el fullet amb la informació següent a la bústia de l'oficina de turisme:

Nom i cognoms: _____

Correu electrònic: _____

Telèfon: _____

59. L'indicatiu i el subjuntiu en les oracions adverbials (I)

• *Quan **tingui** temps, en parlarem.*

A. Oracions adverbials
B. Oracions adverbials amb indicatiu
C. Oracions adverbials amb subjuntiu
D. Nexes de temps: indicatiu o subjuntiu

A. Oracions adverbials

A.1 Quan volem donar informació de temps, lloc, finalitat, causa, etc., podem fer servir una oració adverbial:

• *Quan **arriba** la primavera, anem a la muntanya.*
[informació de temps]

• *Callo perquè **estic** molt nerviós.*
[informació de causa]

El verb de l'oració subordinada adverbial pot anar en indicatiu o en subjuntiu, segons el significat de l'oració i del nexe (conjunció o adverbi) que enllaça l'oració principal i la subordinada:

• *Quan **arriba** la primavera, anem a la muntanya.*
[indicatiu]

• *Quan **arribi** la primavera, anirem a la muntanya.*
[subjuntiu]   **83.**▶

B. Oracions adverbials amb indicatiu

B.1 Usem l'indicatiu per **declarar una informació** sobre la qual tenim evidència perquè forma part de la nostra experiència o ens l'han proporcionat. Usem l'indicatiu amb els nexes següents:

Nexe	Significat de l'oració adverbial	Mode de l'oració adverbial	Exemple
ja que *com que*	causa	**I N D I C A T I U**	*Avui no aniré a la feina, ja que **ha nevat** molt.* *Com que **ha nevat** molt, avui no aniré a la feina.*
tot i que	concessió (obstacle)		*Tot i que **ha nevat** molt avui, aniré a la feina.*
mentre que	adversatiu (oposició)		*Ha nevat molt a la costa, mentre que a la muntanya no **ha nevat** gens.*
ara que	temps		*Ara que **he cobrat** la paga doble podré marxar de vacances.*
tan(t) que	conseqüència		*La Cinta va tant al gimnàs que l'**han feta** sòcia preferent.*

84. 85.▶

C. Oracions adverbials amb subjuntiu

C.1 Usem el subjuntiu per donar una informació sobre la qual **no tenim evidència** perquè és hipotètica o encara no ha tingut lloc. Usem el subjuntiu amb els nexes següents:

Nexe	Significat de l'oració adverbial	Mode de l'oració adverbial	Exemple
abans que	temps: moment posterior a l'oració principal	**S U B J U N T I U**	*Fes exercicis d'escalfament abans que **comenci** la sessió d'entrenament.*
a fi que *per tal que* *no fos cas que* *no sigui que*	finalitat		*Us escric aquesta carta a fi que m'**expliqueu** la vostra visió dels fets.* *T'escric per tal que m'**expliquis** la teva visió dels fets.* *Marxo ara no sigui que **trobi** retencions a la carretera.*

Nexe	Significat de l'oració adverbial	Mode de l'oració adverbial	Exemple
amb la condició que **en cas que** **tret que** **llevat que** **a menys que**	condició	**S U B J U N T I U**	*Et deixo el cotxe amb la condició que me'l* **tornis** *abans de les 11 del vespre.* *En cas que et* **trobis** *malament, descansa i pren-te una pastilla.* *No vull sortir a sopar a menys que em* **convidis** *tu.*
sense que	exclusió		*Com puc enviar un correu electrònic sense que es* **vegi** *el meu nom?*
com si	manera	**U**	*El meu germà em tracta com si* **tingués** *tres anys.*

> ■ Amb les conjuncions *abans de, després de, a fi de, per tal de, amb la condició de, en cas de* i *sense* també podem usar un infinitiu. En aquests casos, el subjecte de la frase principal i la subordinada és el mateix:
>
> *Us escric a fi d'explicar-vos la meva visió dels fets.*
>
>   [jo]   [jo]
>
> També podem utilitzar l'infinitiu quan en la frase principal hi ha un pronom que fa referència al subjecte de la frase subordinada:
>
> *En Joan em va deixar el cotxe amb la condició de* **tornar**-*li abans de les 11 del vespre.*
>
>   [jo]   [Joan]   [jo]   **84. 85.** ▶

D. Nexes de temps: indicatiu o subjuntiu

D.1 Amb els nexes de temps següents podem utilitzar l'indicatiu o el subjuntiu. Utilitzem l'indicatiu per referir-nos a **accions identificades** de present o de passat. Utilitzem el subjuntiu per expressar **accions de futur o hipotètiques** (condicons).

Nexe	Verb subordinat	Significat de l'oració adverbial	Exemple
quan	Indicatiu	acció identificada (present o passat)	*Quan* **arriba** *la primavera, anem a la muntanya.* *Quan* **va arribar** *la tardor, vam anar a collir castanyes.*
	Subjuntiu	acció de futur	*Quan* **arribi** *l'hivern, anirem a esquiar.* [Ara no som a l'hivern.]

Nexe	Verb subordinat	Significat de l'oració adverbial	Exemple
sempre que	Indicatiu	situació habitual	*Sempre que* **trobes** *embussos, et poses nerviós.*
	Subjuntiu	condició	*Pots sortir amb els amics sempre que* **tornis** *abans de les 12.* [Si surts amb els amics, has de tornar abans de les 12.]

Nexe	Verb subordinat	Significat de l'oració adverbial	Exemple
mentre	Indicatiu	acció identificada (present o passat)	_Mentre_ **preparava** _el sopar, escoltava la ràdio._
	Subjuntiu	condició	_Mentre_ **compleixis** _els objectius proposats, fes-ho com t'agradi._ [Si compleixes els objectius, fes-ho com t'agradi.]

Nexe	Verb subordinat	Significat de l'oració adverbial	Exemple
després que	Indicatiu	acció identificada	_Després que_ **va marxar** _tothom, vam netejar._ [La gent va marxar i després vam netejar.]
	Subjuntiu	acció de futur	_Després que_ **marxi** _tothom, netejarem._ [La gent marxarà i després netejarem.]
així que una vegada / un cop que tan aviat com de seguida que [imminència: _immediatament després_]	Indicatiu	acció identificada	_Així que_ **va marxar** _tothom de casa, vam netejar._ [Immediatament després de marxar la gent, vam netejar.]
	Subjuntiu	acció de futur	_Així que_ **marxi** _tothom, netejarem._ [La gent marxarà i immediatament després netejarem.]

Nexe	Verb subordinat	Significat de l'oració adverbial	Exemple
fins que	Indicatiu	límit present o passat	*Vaig treballar fins que **vaig tenir** setanta-cinc anys.* [límit de passat: setanta-cinc anys] 75
	Subjuntiu	límit futur	*He de treballar fins que **tingui** seixanta-set anys.* [límit de futur: seixanta-set anys] 67

84. 85.▷

Exercicis

1 [B i C] Escriu quin significat del requadre expressen les oracions subordinades subratllades. Marca al costat si el verb de l'oració subordinada adverbial va en indicatiu (I) o en subjuntiu (S).

causa (2)   concessió   adversatiu   moment posterior   temps   finalitat   condició (2)   exclusió

0. *Com que molts cambrers patien el fum dels fumadors, van prohibir fumar als espais públics:* causa Ⓘ/ S

1. Van obligar a portar el cinturó de seguretat, <u>ja que hi havia molts accidents de trànsit</u>: _____ I / S

2. <u>En cas que l'equipatge arribi malmès</u>, pots fer una reclamació a l'oficina de la companyia aèria: _____ I / S

3. Han instal·lat detectors de fum als lavabos d'avions <u>per tal que la gent no hi fumi</u>: _____ I / S

4. Als cotxes s'ha de portar cinturó de seguretat, <u>mentre que als autobusos urbans no és necessari</u>: _____ I / S

5. <u>Tot i que està prohibit fumar al metro</u>, hi ha gent que encara hi fuma: _____ I / S

6. <u>Ara que han aprovat una llei per evitar descàrregues de música</u>, la gent pagarà per escoltar música: _____ I / S

7. Algunes persones pensen tot tipus de maneres de saltar-se la llei <u>sense que els atrapin</u>: _____ I / S

8. Alguns presos poden sortir de la presó <u>amb la condició que facin alguna classe de treball social</u>: _____ I / S

9. <u>Abans que l'avió s'enlairi</u>, els passatgers s'han de cordar el cinturó de seguretat: _____ I / S

2 [C] Completa les frases següents amb la forma de present de subjuntiu d'un verb del requadre:

tornar   subscriure's   canviar   acabar   quedar   perdre   tenir   haver

0. *Li lloguem un cotxe tot un cap de setmana per 50 euros amb la condició que el* torni *al mateix punt de lloguer.*

1. Compri una rentadora abans que _____ el mes i li regalem una assecadora.

2. Li millorem les condicions de lloguer del cotxe sense que _____ de pagar més.

3. Li fem un regal d'un miniordinador amb la condició que _____ al diari.

4. Pot anar al taulell de reclamació d'equipatge en cas que _____ la maleta.

5. Li mantenim la quota de contracte a fi que no _____ de companyia d'assegurança.

6. Li tornem els diners en cas que no _____ satisfet amb el nostre producte.

7. A menys que _____ una urgència, truqui entre les 8.00 del matí i les 20.00 del vespre.

3 [B i C] Omple els espais buits amb una forma d'indicatiu o de subjuntiu dels verbs entre parèntesis.

Benvolguda senyora Rius,

Li donem la benvinguda a Servisegur, el seu servei d'assegurança mèdica i hospitalització a mida. Com que (0.) *confia* (confiar) en nosaltres, li hem preparat els avantatges mèdics següents:

— Atenció mèdica: en cas que vostè (1.) _____ (*trobar-se*) malament, ens pot trucar a qualsevol hora.
   Nota: Ens pot trucar sempre amb la condició que (2.) _____ (*ser*) dins l'horari comercial.

— Atenció dental: per tal que vostè (3.) _____ (*tenir*) el somriure que sempre ha desitjat, li oferim els millors serveis d'odontologia estètica. Nota: Com que molts clients (4.) _____ (*sol·licitar*) aquest servei, cal demanar hora amb dos mesos d'antelació.

— Hospitalització: Als altres hospitals sempre compartirà habitació amb un altre pacient, mentre que als nostres (5.) _____ (*disposar*) d'una habitació per a vostè sola. Nota: A fi que (6.) _____ (*poder*) oferir aquest servei, ens ha de notificar la seva hospitalització amb trenta dies d'antelació. Tot i que gairebé sempre (7.) _____ (*ser*) possible oferir un servei individualitzat, en algun cas no és possible. En cas que no (8.) _____ (*tenir*) una habitació per a vostè sola, l'avisarem amb sis hores d'antelació.

— Alimentació. Li farem un menú personalitzat i equilibrat sense que això (9.) _____ (*significar*) fer àpats sense gust ni imaginació. Nota: Si és al·lèrgica a algun producte, indiqui'ns-ho a fi que (10.) _____ (*poder*) preparar el menú adequat.

— Cirurgia. Tenim els millors equips d'especialistes en cardiologia. Abans que vostè (11.) _____ (*entrar*) a la sala d'operacions, rebrà tota la informació necessària sobre la intervenció. Podrà fer totes les preguntes per tal que vostè (12.) _____ (*sentir-se*) segura i còmoda abans de l'operació. Nota: Aquest servei s'ofereix amb la condició que els pacients no (13.) _____ (*fer*) més de dues preguntes per operació. L'assegurança cobreix les despeses de l'assegurat, tot i que no (14.) _____ (*fer-se*) càrrec de les despeses dels acompanyants.

De nou, li donem les gràcies i estem a la seva disposició. Benvinguda a Servisegur.

Rosa Mal Alta
Cap de Comunicació

4 [D] En Carles dóna consells a en Xavier sobre com ha de preparar-se per a una entrevista de feina. Marca si cada frase és un consell d'en Carles (C) o el que va fer en Xavier (X) i completa les frases amb una forma del present de subjuntiu o del passat perifràstic dels verbs del requadre.

citar	0. a. Quan et *citin* per a una entrevista, arriba cinc minuts abans de l'hora indicada. C
	b. Quan em *van citar* per a l'entrevista, vaig arribar cinc minuts tard. X
arribar	1. a. Quan _____ el currículum, vaig posar-hi totes les feines que havia fet. ___
	b. Quan _____ el currículum, destaca les feines relacionades amb la feina que vols. ___
redactar	2. a. Quan _____ a l'entrevista, estava molt tens. ___
	b. Quan _____ a l'entrevista, respira fondo i relaxa't. ___
acomiadar-se	3. a. Quan _____ amb el cap de l'empresa, mira'l als ulls i somriu sense exagerar. ___
	b. Quan _____ amb el cap de l'empresa, vaig mirar-lo als ulls amb cara d'espantat. ___
parlar	4. a. Quan _____ el test de personalitat, sigues sincer. ___
	b. Quan _____ el test de personalitat, vaig dir la veritat. ___
fer	5. a. Quan _____, no vaig recordar-me de donar les gràcies. ___
	b. Quan _____, dóna les gràcies i saluda. ___

5 [D] Omple els buits amb una forma d'indicatiu o de subjuntiu.

●○○　　Com arribar a casa

Hola, Charo!
Estem molt contents que puguis venir a passar la castanyada amb nosaltres. Ens ho passarem molt bé. Tot seguit et dono les instruccions per arribar a casa nostra. M'imagino que véns amb bicicleta, com sempre. Surt de casa teva i tira tot recte. Quan (0.) *arribis* (*arribar*) a la plaça d'Espanya, gira a l'esquerra i segueix per la Gran Via fins que (1.) _____ (*veure*) la plaça de la Universitat. Llavors, tomba a l'esquerra. De seguida que (2.) _____ (*passar*) el semàfor, gira a l'esquerra. Casa nostra és el número 10 del carrer de les Guilleries. Així que (3.) _____ (*arribar*), fes-nos una trucada perduda, perquè el timbre no funciona.
Albert i Núria

●○○　　Adéu a la bici

Ei, Albert i Núria,
Moltes gràcies per convidar-me a passar la castanyada a casa vostra. M'ho vaig passar molt bé. Quan la gent (4.) _____ (*organitzar*) festes a casa seva, a vegades és avorrit, però amb vosaltres sempre m'ho passo bé. Us escric, però, per explicar-vos una cosa que em va passar quan (5.) _____ (*marxar*) de casa vostra. Em sembla que me'n vaig anar cap a les 11 de la nit. Doncs, així que (6.) _____ (*sortir*) al carrer, no vaig trobar la bici. Me l'havien robat! Dilluns, abans que (7.) _____ (*arribar*) a la feina, aniré a la policia i faré una denúncia. Estic una mica trista perquè aquella bici era la meva millor amiga! Tan aviat com (8.) _____ (*tenir*) diners, me'n compraré una altra d'igual. I quan me la (9.) _____ (*comprar*), també em recordaré de comprar un cadenat de més qualitat! Això és tot, de moment. Ja veieu que va ser una castanyada bona però alhora dolenta per a mi.
Fins aviat.
Charo

6 [D] Completa les frases següents amb una forma d'indicatiu o de subjuntiu, segons l'ús de *mentre*:

0. *El nombre d'estudiants de català augmenta, mentre que el d'estudiants de francès* disminueix (*disminuir*).

1. Mentre _____ (*esperar*) a la cua de l'oficina d'empadronament, vaig trobar-me amb en Robert.

2. Pots dir tot el que vulguis a l'assemblea de veïns mentre no _____ (*insultar*) a ningú.

3. Mentre _____ (*pagar*) cada mensualitat del lloguer, no tindràs mai problemes amb el propietari.

4. Els sous dels homes directius augmenten, mentre que els de les dones no _____ (*canviar*).

5. Mentre _____ (*tenir*) diners, podia viatjar sovint.

6. Mentre _____ (*dutxar-se*), vaig notar que em queien els cabells.

7. Mentre _____ (*fer*) la feina que et toca, ningú no et dirà res.

7 [D] Completa les frases següents sobre la celebració del Nadal amb una forma de passat perifràstic o de present de subjuntiu. Tingues en compte el nexe de temps.

0. *Prepara l'escudella abans que* arribin *els convidats.*

1. Renta els plats després que _____ (*anar-se'n*) els convidats.

2. Així que _____ (*tocar*) les 12, tots ens vam aixecar i ens vam abraçar.

3. No llencis els rebuts dels regals fins que _____ (*estar*) segur que han agradat a tothom.

4. Després que els nens _____ (*cantar*) unes nadales, vam prendre les postres.

5. Farem el pessebre abans que _____ (*arribar*) el dia de Nadal.

6. Reciclarem l'arbre després que _____ (*acabar-se*) les festes.

7. Els nens van estar nerviosos fins que _____ (*obrir*) els regals.

8. Fes un brindis pel nou any després que la gent _____ (*acabar*) de menjar el raïm.

9. Un cop _____ (*obrir*) els regals, els nens van començar a cridar d'alegria.

10. Prepara els dotze grans de raïm abans que _____ (*tocar*) les 12.

60. L'indicatiu i el subjuntiu en les oracions adverbials (II)

- *Aprenc català perquè m'**agraden** les llengües.*

A. Causa i finalitat
B. Concessió
C. Manera
D. Quantitat
E. Oposició i condició

■ Amb els nexes següents podem expressar diferents significats segons que usem el verb en indicatiu o en subjuntiu. **83.▶**

A. Causa i finalitat

Nexe	Mode del verb de l'adverbial	Significat de l'oració adverbial	Exemple
perquè	Indicatiu	causa	*Et faig un regal perquè m'**estimes**.* [Et faig un regal. La raó del regal és que tu m'estimes.]
	Subjuntiu	finalitat	*Et faig un regal perquè m'**estimis**.* [Et faig un regal. La finalitat del regal és que tu m'estimis.]

84.▶

B. Concessió

Nexe	Mode del verb de l'adverbial	Significat de l'oració adverbial	Exemple
encara que *malgrat que* *per més que*	Indicatiu	concessió (obstacle que coneixem o afirmem)	*Encara que m'**estimes**, et vull deixar.* [Sé que m'estimes, però et vull deixar.]
	Subjuntiu	concessió (obstacle que no podem afirmar amb total seguretat)	*Encara que m'**estimis**, et vull deixar.* [No sé si m'estimes o no, però et vull deixar.]

84. 85.▶

C. Manera

Nexe	Mode del verb de l'adverbial	Significat de l'oració adverbial	Exemple
tal com *segons com* *com* *igual com*	Indicatiu	manera identificada	*Munta la tauleta tal com **expliquen** les instruccions.* [Conec les instruccions perquè me les he llegides.]
	Subjuntiu	manera no identificada	*Munta la tauleta tal com **expliquin** les instruccions.* [No m'he llegit les instruccions.]

D. Quantitat

Nexe	Mode del verb de l'adverbial	Significat de l'oració adverbial	Exemple
tant com	Indicatiu	quantitat identificada	*L'Oleguer menja* tant com **vol** *i no s'engreixa!* [Sé la quantitat que sol menjar.]
	Subjuntiu	quantitat no identificada	*Anirem a un bufet lliure i podràs menjar* tant com **vulguis**. [Encara no sé la quantitat de menjar que vols.]

E. Oposició i condició

Nexe	Mode del verb de l'adverbial	Significat de l'oració adverbial	Exemple
excepte que **tret que** **llevat que**	Indicatiu	adversatiu (oposició)	*És una bona feina,* excepte que *t'***has** *de llevar a les cinc del matí.* [És una bona feina, però t'has de llevar a les cinc del matí].
	Subjuntiu	condicional	*Pots enviar els documents per correu electrònic* excepte que *s'***indiqui** *el contrari.* [Pots enviar els documents per correu electrònic, si no s'indica el contrari.]

Exercicis

1 [A] Llegeix els començaments dels missatges i les cartes següents, que n'expliquen el motiu o la finalitat, i escriu el verb entre parèntesis en present d'indicatiu o de subjuntiu:

0. a. *Els escric perquè* vull *(voler) fer-me subscriptor de la seva revista.*

 b. *Els escric perquè m'*expliquin *(explicar) els motius pels quals m'han donat de baixa de la meva subscripció.*

1. a. Us escric perquè _____ (tenir) dues preguntes sobre la comanda que vaig fer fa una setmana.

 b. Us escric perquè m'_____ (indicar) quan rebré la comanda que vaig fer fa una setmana.

2. a. T'envio aquest missatge perquè _____ (necessitar) demanar-te un favor.

 b. T'envio aquest missatge perquè em _____ (fer) un favor.

3. a. Els escric aquesta carta perquè em _____ (donar) de baixa del seu servei.

 b. Els escric aquesta carta perquè fa temps em _____ (donar) de baixa del seu servei i no en sé la raó.

4. a. M'adreço a vostès perquè no _____ (estar) gens satisfet amb el servei de la seva empresa.

 b. M'adreço a vostès perquè em _____ (retornar) l'import de l'última comanda, ja que el servei ofert no ha estat el promès.

5. a. T'escrivim perquè et _____ (voler) convidar a sopar dissabte al vespre.

 b. T'escrivim perquè ens _____ (dir) si pots venir a sopar dissabte al vespre.

2 [B] Completa les frases amb una forma d'indicatiu o de subjuntiu tenint en compte la informació proporcionada.

0. *Sé que el xinès és difícil. M'agrada estudiar-lo*

Encara que el xinès és difícil, m'agrada estudiar-lo.

1. No sé si avui sortiré tard de la feina. Aniré a classe de català.

Encara que _____ tard de la feina, aniré a classe de català.

2. A l'Anna li agrada la seva feina. Vol deixar-la per cuidar la seva filla.

Encara que a l'Anna li _____ la seva feina, vol deixar-la per cuidar la seva filla.

3. No m'interessa la política. Segueixo els debats parlamentaris.

Malgrat que no _____ la política, segueixo els debats parlamentaris.

4. No sé si avui farà bon temps. Anirem d'excursió al Montseny.

Malgrat que avui no _____ gaire bon temps, anirem d'excursió al Montseny.

5. Insisteixo que em truqui. Sempre acabo trucant-li jo.

Per més que li _____ que em truqui, sempre acabo trucant-li jo.

6. No sé si m'avorriré. Aniré al casament del Paco i la Lucía.

Encara que m'_____, aniré al casament del Paco i la Lucía.

7. M'agraden les grans celebracions. Cada any es fa més pesat organitzar un dinar per a tota la família el dia del meu aniversari.

Encara que _____ celebrar el meu aniversari, cada any es fa més pesat organitzar un dinar per a tota la família.

3 En Dewei vol posar en marxa un negoci i parla amb en Carles. Completa la conversa amb formes d'indicatiu o de subjuntiu. En algun cas, totes dues formes són possibles.

D: —Ei, Carles, com va?

C: —Molt bé. I tu, com estàs?

D: —Anar fent. M'agradaria muntar el meu negoci, però no sé com fer-ho.

C: —Uf, és bastant complicat, no? Excepte que (0.) *tinguis* (*tenir*) un munt de diners, esclar!

D: —Jo crec que no ho és tant. Tal com (1.) _____ (*dir*) el meu amic Wang, tot és proposar-s'ho.

C: —Sí, segons com t'ho (2.) _____ (*mirar*). Jo no m'hi veuria amb cor.

D: —M'agradaria obrir un restaurant de menjar xinès i català. Un bufet lliure on la gent pugui menjar tant com (3.) _____ (*voler*).

C: —Ui, però ja n'hi ha molts! Un altre?

D: —Sí, n'hi ha molts, encara que la meva idea (4.) _____ (*ser*) diferent. Vull fer un restaurant només de postres!

C: —Ah! Tal com m'ho (5.) _____ (*explicar*) ara és diferent! Però no ho sé. Creus que és una bona idea?

D: —Als Estats Units ja hi ha restaurants on pots menjar tant com (6.) _____ (*voler*) i tenen molt èxit.

C: —Sí, excepte que als americans els (7.)_____ (*agradar*) més les postres que als catalans i als xinesos, no?

D: —Potser tens raó.

C: —No ho sé. Fes-ho tal com tu (8.) _____ (*creure*), però no t'arrisquis innecessàriament.

D: —D'acord. Ho tindré en compte.

C: —Et desitjo molta sort. Fins aviat.

D: —Fins aviat. Adéu.

4 En Mike lloga una habitació al pis d'en Helmut. Llegeix les notes que es deixen i corregeix els cinc errors sobre l'ús de l'indicatiu i del subjuntiu que han comès.

0
Avui no m'esperis a sopar perquè ~~tingui~~ un sopar amb els companys de feina. *tinc*

1
Sisplau, treu les escombraries cada dia perquè el pis no fa pudor.

2
Et deixo el meu número de compte bancari perquè m'hi ingressis el lloguer cada mes.

3
M'agrada molt la meva habitació, excepte que hi faci molt fred. Podem comprar una estufa? Encara que sóc noruec, també tinc fred!

4
Pots rentar els plats cada dia tal com s'indiqui en les normes del pis?

5
Et deixo els rebuts de les dues estufes perquè veus que no van ser gaire cares.

6
A tots dos ens agrada molt el cafè. Puc comprar una cafetera exprés encara que sigui una mica cara?

7
Compra una estufa per a la teva habitació. O, si vols, compra'n dues, excepte que són molt cares.

61. El subjuntiu passat

• *saltés, hagi saltat, hagués saltat*

A. Subjuntiu passat

A.1 En el mode de subjuntiu només hi ha tres formes verbals de passat: imperfet, perfet i plusquamperfet. Per als usos de futur, fem servir les formes de present:

> • *Ahir el meu tutor em va recomanar que **estudiés**.* [imperfet]
> • *És bo que **hagi estudiat** aquesta setmana.* [perfet]
> • *Tant de bo **hagués estudiat** més l'any passat.* [plusquamperfet]

55. ▶

B. Imperfet de subjuntiu

B.1 Construïm les formes d'imperfet de subjuntiu afegint les terminacions següents a l'arrel del verb:

	Primera conjugació	Segona conjugació	Tercera conjugació	
	*salt-**ar***	*perd-**re***	*dorm-**ir***	*lleg-**ir***
jo	*salt-**és***	*perd-**és***	*dorm-**ís***	*lleg-**ís***
tu	*salt-**essis***	*perd-**essis***	*dorm-**issis***	*lleg-**issis***
ell, ella, vostè	*salt-**és***	*perd-**és***	*dorm-**ís***	*lleg-**ís***
nosaltres	*salt-**éssim***	*perd-**éssim***	*dorm-**íssim***	*lleg-**íssim***
vosaltres	*salt-**éssiu***	*perd-**éssiu***	*dorm-**íssiu***	*lleg-**íssiu***
ells, elles, vostès	*salt-**essin***	*perd-**essin***	*dorm-**issin***	*lleg-**issin***

> ■ Els verbs acabats en *-jar* (*barrejar...*), *-car* (*practicar...*), *-çar* (*començar...*) i *-gar* (*pagar...*) presenten canvis ortogràfics: jo *barregés*, jo *practiqués*, jo *comencés*, jo *pagués*...
>
> ■ Els verbs acabats en *-air* (*agrair...*), *-eir* (*obeir...*) i *-uir* (*traduir...*) porten dièresi en algunes persones: *tu agraïssis, ells obeïssin, vostès traduïssin...*

B.2 Quan la forma de la primera persona del singular del present d'indicatiu acaba en *-c*, les formes de l'imperfet de subjuntiu es construeixen amb *-gu-*:

	estar (*jo esti-**c***)	*aprendre* (*jo apren-**c***)	*escriure* (*jo escri-**c***)	*beure* (*jo be-**c***)	*tenir* (*tin-**c***)
jo	*esti**gu**és*	*apren**gu**és*	*escri**gu**és*	*be**gu**és*	*tin**gu**és*
tu	*esti**gu**essis*	*apren**gu**essis*	*escri**gu**essis*	*be**gu**essis*	*tin**gu**essis*
ell, ella, vostè	*esti**gu**és*	*apren**gu**és*	*escri**gu**és*	*be**gu**és*	*tin**gu**és*
nosaltres	*esti**gu**éssim*	*apren**gu**éssim*	*escri**gu**éssim*	*be**gu**éssim*	*tin**gu**éssim*
vosaltres	*esti**gu**éssiu*	*apren**gu**éssiu*	*escri**gu**éssiu*	*be**gu**éssiu*	*tin**gu**éssiu*
ells, elles, vostès	*esti**gu**essin*	*apren**gu**essin*	*escri**gu**essin*	*be**gu**essin*	*tin**gu**essin*

Altres verbs amb *-c* en la primera persona del singular del present d'indicatiu: *conèixer* (*jo conec*): *cone**gu**és...*; *creure* (*jo crec*): *cre**gu**és...*; *caure* (*jo caic*): *cai**gu**és...*; *venir* (*jo vinc*): *vin**gu**és...*; *vendre* (*jo venc*): *ven**gu**és...*; *poder* (*jo puc*): *po**gu**és...*; *dir* (*jo dic*): *di**gu**és...*; *dur* (*jo duc*): *du**gu**és...*

> ■ El verb *escriure* també es pot conjugar amb *-v-*: *escrivís, escrivissis, escrivís, escrivíssim, escrivíssiu, escrivissin.*

B.3 Els verbs següents presenten irregularitats en l'arrel:

	ser	veure	haver
jo	fos	veiés	hagués
tu	fossis	veiessis	haguessis
ell, ella, vostè	fos	veiés	hagués
nosaltres	fóssim	veiéssim	haguéssim
vosaltres	fóssiu	veiéssiu	haguéssiu
ells, elles, vostès	fossin	veiessin	haguessin

	córrer	viure	voler
jo	corregués	visqués	volgués
tu	correguessis	visquessis	volguessis
ell, ella, vostè	corregués	visqués	volgués
nosaltres	correguéssim	visquéssim	volguéssim
vosaltres	correguéssiü	visquéssiu	volguéssiu
ells, elles, vostès	correguessin	visquessin	volguessin

B.4 Usem l'imperfet de subjuntiu quan l'oració principal és en passat i expressa influència, preferència, desig, dubte i valoracions:

Present	Passat
Vull que _arribis_ puntual. _Espero_ que t'_agradi_.	_Volia_ que **arribessis** puntual. _Esperava_ que t'**agradés**.

També usem l'imperfet de subjuntiu per expressar hipòtesis de present o futur:

- _Si jo **fos** mestre, no toleraria certs comportaments dels infants._ [És una hipòtesi perquè no sóc mestre.]

C. Plusquamperfet de subjuntiu

C.1 Formem el plusquamperfet de subjuntiu amb l'imperfet de subjuntiu de l'auxiliar _haver_ seguit del participi del verb que volem utilitzar:

	Auxiliar _haver_ + Participi
jo	**hagués saltat**
tu	**haguessis saltat**
ell, ella, vostè	**hagués saltat**
nosaltres	**haguéssim saltat**
vosaltres	**haguéssiu saltat**
ells, elles, vostès	**haguessin saltat**

46.▶

C.2 Usem el plusquamperfet de subjuntiu amb verbs d'influència, preferència, desig, dubte i valoracions per referir-nos a una acció passada anterior a una altra del passat:

- _Els treballadors dubtaven que **haguessin sentit** una explosió abans de l'accident._
  [L'acció de sentir una explosió és anterior a una altra acció passada (dubtar).]
- _Tant de bo **haguessis vingut**._ [Però no vas venir.]

També usem el plusquamperfet de subjuntiu per expressar condicions irreals del passat:

- _Si **hagués estudiat** anglès de jove, ara tindria una feina millor._ [Però no vaig estudiar anglès de jove.]

62. 70.▶

D. Perfet de subjuntiu

D.1 Formem el perfet de subjuntiu amb el present de subjuntiu de l'auxiliar *haver* seguit del participi del verb que volem fer servir:

	haver (auxiliar) + Participi
jo	**hagi saltat**
tu	**hagis saltat**
ell, ella, vostè	**hagi saltat**
nosaltres	**hàgim / haguem saltat**
vosaltres	**hàgiu / hagueu saltat**
ells, elles, vostès	**hagin saltat**

D.2 Usem el perfet de subjuntiu amb verbs d'influència, preferència, desig, dubte i valoracions per expressar accions del passat que tenen una connexió amb el present:

- <u>Espero que</u> t'**hagi agradat**.
- <u>Dubtem que</u> **hagi estat** una explosió.
- <u>Ens agrada que</u> **hàgiu vingut** a veure'ns.

Exercicis

1 **[B]** Subratlla la forma de l'imperfet de subjuntiu dels parells de verbs següents:

0. cantes   <u>cantés</u>

1. dormís	dormis		6. sabés	sabies
2. fas	fes		7. és	fos
3. rebin	rebessin		8. serviu	servíssiu
4. dirigien	dirigissin		9. sortís	surtis
5. anem	anés		10. llegim	llegíssim

2 **[B]** Completa les sèries amb l'infinitiu i les tres formes del singular o del plural de l'imperfet de subjuntiu dels verbs següents:

0. *tinc:*   *tenir:*   singular: *tingués, tinguessis, tingués.*

1. aprenc _____: singular: _____, _____, aprengués.
2. duc _____: plural: duguéssim, _____, _____.
3. dic _____: singular: _____, diguessis, _____.
4. puc _____: plural: poguéssim, _____, _____.
5. ric _____: singular: _____, riguessis, _____.
6. crec _____: plural: creguéssim, _____, creguessin.
7. sec _____: singular: segués, _____, segués.
8. vinc _____: plural: _____, _____, vinguessin.
9. venc _____: singular: _____, _____, vengués.

3 **[B]** Completa la taula dels verbs irregulars amb les formes d'imperfet de subjuntiu que hi falten.

	voler	*ser*	*veure*	*viure*	*haver*
jo	volgués			visqués	
tu	*volguessis*				haguessis
ell / ella / vostè					
nosaltres		fóssim	veiéssim		
vosaltres					haguéssiu
ells / elles / vostès	volguessin		veiessin	visquessin	

4 [B] Escriu en passat els consells que dóna en Pere per aprendre català fent-hi els canvis necessaris.

0. *T'aconsello que vagis sempre a classe.*

   En Pere em va a consellar que anés sempre a classe.

1. Et suggereixo que practiquis el català amb els veïns i a les botigues.

   En Pere em va suggerir que _____.

2. Et recomano que miris la tele en català.

   En Pere em va recomanar que _____.

3. T'aconsello que vagis a veure pel·lícules per millorar la comprensió oral.

   En Pere em va aconsellar que _____.

4. Et suggereixo que no tradueixis totes les paraules a la teva llengua.

   Em va suggerir que _____.

5. Confio que continuïs estudiant català després dels tres primers mesos.

   En Pere confiava que _____.

6. Espero que t'ho passis bé a l'aula amb els altres companys.

   En Pere esperava que _____.

7. Vull que anem a prendre alguna cosa junts i practiquem el català.

   En Pere volia que _____.

8. Prefereixo que no barregis les llengües que saps.

   En Pere preferia que _____.

5 [C] Completa aquesta llista de desitjos frustrats del passat amb una forma del verb en plusquamperfet de subjuntiu.

0. *Tant de bo hagués tingut* (tenir) *un germà.*

1. Tant de bo _____ (estudiar, nosaltres) més quan érem joves.

2. Tant de bo no _____ (sortir, tu) tant de nit.

3. Tant de bo no _____ (ser, vosaltres) uns pares tan permissius.

4. Tant de bo _____ (passar, nosaltres) més estona junts.

5. Tant de bo _____ (viatjar, jo) a l'estranger per conèixer altres cultures.

6. Tant de bo _____ (tenir, tu) amics més responsables.

7. Tant de bo no _____ (haver de treballar, vosaltres) tantes hores fora de casa.

8. Tant de bo _____ (saber, jo) que la joventut no dura sempre.

6 [D] En Klaus és un periodista que qüestiona el que acaba de dir el conseller d'Economia del Govern. Completa les frases negatives amb una forma del perfet de subjuntiu.

El conseller d'Economia diu: En els darrers dotze mesos...	En Klaus diu: No és veritat...
0. *els ciutadans hem notat una millora en el nivell de vida.*	*que hàgim notat una millora en el nivell de vida.*
1. els preus dels pisos han baixat.	
2. els sous han augmentat.	
3. l'atur ha disminuït.	
4. els impostos s'han mantingut.	
5. el nombre d'afiliats a la Seguretat Social ha crescut.	
6. les factures del gas i de l'electricitat no han canviat.	
7. hem estalviat molt els últims mesos.	
8. els polítics hem tingut més contacte amb els ciutadans.	

62. El subjuntiu passat. Usos (I)

• **M'agradaria** que **fossis** més puntual.

A. Concordança de temps

A.1 Usem els temps verbals del subjuntiu en les oracions subordinades segons el temps de la frase principal. Quan l'oració principal és en present o en perfet d'indicatiu, podem fer servir tots els temps verbals del subjuntiu:

- *Dubto que* el tren **arribi** a l'hora. [Present]
  el tren **arribés** a l'hora. [Imperfet]
  el tren **hagi arribat** a l'hora. [Perfet]
  el tren **hagués arribat** a l'hora. [Plusquamperfet]

Quan l'oració principal no és en present o en perfet d'indicatiu, només podem utilitzar l'imperfet i el plusquamperfet de subjuntiu:

- *Vaig dubtar que* el tren **arribés** a l'hora. [Imperfet]
  el tren **hagués arribat** a l'hora. [Plusquamperfet]

B. Verb principal: present i perfet d'indicatiu

B.1 Quan el verb principal és en present o perfet d'indicatiu, en l'oració subordinada podem usar una forma de present, d'imperfet, de perfet o de plusquamperfet de subjuntiu. Cada forma verbal va associada amb una relació de temps entre el verb de l'oració principal i el de la subordinada (simultaneïtat, posterioritat o anterioritat).

Verb principal	Forma del verb subordinat en subjuntiu	Relació entre el verb subordinat i el principal	Exemple	Informació temporal
Present	Present	Simultaneïtat	*Dubto que* el meu marit **trobi** feina.	[*Trobar feina* i *dubtar* són accions simultànies: ara, avui.]
		Posterioritat	*Dubto que* el meu marit **trobi** feina.	[*Trobar feina* és posterior a *dubtar*: aquest vespre, demà, la setmana que ve.]
Perfet	Imperfet		*Dubto que* el meu marit **trobés** feina.	[*Trobar feina* és anterior a *dubtar*: ahir, la setmana passada.]
	Perfet	Anterioritat	*Dubto que* el meu marit **hagi trobat** feina.	[*Trobar feina* és anterior a *dubtar*: avui, aquest matí, aquesta setmana.]
	Plusquamperfet		*Dubto que* el meu marit **hagués trobat** feina.	[*Trobar feina* és anterior a *dubtar*: ahir, la setmana passada.]

55. 61. ▶

! ▪ Quan expressem anterioritat en l'oració subordinada, podem usar els temps següents: **perfet**, **imperfet**, **plusquamperfet**. Fem servir l'imperfet per a accions passades que no tenen connexió amb el present. Utilitzem el perfet per a accions passades amb connexió amb el present. I fem servir el plusquamperfet per a accions passades acabades o molt llunyanes. **51. 52.** ▶

C. Verb principal: passat perifràstic, imperfet i condicional

C.1 Quan el verb principal és en passat perifràstic, imperfet o condicional, en l'oració subordinada podem utilitzar una forma d'imperfet o de plusquamperfet de subjuntiu. Cada forma de subjuntiu va associada amb una relació de temps entre el verb de l'oració principal i el de la subordinada (simultaneïtat, posterioritat o anterioritat):

Verb principal	Forma del verb subordinat en subjuntiu	Relació entre el verb subordinat i el principal	Exemple	Informació temporal
Passat perifràstic	Imperfet	Simultaneïtat	*Vaig dubtar que li* **agradés** *el regal.*	[*Agradar* i *dubtar* són accions simultànies: ahir, en aquell moment.]
Imperfet		Posterioritat	*Vaig dubtar que li* **agradés** *el regal.*	[*Agradar* és posterior a *dubtar*: després d'obrir-lo, l'endemà.]
Condicional	Plusquamperfet	Anterioritat	*Vaig dubtar que li* **hagués agradat** *el regal.*	[*Agradar* és anterior a *dubtar*: la setmana anterior.]

D. *Tant de bo*

D.1 Amb l'expressió *tant de bo* formulem **desitjos** des del present sobre accions del passat o del futur. Quan parlem de desitjos de futur, usem el present de subjuntiu:

- *Tant de bo* la Fàtima **guanyi** *la cursa.*
  [Desitjo que guanyi.]

Usem l'imperfet de subjuntiu quan és **poc probable** que el desig de futur es faci realitat:

- *Tant de bo* la Fàtima **guanyés** *la cursa.*
  [Desitjo que guanyi, però és poc probable.]

D.2 Quan parlem de desitjos del passat, fem servir el perfet de subjuntiu si l'acció té alguna connexió amb el present (*avui*, *aquest matí*, *aquesta setmana*...) i no sabem si el desig s'ha complert o no:

- *Tant de bo* la Fàtima **hagi guanyat** *la cursa aquest matí.*
  [Desitjo que hagi guanyat la cursa. Potser ha guanyat.]

Fem servir el plusquamperfet de subjuntiu quan el desig del passat no s'ha complert:

- *Tant de bo* la Fàtima **hagués guanyat** *la cursa ahir.* [No la va guanyar.]
- *Tant de bo* la Fàtima **hagués guanyat** *la cursa aquest matí.* [No l'ha guanyat.]

1 [B] En Pau ha organitzat una excursió al Parc Nacional d'Aigüestortes. Marca si el verb subratllat de l'oració subordinada fa referència a un moment anterior (A), simultani (S) o posterior (P) al que indica el verb de l'oració principal. En alguns casos, hauràs de marcar més d'una opció.

0. *Dubtem que nevés.* (A)| S | P
1. No crec que faci bon temps. A | S | P
2. Confiem que els propietaris de l'alberg hagin preparat les habitacions. A | S | P
3. Ens agrada que porteu els nens. A | S | P
4. Ens recomanen que ens posem un impermeable. A | S | P
5. Dubto que haguéssiu vingut abans a aquest alberg. A | S | P
6. Esperem que no hi hagi gaire gent al parc. A | S | P
7. Espero que la neu no s'hagi fos encara. A | S | P

2 [C] La Nora explica com va anar l'excursió al Parc Nacional d'Aigüestortes. Completa les frases amb una forma d'imperfet o de plusquamperfet de subjuntiu. Fes servir els verbs del requadre.

| fer (2) |
| fondre's |
| preparar |
| posar |
| haver-hi |
| estar |

0. *No pensàvem que fes bon temps, però va fer sol tots els dies.*
1. Confiàvem que els propietaris _____ les habitacions i ho van fer. Vam tenir unes habitacions perfectes.
2. Ens van recomanar que ens _____ un impermeable perquè començava a nevar.
3. Dubtàvem que _____ abans en aquell alberg. És veritat. No hi havíem estat mai abans.
4. Desitjàvem que no _____ gaire gent al parc, però hi havia una gentada de por.
5. Esperàvem que la neu no _____ encara, però no n'hi havia gens.
6. Els nens volien que _____ un ninot de neu, però no el vam poder fer perquè no hi havia neu.

3 [B] En Salikoko, la Marga i en Jon tenen un grup de música i avui han fet el primer concert. Els seus amics, en Ricard i la Mireia, els comenten com ha anat. Omple els buits amb una forma del perfet de subjuntiu dels verbs següents:

| convidar |
| reservar |
| llançar |
| poder |
| fer |
| presentar |
| cantar |
| venir |
| funcionar |

0. *Ens agrada que ens hàgiu convidat al concert.*
1. Marga, ens encanta que ens _____ els membres del teu grup.
2. Estem contents que tu i els membres del teu grup ens _____ lloc a la primera fila.
3. És una llàstima que l'equip de so no _____ gaire bé.
4. Us emprenya que no _____ la premsa?
5. Ens sap greu que el teu xicot no _____ venir.
6. Us molesta que el públic _____ samarretes a l'escenari?
7. És bo que _____ el concert al camp de futbol. Així hi cap més gent.
8. Ens sorprèn que no _____ el vostre èxit actual, *Se me'n fot*.

4 [C] En Ricard i la Mireia escriuen un correu electrònic a la Marga sobre el concert del cap de setmana passat. Omple els espais buits amb una forma de subjuntiu dels verbs de l'exercici anterior.

● ○ ○ Concert genial

Hola, Marga!
Tia, va ser un concert genial! Jo no sabia que fóssiu tan bons! Ens va agradar molt que tu i els teus amics ens (0.) *convidéssiu* al vostre primer concert. Ens va encantar que ens (1.) _____ els membres del teu grup i que ens (2.) _____ lloc a la primera fila. Tot va anar molt bé. Bé, excepte el so. Quina llàstima que no (3.) _____ gaire bé. I els de la premsa? Què es pensen, aquests? Ens va emprenyar moltíssim que no (4.) _____. Va ser una llàstima que en Robert no (5.) _____ venir, però ja l'hi hem explicat tot. Per cert, allò de les samarretes va ser una mica estrany, no? Nosaltres pensàvem que ja no es feia, que era una cosa dels anys vuitanta. Però bé, esperem que no us (6.) _____. Ah!, i una cosa més: per què no vau tocar *Se me'n fot*? Ens va sorprendre molt que no la (7.) _____! Bé, guapa, això és tot. Una altra vegada, felicitats! Fins aviat!
Petonets, Ricard i Mireia

5 [C] Un grup de pares i mares fan una reunió per organitzar una llar d'infants i elaboren una llista de les coses que voldrien per a la llar. Completa les frases amb una forma del subjuntiu d'un dels verbs entre parèntesis.

0. *Ens agradaria que hi hagués un sorral per jugar.* (ser, haver-hi, poder)

1. Caldria que la llar d'infants _____ joguines no sexistes. (*reunir-se, ser, comprar*)

2. Faria falta que la monitora _____ titulada en Educació Infantil. (*ser, tenir, parlar*)

3. Seria bo que els pares _____ a ajudar un dia a la setmana. (*menjar, reunir-se, venir*)

4. Aconsellaríem que l'espai _____ més llum natural. (*ser, haver-hi, tenir*)

5. Ens estimaríem més que els penjadors _____ més baixos. (*comprar, ser, poder*)

6. Ens agradaria que la mestra _____ anglès. (*ser, parlar, poder*)

7. Desitjaríem que els nens i nenes _____ productes ecològics. (*comprar, menjar, haver-hi*)

6 [D] A continuació tens algunes prediccions de futur per a l'any 2100 que han fet alguns economistes. Fixa't que algunes són més probables que altres. Escriu els desitjos de la Txell, que és la líder del partit Ecologia d'Esquerres. Utilitza *tant de bo* o *tant de bo no*.

0. *Totes les verdures i fruites dels supermercats seran ecològiques.*
   Tant de bo totes les verdures i fruites dels supermercats siguin ecològiques.

1. Europa estarà dividida i desapareixerà l'euro. _____

2. És poc probable que totes les persones d'un país —immigrades o no— puguin votar en les eleccions. _____

3. Dependrem del gasoil. _____

4. És poc probable que la majoria de governs europeus siguin de dretes. _____

5. Els cotxes amb gasolina continuaran sent els més venuts. _____

6. És poc probable que els preus de l'habitatge baixin. _____

7. Augmentarà la pobresa infantil al món. _____

7 [D] Tria la reacció adequada a les situacions següents:

0. *Aquest matí, en Pol ha tingut un accident de moto. Ara és a l'hospital i està greu. El seu germà pensa:*
   a. *Tant de bo no hagi agafat la moto.*
   b. *Tant de bo no hagués agafat la moto.*

1. Avui he fet l'examen de final de curs de català. Encara no en sé el resultat. Penso:
   a. Tant de bo hagués aprovat.
   b. Tant de bo hagi aprovat.

2. L'estiu passat, en Pol va anar a Londres i s'hi va estar un cap de setmana. Ara pensa:
   a. Tant de bo m'hi hagués quedat més dies.
   b. Tant de bo m'hi quedés més dies.

3. La Kris i en Dan van estar-se a Girona un mes per aprendre català. Ara pensen:
   a. Tant de bo visquéssim amb una família catalana.
   b. Tant de bo haguéssim viscut amb una família catalana.

4. La Núria és de Barcelona, però ara viu a Nova York. Ara pensa:
   a. Tant de bo pogués treballar sense permís de residència.
   b. Tant de bo hagués pogut treballar sense permís de residència.

5. L'Ignasi, en Pedro i la María acaben de fer una presentació del seu projecte d'empresa. Ara pensen:
   a. Tant de bo haguéssim estat capaços de comunicar bé el nostre projecte d'empresa.
   b. Tant de bo hàgim estat capaços de comunicar bé el nostre projecte d'empresa.

6. Acabes de sentir a les notícies que la loteria ha tocat al poble dels teus pares. Penses:
   a. Tant de bo els toqués la loteria.
   b. Tant de bo els hagi tocat la loteria.

A. El subjuntiu passat en oracions relatives

A.1 En oracions relatives en subjuntiu, usem el **perfet** de subjuntiu quan el verb principal és en present, futur o imperatiu i l'acció de l'oració subordinada és acabada i anterior a l'acció de la principal.

Verb principal	Verb de l'oració relativa	Exemple
Present Futur Imperatiu	Present de subjuntiu	*Busquem un candidat que **visqui** a la Xina.* [El candidat viu a la Xina ara.]
	Perfet de subjuntiu	*Busquem un candidat que **hagi viscut** a la Xina.* [El candidat ha viscut a la Xina.] **58.**▶

A.2 En oracions relatives en subjuntiu, fem servir l'**imperfet** o el **plusquamperfet** de subjuntiu quan el verb principal és en passat perifràstic o imperfet. L'ús d'un temps verbal o l'altre en subjuntiu depèn de la relació temporal entre les dues oracions.

Verb principal	Verb de l'oració relativa	Exemple
Passat perifràstic	**Imperfet de subjuntiu** [Les accions expressades pel verb de l'oració relativa i pel de la principal són simultànies, o l'acció expressada en la relativa és posterior a la de la principal.]	*Vaig buscar un restaurant que **estigués** obert el dia del meu aniversari.* [Estar obert és posterior a buscar un restaurant.] *L'any passat van buscar un candidat que **visqués** a la Xina.* [Viure a la Xina i buscar un candidat són accions simultànies.]
Imperfet	**Plusquamperfet de subjuntiu** [L'acció del verb de l'oració relativa és anterior a la del verb de la principal.]	*L'any passat van buscar un candidat que **hagués** **viscut** a la Xina.* [Viure a la Xina és anterior a buscar un candidat.]

A.3 En oracions relatives en subjuntiu, quan el verb principal és en condicional o perfet, podem utilitzar tots els temps de subjuntiu. L'ús d'un temps o un altre depèn de la relació temporal entre les oracions i de la manera com veiem l'acció de l'oració relativa (més o menys probable).

Verb principal	Informació temporal	Verb de l'oració relativa	Exemple
Condicional	[Les accions expressades pel verb de l'oració relativa i pel de la principal són **simultànies**, o l'expressada en la relativa és **posterior** a la de la principal.]	**Present de subjuntiu** [probable]	*Voldríem un candidat que **sàpiga** tres idiomes.* [Considerem probable que hi hagi candidats amb tres idiomes.] *Hem buscat un candidat que **sàpiga** tres idiomes.*
Perfet		**Imperfet de subjuntiu** [poc probable]	*Voldríem un candidat que **sabés** tres idiomes.* [Considerem menys probable que hi hagi candidats amb tres idiomes.]

Verb principal	Informació temporal	Verb de l'oració relativa	Exemple
Condicional	[L'acció del verb de l'oració relativa és **anterior** a la del verb de la principal.]	**Perfet de subjuntiu** [probable]	*Voldríem un candidat que* **hagi estudiat** *xinès.* [Considerem probable que hi hagi candidats amb estudis de xinès.]
Perfet		**Plusquamperfet de subjuntiu** [poc probable]	*Voldríem un candidat que* **hagués estudiat** *xinès.* [Considerem menys probable que hi hagi candidats amb estudis de xinès.]

62.▶

B. El subjuntiu passat en oracions adverbials

B.1 En les oracions adverbials, quan el verb principal és en present, futur, perfet o imperatiu, fem servir el **perfet de subjuntiu** per referir-nos a una acció anterior a la de l'oració adverbial.

Verb principal	Verb de l'oració relativa	Exemple
Present Futur Perfet Imperatiu	**Present de subjuntiu** [Les accions expressades pels verbs de l'oració adverbial i l'oració principal són **simultànies**, o l'acció del verb de l'oració adverbial és **posterior** a la del verb de la principal.]	*Els jugadors* estan *contents encara que* **tinguin** *poques possibilitats de guanyar.* [Les accions de tenir poques possibilitats i estar contents són simultànies.] *Et* truco *perquè m'***aconsellis**. [Aconsellar és posterior a trucar.]
	Perfet de subjuntiu [L'acció expressada pel verb de l'oració adverbial és **anterior** a la del verb de la principal.]	*Els jugadors* estan *contents encara que* **hagin perdut** *el partit.* [Perdre el partit és anterior a estar contents.]

59. 60.▶

Podem usar el **perfet** de subjuntiu en les oracions adverbials següents:

Temporals: *abans que, quan, després que, així que...*

- *Pots trucar-me* quan **hagis acabat** *de sopar?*
- Quan **hagis pelat** *la fruita, tritura-la.*

Manera: *tal com, segons com, com i igual com.*

- *Farem l'exercici* tal com **hagi dit** *el professor.*

Condicionals: *en cas que, sempre que, mentre...*

- En cas que **hagi trobat** *un article més barat li tornarem els diners.*

Finalitat: *a fi que, per tal que, perquè, no fos cas que i no sigui que.*

- *Hem arribat una mica més tard* per tal que **hagis tingut** *prou temps de preparar-te.*

Concessió: *encara que, malgrat que, tot i que, per molt que* i *per més que.*

   • *He tornat a veure aquesta pel·lícula, <u>encara que</u> ja l'**hagi vista** moltes vegades.*

Exclusió: *sense que*

   • *En Pau s'ha vestit sol <u>sense que</u> l'**hagi ajudat** el seu pare.*

Quantitat: *tant com*

   • *Has de menjar <u>tant com</u> t'**hagi dit** el metge.*   **59. 60.** ▶

B.2 Quan el verb principal és en passat perifràstic, imperfet o condicional, fem servir l'**imperfet** o el **plusquamperfet** de subjuntiu en l'oració adverbial.

Verb principal	Verb de l'oració relativa	Exemple
Passat perifràstic **Imperfet**	**Imperfet de subjuntiu** [Les accions expressades pel verb de l'oració adverbial i el de la principal són **simultànies**, o la del verb de l'oració adverbial és **posterior** a la del verb de la principal.]	*Els jugadors <u>estaven</u> contents encara que **tinguessin** poques possibilitats de guanyar.* [Les accions de tenir poques possibilitats i estar contents són simultànies.] *Et <u>vaig trucar</u> perquè em **donessis** consell.* [Donar consell és posterior a trucar.]
Condicional	**Plusquamperfet de subjuntiu** [L'acció expressada pel verb de l'oració adverbial és **anterior** a la del verb de la principal.]	*Els jugadors estaven contents encara que **haguessin perdut** el partit.* [Perdre el partit és anterior a estar contents.]

■ En algunes oracions adverbials, quan usem el perfet en l'oració principal, podem fer servir el present o l'imperfet de subjuntiu en la subordinada:

*He anat a cal metge perquè em **recepti** unes pastilles per dormir.*   *He anat a cal metge perquè em **receptés** unes pastilles per dormir.*

■ En algunes oracions adverbials, podem fer servir el present o el perfet de subjuntiu amb el verb principal en condicional:

*En el cas que **trobi** algun defecte, li <u>tornaríem</u> els diners.*   *<u>Podries</u> trucar-me quan **hagis acabat** de sopar.*

Exercicis

1 **[A]** A l'ajuntament de Vilaplana atorguen premis a persones que han fet diferents actuacions per a la ciutat. Completa cada frase amb un verb del requadre en subjuntiu i relaciona-la amb el premi corresponent.

arribar	aprovar	obtenir	fer	organitzar	participar	votar	treballar

0. *El premi serà per a la persona que hagi arribat a Catalunya fa menys de dos anys i hagi après català.*   a. Premi Grans i joves

1. Busquem la persona que _____ una pel·lícula de bona qualitat amb un pressupost mitjà.   b. Premi Vot, vot, vot

2. Lliurarem un guardó a l'alumne de batxillerat que _____ més bones notes.   c. *Premi Català ràpid*

3. Rebran un diploma les persones que _____ el curs de manipulador d'aliments.   d. Premi Barat i bo

4. El professor que _____ més sortides culturals rebrà un diploma.   e. Premi Bones notes

5. Farem un homenatge als joves que _____ en més projectes solidaris al barri.   f. Premi Sortim amb la cultura

6. Busquem la persona més gran que _____ en totes les eleccions democràtiques.   g. Premi No et quedis sol. Sigues solidari

7. Volem donar un premi a la persona més jove que _____ més hores al casal de la gent gran.   h. Premi Toca però vigila

2 [A] L'any passat, un grup de pares es van agrupar per fundar un club de futbol infantil femení. Llegeix les frases següents i subratlla les formes de subjuntiu adequades:

0. *Buscaven una persona que* hagi entrenat / hagués entrenat *un equip internacional.*

1. Volien un entrenador que *tingués / hagués tingut* un equip de nens i nenes al seu càrrec abans.

2. També necessitaven un fisioterapeuta que *sigui / fos* especialista en equips infantils.

3. Buscaven un gerent que *hagués administrat / administrés* les finances d'un altre club en el passat.

4. Van buscar cinc nenes que *volguessin / hagin volgut* jugar de suplents.

5. Volien una periodista que *parlés / hagués parlat* diferents idiomes per fer publicitat del club.

6. Necessitaven un dissenyador que *dissenyés / hagués dissenyat* l'escut del club.

7. Van buscar onze nenes que *tinguessin / hagin tingut* ganes de guanyar-ho tot.

3 [A] Subratlla la forma verbal de subjuntiu adequada segons el context.

0. *M'encantaria tenir un nòvio que* tingués / hagués tingut *cotxe. És que m'agrada que em portin a tot arreu!*

1. Som un grup que farem un viatge a Algèria i voldríem contactar amb una persona que ja *fes / hagi fet* un viatge semblant perquè ens en passi informació.

2. Voldria una planta que no *calgui / hagi calgut* cuidar gaire. No sóc gaire bon jardiner.

3. No podria viure amb una persona que *fumi / hagués fumat*. No suporto el fum.

4. Ens agradaria anar de vacances a un lloc on *hi hagi / hi hagués hagut* platja. Ens encanta prendre el sol.

5. Ens interessaria contractar una persona que *hagi treballat / treballi* a l'estranger anteriorment.

6. Estaria disposat a acceptar una feina que *sigui / hagi estat* més interessant però menys ben pagada?

7. Necessitaria un document que *demostri / hagi demostrat* que vostè té un grau d'Enginyeria.

8. A la Rosa li encantaria anar de viatge a una ciutat que en Miquel no *hagi visitat / visiti* encara, però serà difícil perquè en Miquel viatja molt.

En quins casos també podríem utilitzar l'imperfet de subjuntiu? Quina diferència hi ha quan usem l'imperfet de subjuntiu?

4 [B] Completa les frases següents tenint en compte les formes verbals que es proporcionen:

0. *Et truco perquè em diguis la veritat.*

   Et vaig trucar perquè em diguessis la veritat.

1. Per més que prometis el contrari, no et crec.

   _____, no et vaig creure.

2. Els alumnes repassen la matèria abans que comenci l'examen.

   Els alumnes van repassar la matèria _____.

3. Volem canviar de companyia de telèfon sense que això ens costi diners.

   Volíem canviar de companyia de telèfon _____.

4. La Júlia va al parc amb les seves filles cada dia per tal que puguin estar més estona juntes.

   La Júlia anava al parc amb les seves filles cada dia _____.

5. Us deixem el nostre pis a la platja amb la condició que ens el deixeu net i polit.

   Us vam deixar el nostre pis a la platja _____.

6. Per més que jo insisteixi a pagar el sopar, l'Isidre no m'ho permet.

   _____ l'Isidre no m'ho va permetre.

7. En Manel envia un ram de roses a la Mercè perquè el perdoni.

   En Manel va enviar un ram de roses a la Mercè _____.

Quin temps verbal de subjuntiu has fet servir en les frases? Per què has fet servir aquest temps i no el plusquamperfet de subjuntiu?

5 [B] Llegeix les frases següents i marca les opcions adequades:

0. *L'explosió s'ha produït després que els treballadors* haguessin sortit / hagin sortit / sortissin *de la central nuclear.*

1. Tindràs una visió del món diferent després que *anessis / hagis anat / vagis* a l'Índia.

2. La reunió s'acabarà sense que *tinguem / haguéssim tingut / hàgim tingut* temps de parlar dels acomiadaments improcedents.

3. Anirem a veure l'espectacle tot i que els meus fills ja *l'hagin vist / l'haguessin vist / el veiessin* més de tres vegades.

4. Hem comprat un gat a l'avi encara que *hagués dit / hagi dit / digui* que és al·lèrgic als gats.

5. Podeu començar a dinar amb la condició que us *haguéssiu rentat / hàgiu rentat / renteu* les mans abans.

6. Quan *haguessis escalfat / hagis escalfat / escalfis* el forn durant deu minuts, posa-hi la pizza.

7. En Raül ha muntat un negoci sense que *l'ajudi / hagi ajudat / ajudés* ningú.

6 [B] Llegeix les frases següents i subratlla l'opció adequada. En algunes frases les dues opcions són possibles.

0. *El doctor em va recomanar un antibiòtic en cas que* tornés / hagués tornat *a tenir febre.*

1. La metgessa em va receptar unes pastilles perquè *em baixés / m'hagués baixat* la febre.

2. Ahir vaig deixar de prendre el xarop després que ja no *tingués / hagués tingut* més tos.

3. Encara que *hagués volgut / volgués* fer-ho, no hauria pogut anar al cinema: em trobava fatal.

4. Ahir al matí em vaig llevar molt cansat, com si *tingués / hagués tingut* malsons tota la nit.

5. Repetirien les proves a la Paula en cas que *tingués / hagués tingut* un altre atac.

6. Els infermers necessitaven les anàlisis abans que *arribessin / haguessin arribat* les doctores.

7. La meva dona em va obligar a fer repòs encara que *tingués / hagués tingut* molta feina al despatx.

7 Omple els espais buits amb una forma de perfet o imperfet de subjuntiu.

Esteban García
Nord, 22
07003 Palma de Mallorca
Palma, 22 d'abril de 2011

Benvolguts senyors,

Els escric perquè dilluns passat vaig agafar un vol directe de la seva companyia de Ciutat de Mèxic a Barcelona i el tracte que vaig rebre no va ser satisfactori.

Vaig buscar durant dies un vol que em (0.) *permetés* (*permetre*) fer un enllaç ràpid entre Mèxic i Mallorca, i al final el vaig trobar amb la seva companyia. Vaig comprar un bitllet de vol directe perquè el viatge no (1.) _____ (*ser*) tan pesat i perquè (2.) _____ (*poder*) fer l'enllaç amb el vol de Barcelona a Mallorca. Resulta que tan bon punt em vaig asseure al meu lloc, el capità va anunciar que el vol faria escala a Madrid! Vaig parlar amb l'auxiliar de vol per tal que (3.) m'_____ (*explicar*) la raó del canvi, però només em va donar una resposta evasiva. A més a més, abans que (4.) s'_____ (*enlairar-se*) l'avió, vam estar més d'una hora esperant a la pista. Quan vaig arribar a Barcelona, el vol de Mallorca ja havia marxat. Després que un auxiliar de vol (5.) m'_____ (*assegurar*) durant el trajecte que podria agafar un altre vol sense recàrrec, vaig anar a la porta d'embarcament i em van dir que havia de pagar un suplement. Jo m'hi vaig negar.

Espero que altres passatgers també (6.) _____ (*queixar-se*) del mal servei que vam rebre. Encara que la seva companyia (7.) _____ (*fer*) aquests últims mesos anuncis que diuen que és la millor del món, jo no ho crec pas i no penso tornar a viatjar amb vostès. També esperaria que em (8.) _____ (*poder*) compensar d'alguna manera. En tot cas, podria tornar a confiar en vostès amb la condició que em (9.) _____ (*donar*) alguna explicació del mal tracte que vaig rebre.

Atentament,
Esteban García

64. L'imperatiu

• *Entreu* i *deixeu* els abrics al sofà.

A. Formes regulars

B. Formes irregulars

C. Imperatiu negatiu

D. Usos

A. Formes regulars

A.1 Formem l'imperatiu a partir del present d'indicatiu i del present de subjuntiu:

Present d'indicatiu	Imperatiu	Present de subjuntiu
(ell, ella, vostè) cant<u>a</u> ——→	cant-**a** (tu)	
	cant-**i** (vostè) ◄——	(ell, ella, vostè) cant<u>i</u>
	cant-**em** (nosaltres) ◄——	(nosaltres) cant<u>em</u>
(vosaltres) cant<u>eu</u> ——→	cant-**eu** (vosaltres)	
	cant-**in** (vostès) ◄——	(ells, elles, vostès) cant<u>in</u>

A.2 Per formar l'imperatiu, afegim les terminacions següents a l'arrel del verb:

Verbs acabats en *-ar*: cant**ar**

cantar	
cant-**a**	(tu)
cant-**i**	(vostè)
cant-**em**	(nosaltres)
cant-**eu**	(vosaltres)
cant-**in**	(vostès)

■ Amb l'imperatiu, col·loquem els pronoms febles darrere del verb:
Has comprat el pa? Doncs <u>deixa</u>'l a la cuina.

Verbs acabats en *-er* o *-re*: empèny**er** i per**dre**

empènyer	perdre	
empeny-	perd-	(tu)
empeny-**i**	perd-**i**	(vostè)
empeny-**em**	perd-**em**	(nosaltres)
empeny-**eu**	perd-**eu**	(vosaltres)
empeny-**in**	perd-**in**	(vostès)

Verbs acabats en *-ir*: dorm**ir** i lleg**ir**

dormir	llegir	
dorm-	lleg-**eix**-	(tu)
dorm-**i**	lleg-**eix**-**i**	(vostè)
dorm-**im**	lleg-**im**	(nosaltres)
dorm-**iu**	lleg-**iu**	(vosaltres)
dorm-**in**	lleg-**eix**-**in**	(vostès)

A.3 Els verbs que tenen *-gu-* al present de subjuntiu, també tenen *-gu-* a les formes de *vostè*, *nosaltres* i *vostès* de l'imperatiu:

Present d'indicatiu	Imperatiu	Present de subjuntiu
escric		escri**gu**i
escrius	escriu (tu)	escri**gu**is
escriu ——→	escri**gu**i (vostè) ◄——	escri**gu**i
escrivim	escri**gu**em (nosaltres) ◄——	escri**gu**em
escriviu ——→	escriviu (vosaltres)	escri**gu**eu
escriuen	escri**gu**in (vostès) ◄——	escri**gu**in

Present d'indicatiu	Imperatiu	Present de subjuntiu
encenc		encen**gu**i
encens	encén (tu)	encen**gu**is
encén ——→	encen**gu**i (vostè) ◄——	encen**gu**i
encenem	encen**gu**em (nosaltres) ◄——	encen**gu**em
enceneu ——→	enceneu (vosaltres)	encen**gu**eu
encenen	encen**gu**in (vostès) ◄——	encen**gu**in

Altres verbs amb canvis a l'arrel: *beure, caure, coure, creure, moure, riure, seure...*   `47. 55.`▶

B. Formes irregulars

B.1 Els verbs següents tenen totes les formes de l'imperatiu amb *-gu-*:

dir	estar	ser	saber	
di**gu**es	esti**gu**es	si**gu**es	sàpi**gu**es	(tu)
di**gu**i	esti**gu**i	si**gu**i	sàpi**g**a	(vostè)
di**gu**em	esti**gu**em	si**gu**em	sapi**gu**em	(nosaltres)
di**gu**eu	esti**gu**eu	si**gu**eu	sapi**gu**eu	(vosaltres)
di**gu**in	esti**gu**in	si**gu**in	sàpi**gu**en	(vostès)

B.2 Altres verbs amb formes irregulars de l'imperatiu són:

anar	fer	tenir	treure	venir	veure	viure	voler	
vés	fes	té / tingues	treu	vine	veges / ves	viu	vulgues	(tu)
vagi	faci	tingui	tregui	vingui	vegi	visqui	vulgui	(vostè)
anem	fem	tinguem	traguem	vinguem	vegem	visquem	vulguem	(nosaltres)
aneu	feu	teniu / tingueu	traieu	veniu	vegeu / veieu	viviu	vulgueu	(vosaltres)
vagin	facin	tinguin	treguin	vinguin	vegin	visquin	vulguin	(vostès)

> **!**
> - Els verbs *tenir* i *veure* tenen dues formes per a *tu* i *vosaltres*.
> - Les formes *té* i *teniu* del verb *tenir* s'usen quan es dóna directament una cosa a algú:
>   **Té**, *això és per a tu.*

C. Imperatiu negatiu

C.1 Quan donem una ordre negativa, usem les formes del present de subjuntiu amb qualsevol forma de negació (*no, mai, tampoc...*):

Imperatiu	Imperatiu negatiu	
parla	no **parlis**	(tu)
parli	no **parli**	(vostè)
parlem	no **parlem**	(nosaltres)
parleu	no **parleu**	(vosaltres)
parlin	no **parlin**	(vostès)

Imperatiu	Imperatiu negatiu	
encén	no **encenguis**	(tu)
encengui	no **encengui**	(vostè)
encenguem	no **encenguem**	(nosaltres)
enceneu	no **encengueu**	(vosaltres)
encenguin	no **encenguin**	(vostès)

55. ▶

> ⟋
> - Amb l'imperatiu negatiu, col·loquem els pronoms febles davant del verb:
> *Si vols fer-me un regal,* compra'**m** *una cosa útil, però no* **em** compris *colònia!*
> [imperatiu] [imperatiu negatiu]

D. Usos

D.1 Fem servir l'imperatiu per donar **ordres** i **instruccions** directament a una persona (tu, vostè) o a més d'una persona (nosaltres, vosaltres, vostès):

• **Respecteu** el descans dels veïns.

• Si vol fer un batut de fruita bo i sa, **trituri** una pinya amb un iogurt i **afegeixi**-hi una mica de llet.

D.2 Usem l'imperatiu per donar **consells**:

• Mira, si tens problemes amb el teu cap, **canvia** de feina.

D.3 Fem servir l'imperatiu per donar **permís**:

—Puc seure?
—Sí, **segui, segui**.

D.4 Utilitzem l'imperatiu per **convidar**:

• **Quedeu**-vos a sopar, que encarregarem pizzes.

D.5 Per als usos anteriors en forma negativa usem el present de subjuntiu:

• Escriviu les respostes amb bolígraf. No **escrigueu** amb llapis ni tampoc **feu servir** corrector líquid.

Exercicis

1 [A] La Rita és la cangur d'en Marc i l'Ona. Escriu les ordres que dóna als nens quan perd la paciència.

A les 9 del vespre diu...	A les 12 de la nit diu...
0. *Per què no us poseu el pijama?*	0. *Poseu-vos el pijama!*
1. I si apagueu la tele?	1. _____ la tele d'una vegada!
2. Va, a veure si us acabeu el sopar.	2. _____-vos el sopar o no creixereu!
3. Marc, i si guardes el videojoc?	3. Marc, _____ el videojoc o te'l llenço!
4. Ona, per què no estudies una mica?	4. Ona, _____ o suspendràs!
5. Nens, és hora d'endreçar les joguines!	5. Nens, _____ les joguines!
6. Marc, i si llegeixes una estona? Has de fer pràctiques de lectura!	6. Marc, _____! Ja saps que tens problemes de lectura!
7. Recordeu que heu de posar les tovalloles al cossi de la roba bruta.	7. _____ les tovalloles al cossi de la roba bruta!
8. Ona, per què no prepares la bossa de futbol? Demà tens entrenament!	8. Ona, _____ la bossa de l'entrenament!
9. Marc, i si et rentes les dents?	9. Marc, _____'t les dents abans d'anar a dormir!
10. Per què no m'escolteu quan us parlo?	10. _____-me, que us estic parlant!

2 [A] Completa les formes de l'imperatiu de les frases següents:

0. *Marta, quan surtis de casa, tanca la porta amb clau.*

1. Senyor Garcia, abans de prendre un medicament, lleg____ les instruccions.

2. Si esteu cansats, dorm____ una mica abans d'agafar el cotxe!

3. Senyors Rull, si no estan d'acord amb la decisió dels veïns, propos____ una altra cosa.

4. Perdoni, si passa per aquest carrer, vigil____ la cartera, que hi ha lladres!

5. Senyors clients, si volen informació sobre els creuers d'estiu, pass____ per la nostra agència de viatges.

6. Terenci, t'estimo! Oblid____ els problemes que hem tingut i torn____ a començar!

7. Has vist que aquest correu té paraules en rus? Tradu____-lo abans d'enviar-lo als clients!

8. Si vostès volen tornar a casa amb cotxe, condu____ amb precaució perquè està nevant.

3 [A] En Cesc fa una festa per celebrar el seu aniversari. Completa el que diu als diferents convidats amb l'imperatiu dels verbs del requadre.

posar
riure
encendre (2)
treure (4)
seure (3)
moure
beure (4)

A la seva parella:

0. *Posa més beguda en fresc!*

1. _____ una mica de cava, que és molt bo!

2. _____ una mica al sofà i descansa, que has treballat molt!

3. _____ les postres, que veig que la gent encara té gana!

4. _____ les espelmes del pastís a l'últim moment, que si no s'omple de cera!

A un grup d'amics:

5. Si voleu fumar, _____ una espelma perquè absorbeixi el fum del tabac.

6. Esteu massa estrets, oi? Doncs _____ la taula cap al racó i estareu més amples.

7. _____ on vulgueu menys al sofà!

8. _____ més cervesa, que en queda molta!

9. Ja veig que teniu els regals amagats. _____-los d'una vegada, que estic nerviós!

A la tieta Enriqueta...

10. Si vol beure alguna cosa, _____ una copeta de cava.

11. Per què està tan seriosa, tieta? _____ una mica, dona!

12. _____'s la jaqueta, que aquí fa molta calor!

Als seus sogres:

13. _____ al sofà, que estaran més còmodes.

14. _____ els abrics dels sofà, així podran seure.

15. Si estan massa tips, _____ una mica d'aigua amb gas.

4 [B] Llegeix les frases següents i subratlla l'opció més adequada:

0. *Senyor Buissac,* digui */ digues sempre la veritat al seu metge.*

1. Si tens algun problema, *sàpigues / sàpiga* que pots comptar amb mi.

2. Nens, *dieu / digueu* a la mare la veritat. Qui s'ha menjat la xocolata?

3. Amics meus, *sabeu / sapigueu* que estic molt content del regal que m'heu fet.

4. Senyor Tomàs, si no vol tenir problemes amb el colesterol, *faci / fes* una dieta sana!

5. Pilar, *vas / vés* a correus a portar un paquet, sisplau!

6. Adrià, m'han dit que surts amb la Carla. Doncs *tinguis / tingues* paciència, perquè és una noia molt rara.

7. Si agafeu el cotxe, *sou / sigueu* prudents i no correu.

8. Senyors, *facin / fan* el favor de callar. Això és un hospital!

9. David i Aina, *vingueu / veniu* de seguida, que és hora de sopar.

10. *Traguem / Traiem* el cotxe d'aquí, que no deixem passar la gent.

11. Nens, *esteu / estigueu* quiets, que em poseu nerviós!

5 [D] Relaciona l'imperatiu amb la funció més adequada del requadre.

ordre (2)
consell
invitació
instrucció (2)
permís

0. Sortiu *d'aquí ara mateix!* *ordre*

1. Si la salsa queda molt espessa, *afegiu*-hi un got d'aigua. _____

2. *Poseu-vos* el cinturó de seguretat. _____

3. Si t'agrada en Paco, *convida'l* a sopar. _____

4. Després de la feina, *veniu* a casa, que mirarem el futbol. _____

5. Si busca una farmàcia, *continuï* tot recte i la trobarà de seguida. _____

6. —Puc entrar?

   —Sí, i tant, *entra, entra.* _____

6 [C] Llegeix els problemes de la Dolors Misèries i completa els consells que li dóna la seva psicòloga.

0. —*Sempre penso que la gent m'enganya!*

   —*No pensis això, que és mentida!*

1. —Cada dia fumo dos paquets de tabac!

   —Doncs no _____ tant!

2. —Cada dia miro tres hores la televisió!

   —Doncs no _____ tant la televisió.

3. —Em poso nerviosa per tot.

   —Doncs no _____ nerviosa i tranquil·litza't!

4. —Menjo molts greixos!

   —Doncs no _____ tants greixos!

5. —Gasto més diners dels que tinc!

   —Doncs no _____ tants diners i estalvia una mica!

6. —Quan llegeixo les revistes del cor m'avorreixo!

   —Doncs no _____ revistes del cor!

7 [C] Aquests són alguns consells i instruccions que dóna un crolandès per anar a Crolàndia, un país una mica especial. Completa'ls amb els verbs del requadre.

fumar	aprendre	dir	treure	seure	dur	venir	beure

Si veniu a Crolàndia...

0. *No fumeu al carrer. Està molt mal vist. Fumeu a les cases amb permís dels propietaris.*

1. No _____ aigua de l'aixeta. _____-ne només d'ampolla.

2. No _____ roba grisa o negra. _____ roba de color clar perquè és més alegre.

3. No _____ a l'hivern perquè hi fa molt fred. _____ a Crolàndia a l'estiu.

4. _____ alguna salutació en crolandès. No _____ paraulotes ni expressions ofensives.

5. Si us conviden a dinar, _____ que us ha agradat molt el menjar. No _____ mai que el menjar és dolent.

6. Quan aneu a casa d'algú, _____-vos el barret o la gorra perquè no es pot dur el cap tapat. Quan aneu pel carrer, no us _____ el barret o la gorra.

7. Si esteu molt cansats, no _____ als bancs de color blanc, perquè són per a la gent gran. _____ als bancs blaus, que són per als turistes.

8 [A i B] Llegiu els consells següents sobre el reciclatge d'aliments i escriviu el pronom adequat davant o darrere del verb:

0. *Si feu caldo, no llenceu les verdures;* _____ *tritureu-les i obtindreu un puré boníssim.*

1. Els ossos del pollastre rostit, no _____ llenceu_____; _____ afegiu_____ al caldo.

2. El pa sec també es pot aprofitar; _____ barregeu_____ amb llet, sucre i ous, i fareu un pastís de pa boníssim.

3. L'aigua de bullir la verdura és molt rica en minerals; _____ utilitzeu_____ per regar les plantes.

4. Recordeu que les càpsules de les cafeteres es poden reciclar. No _____ llenceu_____ a les escombraries i _____ porteu_____ als punts de reciclatge.

5. La llimona es pot fer servir com a ambientador natural. Agafeu mitja llimona i _____ deixeu_____ en un prestatge de la nevera. Així s'eliminen les pudors.

65. Ser, estar i haver-hi

• Al final del carrer **hi ha** l'hospital, **és** molt cèntric.

A. Usos del verb *ser*

A.1 Usem el verb *ser* per **definir**, **classificar** o **identificar** el subjecte:

- *L'astrometria* **és** *la ciència* que estudia la posició i el moviment del astres. [Definim l'astrometria.]
- *El litxi* **és** *una fruita exòtica*. [Classifiquem el litxi.]
- *En Sergi Copes* **és** *el meu actor preferit.* [Identifiquem en Sergi Copes.]

A.2 Fem servir el verb *ser* per parlar de les **característiques** del subjecte que **no canvien**:

- *El pis d'en Toni* **és** petit. [*Petit* és una característica pròpia del pis.]
- *En Tomeu* **és** simpàtic. [*Simpàtic* és una característica pròpia d'en Tomeu.]

A.3 Utilitzem el verb *ser* per **situar** una persona o una cosa en un lloc:

- *Els nens* **són** a la seva habitació. [Localitzem els nens.]
- *El cine Godard* **és** a prop de casa meva. [Localitzem el cine Godard.]

B. Usos del verb *estar*

B.1 Usem el verb *estar* per parlar de les característiques del subjecte que **canvien**:

- *Uf,* **estic** tip!
  [He menjat molt i ara estic tip.]

- *El pis del costat* **està** buit.
  [Han tret les coses del pis i ara està buit.]

> **!**
> ■ Sovint fem servir el verb *estar* amb un participi, en expressions amb preposició i amb els adverbis *bé* i *malament*:
> *L'Arnau no surt a jugar amb els seus amics perquè* **està** castigat.
> *La pel·lícula* **està** a punt de començar.
> *En Joan* **està** a l'atur.
> *Aquesta suma* **està** malament.

B.2 Utilitzem els verbs *estar* o *estar-se* amb persones o animals per expressar que passen una quantitat de temps en un lloc. Per referir-nos a la quantitat de temps, fem servir expressions que indiquen durada:

- *Anem a Mallorca. Hi* **estarem** una setmana!
- *El gat de la Montse* **s'està** tot el dia al sofà.

> ■ Usem el verb *estar* o *estar-se* com a sinònim de **viure**, **allotjar-se** o **treballar**:
> *En Miquel ja no viu al centre, ara* **s'està** *al carrer Joventut.* [Ara viu al carrer Joventut.]
> *Els empresaris xinesos* **s'estan** *a l'hotel Majestuós.* [S'allotgen a l'hotel Majestuós.]
> *La Carme té una feina nova. Ara* **està** *en un supermercat.* [Ara treballa en un supermercat.]

C. *Ser* i *estar* amb característiques

C.1 Amb alguns adjectius podem usar *ser* o *estar*. Amb el verb *ser* expressem una característica que no canvia. Amb el verb *estar* expressem un estat que pot canviar.

- *En Pau **és** molt tranquil. No perd mai els nervis.*
  [Sempre és tranquil, és una característica d'en Pau.]
- *En Pau té un examen molt difícil, però **està** tranquil.*
  [En aquests moments, el seu estat és de tranquil·litat.]

C.2 Algunes característiques que expressem amb el verb *ser* són:

- Característiques personals i maneres de ser: *ser moreno / a, alt / a, bonic / a, egoista, intel·ligent, treballador / a, xerraire...*
- Ideologia i creences: *ser conservador / a, liberal, budista, musulmà...*
- Material, forma i color: *ser de plàstic, rodó / ona, quadrat / ada, blau / blava, vermell / a...*
- Origen: *ser català / ana, francès / esa, nòrdic / a...*

C.3 Algunes característiques que expressem amb el verb *estar* són:

- Característiques i estats que poden canviar: *estar content / a, malalt / a, espantat / ada, estressat / ada, cansat / ada, buit / buida, ple / plena, tip / a, bé, malament...*

D. *Ser* i *estar* amb llocs

D.1 Quan situem una persona o una cosa en un lloc fem servir el verb *ser*. Quan expressem que una persona o un animal (i no una cosa) passen una quantitat de temps en un lloc, utilitzem el verb *estar*:

- *En Quim **és** a la biblioteca.* [Situem en Quim.]
- *Avui en Quim no té classe. **Estarà** a la biblioteca tot el matí.*
  [Expressem el temps que passarà a la biblioteca.]

E. *Ser* i *haver-hi* amb llocs

E.1 Fem servir el verb *haver-hi* per parlar de la **presència** o **existència** de coses i persones en un lloc:

—*Perdoni, **hi ha** algun supermercat a prop?*
—*No, però **hi ha** una botiga de queviures a la cantonada.*

Utilitzem el verb *haver-hi* per parlar de l'existència de coses i persones **identificades** i **no identificades**:

—*Com és la teva cuina?*
—*Doncs a la dreta **hi ha** la nevera i al mig **hi ha** una taula amb dues cadires.*   **11. 12.**▶

Quan usem el verb *haver-hi*, podem situar el lloc al principi de la frase o al final:

- ***Hi ha** una botiga de queviures a la cantonada.*
- *A la cantonada **hi ha** una botiga de queviures.*

E.2 Fem servir el verb *ser* per **situar** coses i persones **identificades** en un lloc. Primer, mencionem la persona o l'objecte, i després els situem en un lloc:

- *Les claus **són** a la tauleta de nit.*
  [objecte]   [lloc]

> **!**
> ▪ ▪ No utilitzem el verb *ser* o *estar* per parlar de l'existència de coses o persones en un lloc:
> *A la dreta és / està hi ha la nevera.*

1 [A] Llegeix les frases següents i classifica-les a la taula tenint en compte els diferents usos del verb *ser*:

0. *En Miquel és el meu germà gran.*

1. Ceret *és* a la Catalunya Nord.

2. L'homeopatia *és* una pràctica terapèutica.

3. La Meritxell i en Jan *són* andorrans.

4. El nostre primer pis *era* molt petit.

5. Setúbal *és* una ciutat de Portugal.

6. El teu cotxe *és* vermell?

7. La Mari Pedra *és* la directora de l'escola La Vall.

8. Ahir, quan ens vas trucar, *érem* al cine. Per això no vam contestar.

9. Jo *sóc* alt i prim, però el meu germà *és* baix i gras.

Definir, classificar o identificar	Expressar característiques permanents	Situar en un lloc
0. *En Miquel és el meu germà gran.*		

2 [B] Llegeix les frases següents i escriu quin valor hi té el verb *estar* (a o b):

a. Característica que canvia	b. Estada o residència en un lloc

0. *La Mar* està *enfadada amb els companys de feina:* a

1. Els nens no poden anar a l'escola perquè *estan* refredats: ____

2. Els nostres fills *estan* a l'escola vuit hores al dia: ____

3. Aquest any anirem de vacances a la muntanya. Hi *estarem* uns quinze dies: ____

4. Hem pujat a peu al desè pis i ara *estem* cansats!: ____

5. En Jaume i la Vanessa s'han comprat una casa. *Estan* tan il·lusionats!: ____

6. En Juli i jo vivim al mateix edifici. Ell, *s'està* al primer pis i jo, al tercer: ____

7. Aquest any *estaré* sol el dia del meu aniversari: ____

8. En Nil i la Mari *estaran* tot el mes a Anglaterra. Hi faran un curs d'anglès: ____

3 [C] Llegeix les frases següents i subratlla el verb més adequat:

0. —Papa, les formigues vermelles <u>són</u> / estan vermelles?

1. La Isabel *està / és* molt contenta perquè ha trobat feina. No ho sabies?

2. Tinc sort perquè *sóc / estic* prim. Sempre menjo el que vull i no m'engreixo.

3. El dia que es van casar, la Marta i l'Eloi *eren / estaven* molt tranquils.

4. Aquest gos *està / és* molt nerviós. És de raça inquieta.

5. A la senyora Cantagumà sempre la conviden a festes de famosos perquè *és / està* molt elegant.

6. Francesc, què et passa? *Estàs / Ets* malalt?

7. —Per què no ve l'Anton a sopar?

   —Perquè ara té una xicota que *és / està* molt gelosa, i no vol que surti amb els amics.

4 [A, B i C] Relaciona els verbs *ser* i *estar* amb els complements adequats.

0. *En Gerard* és / està
  a. *bona persona.*
  b. *a l'atur.*
  c. *refredat.*
  d. *pintor.*

1. El jersei que portes és / està
  a. de llana.
  b. brut.
  c. blau.
  d. per llençar.

2. La Mariona i tu sou / esteu
  a. mallorquins?
  b. comunistes?
  c. en crisi?
  d. enfadats?

3. Jo sóc / estic
  a. d'acord amb tu.
  b. cansat.
  c. periodista.
  d. content.

4. El Toiot XXZ és / està
  a. a punt de sortir al mercat.
  b. japonès.
  c. molt bé. És un bon cotxe.
  d. un cotxe elèctric.

5. En Manuel i jo som / estem
  a. sense feina.
  b. malalts. Tenim la grip.
  c. bons amics.
  d. veïns.

6. L'actor Joel Torres és / està
  a. enfadat amb la premsa.
  b. molt presumit.
  c. una mica calb.
  d. en contra del doblatge de pel·lícules.

5 [D] Llegeix els diàlegs següents i subratlla el verb adequat:

0. —*Crec que he perdut la cartera!*
   —*No l'has perduda!* És / Està *a la butxaca de l'abric.*

1. —Hola, Júlia!
   —Ei, Anna! On ets / estàs? Fa un quart d'hora que t'espero!
   —Sóc / Estic al metro. Ara vinc!

2. —On s'estan / són l'Andreu i la Carme?
   —En un poble a prop de Lleida. Fa deu anys que hi viuen.

3. —Fa temps que no sé res de l'Oriol.
   —Es veu que ja no treballa de carter. Ara és / està a la taquilla de Correus i es dedica a l'atenció al públic.

4. —Coneixes el poble de Queralbs?
   —Sí, és / està molt a prop de Ribes de Freser.

5. —Quedem per dinar?
   —Ho sento, però tinc molta feina i avui estaré / seré al despatx tot el dia.

6. —Coneixes algun hotel a Granada?
   —Sí, quan hi vam anar, vam estar / vam ser a l'hotel Alhambra. Està molt bé.

7. —Ei, Xavi, quedem aquesta nit?
   —Per què no véns a casa? Els meus pares són / estan al cine i estic sol!

8. —Què feu aquestes vacances?
   —Anem a un apartament de la costa. Hi estarem / serem de l'1 al 15 d'agost.

6 [D i E] Llegeix el text següent sobre la ciutat de Tarragona i completa'l amb els verbs *ser* o *haver-hi*:

Tarragona (0.) *és* al sud de Catalunya i és la capital de la comarca del Tarragonès. En època dels romans, la capital de la província romana (1.) _____ a Tarragona, per això (2.) _____ restes arqueològiques d'aquesta època, que són Patrimoni de la Humanitat. Actualment, a Tarragona (3.) _____ uns 160 000 habitants. És la capital natural, socioeconòmica i cultural del sud de Catalunya. L'aeroport de Reus (4.) _____ a 12 km del centre de la ciutat, amb vols internacionals i nacionals. A la ciutat també (5.) _____ una estació de trens d'alta velocitat, una de grans línies i vuit baixadors per als trens de rodalia. Pel que fa al comerç, la ciutat té uns 1800 establiments, que (6.) _____ al centre de la ciutat i als barris. Al llarg de la rambla Nova (7.) _____ una gran quantitat de botigues i serveis: bancs, joieries, botigues de moda...

7 [D i E] Llegeix el text següent i completa'l amb els verbs del requadre:

estava (3)	hi havia (2)	era (2)	hi ha	estaven	vaig estar

Història d'un mestre

Els meus pares van morir quan jo era petit. Jo (0.) *estava* amb els meus avis. Vivíem en una casa molt gran. La casa (1.) _____ a la muntanya i, per tant, no anava a l'escola.

Vaig aprendre a llegir i escriure sol. Eren dues activitats que m'agradaven molt. Durant uns quants anys (2.) _____ en una granja per cuidar vaques. Com que tenia insomni, (3.) _____ moltes hores al llit i llegia perquè no podia dormir.

Vaig voler estudiar. Vaig traslladar-me a la ciutat més pròxima. Allà (4.) _____ una escola on feien cursos d'ingrés a la universitat. En aquella època (5.) _____ en una pensió molt humil. La pensió (6.) _____ al barri pobre de la ciutat i per això vaig conèixer molts nens que (7.) _____ tot el dia al carrer. Llavors vaig decidir fer-me mestre.

Quan vaig acabar la carrera, vaig tornar a la casa dels meus avis. A prop de casa seva (8.) _____ una masia abandonada. Vaig convertir aquesta masia en una escola rural. Ara, en aquesta escola (9.) _____ trenta-cinc alumnes de les masies del voltant.

8 [D i E] Classifica els verbs de l'exercici anterior a la graella següent tenint en compte la seva funció:

Situar un lloc	Permanència o residència en un lloc	Presència o existència de persones o coses en un lloc
	0. *estava amb els meus avis*	

66. Les perífrasis verbals (I)

• *En Ferran **acaba de sortir**.*

■ Les perífrasis verbals són construccions formades per un verb conjugat en present, passat o futur i una forma no personal (infinitiu o gerundi):

• *Què **hem de fer**? / Què **havíem de fer**? / Què **haurem de fer**?*

[haver de] [infinitiu]

• *Mentre tu **vas fent** el sopar, jo paro taula.*

[anar] [gerundi]

46. ▶

■ Amb les perífrasis verbals expressem una idea: repetició d'una acció, dubte, obligació, freqüència, etc.:

—***Acaba de telefonar** l'Àngels.*
[La perífrasi expressa que l'acció ha passat ara mateix.]
—*I què ha dit?*
—*Que **tornarà a telefonar** més tard.*
[La perífrasi expressa que l'acció es repetirà.]

A. Perífrasis d'inici i d'acció immediata

A.1 Usem les perífrasis *començar a + infinitiu* i *posar-se a + infinitiu* per expressar el **començament** d'una acció:

• *La setmana que ve **començo a fer** règim.*
• *Quan sortíem del cine, **es va posar a ploure**.*

A.2 Fem servir la perífrasi *estar a punt de + infinitiu* per expressar que una acció és **imminent**, però que encara no s'ha produït:

• ***Està a punt de sortir** l'últim llibre d'Eva Cops.*

A.3 Utilitzarem la perífrasi *anar a + infinitiu* en present per expressar la **intenció** de fer una acció en el mateix moment en què parlem i no posteriorment:

• *Fa temps que no sé res d'en Robert. <u>Ara mateix</u> **vaig a telefonar**-li.*

> **!**
> ■ Quan ens referim a un fet futur, usem el futur:
> La Maria i en Paco ~~van a tenir~~ **tindran** un nen l'any que ve. **53.** ▶

> ✎
> ■ Usem *anar a + infinitiu* quan ens referim al desplaçament d'una persona per fer una acció:
> La setmana que ve **anirem a esquiar** a la Catalunya Nord.

Fem servir la perífrasi *anar a + infinitiu* en imperfet d'indicatiu per expressar la imminència d'una acció que, al final, no es realitza:

• *Ara mateix t'**anava a telefonar**.* [però no t'he telefonat]

B. Perífrasis de duració i repetició

B.1 Usem les perífrasis *continuar + gerundi* i *seguir + gerundi* per expressar que una acció **dura** i, per tant, no ha finalitzat:

- *No podem sortir al carrer perquè **continua plovent**.* [L'acció de ploure no ha finalitzat.]
- *Anem a fer un cafè i després **seguim parlant** del tema.*

B.2 Utilitzem la perífrasi *anar + gerundi* per expressar que una acció s'està **desenvolupant**:

- *Sembla que l'atur **va creixent**.*

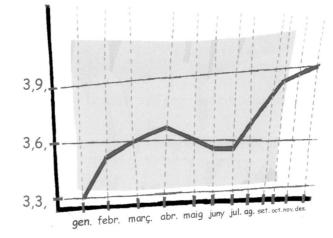

B.3 Fem servir la perífrasi *tornar a + infinitiu* per expressar que una acció es repeteix:
- ***Ha tornat a pujar** l'IVA.*

C. Perífrasis de finalització

C.1 Usem les perífrasis *deixar de + infinitiu* i *parar de + infinitiu* per expressar que una acció **durativa** o un hàbit ha finalitzat:
- *En Javi **ha deixat de fumar**.*
- *Ja podem sortir. **Ha parat de ploure!***

C.2 Amb la perífrasi *acabar de + infinitiu* podem expressar diferents significats:

El final d'un procés:
- *Ja **he acabat de llegir** el llibre!*

En frases negatives, una acció que no s'ha fet del tot:
- ***No acabo d'entendre el que dius.*** [L'acció d'entendre el que dius és incompleta.]

Una acció que ha passat ara mateix:
- ***Acaba d'arribar** el paquet que esperaves.* [El paquet ha arribat ara mateix.]

D. Perífrasis de freqüència

D.1 Utilitzem les perífrasis *acostumar a + infinitiu* i *soler + infinitiu* per expressar una acció **habitual** en present o en passat:
- *Després de dinar, **acostumo a dormir** una estona.*
- *Quan érem joves, **solíem sortir** cada cap de setmana.*
  [L'acció de sortir era habitual.]

> **!** Usem la perífrasi **soler + infinitiu** només en present i en imperfet d'indicatiu.

1 **[A]** Mira els dibuixos i marca amb una creu quina és la perífrasi més adequada per a cada dibuix.

0

a. *La botiga* està a punt de tancar. ___

b. *La botiga* està tancada. X

1

a. La Irene *s'ha posat a dibuixar.* ___

b. La Irene *està a punt de dibuixar.* ___

2

a. Quan s'ha trencat la joguina, *ha començat a plorar.* ___

b. Quan s'ha trencat la joguina, *ha estat a punt de plorar.* ___

3

a. Va, marxem, que *està a punt de ploure!* ___

b. Va, marxem, que *es posa a ploure!* ___

4

a. L'Alícia *comença a dinar.* ___

b. L'Alícia *està a punt de dinar.* ___

5

a. El Roger *està a punt de jugar* a bàsquet. ___

b. El Roger *es posa a jugar* a bàsquet. ___

6

a. En Pol *va estar a punt de cridar* quan els lladres li van prendre la cartera. ___

b. En Pol *es va posar a cridar* quan els lladres li van prendre la cartera. ___

7

a. L'olla de pressió *està a punt de treure* vapor. ___

b. L'olla de pressió *comença a treure* vapor. ___

2 **[A]** Llegeix les frases següents i subratlla la perífrasi més adequada. En alguns casos, hi ha dues possibilitats.

0. *Avui* anàvem a comprar-te / *ens* posàvem a comprar-te *un gat, però després hem recordat que tens al·lèrgia al pèl dels gats.*

1. La setmana que ve *vaig a començar / començo a fer* un curs de pintura.

2. És la cinquena vegada seguida que ens truquen per vendre'ns una assegurança. Ara mateix *farem / ens posem a fer* una queixa a la companyia.

3. *Està a punt d'estrenar-se / Va a estrenar-se* l'última pel·lícula del Jordi Pallissa, però no se sap quin dia serà.

4. Hola, Ernest! *Estàvem a punt de sortir / Anàvem a sortir.* Ens pots trucar més tard, sisplau?

5. Diuen que dilluns *va a fer fred / comença a fer* fred.

6. L'Eva i en Martí *estan a punt de comprar-se / van a comprar-se* un pis. Només els falta saber si el banc els concedeix la hipoteca.

3 **[B]** Llegeix els titulars següents i completa'ls amb les perífrasis *continuar + gerundi* i *tornar a + infinitiu*, segons convingui. Utilitza els verbs del requadre.

pujar (3)	fer	estar	casar-se	actuar	tocar

0. *El preu dels pisos* continua pujant. *Ja fa quatre anys que l'augment és constant.*

1. Els alpinistes Amèlia Corbera i Jon Diazábal _____ a l'Everest. És la tercera vegada que fan el cim més alt del món.

2. Després d'un divorci conflictiu, l'actor Xavier Creus _____. El casament se celebrarà a les illes Fiji.

3. Els Llauners _____ a València. Feia tres anys que aquests músics no actuaven al País Valencià.

4. Onada de calor a tot el país. Les temperatures _____ durant el cap de setmana un altre cop.

5. Els mossos d'esquadra intervenen en un concert il·legal al carrer del Perill. Els músics _____ durant l'actuació policial.

6. Diana Mas perd 20 quilos per poder interpretar el paper d'una noia anorèctica. L'actriu _____ règim perquè encara ha de perdre 10 quilos més.

7. Amèlia Casas _____ embarassada. Serà el tercer fill de la model.

4 **[B i C]** Llegeix els canvis en la vida d'en Pius Clotet i completa les frases amb les perífrasis *deixar de + infinitiu* o *continuar + gerundi*.

Any 2010	Any 2015
0. – *Fuma molt.*	– *No fuma.*
0. – *Menja molt.*	– *Menja molt.*
1. – Escriu les seves memòries.	– Escriu les seves memòries.
2. – Treballa en un diari esportiu.	– Ja no treballa en un diari esportiu.
3. – Té colesterol.	– Té colesterol.
4. – Viu al pis dels seus avis.	– Viu al pis dels seus avis.
5. – Estudia japonès.	– Ja no estudia japonès.
6. – Juga a la borsa.	– No té diners per jugar a la borsa.
7. – Fa cursets de jardineria.	– Fa cursets de jardineria.

El 2015...

0. *Ha deixat de* **fumar**. *Continua menjant* **molt**.

1. _____ les seves memòries.

2. _____ en un diari esportiu.

3. _____ colesterol.

4. _____ al pis dels seus avis.

5. _____ japonès.

6. _____ a la borsa.

7. _____ cursets de jardineria.

5 **[C]** Llegeix les frases següents i classifica-les al requadre tenint en compte el significat de la perífrasi *acabar de + infinitiu*:

0. *L'any 2020* acabaré de pagar *la hipoteca.*

1. Aquest llibre és difícil d'entendre! *No m'acaba d'agradar.*

2. Han trobat petroli a l'Empordà. Ho *acabem de sentir* a la televisió.

3. Auxili! *Acaben de robar-me* la cartera!

4. Quan *acabeu de dinar*, renteu els plats.

5. Vam anar a veure l'última pel·lícula de Karnosky i no la *vam acabar d'entendre.*

6. Aquesta setmana *han acabat de restaurar* la façana de l'ajuntament.

7. Clara, *acaba de trucar* un noi que demanava per tu. Trucarà més tard.

8. Quan *acabem de mirar* la pel·lícula, et truquem!

El final d'un procés	L'acció ha passat ara mateix	L'acció és incompleta
0. *acabaré de pagar*		

6 [D] Llegeix les frases següents i marca l'expressió temporal més adequada:

0. *Solia portar pantalons curts.*
 a. *quan era petit* X
 b. *el dia que vaig començar l'escola*

1. Els meus pares i jo solíem anar de vacances a la costa.
 a. quan jo era petit
 b. l'estiu de l'any 1995

2. Acostumeu a fer la migdiada?
 a. ara mateix
 b. cada dia

3. A Islàndia sol fer-hi molt de fred.
 a. avui
 b. a l'hivern

4. En Miquel i l'Olga acostumen a marxar fora de la ciutat.
 a. aquesta setmana, perquè han estrenat el cotxe
 b. els caps de setmana

5. Els meus pares solien fer-me un regal.
 a. quan treia bones notes
 b. el dia que vaig acabar el batxillerat

6. L'Agnès solia posar-se un vestit jaqueta.
 a. quan tenia una reunió important
 b. el dia que va conèixer la seva parella

7. Les botigues acostumen a tancar.
 a. la setmana passada
 b. els dies festius

7 [D] En Màrius Ros és un jugador de futbol professional. Completa les frases següents amb la perífrasi *soler + infinitiu* si expressen una acció habitual. Quan no expressin una acció habitual, conjuga el verb en el temps adequat.

ser
fumar
perdre
jugar
retirar-se
fitxar
beure
demanar
fer
dir

0. *En Màrius Ros és futbolista professional. No sol fumar perquè no va bé.*

1. Quan els nens el veuen pel carrer, li _____ autògrafs.

2. Quan era petit, ell i els seus amics _____ a futbol al carrer.

3. Amb divuit anys, _____ pel seu club actual.

4. De petit, els seus pares i tiets li _____ que jugaria en un club de primera divisió.

5. Ell i els seus companys d'equip no _____ alcohol, només ho fan els dies que celebren una victòria.

6. El cap de setmana passat, el seu equip _____ 0-2 contra l'equip rival de la mateixa ciutat.

7. _____ una dieta sana i equilibrada.

8. L'any que ve _____ perquè farà trenta-cinc anys.

8 [D] Llegeix el fragment de les memòries de Pius Clotet que parlen de la seva infantesa i corregeix els quatre errors de perífrasis de freqüència que ha comès.

Quan jo era petit, els meus pares, la meva germana i jo *acostumem* a passar els estius al poble dels avis. Solíem marxar la primera setmana de juliol i no tornàvem fins a l'última d'agost, i això durant molts anys. Jo, en aquella època, solia ser un noi tímid i tancat. Acostumava a quedar-me a casa a jugar sol perquè els nens, quan em veien, solien tirar-me pedres. Una vegada, pel meu aniversari, els meus pares solien regalar-me un arc amb fletxes. Que content que vaig estar amb aquell regal! Vaig sortir al carrer i vaig trobar tota la colla de nens del poble. N'hi havia un que acostumava a tenir les orelles molt grosses. Jo vaig treure el meu arc i li vaig llançar una fletxa, amb tanta mala sort, que li va quedar clavada a l'orella. Des d'aquell dia, els nens acostumaven a dir-li «l'orellut de la fletxa clavada». Aquell nen ara sol ser l'alcalde del poble. Quan hi vaig, solem trobar-nos i riem una estona de les nostres anècdotes infantils.

0. ~~acostumem a passar~~: *acostumàvem a passar*

1. _____   3. _____

2. _____   4. _____

67. Les perífrasis verbals (II)

• *Què **hem de fer**?*

A. Perífrasis d'obligació o de necessitat

A.1 Usem la perífrasi *haver de + infinitiu* per expressar l'obligació o la **necessitat** de fer una acció:

> • *Per empadronar-te, **has d'omplir** aquest full.* [És obligatori omplir el full.]

> **!**
> ■ La primera persona del present de la perífrasi *haver de + infinitiu* pot ser *he* o *haig*.

> ■ Utilitzem la perífrasi *haver de + infinitiu* en forma impersonal quan no concretem el subjecte que ha de fer l'acció, sinó que parlem en general:
> *Per tirar-se en paracaigudes, **s'ha de ser** valent.*
> [No parlem de ningú en concret.]   **71.** ▶

A.2 Fem servir la perífrasi impersonal *caldre + infinitiu* per expressar que una acció és **obligatòria** de manera general, sense especificar qui l'ha de fer:

> • *Per poder votar, **cal tenir** divuit anys.* [És obligatori, en general.]

> ■ Usem *caldre que + subjuntiu* quan especifiquem la persona que té l'obligació de fer una acció:
> *Si voleu anar a l'Índia, **cal que us vacuneu**.* [És necessari que vosaltres us vacuneu.]

A.3 Quan expressem una **prohibició**, és a dir, una obligació negativa, fem servir *no + poder + infinitiu*:

> • *Ho sento, aquí **no pot aparcar**.*
> [Està prohibit.]

> ■ Usem la perífrasi *no + haver de + infinitiu* per donar **consell**:
> *Si vols aprendre un idioma, **no has de tenir** vergonya a l'hora de parlar.*

B. Perífrasi de probabilitat

B.1 Usem la perífrasi *deure + infinitiu* per expressar que és molt **probable** que una acció passi o hagi passat, però sense referir-nos-hi amb un grau absolut de seguretat:

—*Què li passa a en Mateu?*
—***Deu estar** enamorat.*
[M'ho imagino, però no ho puc assegurar.]

—*Què li passa a en Mateu?*
—***Està** enamorat.*
[Ho sé segur.]

C. Perífrasis d'habilitat i de possibilitat

C.1 Usem la perífrasi *poder + infinitiu* per expressar que un subjecte **és capaç** de fer una acció o **està capacitat** per fer-la:

- *Les panteres **poden córrer** a 120 km per hora.*
  [Són capaces de córrer a aquesta velocitat.]
- *Els més grans de setze anys **poden conduir** una motocicleta.*
  [Estan capacitats per fer-ho perquè són més grans de setze anys.]

Amb la perífrasi *poder + infinitiu* també expressem la **possibilitat** que passi un fet:

- *Si sempre escoltes la música tan alta, **pots tenir** problemes d'oïda.*
  [Hi ha la possibilitat de tenir problemes d'oïda, però no és segur.]

Fem servir *poder + infinitiu* per demanar i donar **permís**:

- ***Puc dormir** amb tu aquesta nit?*
  [Em dónes permís per dormir amb tu?]

C.2 Usem la perífrasi *saber + infinitiu* per expressar que una persona o animal té el **coneixement** o l'**habilitat** de fer una cosa:

- *En Jose **sap tocar** la guitarra. No ho sabies?*

D. Perífrasis de desig o de voluntat

D.1 Fem servir les perífrasis *voler + infinitiu* i *pensar + infinitiu* per expressar el **desig** o la **intenció** de fer una acció:

- *Després del Batxillerat, què **voleu estudiar**?* [Quin és el vostre desig?]
- *El dia 1 de gener **penso deixar** de fumar!* [Tinc la intenció de deixar de fumar.]

Exercicis

1 [A] Crolàndia és un país amb unes normes especials. Llegeix el text següent i classifica les regles en el requadre:

Crolàndia és un país petit i mal comunicat. Només s'hi pot anar amb cotxe, i (0.) *cal passar* per una carretera estreta amb molts revolts. Els turistes (1.) *han d'allotjar-se* en cases particulars perquè no hi ha hotels. Per visitar el país, (2.) *cal tenir* un permís especial de la presidenta del Govern. La presidenta de Crolàndia (3.) *ha de conèixer* tots els ciutadans, per això (4.) *ha d'anar* a dinar a casa seva un cop a l'any. Els nens de Crolàndia (5.) *han de començar* l'escola amb dos anys. Com que les dones governen el país, les nenes (6.) *han d'estudiar* cinc idiomes, i els nens només (7.) *n'han d'aprendre* tres. Per poder votar a Crolàndia, (8.) *cal tenir* setze anys. Les persones que tenen diners i propietats (9.) *han de votar* un partit de dretes, mentre que les persones que no són riques (10.) *han de votar* un partit d'esquerres. A Crolàndia (11.) *s'ha de ser* feliç.

Accions o condicions obligatòries especificant qui les ha de fer	Accions o condicions obligatòries sense especificar qui les ha de fer
	0. *cal passar*

2 [A] A l'escola La Vall fan una campanya per respectar el medi ambient. Completa les instruccions amb una perífrasi d'obligació (*haver de*, *caldre* o *poder* + *infinitiu*).

Instruccions per al reciclatge de paper:

- El contenidor de paper (0.) *ha de ser* sempre a la taula del professor.

- El contenidor no és una paperera. El paper (1.) _____ ser net; per tant, els alumnes no (2.) _____ llençar-hi mocadors o tovallons.

- (3.) _____ buidar el contenidor cada setmana. Els delegats de cada curs els (4.) _____ portar a consergeria els divendres.

Cartutxos de tinta de la impressora:

- Si el cartutx de tinta de la impressora s'asseca, (5.) _____ avisar el responsable d'informàtica, que periòdicament (6.) _____ recollir tots els cartutxos i portar-los al punt verd.

Piles:

- (7.) _____ posar les piles gastades al contenidor de piles que hi ha a consergeria.

Estalvi d'energia:

- Si sou delegats mediambientals, (8.) _____ apagar els llums de la vostra aula al migdia i a la tarda, després de classe.

Alumnes, professors, personal de l'escola, tots junts (9.) _____ ser respectuosos amb el medi ambient!

---

3 [B] Llegeix les frases següents i subratlla la forma verbal més adequada:

0. —La Rosa prepara una festa per al seu marit. Ell no ho <u>deu saber</u>/ sap perquè no m'ha comentat res.

1. —Aquest quadre *deu ser*/ *és* una còpia falsa. A veure què diuen els experts en falsificacions!

2. —Per què no va venir en Manel a la festa?

   —No ho sé perquè no hi he parlat. *Devia tenir*/ *Tenia* feina.

3. —En Màrius i la Teresa esperen un altre fill.

   —*Deurà ser*/ *Serà* rosset i amb els ulls blaus, com els seus germans.

4. —És teva aquesta calculadora?

   —No. *Deu ser*/ *És* la d'en Lluís. Me l'ha deixada perquè jo no en tinc.

5. —Aquest arròs és molt insípid!

   —Sí, és que no hi *dec haver tirat*/ *he tirat* sal perquè tinc la tensió alta i no en puc prendre.

6. —Quan va arribar l'home a la Lluna?

   —*Devia ser*/ *Era* l'any 1969. No ho sé segur.

7. —Truquen a la porta! Qui *deu ser*/ *serà*? Si són les 3 de la matinada!

8. —He trobat l'Abel i la Raquel, i no m'han dit res.

   —*Deuen estar*/ *Estan* enfadats. M'ho imagino perquè a vegades s'enfaden sense motiu.

4 [B] Torna a escriure les frases següents canviant l'expressió de dubte per la perífrasi de probabilitat:

0. A mi em sembla *que hi haurà menys crisi l'any que ve.*

   L'any que ve hi deurà haver menys crisi.

1. *Potser* la Marta no sap el meu telèfon.

   La Marta no _____ el meu telèfon.

2. *Em fa l'efecte que* en Roger i l'Eva volen canviar de feina.

   En Roger i l'Eva _____ canviar de feina.

3. *Probablement* ara neva als Pirineus.

   Ara _____ als Pirineus.

4. En Pablo no va anar a treballar. *Potser* es trobava malament.

   En Pablo _____ malament.

5. El cantant Andi Bross sembla més gran, però *m'imagino que* té uns quaranta anys.

   El cantant Andi Bross _____ uns quaranta anys.

6. *Suposo que* el preu dels pisos pujarà l'any que ve.

   El preu dels pisos _____ l'any que ve.

7. La Mariona fa dies que no fuma ni beu alcohol. *Crec que* està embarassada.

   La Mariona _____ embarassada.

5 [C] Llegeix les frases següents i relaciona-les amb el seu significat:

A. Capacitat	B. Possibilitat	C. Permís

0. *No trobo les claus. Me les* puc haver deixat *a la feina.* B
1. L'equip d'handbol de les Franqueses *pot proclamar-se* campió de lliga si guanya el pròxim partit. ____
2. *Puc obrir* la finestra? És que fa molta calor. ____
3. En Rafael no *pot fer* esport perquè està lesionat. ____
4. Nens, *podeu sortir* al pati! ____
5. Si sempre teniu el volum de la televisió tan alt, *podeu tenir* problemes amb els veïns. ____
6. Pep, *pots venir* quan vulguis a casa meva. ____
7. L'Eva i en Ton sovint van al cine. Els seus fills són grans i *poden quedar-se* sols. ____
8. Si condueixes begut, *pots tenir* un accident. ____
9. En Miquel i en Jordi no *poden mirar* la televisió perquè estan castigats. ____

6 [C] Llegeix els diàlegs i completa'ls amb els verbs *poder* o *saber* + *infinitiu*. En algun cas són possibles totes dues perífrasis.

0. —*Pots obrir* la finestra? És que fa molta calor!

   —*Sí, ja l'obro.*

1. —En Faissal i la Laila _____ parlar el català?

   —Sí, el van aprendre quan van arribar a Catalunya.

2. —El metge m'ha dit que ja _____ fer esport.

   —Així ja estàs recuperat de la lesió?

3. —En Josep ja _____ nedar!

   —Sí, és que ha fet un curset de natació.

4. —_____ venir a casa nostra?

   —Sí, hem d'agafar l'autobús i baixar a la parada del mercat, oi?

5. —Els senyors Ametller sempre tenen la tele molt alta.

   —Doncs _____ tenir problemes amb els veïns.

6. —Cada dia acompanyes els teus fills a l'escola?

   —No. Tenen nou i deu anys, i ja _____ anar-hi sols.

7. —_____ callar un moment? És que no sento el que em diuen.

   —Sí, sí, perdona.

8. —Papa, els Reis Mags _____ entrar a totes les cases?

   —Sí, per això són mags.

7 **[D]** Quins desitjos té la gent per a l'Any Nou? Llegeix el diàleg següent entre un periodista i un grup de joves i completa'l amb les perífrasis *voler* + *infinitiu* o *pensar* + *infinitiu* utilitzant els verbs del requadre:

fer (2)	compartir	llogar (3)	buscar	acabar	muntar

P: —Quins desitjos té la gent per a l'Any Nou? Què (0.) *pensa / vol fer* o deixar de fer? Ho preguntem a un grup de joves que esperen l'arribada de l'any a la plaça de l'Ajuntament de Torrenova. A veure, nois, algun desig?

A: —Sí, nosaltres (1.) _____ un negoci de roba de segona mà.

P: —Ah, molt bé. I vosaltres?

B: —(2.) _____ un viatge als Estats Units. (3.) _____ un cotxe i recórrer el país d'est a oest.

P: —Alguna cosa més?

C: —Sí, jo (4.) _____ la carrera. Només em falten dues assignatures!

P: —I tu?

D: —Doncs jo (5.) _____ un pis per independitzar-me. Per cert, si algú (6.) _____ el seu pis a una persona seriosa com jo, ja ho sap!

P: —I tu, que fa estona que vols parlar?

E: —Doncs jo (7.) _____ nòvia i oblidar-me de les relacions temporals. Per tant, a totes les noies que m'esteu veient, si (8.) _____ la vostra vida amb una persona com jo, truqueu-me!

P: —Molt bé! Ja ho sabeu! I d'aquí a dos minuts, les campanades!

68. La perífrasi durativa *estar + gerundi*

• *Estava fent* la migdiada.

A. Present, imperfet i futur

B. Passat perifràstic i perfet

■ Usem la perífrasi *estar + gerundi* quan ens centrem en el desenvolupament d'una acció que dura. Podem utilitzar la perífrasi en tots els temps de present, passat i futur de tots els verbs excepte *ser* i *estar*.

A. Present, imperfet i futur

A.1 Amb la perífrasi *estar + gerundi*, destaquem el desenvolupament d'una acció que es pot produir en el moment en què parlem o durant un període llarg de temps:

—*Què fas? / Què estàs fent?*
—***Estic estudiant*** *anatomia.*
[Destaquem el desenvolupament de l'acció d'estudiar anatomia. L'acció té lloc en el moment en què es parla.]

—*Com va la vida?*
—*Bé,* ***estic estudiant*** *dret i m'agrada molt.*
[Destaquem el desenvolupament de l'acció d'estudiar dret durant un període llarg. L'acció no té lloc en el moment en què es parla.]

També fem servir la perífrasi *estar + gerundi* amb verbs que indiquen accions puntuals, com *arribar*, *sortir* i *acabar*, per expressar que l'acció està a punt de finalitzar:

• ***Estic arribant****. Em podeu venir a buscar a l'estació?* [Estic a punt d'arribar.] **48.**▶

A.2 També podem usar la perífrasi *estar + gerundi*, en passat o futur:

Imperfet: —*Ahir* <u>*vaig trucar*</u>*-te i no vas contestar.*
—*Sí, és que* ***estava estudiant****.* [Destaquem el desenvolupament de l'acció d'estudiar. El moment de l'acció d'estudiar coincideix amb el de l'acció de trucar.]

• *Quan* ***estava estudiant*** *dret a la universitat,* <u>*vaig trobar*</u> *una feina en un bufet d'advocats.*
[Destaquem el desenvolupament de l'acció d'estudiar durant un període llarg del passat.]

Futur: —*Què faràs dissabte al vespre?*
—*Seré a casa.* ***Estaré estudiant*** *per a un examen que tinc dilluns.*

—*Què faràs a la Universitat de Califòrnia?*
—*Hi* ***estaré estudiant*** *dret durant dos anys.* **49. 50. 53.**▶

B. Passat perifràstic i perfet

B.1 Usem la perífrasi durativa en passat perifràstic per referir-nos al desenvolupament d'una acció que va acabar:

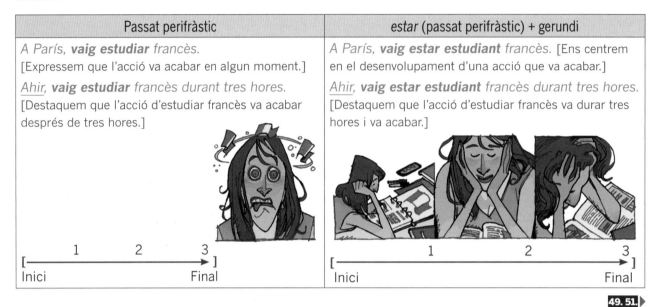

Passat perifràstic	*estar* (passat perifràstic) + gerundi
A París, **vaig estudiar** *francès.* [Expressem que l'acció va acabar en algun moment.] *Ahir,* **vaig estudiar** *francès durant tres hores.* [Destaquem que l'acció d'estudiar francès va acabar després de tres hores.]	*A París,* **vaig estar estudiant** *francès.* [Ens centrem en el desenvolupament d'una acció que va acabar.] *Ahir,* **vaig estar estudiant** *francès durant tres hores.* [Destaquem que l'acció d'estudiar francès va durar tres hores i va acabar.]

49. 51. ▶

B.2 Fem servir la perífrasi durativa en perfet per referir-nos al desenvolupament d'accions que poden haver acabat o no:

Perfet	*estar* (perfet) + gerundi
L'Alba **ha viscut** *a Lleida.* [Ens centrem en l'experiència de viure a Lleida.] *En Sergi* **ha corregit** *els exàmens.* [Ens centrem en el resultat d'una acció. En Sergi ha acabat de corregir els exàmens.]	*L'Alba* **ha estat vivint** *a Lleida.* [Ens centrem en el desenvolupament continuat de viure a Lleida.] *En Sergi* **ha estat corregint** *els exàmens.* [Ens centrem en el desenvolupament d'una acció que no sabem si ha acabat o no.]

49. 51. ▶

> ■ També podem utilitzar la perífrasi en plusquamperfet (*jo havia estat estudiant*), en futur perfet (*hauré estat estudiant*) i en totes les formes de subjuntiu (*és bo que estiguis estudiant; era bo que estigués estudiant,* etc.). En tots els casos, quan usem la perífrasi, fem èmfasi en el desenvolupament de l'acció.

Exercicis

1 [A] La Sílvia porta cada dia el seu fill al parc. Escriu què veu la Sílvia al parc i què està fent cada persona utilitzant els verbs del requadre.

llegir	gronxar	parlar	dormir	pixar	estirar	pujar	perseguir	agafar

0. *Un home* està llegint *el diari.*

1. Un gos _____ al costat d'un arbre.

2. Uns nens _____ al tobogan.

3. Una nena _____ les trenes a una altra.

4. Una dona _____ la seva filla.

5. Uns gats _____ un colom.

6. Una senyora gran _____.

7. Un lladre _____ la bossa de la senyora gran.

8. Un home _____ per telèfon.

2 [A] Subratlla quin ús té la perífrasi durativa en les frases següents:

> **ACCIÓ:**
> A: en desenvolupament en el moment de parla
> B: en desenvolupament no en el moment de parla
> C: a punt de finalitzar

0. —*Com et trobes?*

   —*De meravella.* Estic dormint *molt bé últimament.* A | <u>B</u> | C

1. L'Aduna i en Pere *estan fent* un curset per a futurs pares. Hi van cada dia de 6 a 8 del vespre. A | B | C

2. —Que hi ha l'Aduna?

   —Ho sento. *Està fent* un curset i no és a casa. A | B | C

3. La Maria *està estudiant* basc. Demà té un examen. A | B | C

4. La Maria *està estudiant* basc. El seu xicot és de Bilbao i tota la seva família parla basc. A | B | C

5. En Robert *està acabant* el màster d'Administració d'empreses i ja ha trobat feina. A | B | C

6. —Com va tot?

   —No gaire bé. Estic a l'atur i *estic enviant* currículums. A | B | C

7. —Què fas?

   —*Estic enviant* currículums. Me'n queden només cinc. A | B | C

8. Ens hem d'afanyar. El tren *està arribant* i només tenim un minut per pujar-hi amb totes les maletes! A | B | C

3 [A] Escriu què estaven fent diferents persones d'arreu del món quan van caure les Torres Bessones a Nova York.

0. *Girona. Nil. Dinar.*

1. São Paulo. Milton. Esmorzar.

2. Nova York. Anne i Peter. Anar a la feina.

3. Buenos Aires. Néstor. Agafar l'autobús per anar a la feina.

4. Bucarest. Nico. Llevar-se.

5. Nova Delhi. Asha. Sortir de la feina.

6. Tòquio. Haruki i Neko. Sopar.

0. *A Girona, en Nil estava dinant.*

1. _____ .   4. _____ .

2. _____ .   5. _____ .

3. _____ .   6. _____ .

4 [A] Els treballadors de l'escorxador La Serra estan pensant què estaran fent dilluns que ve, dia 1 de juliol, quan comencin les vacances. Escriu què diu cada persona usant la perífrasi durativa en futur d'un dels verbs entre parèntesis. En dos casos no és possible utilitzar la perífrasi durativa.

0. *Pere: Jo estaré fent* (sortir, entrar, fer) *les maletes per marxar de vacances.*

1. Anna: _____ (*dormir, cuinar, netejar*) en una habitació d'hotel de luxe.

2. Miguel: _____ (*trobar, haver-hi, ser*) dins del cotxe camí de l'aeroport.

3. Clara i Ivan: _____ (*dibuixar, tancar, esmorzar*) en un hotel de Salou.

4. Cristina: _____ (*ballar, escalfar, refredar*) en una discoteca.

5. Jordi: _____ (*anar, sortir, escriure*) al gimnàs.

6. Rosa i Robert: _____ (*començar, decorar, menjar*) el menjador de casa.

7. Narcís: _____ (*marejar, mirar, apartar*) el mar des d'un apartament a Roses.

8. Cesc: _____ (*estar, situar, dir*) avorrit. No vaig enlloc.

5 [B] La investigadora privada Totu Beu fa un seguiment de la rutina de l'empresari Pep Bitllet. Llegeix els apunts de la investigadora sobre què va fer el senyor Bitllet dilluns passat i completa l'informe amb formes de passat perifràstic o de la perífrasi durativa en passat perifràstic. En alguns casos, es poden fer servir totes dues formes.

Hora	Activitat
9.00-10.00	Esmorza amb directius de l'empresa.
10.00-12.00	Va al gimnàs.
13.00-15.00	Dina amb la seva germana.
15.00-18.00	Es reuneix amb futurs clients.
18.00	Agafa un taxi. Va a l'hotel Palau.
20.00	Surt de l'hotel. Torna al despatx.
20.30-21.30	Llegeix informes.
22.00	Surt del despatx. Torna a l'hotel Palau.
22.30	Arriba la germana a l'hotel.
23.00-00.00	Destrueixen documents. Fan transferències.
00.00	Marxen de l'hotel.

Dilluns al matí, de 9.00 a 10.00 el Sr. Bitllet (0.) *va estar esmorzant / va esmorzar* amb directius de l'empresa. De 10.00 a 12.00 (1.) _____ al gimnàs. De les 13.00 a les 15.00 (2.) _____ amb la seva germana. A la tarda, de les 15.00 a les 18.00 (3.) _____ amb futurs clients a l'edifici de l'empresa. A les 18.00 (4.) _____ un taxi i (5.) _____ a l'hotel Palau. (6.) _____-ne a les 20.00 i (7.) _____ al seu despatx. De les 20.30 a les 21.30 (8.) _____ informes. A les 22.00 (9.) _____ del despatx i (10.) _____ a l'hotel Palau. A les 22.30 (11.) _____ la seva germana a l'hotel.
De les 23.00 a les 00.00, ell i la seva germana (12.) _____ documents i (13.) _____ transferències bancàries per ordinador. A les 00.00 (14.) _____ tots dos cap a casa.

6 [B] Uns quants amics estan arreglant una casa. Marca si han acabat o no de fer les accions següents segons l'ús del perfet o de la perífrasi durativa en perfet:

0. *En José ha penjat les cortines de la dutxa.*

  (a.) *Ha acabat de penjar-les.*

  b. *No sabem si ha acabat de penjar-les o no.*

1. L'Antoni ha estat pintant les parets del lavabo.

  a. Ha acabat de pintar-les.

  b. No sabem si ha acabat de pintar-les o no.

2. L'Imma ha tallat la gespa del jardí.

  a. Ha acabat de tallar-la.

  b. No sabem si ha acabat de tallar-la o no.

3. L'Oriol ha pintat la porta del lavabo.

  a. Ha acabat de pintar-la.

  b. No sabem si ha acabat de pintar-la o no.

4. L'Ona ha tallat els branquillons dels arbres del jardí.

  a. No sabem si ha acabat de tallar-los o no.

  b. Ha acabat de tallar-los.

5. L'Ignasi ha estat tapant els forats de les parets.

  a. Ha acabat de tapar-los.

  b. No sabem si ha acabat de tapar-los o no

6. En Pepe ha estat netejant els vidres.

  a. Ha acabat de netejar-los.

  b. No sabem si ha acabat de netejar-los o no.

69. El discurs indirecte

• *El president va dir que no es presentaria a les eleccions.*

A. Canvis de persona, de lloc i de temps

B. Canvis de temps verbals

C. Preguntes reproduïdes

■ Quan ens referim a les paraules d'un mateix o d'altres persones, podem citar exactament què es va dir (discurs directe) o podem transmetre el contingut del missatge adaptat a la realitat del parlant (discurs indirecte):

> • *Lluís: **«T'estimo»**.*
> [Són les paraules exactes que va dir en Lluís.]
> • *En Lluís em va confessar **que m'estimava**.*
> [Transmetem el missatge d'en Lluís.]

■ En el discurs indirecte, no repetim tota la informació, sinó que fem una interpretació o un resum del que considerem important:

Discurs directe	Discurs indirecte
La Marga deixa un missatge al contestador dels seus pares: *«Ei, pares, sóc jo, ja veig que no hi sou. Res, que us havia de trucar i al final no ho vaig fer. És que vaig molt de bòlit! Quan pugui, us truco. Petons.»*	*Ha trucat la Marga. Diu que va molt enfeinada i que trucarà quan pugui.* [La mare de la Marga fa un resum del missatge.]

■ En el discurs indirecte, fem servir un **verb de comunicació** seguit de la conjunció *que*. La tria del verb de comunicació depèn de com el parlant interpreta el missatge original:

> • *Lluc: «Fes-me cas, si tens diners, compra't un cotxe nou.»*
> • *En Lluc em **va dir** que em comprés un cotxe nou.*
> [El parlant transmet el missatge d'en Lluc.]
> • *En Lluc **em va suggerir** que em comprés un cotxe nou.*
> [El parlant interpreta que el missatge original és un suggeriment.]

Verbs de comunicació i pensament: *aconsellar, afirmar, assegurar, comentar, contestar, demanar, declarar, explicar, jurar, preguntar, prometre...*

A. Canvis de persona, de lloc i de temps

A.1 Quan fem el discurs indirecte, adaptem una situació comunicativa del passat a una nova situació i, per això, hem de fer alguns canvis en relació amb les **persones**, el **temps** i les referències de **lloc**. Els canvis que fem en el discurs indirecte han de ser adequats al moment de parla:

• *Nil: «M'agrada moltíssim la teva manera de vestir.»*

• *El Nil em va comentar que li encantava la meva manera de vestir.*

A.2 L'adequació de les persones, el temps i el lloc en el discurs indirecte poden afectar els pronoms personals (forts i febles), els possessius, els demostratius i les referències de temps (*avui, demà, l'endemà, fa* + quantitat de temps, etc.):

Canvis de **persona**:

Discurs directe	Discurs indirecte
El conserge diu: «Si algú busca unes claus, les tinc <u>jo</u>.»	*Si algú busca unes claus, el conserge m'ha dit que les té **ell**.*

També hi ha canvi de persona en els possessius i els pronoms febles:

Discurs directe	Discurs indirecte
En Biel diu a una veïna seva: «<u>Et</u> pots quedar una estona amb <u>el meu</u> fill?»	*En Biel ha demanat a una veïna seva si **es** podia quedar amb **el seu** fill.*

> ❗ ■ Quan la referència a les persones del discurs directe coincideix amb la referència a les persones del discurs indirecte, no fem canvis: *«Jo no em penso quedar de braços plegats!».* Ahir vaig dir que **jo** no **em** pensava quedar de braços plegats!

Canvis de referència de **lloc**:

Discurs directe	Discurs indirecte
La Carola escriu una carta als seus pares: *«<u>Tot això</u> és súper diferent. Al·lucinareu amb la gent d'<u>aquí</u>, ja ho veureu. Heu de <u>venir</u>!»*	*Ens ha escrit la Carola! Diu que **tot allò** és molt diferent, que la gent d'**allà** és al·lucinant i que hi hem d'**anar**.*

> ❗ ■ Quan reproduïm les paraules d'una altra persona al mateix lloc on les ha dit, la referència d'espai no canvia:
>
> | *«**Aquest** restaurant té molts premis. **Aquí** s'hi menja molt bé.»* [en aquest restaurant] |  | *El cuiner em va dir que <u>aquest</u> restaurant tenia molts premis i que <u>aquí</u> s'hi menjava molt bé.* [en aquest restaurant] |  |
> |---|---|---|---|

Canvis de referència de **temps**:

Discurs directe	Discurs indirecte
28 d'octubre	Dos mesos més tard
«Ho sento, <u>ara</u> no el puc esquilar, i <u>la setmana que ve</u>, tampoc.» 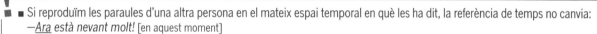	*No sé què fer amb el gos. Fa dos mesos el vaig portar al veterinari perquè l'esquilés i em va dir que* **en aquell moment** *no el podia esquilar, i que* **la setmana següent**, *tampoc. Total, que ja han passat dos mesos!*

> ! ■ Si reproduïm les paraules d'una altra persona en el mateix espai temporal en què les ha dit, la referència de temps no canvia:
> —<u>*Ara*</u> *està nevant molt!* [en aquest moment]
> —*Qui està volant?*
> —*No, he dit que* **ara** *està nevant molt!* [en aquest moment]

B. Canvis de temps verbals

B.1 Quan reproduïm un missatge dit en present o futur, canviem els temps verbals quan ens distanciem del contingut que reproduïm o volem transmetre la idea que són paraules d'una altra persona. Quan el missatge del discurs directe és actual, no canviem els temps verbals en el discurs indirecte:

Discurs directe	Discurs indirecte
Present: *«La Montse <u>està</u> embarassada.»*	Imperfet: *Vaig sentir que la Montse* **estava** *embarassada. Tu ho sabies?* [Ens distanciem de la informació i transmetem la idea que són paraules d'una altra persona.]
	Present: *Em van dir que la Montse* **està** *embarassada.* [El contingut del missatge encara és actual.]
«L'Eugènia <u>és</u> una egoista.»	Imperfet: *L'altre dia vaig veure el Claudi. Saps què em va dir de tu? Doncs que* **eres** *una egoista.* [Ens distanciem de la informació i transmetem la idea que són paraules d'una altra persona.]
	Present: *L'altre dia vaig veure el Claudi. Saps què em va dir de tu? Doncs que* **ets** *una egoista.* [Ens apropem a la informació.]
Futur: *«Al final m'he pogut organitzar i <u>vindré</u> a sopar.»*	Condicional: *Acabo de parlar amb el Joan Carles. M'ha dit que* **vindria** *a sopar.* [Ens distanciem del missatge del Joan Carles.]
	Futur: *Acabo de parlar amb el Joan Carles. M'ha dit que* **vindrà** *a sopar.* [L'acció de venir a sopar encara ha de passar.]

B.2 Quan reproduïm una informació dita en passat, usem el plusquamperfet, el passat perfet, el passat perifràstic o l'imperfet. Quan fem servir el plusquamperfet, volem transmetre el fet que són paraules d'una altra persona o ens distanciem del contingut i el situem abans del moment de reproduir el missatge:

Discurs directe	Discurs indirecte
Passat perifràstic: «La Rut i el Jaume <u>van tenir</u> un nen.»	Plusquamperfet: *Em van dir que la Rut i el Jaume **havien tingut** un nen.*[Ens allunyem del missatge i el situem en un moment anterior al de reproduir-lo.] Passat perifràstic: *Em van dir que la Rut i el Jaume **van tenir** un nen.* [Parlem d'un fet del passat que no té relació amb el present.]
Perfet: «Ja <u>he fet</u> la declaració de la renda.»	Plusquamperfet: *Ahir vaig veure la Llúcia. Em va comentar que ja **havia fet** la declaració de la renda.* [Ens allunyem del missatge i el situem en un moment anterior al de reproduir-lo.] Perfet: *Ahir vaig veure la Llúcia. Em va comentar que ja **ha fet** la declaració de la renda.* [Parlem d'un fet que té relació amb el present.]
Imperfet: «Ahir, a les 8 del vespre, <u>nevava</u> molt.»	Imperfet: *El Narcís em va comentar que ahir al vespre **nevava** molt.* [Descrivim la situació del passat.]

B.3 Quan reproduïm una petició feta en imperatiu, fem servir el present de subjuntiu quan l'ordre es refereix al present o al futur en relació amb el moment de parla. En canvi, quan la petició es refereix al passat en relació amb el moment de parla o quan volem transmetre el fet que són paraules d'una altra persona, fem servir l'imperfet de subjuntiu:

Discurs directe	Discurs indirecte
«Si continua tenint problemes d'insomni, <u>prengui's</u> una pastilla abans d'anar a dormir.»	Present de subjuntiu: *Ahir vaig anar al metge pels problemes d'insomni. Em va dir que em **prengui** una pastilla abans d'anar a dormir.* [L'ordre es refereix al present del parlant.] Imperfet de subjuntiu: *Ahir vaig anar al metge pels problemes d'insomni. Em va dir que em **prengués** una pastilla abans d'anar a dormir.* [Ens allunyem del missatge i el situem en el passat o marquem que són paraules d'una altra persona.]
«<u>Parla</u> més a poc a poc, si us plau!»	Present de subjuntiu: *Tu creus que parlo massa de pressa? És que l'Eugeni, a mitja reunió, m'ha demanat que **parli** més a poc a poc.* Imperfet de subjuntiu: *A la conferència, em van demanar que **parlés** més a poc a poc.*

C. Preguntes reproduïdes

C.1 Quan reproduïm una pregunta, utilitzem els mateixos interrogatius que en les preguntes directes (*què, quan, com*, etc.):

- «*Com* s'acaba la pel·lícula?» [pregunta directa]
- *M'ha demanat (que) **com** s'acabava la pel·lícula.* [pregunta reproduïda]

- «*Quin* dia torneu?» [pregunta directa]
- *La Jessica ens ha preguntat (que) **quin** dia tornàvem.* [pregunta reproduïda]

> **!** ▪ L'ordre de la pregunta reproduïda és igual que l'ordre de la pregunta directa: «*Quan fan vacances la Maria i el Josep?*» *M'han preguntat (que) **quan feien vacances la Maria i el Josep**.*

C.2 Quan fem una pregunta indirecta amb una frase sense interrogatiu o amb la conjunció *que*, usem la conjunció *si*:

- «*Demà hi haurà vaga d'autobusos?*»
- *M'han preguntat (que) **si** demà hi haurà vaga d'autobusos.*

- «*Que vindràs al cine?*»
- *En Joan m'ha demanat (que) **si** aniria al cine.*

Exercicis

1 [A] L'avi Cisquet és un xafarder i llegeix els SMS de la seva filla i de la seva néta, però no els entén. Completa les explicacions i, quan calgui, fes les contraccions.

0. *(SMS d'una amiga)*

> Vns studiar casa meva?

—*Què diu?*
—*Diu que si vaig a estudiar a* casa seva.

1. (SMS d'un amic)

> Ei, no kedem! L meu pare ma castigat. kn rotllo!

—Què diu?
—Diu que no quedem perquè _____ pare _____ ha castigat.

2. (SMS d'un company)

> Tu has cabat trebll ngls? Jo nkra no!

—Què diu?
—M'ha preguntat que si _____ havia acabat el treball d'anglès. Diu que _____ encara no.

3. (SMS d'una amiga)

> Ho sento, jo no puc Kedar x nar cine. El meu fill malalt. Neuhi vosaltres.

—Què diu?
—Que no pot quedar per anar al cine perquè _____ fill està malalt i que hi anem _____.

4. (SMS d'un amic)

> Cotxe espatllat. Em podeu dixar vostre?

—Què diu?
—Que té el cotxe espatllat i que si _____ podem deixar _____ .

5. (SMS d'uns amics)

> Kin dia kedem? Nos podem dv.

—Què diu?
—Pregunten que quin dia quedem. Diuen que _____ poden divendres.

6. (SMS d'uns amics)

> Nostre gat ha mort atropellat. Stem fotuts. ☹

—Què diu?
—Que _____ gat ha mort atropellat i que estan fotuts.

7. (SMS d'una amiga)

> Necessito tel. dl teu perruker. L meu ha plegat.

—Què diu?
—Que vol el telèfon _____ perruquer perquè _____ ha plegat.

2 **[A]** Completa l'article que escriu una periodista sobre l'estrena d'una obra de teatre a partir de les declaracions d'un dels actors.

0. «*La nova versió de* Crisi m'*ha agradat molt.*»

Eudald Fernández ha declarat que la nova versió de Crisi *li* ha agradat molt.

«*Els meus* companys de repartiment i *jo* estem molt contents de representar *Crisi*. És una obra que *ens* permet expressar *els nostres* sentiments més profunds. A més, és un luxe actuar al Teatre Principal. *Aquí*, alguns de *nosaltres* vam començar *la nostra* carrera professional fa molts anys. Per acabar, crec que els amants del bon teatre han de *venir* a veure l'obra, s'ho passaran molt bé.»

Eudald Fernández ha declarat que (1.) _____ companys de repartiment i (2.) _____ estan molt contents de representar Crisi perquè és una obra que (3.) _____ permet expressar (4.) _____ sentiments més profunds. També ha dit que és un luxe actuar al Teatre Principal perquè alguns (5.) d'_____ van començar-hi (6.) _____ carrera professional fa molts anys. Per acabar, Eudald Fernández ha dit que els amants del teatre han (7.) d'_____ a veure l'obra perquè s'ho passaran molt bé.

3 **[A]** Llegeix els diàlegs següents i completa el segon tenint en compte les paraules que va dir l'Olga Oms en la primera conversa:

22 de febrer

N: —Can Nyap, digui'm.

O: —Bon dia, em dic Olga Oms. Trucava perquè la rentadora i el rentaplats que els vaig comprar la setmana passada no funcionen. Podrien venir *ara* mateix? És urgent!

N: —Ho sento, senyora, però *avui* tenim molta feina perquè *ahir* vam haver de canviar tots els llums d'una botiga i tenim la feina a mitges.

O: —I no podrien venir *demà*?

N: —Miri, senyora, amb una mica de sort, potser vindrem *la setmana que ve*. I si no, segur que venim *el mes que ve*. L'he de deixar perquè *ara* tinc moltes coses a fer. Passi-ho bé!

22 d'abril

N: —Can Nyap, digui'm?

O: —Bon dia, em dic Olga Oms. Fa dos mesos vaig trucar perquè tenia la rentadora i el rentaplats espatllats. Els vaig demanar si podien venir (0.) *en aquell moment* perquè era urgent. Em van contestar que (1.) _____ tenien molta feina perquè (2.) _____ havien hagut de canviar tots els llums d'una botiga i tenien la feina a mitges. Els vaig demanar si podien venir (3.) _____ i em van contestar que potser vindrien (4.) _____. Després em van assegurar que vindrien (5.) _____. Finalment, em va dir que (6.) _____ tenia moltes coses a fer i que m'havia de deixar. Han passat dos mesos i encara no han vingut. Doncs bé, sap què li dic? Doncs que se'n vagi a fer punyetes!

4 **[B]** En Roger i l'Anna visiten el poble de Valldemossa, a Mallorca. En Roger llegeix les explicacions de la guia i les comenta a l'Anna. Completa el diàleg a partir de la informació sobre els diferents llocs.

Centres d'interès

Reial Cartoixa. Aquest antic monestir va ser fundat per monjos cartoixans, que hi van viure des de l'any 1399 fins al 1835. Van estar-s'hi el pianista i compositor polonès Fryderyk Chopin i l'escriptora francesa George Sand l'hivern de 1838-1839.

Casa natal de la beata Catilina Tomàs. És la beata més venerada a l'illa. Va néixer a Valldemossa el 1531. De ben petita va manifestar la seva religiositat i la seva determinació d'ingressar en alguna institució conventual. El 1553 va ingressar al convent agustinià de Santa Maria Magdalena de Palma, on actualment es conserva el cos incorrupte de la beata.

Mirador del puig de sa Moneda. Mirador creat per l'arxiduc Lluís Salvador, des del qual es poden contemplar magnífiques vistes de la costa i el poble de Valldemossa. Aquest mirador és a la urbanització George Sand, a 3,5 km de la vila de Valldemossa, en direcció a Banyalbufar.

Port de Valldemossa (sa Marina). A 6 km de la vila, una carretera estreta amb un gran desnivell condueix a aquest petit port de pescadors amb una caleta d'aigües cristal·lines i molt d'encant.

http://www.valldemossa.es/omunicipal/turisme.ct.html

A: —Què diu la guia de la Reial Cartoixa?

R: —Que (0) *va ser* fundada per monjos cartoixans i que n'hi va haver fins al 1835. També diu que s'hi (1.) _____ Chopin i George Sand.

A: —Què més recomana?

R: —La casa de Catilina Tomàs. Diu que (2.) _____ la beata més venerada a l'illa i que (3.) _____ a Valldemossa el 1531. També diu que al convent de Santa Maria Magdalena de Palma se'n (4.) _____ el cos incorrupte.

A: —I algun lloc per fer fotos?

R: —Sí, la guia parla del mirador del puig de sa Moneda. Diu que des del mirador (5.) _____ contemplar magnífiques vistes de la costa i de Valldemossa.

A: —I és a prop de Valldemossa?

R: —Sí, molt a prop. La guia diu que (6.) _____ a 3,5 km.

A: —I recomana algun lloc per poder banyar-s'hi?

R: —Sí. Diu que una carretera estreta (7.) _____ al port de Valldemossa, i que hi ha una caleta d'aigües cristal·lines.

A: —Això m'agrada!

5 **[B]** En Carles assisteix a una trobada d'exalumnes del seu institut. Al cap d'uns quants dies, explica a la seva dona què es va dir en la trobada. Completa les frases en discurs indirecte.

0. «*La Tere Serra fa de professora d'anglès.*»
   Em van dir que la Tere Serra feia / fa de professora d'anglès.

1. «En Paco i la Júlia es van casar.»
   Em van dir que en Paco i la Júlia _____. Tu ho sabies?

2. «L'any que ve l'escola organitzarà una altra trobada d'exalumnes.»
   Em van comentar que l'any que ve l'escola _____ una altra trobada d'exalumnes.

3. «El professor de música es jubila.»
   Et recordes d'aquell professor de música tan pesat? Doncs em van dir que _____.

4. «La pròxima trobada serà a l'institut.»
   Em van comentar que la pròxima trobada _____ a l'institut.

5. «La Cristina Moix va viure molts anys a l'estranger.»
   Em van dir que la Cristina Moix _____ molts anys a l'estranger.

6. «La professora Gal·la Anglès encara treballa a l'institut.»
   Es veu que la professora Gal·la Anglès encara _____ a l'institut.

7. «En Ramon Armengol ha muntat un negoci d'articles eròtics.»
   Em van comentar que en Ramon Armengol, aquell noi tan tímid, _____ un negoci d'articles eròtics. Que fort!

6 **[C]** L'àvia Enriqueta és una mica sorda i li han de repetir dues vegades tot el que li diuen. Completa el discurs indirecte amb les transformacions adequades.

0 —*Tens fred?*
  —*Què dius?*
  —*T'he preguntat que si tens / tenies fred!*

1. —Àvia, quants anys tenies quan et vas casar?
   —Què dius? Parla més fort, que no se t'entén!
   —T'he preguntat que _____ quan et vas casar.

2. —Vas mirar una pel·lícula ahir al vespre?
   —Què dius?
   —T'he preguntat que _____ una pel·lícula ahir al vespre.

3 —Com vas conèixer l'avi?
  —Com?
  —T'he preguntat que _____ l'avi.

4. —Que voldràs sortir a passejar demà?
   —Què dius?
   —T'he preguntat que _____ sortir a passejar demà.

5. —Per què no has anat a classe de tai-txi?
   —Què dius? No t'entenc de res!
   —T'he preguntat que _____ a classe de tai-txi.

6. —Amb quina amiga has sortit aquest matí?
   —Què dius? Que estic més prima?
   —T'he preguntat que _____ aquest matí.

7. —Quin dia ens faràs macarrons?
   —Què dius dels torrons?
   —T'he preguntat que _____ macarrons.

7 [B] En Joan va a veure el seu psicòleg. Relaciona els problemes que li planteja amb els consells del psicòleg i completa les frases amb un verb del requadre.

| evitar | fer | dir | pagar | continuar | anar | prendre | parlar |

En Joan...	El seu psicòleg...
0. *comunica al seu psicòleg que té por de les aranyes.*	a. *li diu que eviti els llocs amb aranyes.*
1. li confessa que està enamorat del seu cap.	b. li diu que _____ amb el tractament tres setmanes més.
2. li assegura que es troba pitjor.	c. li diu que es _____ una infusió per relaxar-se abans d'anar a dormir.
3. li diu que no pot pagar les visites.	d. li demana que li _____ sempre la veritat.
4. afirma que no és gaire sociable amb els amics.	e. li diu que _____ amb el seu cap sobre els seus sentiments.
5. li explica que li costa adormir-se.	f. li diu que les _____ a terminis.
6. li comenta que té por dels espais amb molta gent.	g. li demana que _____ l'esforç de sortir més amb els amics.
7. li confessa que a vegades li diu mentides.	h. li recomana que _____ a llocs oberts amb poca gent.

8 [B i C] Llegeix el diàleg següent, del llibre *Figures de calidoscopi*, entre una dona que ha tingut bessonada i les seves amigues, i completa la narració en discurs indirecte:

—¿*Com estàs*, ha anat tot bé? Això sí que és una notícia.

—Sí, sí, *estic* molt bé, ja *em llevo* i *passejo* una mica.

—*Surto* a fumar a fora, *aprofiteu* per criticar-me.

—Qui t'ho havia de dir que et veuries amb quatre fills. ¿*Van venir* de sorpresa o ja ho *volíeu*?

—*Va ser* una badada, la veritat.

—Aquesta sí que és bona! Un marit ginecòleg d'anomenada... ¿No us *fa* vergonya?

—Tampoc *és* cap drama.

—¿I *són* nens o nenes?

—Dos nens.

—¿Quant *pesen*?

—El gran *pesa* una mica més de tres quilos i el petit, una mica més de dos i mig.

—¿Per què *dius* el gran? Vols dir el gros.

—No, no, és el que *va néixer* primer.

Ramon SOLSONA, *Figures de calidoscopi* (1989)

Les amigues li van preguntar que (0.) *com estava* i la Fina va respondre que (1.) _____ molt bé, que ja (2.) _____ i (3.) _____ una mica. Una amiga va dir que (4.) _____ a fumar a fora i que (5.) _____ per criticar-la. L'altra amiga li va preguntar que si les criatures (6.) _____ de sorpresa o ja ho (7.) _____. La Fina va contestar que (8.) _____ una badada. L'amiga va preguntar que (9.) _____ vergonya, amb un marit ginecòleg d'anomenada, i la Fina va respondre que no (10.) _____ cap drama. L'amiga va demanar que (11.) _____ nens o nenes, i la Fina va contestar que (12.) _____ dos nens. L'amiga va preguntar que (13.) _____ i la Fina va contestar que el gran (14.) _____ una mica més de tres quilos i el petit una mica més de dos i mig. L'amiga li va preguntar que (15.) _____ el gran en lloc de dir el gros i la Fina va contestar que era el que (16.) _____ primer.

70. Les frases condicionals

· *Si beus, no agafis el cotxe.*

A. Condicions reals
B. Condicions potencials
C. Condicions irreals

■ Quan expressem que una acció depèn del compliment d'una altra acció, fem servir una estructura condicional. Les frases condicionals tenen dues oracions: l'oració condicional introduïda amb la conjunció *si* i l'oració principal. L'oració principal sol fer referència a una conseqüència:

> · **Si** *plou*, *anirem a veure una pel·lícula.* [Anar a veure una pel·lícula és
> [oració condicional] [oració principal]   una conseqüència de la pluja.]

■ En l'oració condicional, podem usar l'indicatiu o el subjuntiu. Utilitzem l'indicatiu per a les condicions reals, i el subjuntiu, per a les poc probables (potencials) i les irreals:

> · *Si **comprem** un cotxe ecològic, el Govern ens fa un descompte.*
> · *Si **compréssim** un cotxe ecològic, el Govern ens faria un descompte.*
> · *Si **haguéssim** comprat un cotxe ecològic, el Govern ens hauria fet un descompte.*   **59. 60.** ▶

A. Condicions reals

A.1 Quan expressem que és **probable** que la condició es compleixi, fem servir l'indicatiu en l'oració condicional. En l'oració principal podem utilitzar el present, l'imperatiu o el futur:

Condició	Oració principal	Exemple
Si + present (indicatiu)	present	*Si **necessites** consell, em **pots** trucar.* [És probable que necessitis consell.]
	imperatiu	*Si **beus**, no **agafis** el cotxe.* [Pot ser que beguis.]
	futur	*Si **beus** tant, **tindràs** ressaca demà.* [És probable que beguis.]

A.2 Usem els temps de passat en indicatiu en l'oració condicional per referir-nos a condicions reals del passat:

> · *Si **has anat** a Anglaterra, **coneixes** l'humor anglès.*
> · *Si **has anat** a la Xina, segur que **has visitat** la Ciutat Prohibida.*
> · *Quan era jove, si **estudiava**, **treia** bones notes.*

> ■ Utilitzem *en cas que* seguit de present de subjuntiu per a condicions que és probable que es compleixin en el futur: *En cas que **necessitis** consell, em pots trucar.*

B. Condicions potencials

B.1 Quan expressem que és **poc probable** que una condició es compleixi, fem servir l'imperfet de subjuntiu en l'oració condicional i el condicional en la principal:

Condició	Oració principal	Exemple
Si + imperfet de subjuntiu	condicional	*Si **dormissis** set hores cada dia, **aniries** més descansat.* [Imagino que no dorms set hores cada dia: és poc probable que dormis set hores cada dia.]

50. 54. ▶

Quan són condicions molt poc probables o quasi impossibles, utilitzem les oracions condicionals per imaginar situacions:

- *Si **fossis** el president del teu país, **tindries** molts enemics.*
  [És molt poc probable que siguis el president del teu país, però imaginem que ho ets.]

- *Si **fossis** dona, també **lluitaries** pels teus drets.* [No ets una dona, però imaginem que ho ets.]

B.2 Quan expressem que una conseqüència és real, però no estem segurs que la condició es compleixi, podem fer servir l'imperfet en l'oració condicional i el present, el futur o l'imperatiu en l'oració principal:

Condició	Oració principal	Exemple
Si + imperfet de subjuntiu	present o futur	*Si **tingués** algun problema amb la impressora durant els dos primers anys, l'hi **canviem**.* [És poc probable que tingui un problema, però nosaltres l'hi canviem segur.]
	imperatiu	*Si **pleguessis** més tard del normal, **truca'm**.* [És poc probable que pleguis tard.]

■ Per expressar cortesia, també usem l'imperfet de subjuntiu en les frases condicionals:
*Si **necessités** un raspall de dents, ens el pot demanar a la recepció de l'hotel.*

■ Fem servir *en cas que* seguit d'imperfet de subjuntiu per a condicions del futur que considerem poc probables:
*En cas que **necessitessis** consell, em pots trucar.*

C. Condicions irreals

C.1 Quan expressem que una condició del passat no s'ha complert, usem el plusquamperfet de subjuntiu en l'oració condicional:

- *Si **haguessis menjat** menys...* [però no ho vas fer]

C.2 En l'oració principal, podem fer servir el condicional o el condicional perfet. Utilitzem el condicional per parlar d'una conseqüència actual en el moment en què parlem. En canvi, usem el condicional perfet per referir-nos a una conseqüència passada:

Condició	Oració principal	Exemple	
Si + plusquamperfet de subjuntiu	condicional	*Si* **haguessis menjat** *menys, et* **trobaries** *millor.* [Però ara no et trobes millor.]	
	condicional perfet	*Si* **haguessis menjat** *menys, t'***hauries trobat** *millor.* [Però no et vas trobar millor o no t'has trobat millor.]	

54. 61. ▶

Exercicis

1 **[A]** En Climent i en Narcís van al Brasil de vacances amb un grup, i la seva germana els dóna les instruccions següents. Escriu la forma adequada del verb en l'oració condicional i relaciona la condició amb l'oració principal.

0. *Si aneu (anar) a un supermercat*   a. no trepitgeu la vostra parella.

1. Si _____ (*ballar*) samba   b. *compreu cafè.*

2. Si _____ (*anar*) a la selva amazònica   c. feu fotos de les platges.

3. Si _____ (*conèixer*) alguna brasilera   d. no begueu aigua del riu.

4. Si _____ (*fer*) una excursió a les cascades d'Iguaçú   e. demaneu-li que us ensenyi a ballar samba.

5. Si _____ (*menjar*) algun plat típic bo   f. emporteu-vos un impermeable.

6. Si _____ (*visitar*) Rio   g. demaneu-ne la recepta.

7. Si _____ (*allotjar-se*) en un hotel luxós   h. agafeu tots els sabons del lavabo.

2 **[B]** Els propietaris de l'empresa Tomalògic, dedicada al conreu de tomàquets ecològics, parlen de com poden millorar la productivitat. Omple els espais buits amb una forma de condicional o d'imperfet de subjuntiu del verb entre parèntesis.

0. *Si contractéssim (contractar) dos treballadors més, podríem (poder) cultivar més tomàquets.*

1. Si _____ (*fer*) una campanya publicitària a la tele, ens _____ (*conèixer*) més gent.

2. _____ (*tenir*) més clients si _____ (*vendre*) els tomàquets per internet.

3. Si _____ (*obtenir*) un préstec, _____ (*ser*) possible comprar la nova màquina de rentar tomàquets.

4. Si la xef Adriana Farra _____ (*cuinar*) amb els nostres tomàquets, nosaltres _____ (*ser*) famosos.

5. _____ (*guanyar*) molts diners si alguna empresa alimentària _____ (*comprar*) els nostres tomàquets per fer les seves pizzes.

6. El preu dels tomàquets _____ (*abaixar-se*) si n'_____ (*augmentar*) la producció.

7. Si els tomàquets no ecològics no _____ (*ser*) tan barats, la gent en _____ (*comprar*) d'ecològics.

3 [A i B] La Rut i en Xavi treballen tots dos i tenen un nen i una nena petits. Relaciona els missatges que es deixen amb la interpretació adequada.

0. a. Si neva, vine a buscar-me en cotxe sisplau. ⟶ a. Pot ser que nevi.
   b. Si nevés, vine a buscar-me en cotxe sisplau. ⟶ b. No és probable que nevi.

1. a. Si no poguessis anar a buscar els nens a l'escola, truca'm.
   b. Si no pots anar a buscar els nens a l'escola, truca'm.

   a. És poc probable que no puguis fer-ho.
   b. És probable que no puguis anar-hi.

2. a. Si fas els deures amb els nens, no els ajudis gaire.
   b. Si fessis els deures amb els nens, no els ajudis gaire.

   a. Pot ser que facis els deures amb els nens.
   b. No és probable que facis els deures amb els nens.

3. a. Si vas al supermercat, compra llet i galetes per esmorzar.
   b. Si anessis al supermercat, compra llet i galetes per esmorzar.

   a. No crec que hi vagis, però si hi vas, compra llet i galetes per esmorzar.
   b. Normalment, tu ets qui va al supermercat.

4. a. Si teniu temps, fes el sopar amb els nens.
   b. Si tinguéssiu temps, fes el sopar amb els nens.

   a. Pot ser que tingueu temps.
   b. És poc probable que tingueu temps.

5. a. Si surts d'hora de la feina, avisa'm i anem a buscar junts els nens.
   b. Si sortissis d'hora de la feina, avisa'm i anem a buscar junts els nens.

   a. Pot ser que surtis d'hora de la feina.
   b. És poc probable que surtis d'hora de la feina, però és una possibilitat.

4 [B] Completa els poemes següents amb formes d'imperfet de subjuntiu o condicional:

Si jo fos pescador
(poema de Joan Salvat-Papasseit)

Si jo (0.) *fos* (ser) pescador (1.) _____ (*pescar, jo*) l'aurora,

si jo (2.) _____ (ser) caçador (3.) _____ (*atrapar, jo*) el sol;

si (4.) _____ (ser, jo) lladre d'amor (5.) m'_____ (*obrir, ells*) les portes,

si (6.) _____ (ser, jo) bandit millor

que (7.) _____ (*venir, jo*) tot sol

[...]

Si fossis terra
(poema de Miquel Martí i Pol)

Si (8.) _____ (ser, tu) terra, (9.) _____ (*créixer, jo*) en tu

i (10.) _____ (*llevar*) fruits d'una rara dolcesa,

(11.) _____ (ser) fidel als camins que et solquen la pell

i als rius secrets que et travessen l'entranya.

Si (12.) _____ (ser, tu) mar (13.) _____ (*manllevar, jo*) el vent

per desvetllar-te remotíssims ecos.

Si (14.) _____ (ser, tu) pluja et (15.) _____ (*rebre, jo*) tot nu.

Si (16.) _____ (ser, tu) bosc (17.) _____ (*estimar, jo*) l'ombra.

[...]

---

5 **[C]** L'Ivan pensa en les coses que no va fer en el passat. Completa les frases amb el plusquamperfet de subjuntiu i el condicional de dos dels verbs entre parèntesis.

0. *Si haguès tingut bons companys, ara no em trobaria en aquesta situació.* (tenir, trobar, ser)

1. _____ parlar amb els companys de cel·la estrangers si _____ anglès. (*poder, aprendre, voler*)

2. Si _____ més esport, no _____ tant quan corro. (*fer, saltar, cansar-se*)

3. No _____ refredats amb tanta facilitat si no _____ tant. (*beure, fumar, agafar*)

4. Si _____ els estudis, ara no _____ anar a classe a les tardes. (*ser, haver de, continuar*)

5. Si _____ més paciència amb la Núria, ara no _____ solter. (*tenir, estar, haver*)

6. La meva vida _____ diferent si _____ del país. (*ser, voler, marxar*)

7. Ara _____ més estalvis si _____ més. (*tenir, dormir, treballar*)

8. Si no _____ tres bancs, ara no _____ a la presó. (*berenar, ser, atracar*)

6 **[C]** L'empresa Tomalògic no va poder fer cap canvi i va fer fallida. Els propietaris es dolen del que va passar. Completa les frases amb les formes del plusquamperfet de subjuntiu i del condicional perfet.

0. *Si haguèssim contractat* (contractar) *dos treballadors més, hauríem pogut* (poder) *cultivar més tomàquets.*

1. Si _____ (*fer*) una campanya publicitària a la tele, ens _____ (*conèixer*) més gent.

2. Si _____ (*vendre*) els tomàquets per internet, _____ (*tenir*) més clients.

3. _____ (*ser*) possible comprar la nova màquina de rentar tomàquets si _____ (*obtenir*) un préstec.

4. Si la xef Adriana Farra _____ (*cuinar*) amb els nostres tomàquets, nosaltres _____ (*ser*) famosos.

5. _____ (*guanyar*) molts diners si alguna empresa alimentària _____ (*comprar*) els nostres tomàquets per fer les seves pizzes.

6. El preu dels tomàquets _____ (*abaixar-se*) si n'_____ (*augmentar*) la producció.

7. Si els tomàquets no ecològics no _____ (*ser*) tan barats, la gent n'_____ (*comprar*) d'ecològics.

7 L'Elizabeth i en Joe parlen de la seva relació de parella. Llegeix el que diuen i marca la interpretació més adequada:

> F: Situació potencial del futur
>
> P: Situació no acomplerta del passat

0. *a. No discutiríem tant si ens escoltéssim de veritat.* (F) | P

   b. Si ens haguéssim escoltat més, potser hauríem pogut salvar la nostra relació. F | (P)

1. Podríem haver fet més coses junts si tu haguessis viatjat menys. F | P

2. T'hauria agradat més fer de pare si haguessis passat més estona amb els nens. F | P

3. Potser podríem tornar a viure junts al cap d'un cert temps si estiguéssim una temporada separats. F | P

4. Jo no hauria hagut de buscar-me algú altre si tu no haguessis viatjat tant. F | P

5. Si no haguessis menjat tan sovint a restaurants, no t'hauries engreixat. F | P

6. Si passessis més estona amb els nens, tindries més bona relació amb ells. F | P

7. Si anéssim a un psicòleg, ens podria orientar. F | P

8. Hauríem pogut fer el sopar junts als vespres si haguessis arribat més d'hora a casa. F | P

9. Si haguéssim anat a un psicòleg familiar, potser ens hauria ajudat. F | P

10. Si estiguéssim una temporada separats, potser ens trobaríem a faltar. F | P

71. Les frases impersonals

• *En aquest restaurant **es menja** molt bé.*

A. *Es* impersonal

B. Formes impersonals

C. Frase passiva

■ Quan no volem especificar qui fa l'acció d'un verb perquè ens interessa més destacar l'acció o el resultat i no tant qui fa l'acció, fem servir una estructura impersonal:

> • *En aquest restaurant **es menja** molt bé.*
> [Destaquem el restaurant i la bona qualitat, no qui menja al restaurant.]
> • *En aquest restaurant **fan** amanides molt bones.*
> [Destaquem el restaurant i les amanides, i no qui les fa.]

A. *Es* impersonal

A.1 Per expressar la impersonalitat, usem el pronom *es* i el verb en tercera persona del singular o del plural:

> • ***Es lloga** pis.*
> [No fem constar qui lloga el pis perquè no ens interessa destacar-ho.]

> **ES LLOGA PIS**
> Finques Ba-Bau.
> Tel. 666 12 24

El complement del verb pot ser present en la frase o en el context físic:

> • ***Es lloga**.*

> ES LLOGA
> Tel. 444 55 66

Quan el complement del verb de la frase és en plural, el verb en tercera persona hi concorda:

> • *A l'hivern **es deman<u>en</u>** més <u>begudes</u> calentes que a l'estiu.*

> ■ Quan fem servir una perífrasi verbal en forma impersonal, la concordança amb el complement del verb no és obligatòria:
>
> *Es donaran <u>els resultats</u> de les proves dilluns a les 18.00.*
>
> *Es començaran a donar <u>els resultats</u> de les proves dilluns a les 18.00.* =
> *Es començarà a donar <u>els resultats</u> de les proves dilluns a les 18.00.*
>
> **66. 67.**▶

A.2 Fem servir una estructura impersonal amb es quan no sabem qui és el subjecte, quan no ens interessa dir qui és, quan fem una generalització o quan descrivim les parts d'un procés (per exemple, en receptes de cuina):

> • *A Noruega **es llegeixen** més diaris que a Catalunya.*
> [Fem una generalització: *A Noruega la gent llegeix més diaris que a Catalunya.*]

> • *Per fer un sofregit, primer **es posa** oli a la paella i tot seguit **es tritura** el tomàquet i l'all. Quan l'oli és calent, **es tira** tot a la paella.* [recepta de cuina]

B. Formes impersonals

B.1 Quan volem generalitzar, podem utilitzar les formes verbals d'*ells*, *tu* o *nosaltres*:

> • *Obrira**n** una nova cafeteria al costat de l'escola.* [No sabem qui l'obrirà.]
> • *Estic tip de la feina. **Treballes** tot el dia i al final **et** diuen que **ets** un mandrós.*
> [La persona que treballa no ets tu, sinó la que parla, que es posa com a exemple de tothom que treballa amb ell.]
> • ***Tallem** el bacallà a trossets i hi **afegim** la ceba i el tomàquet.* [recepta de cuina]

B.2 Per fer generalitzacions, també fem servir indefinits (*un / una*, *algú*, *algunes persones*, *tothom*, *ningú*) o noms col·lectius (*l'alumnat*, *la gent*, *els nens i nenes*, etc.):

- ***Un*** *treballa tot el dia i encara ha de sentir queixes de poca productivitat.*
  [Es treballa tot el dia i encara se senten queixes de poca productivitat.]
- *Els caps de setmana **la gent** gasta més.* [Es gasta més.]
- *Els **nens i nenes** han de dur l'esmorzar dins d'una carmanyola.*
  [S'ha de dur l'esmorzar dins d'una carmanyola.]

B.3 Finalment, també podem generalitzar utilitzant frases amb les expressions *es veu que*, *es diu que* o *diuen que*:

- ***Es veu que*** *demà inauguren un nou parc al costat de l'escola.*
  [S'inaugura un nou parc al costat de l'escola.]

C. Frase passiva

C.1 En un registre formal, usem les frases passives quan no volem dir qui ha portat a terme una acció perquè no ens interessa o perquè ja ho sabem pel context. En les frases passives, el complement directe (CD) de la frase activa esdevé el subjecte i fem servir el verb *ser* amb el participi del verb de la frase activa:

Frase activa: *La policia va arrestar **dos atracadors**.*

Frase passiva: ***Dos atracadors*** *van ser arrestats.*

                   [subjecte]   [**ser** + **participi**]

El participi que va després del verb *ser* concorda en gènere i nombre amb el subjecte de la frase passiva:

- <u>*Dos atracadors*</u> *van ser arrestat**s** ahir al vespre.*
- <u>*Dues atracadores*</u> *van ser arresta**des** ahir al vespre.*

C.2 Quan volem dir qui ha fet l'acció en una frase passiva, usem *per* seguit del subjecte de la frase activa:

Frase activa: ***Un gos*** *va atacar una nena de cinc anys.*

Frase passiva: *Una nena de cinc anys va ser atacada **per un gos**.*

               [subjecte]   [**ser** + **participi**] [complement agent]

C.3 En les frases passives, el verb *ser* es conjuga en el temps i mode de la frase activa:

	Frase activa	Frase passiva
Perfet	*Els manifestants **han cremat** dos contenidors.*	*Dos contenidors **han estat cremats**.*
Passat perifràstic	*Els manifestants **van cremar** dos contenidors.*	*Dos contenidors **van ser cremats**.*
Futur	*Els manifestants **tallaran** l'autopista.*	*L'autopista **serà tallada**.*

C.4 Quan no volem dir qui fa una acció, podem usar una frase passiva o una frase amb el pronom *es*:

- *La construcció de la Sagrada Família **va ser iniciada** l'any 1882.* [frase passiva]
- *La construcció de la Sagrada Família **es va iniciar** l'any 1882.* [frase amb es]

En les estructures amb *es*, el complement del verb pot anar davant o darrere del verb:

- ***Es va iniciar** la construcció de la Sagrada Família l'any 1882.*
  [= La construcció de la Sagrada Família es va iniciar l'any 1882.]

Exercicis

1 **[A]** Escriu la informació de dins els cartells segons els dibuixos.

0. *traspassar*

1. llogar

2. regalar

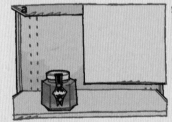 

3. vendre

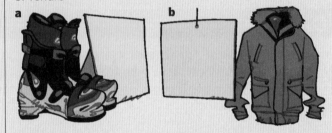

4. acceptar

5. buscar

2 **[A]** Compara les dades sobre les condicions laborals a les empreses Catència i Norlència, i redacta frases amb *es*.

	Catència	Norlència
0. *poder rebre trucades personals*	sí	no
1. fer cursets de formació	no	sí
2. oferir sous alts	no	sí
3. poder escoltar la ràdio a la feina	sí	no
4. dinar a l'empresa	sí	no
5. començar la jornada laboral	9.00	7.00
6. acabar la jornada laboral	20.00	17.00
7. poder deixar els fills a la llar d'infants de l'empresa	no	sí

0. A Catència *no es poden / pot rebre trucades personals.*

1. A Norlència _____ .

2. A Catència _____ .

3. A Norlència _____ .

4. A Catència _____ .

5. A Norlència _____ .

6. A Catència _____ .

7. A Norlència _____ .
_____ .

3 [A i B] Completa la recepta següent canviant les formes verbals de primera persona del plural per formes amb *es* impersonal:

Esqueixada de bacallà

Ingredients:	• bacallà salat esqueixat	• tomàquet	• ceba
	• pebrot vermell	• olives mortes o olives negres	• oli, sal (i vinagre)

Preparació:

Dessalem el bacallà esqueixat i el *fiquem* en aigua durant unes quantes hores. *Traiem* el bacallà de l'aigua i l'*espremem* fins a escórrer-ne el màxim d'aigua. Si cal, *tallem* el bacallà a trossos petits. A continuació, *trinxem* la ceba i el pebrot ben petits. *Ratllem* el tomàquet i l'*afegim* a la resta d'ingredients. Al final, ho *barregem* tot, hi *afegim* les olives i *amanim* el plat amb oli i sal.

(0.) *Es dessala* el bacallà esqueixat i (1.) _____ en aigua durant unes quantes hores. (2.) _____ el bacallà de l'aigua i (3.) _____ fins a escórrer-ne el màxim d'aigua. Si cal, (4.) _____ el bacallà a trossos petits. A continuació, (5.) _____ la ceba i el pebrot ben petits. (6.) _____ el tomàquet i (7.) _____ a la resta d'ingredients. Al final, (8.) _____ tot, (9.) _____ les olives a l'esqueixada i (10.) _____ el plat amb oli i sal.

---

4 [A i B] Transforma les frases següents en altres frases impersonals. En algun cas, hi ha més d'una possibilitat.

0. *S'inaugura un gimnàs davant del supermercat.*   *Inauguren un gimnàs davant del supermercat.*

1. A la recepció de l'hotel et fas el simpàtic i a sobre et maltracten. _____

2. En aquest restaurant no s'accepten targetes de crèdit. _____

3. Com fas la lasanya? _____

4. Als països del nord d'Europa es beu gaire cervesa? _____

5. En aquesta empresa es tracten molt bé els empleats. _____

6. Has d'entregar les notes abans de l'últim dia de febrer. _____

7. S'ha d'arribar puntual a la feina. _____

5 [C] Canvia els titulars següents per frases actives. En dos casos has d'escriure una frase amb *es* impersonal.

0. *Un vianant ha estat atropellat per un autobús.*

   Un autobús ha atropellat un vianant.

1. Un nen de quatre anys ha estat atacat per un tigre del zoo.

   _____.

2. Una caixa plena de monedes medievals va ser trobada ahir per un pagès de Manacor.

   _____.

3. Els membres del nou Partit Progressista van ser escridassats pels manifestants.

   _____.

4. La nova llei de cotxes no contaminants ha estat aprovada per la majoria de diputats.

   _____.

5. La nova pel·lícula de Ponç Ventura serà estrenada aquest cap de setmana.

   _____.

6. Els guanyadors de la Copa del Món de Ciclisme seran rebuts a l'aeroport per un grup de seguidors.

   _____.

7. El ciclista Biel Cicleta va ser desqualificat per la Comissió de Jutges Antidopatge.

   _____.

8. Una nova exposició de pintura avantguardista serà inaugurada diumenge que ve.

   _____.

6 [C] Completa la informació següent amb una estructura amb es a partir dels verbs entre parèntesis. Totes les formes són en passat perifràstic.

La catedral de Vic

A finals del segle IX (0.) *es va restaurar* (*restaurar*) el bisbat de Vic i (1.) _____ (*construir*) els edificis de la catedral al lloc on són avui. La catedral, com era comú en aquella època, comptava amb tres esglésies. Els edificis inicials (2.) _____ (*ampliar*) als segles X i XI. (3.) _____ (*consagrar*) la catedral l'any 1038. Al llarg dels segles (4.) _____ (*fer*) diverses reformes per engrandir i millorar l'església de Sant Pere. En el segle XIV (5.) _____ (*construir*) un nou claustre gòtic a sobre del romànic. En el segle XVIII, després de moltes obres, la catedral no responia al gust de l'època i (6.) _____ (*decidir*) aixecar un gran temple d'estil neoclàssic, que (7.) _____ (*estrenar*) el 1803. (8.) _____ (*mantenir*) el campanar romànic, les capelles barroques i el claustre. La catedral romànica (9.) _____ (*perdre*) per sempre. Al principi de la Guerra Civil (10.) _____ (*saquejar*) i incendiar la catedral. (11.) _____ (*perdre*) molts objectes de valor i durant els tres anys de la guerra el temple va quedar amb el sostre esfondrat. En l'incendi també (12.) _____ (*destruir*) les pintures de Josep M. Sert. Després de la guerra, (13.) _____ (*fer*) les obres de restauració i Sert va tornar a pintar les parets del temple.

Dolors ALEMANY, *Vic. Guia de la ciutat*, 2006 (adaptació)

Completa les frases del text anterior en passiva:

0. *El bisbat de Vic* va ser restaurat *a final del segle* IX.

1. Els edificis inicials _____ als segles X i XI.

2. La catedral _____ l'any 1038.

3. Diverses reformes _____ al llarg dels segles.

4. Un nou claustre gòtic _____ en el segle XIV.

72. Adverbis per referir-se al present, al passat i al futur

• **Ara** no puc.

A. Adverbis de temps relacionats amb *ara*

B. Adverbis de temps relacionats amb el present, el passat i el futur

C. Adverbis amb quantitat de temps

■ Els adverbis són paraules invariables que usem per explicar on, quan, com o per què passa un fet o una acció. Els adverbis fan de complement circumstancial:

- *Els meus pares* **sempre** *estan discutint.*
  [complement circumstancial de temps]
- *En Pere viu* **aquí***.*
  [complement circumstancial de lloc]
- *Els teus fills es porten* **malament***?*
  [complement circumstancial de manera] **34.**▶

Les locucions adverbials són expressions invariables formades per més d'una paraula i tenen la mateixa funció que un adverbi:

- **Ara mateix** *estic treballant.*

■ Podem situar els adverbis i les locucions adverbials en posicions diferents: al principi de la frase, al final de la frase, davant del verb o darrere del verb:

- **Demà***, els nens i jo farem un pastís de llimona.*
- *En aquesta casa hi ha formigues i escarabats* **pertot arreu***.*
- *Els nostres avis* **sovint** *ens portaven d'excursió a la muntanya.*
- *Et trucaré* **després** *per anar a fer un cafè.*

A. Adverbis de temps relacionats amb *ara*

A.1 Utilitzem *ara* per referir-nos al moment en el qual parlem. Usem *abans* per parlar d'un temps anterior al moment actual. Fem servir *després* per parlar d'un temps posterior al moment actual:

abans [anterioritat]	**ARA** [moment actual]	*després* [posterioritat]
	de moment ara mateix d'aquí a d'ara endavant	més tard més endavant

- **Abans** *no m'agradava la fruita, però* **ara** *m'agrada molt.*

- **Ara** *estic treballant i* **després** *aniré a comprar.*

A.2 Usem *de moment* per parlar d'una acció relacionada amb el moment actual, però amb un matís de provisionalitat:

· ***De moment**, la Marta s'encarrega d'agafar el telèfon i en Kevin, d'atendre els clients al despatx.*

Fem servir *ara mateix* quan volem parlar d'una acció que passa en el moment exacte en què parlem:

· ***Ara mateix** l'equip de futbol està concentrat als afores de la ciutat.* [en aquest precís moment]

Utilitzem *d'ara endavant* per situar una acció que comença en el present i que continua en el futur:

· *Els becaris i les becàries <u>tindran</u> un sou digne **d'ara endavant**.* [a partir d'aquest moment]

> ■ Usem *ara com ara* per referir-nos a les circumstàncies del moment:
> ***Ara com ara**, el millor que podem fer és esperar.* [En aquestes circumstàncies, el millor que podem fer és esperar.]

Fem servir *d'aquí a* + quantitat de temps per parlar del temps que falta perquè passi una acció des del moment en què parlem:

· *Informem els senyors passatgers que **d'aquí a vint minuts** sortirà el tren amb destinació a Sevilla.* [Ara són les 8.20 h i el tren surt a les 8.40 h.]

A.3 Podem usar *després* i *més tard* amb el verb en present per parlar d'un futur immediat:

· ***Després** <u>et truco</u> i quedem, d'acord?*

Fem servir *més endavant* per parlar d'un moment posterior més llunyà en el temps:

· ***Més endavant** planificarem les vacances.*

A.4 Quan parlem del passat, el present i el futur amb referència als dies, utilitzem els adverbis següents:

abans-d'ahir	*ahir*	*avui*	*demà*	*demà passat*
dilluns	dimarts	dimecres	dijous	divendres
11	**12**	**13**	**14**	**15**

passat   **PRESENT**   futur

—*Doctor, **abans-d'ahir** vaig tenir mal de cap, **ahir** també vaig tenir mal de cap, **avui** tinc mal de cap...*
—*Ha de prendre aquestes pastilles **avui** i **demà**. Si **demà passat** continua tenint mal de cap, torni.*

B. Adverbis de temps relacionats amb el present, el passat i el futur

B.1 Usem alguns adverbis de temps per parlar d'un moment que situem en el present, el passat o el futur. En aquests casos, fem servir el verb en present, passat o futur depenent del moment en què situem l'acció:

· ***Abans de l'examen** la Susanna <u>es posa</u> molt nerviosa.* [present]
· *Bullirem les patates i **tot seguit** les <u>posarem</u> al forn.* [futur]
· *Estava dormint i **llavors** <u>van trucar</u> a la porta.* [passat]

B.2 Quan parlem del temps anterior o posterior en relació amb una acció, fem servir les estructures següents:

abans de / després de + un nom	abans ◀——— examen ———▶ després ***Abans dels*** *exàmens la Susanna es posa molt nerviosa.* ***Després dels*** *exàmens la Susanna està més tranquil·la.*
abans de / després de + infinitiu	abans ◀——— sopar ———▶ després ***Abans de*** *sopar llegeixo una mica.* ***Després de*** *sopar miro la tele.*
abans que / després que + frase	abans ◀——— que acabis la feina ———▶ després ***Abans que*** *acabis la feina, envia'm un missatge.* ***Després que*** *acabis la feina, envia'm un missatge.* **59.▶**

■ De vegades, sobreentenem el nom, l'infinitiu o la frase:
Podràs venir **abans**? [abans de l'hora convinguda]
Els problemes han aparegut **després**. [després del moment que hem esmentat]

B.3 Quan parlem d'una acció que passa al mateix temps que una altra, usem *mentrestant*:

    • *Tu para la taula i jo* **mentrestant** *estendré la roba.*
    [Parar la taula i estendre la roba passen al mateix temps.]

B.4 Quan volem expressar que una acció passa immediatament després d'una altra acció, utilitzem *de seguida* o *tot seguit*:

    • *En Miguel va insultar el seu professor, però* **de seguida** *es va disculpar.*
    [En Miguel es va disculpar immediatament després d'insultar el professor.]

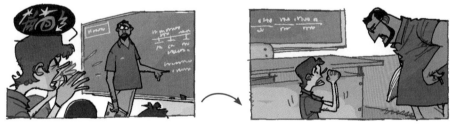

de seguida / tot seguit

B.5 Fem servir *llavors* o *aleshores* per assenyalar el moment en què passa l'acció de la qual parlem:

    • *Em llevo a les vuit del matí, em dutxo i* **llavors / aleshores** *preparo l'esmorzar.*
    [*Llavors / aleshores* marquen el moment en què preparo l'esmorzar: després de dutxar-me.]

També usem *de sobte* i *de cop* (*i volta*) per assenyalar el moment en què passa una acció inesperada:

    • *En Mario estava dormint al sofà i* **de sobte** *van trucar a la porta.*

C. Adverbis amb quantitat de temps

C.1 Quan parlem de la quantitat de temps anterior o posterior a una acció, utilitzem les estructures següents:

quantitat de temps + *abans*	*Has de ser a l'aeroport <u>tres hores</u> **abans**.*
quantitat de temps + *després*	*Hem anat a urgències i n'hem sortit <u>tres hores</u> **després**.*
després de + quantitat de temps	*Hem anat a urgències i n'hem sortit **després de** <u>tres hores</u>.*

!
- Quan indiquem el termini que hi ha perquè es faci una acció, fem servir *abans de* + quantitat de temps:
Abans de <u>tres hores</u>, *ens heu d'entregar mig milió d'euros.* [Heu d'entregar mig milió d'euros en el termini de tres hores.]

temps per pagar mig milió d'euros

(9 h) – 10 h – 11 h – (12 h) assassinat de l'ostatge

- Quantitat de temps + *més tard* = quantitat de temps + *després*
*Hem anat a urgències i n'hem sortit <u>tres hores</u> **més tard**.*
- *Al cap de* + quantitat de temps = *després de* + quantitat de temps
*Hem anat a urgències i n'hem sortit **al cap de** <u>tres hores</u>.*

C.2 Per marcar la durada d'una acció que té com a conseqüència una altra acció, usem *després de / al cap de* + infinitiu + quantitat de temps:

- **Després de discutir durant tres hores**, *el Congrés va aprovar la llei.*
  [tres hores d'acció 1]   [acció 2]

C.3 Fem servir *a partir de* + punt temporal (*avui, demà, el 2030...*) quan parlem d'una acció que comença en un punt assenyalat i no precisem quan s'acabarà:

A partir d'<u>avui</u> està
PROHIBIT FUMAR
als espais públics.

Exercicis

1 [A] Subratlla l'adverbi de temps més adequat per completar les frases següents:

0. *La Caterina <u>ara</u> / abans va a la feina a peu cada dia.*

1. *Després / Abans et passaré a buscar i fem un cafè.*

2. *Ara / Abans feia molt exercici físic.*

3. *Aquest paquet ha arribat després / ara?*

4. *La Noèlia us enviarà els resultats per fax i després / ara farem la reunió.*

5. *Ara / Després estem preparant el sopar.*

6. *Abans / Ara la jornada laboral era molt llarga.*

7. *Ara / Abans faran a la tele una pel·li que m'agrada molt.*

2 [A] Marca la interpretació més adequada tenint en compte l'adverbi o la locució adverbial que s'ha fet servir.

0. De moment, *tots treballarem de vuit a tres.*

   a. *Provisionalment tots treballarem de vuit a tres.*

   b. *Immediatament tots treballarem de vuit a tres.*

1. Truca a la policia *ara mateix*!

   a. Truca a la policia immediatament!

   b. Truca a la policia més tard!

2. *D'ara endavant* els nens dormiran en habitacions separades.

   a. A partir d'ara els nens dormiran en habitacions separades.

   b. Durant un cert temps els nens dormiran en habitacions separades.

3. *D'aquí a una hora* sabrem els resultats de l'examen.

   a. Immediatament sabrem els resultats de l'examen.

   b. Falta una hora per saber els resultats de l'examen.

4. *Ara mateix* ha trucat el teu home molt nerviós.

   a. Acaba de trucar el teu home molt nerviós.

   b. Ha trucat el teu home molt nerviós fa una estona.

5. *De moment* no et puc oferir una altra feina.

   a. No et puc oferir una altra feina ni ara ni mai.

   b. En aquests moments no et puc oferir una altra feina.

6. *D'ara endavant* aniré més sovint al gimnàs.

   a. Falta un mes per anar més sovint al gimnàs.

   b. A partir d'ara aniré més sovint al gimnàs.

7. L'avió procedent de Berlín va amb retard i aterrarà *d'aquí a una hora*.

   a. Falta una hora perquè aterri l'avió.

   b. L'avió aterrarà immediatament.

3 [A] Observa l'agenda d'aquesta mare i escriu quin dia fa cada activitat fent servir *abans-d'ahir, ahir, avui, demà* i *demà passat*.

Dilluns	Dimarts	AVUI Dimecres	Dijous	Divendres
12.00 h: recollir ulleres noves de la Berta	Matí: comprar fruita i verdura	*11.00 h: reunió amb la tutora de la Berta*	10.00 h: entrevista de feina	Matí: anar a la biblioteca a recollir els llibres
18.00 h: berenar amb les amigues	18.00 h: visita al ginecòleg	22.00 h: sopar amb l'Enric	Vespre: trucar als avis	Tarda: zoo amb la Berta

0. *Reunió amb la tutora de la Berta:* avui

1. Tarda de zoo amb la Berta: _____

2. Visita al ginecòleg: _____

3. Recollir les ulleres noves de la Berta: _____

4. Entrevista de feina: _____

5. Sopar amb l'Enric: _____

6. Berenar amb les amigues: _____

7. Trucar als avis: _____

8. Anar a la biblioteca a recollir els llibres: _____

9. Comprar fruita i verdura: _____

4 [B] D'acord amb la informació que es proporciona, completa el text que explica la rutina de l'avi Pepe amb *abans de* o *després de*.

7.00 h: llevar-se

7.30 h: dutxar-se

8.00 h: esmorzar

9.00 h: sortir a buscar el diari

9.30 h: copeta d'anís al bar de la cantonada

10.00 h: anar al supermercat

11.30 h: donar menjar als coloms del carrer

12.00 h: tornar a casa amb la compra

12.30 h: preparar el dinar

13.00 h: dinar

13.30 h: llegir el diari una estona

14.00 h: migdiada

15.00 h: passejada pels jardins del barri

16.30 h: partides de cartes al casal de la gent gran

19.00 h: sopar

20.00 h: mirar la tele

22.00 h: anar a dormir

L'avi Pepe es lleva a les set del matí. (0.) *Abans d'*esmorzar, es dutxa. (1.) _____ esmorzar, surt a buscar el diari. (2.) _____ la copeta d'anís al bar de la cantonada, va al supermercat. (3.) _____ tornar a casa amb la compra, dóna menjar als coloms del carrer. (4.) _____ comprar, prepara el dinar. (5.) _____ la migdiada llegeix el diari una estona. (6.) _____ passejar pels jardins del barri va a jugar a cartes al casal de la gent gran. (7.) _____ sopar mira la tele una bona estona i normalment es queda adormit al sofà.

5 [B] Fixa't en els dibuixos i completa les frases amb un dels adverbis del requadre.

mentrestant	llavors / aleshores	tot seguit / de seguida

0. *La Berta navegava per internet i mentrestant la Saida mirava la tele.*

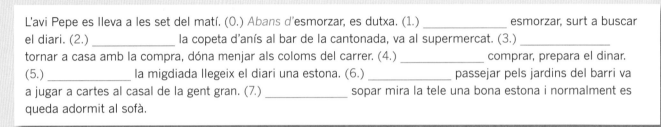

1. Peleu les taronges, talleu-les a rodanxes i, _____ , afegiu-hi sucre.

2. Els participants de la cursa fan exercicis d'escalfament i _____ es col·loquen als seus llocs.

3. La Dúnia escombrava l'escala i la Sara, _____ , tirava les joguines escala avall.

4. En Giovanni va arribar a l'oficina, es va posar a treballar i _____ es va quedar a les fosques.

5. Ara farem les presentacions i _____ cada grup recitarà el seu poema.

6. Ho sento, jo demà seré a la platja prenent el sol i _____ tu estaràs treballant.

6 **[C]** Un periodista segueix de prop els moviments del famós polític Artur Marall. Fixa't en el temps que passa entre una acció i una altra, i reescriu les seves anotacions fent servir qualsevol de les estructures següents:

• *després de* + quantitat de temps	• quantitat de temps + *després*
• *al cap de* + quantitat de temps	• quantitat de temps + *més tard*

15.00 h: Surt del despatx.

17.00 h: Torna al despatx.

17.05 h: Arriben els representants sindicals.

20.05 h: Surten els representants sindicals molt contents.

20.15 h: Treu el cap per la finestra i fuma una cigarreta.

20.30 h: Fa una trucada telefònica.

21.00 h: Tanca el despatx.

21.30 h: Sopa amb el cap de l'oposició.

23.00 h: Surt del restaurant i demana un taxi.

0. L'Artur Marall surt del despatx i *dues hores després / després de dues hores / al cap de dues hores / dues hores més tard* torna al despatx.

1. _____ arriben els representants sindicals.

2. _____ en surten molt contents.

3. _____ l'Artur Marall treu el cap per la finestra i fuma una cigarreta.

4. _____ fa una trucada per telèfon.

5. _____ tanca el despatx.

6. _____ sopa amb el cap de l'oposició.

7. _____ l'Artur Marall surt del restaurant i demana un taxi.

7 **[C]** En Pau està molt preocupat perquè els seus pares tenen problemes de parella. Completa les frases triant una de les dues opcions.

0. *La mare va anar al psicòleg perquè* abans d'uns dies / uns dies abans *es va passar la tarda plorant.*

1. Jo crec que la mare no podrà anar a la feina per depressió *abans d'un mes / un mes abans*.

2. Crec que la mare se separarà del pare *abans d'un any / un any abans*.

3. La mare va marxar tot el cap de setmana. *Abans de dos dies / Dos dies abans* havia reservat un cap de setmana en un balneari.

4. La mare tenia una cita amb un home i *abans de tres hores / tres hores abans* havia anat a la perruqueria.

5. Penso que la mare anirà a viure a casa dels avis *abans de dos mesos / dos mesos abans*.

6. Ahir, la mare va anar a dormir a casa d'una amiga perquè *abans d'un dia / un dia abans* havia discutit amb el pare.

7. Jo crec que *abans d'una setmana / una setmana abans* la mare m'explicarà la situació.

73. Altres adverbis i expressions de temps

• *fa tres anys, encara, ja, aviat*

A. *Fa* + quantitat de temps
B. *Ja i encara*
C. *Aviat, d'hora i tard*

A. *Fa* + quantitat de temps

A.1 Quan ens referim al **temps transcorregut** entre una acció passada i el moment present, usem *fa* + quantitat de temps:

• ***Fa dos dies*** *l'Antoni* <u>va netejar</u> *tota la casa.*

dia 1   dia 2   **ara**

[acció passada]

> ■ També podem usar *fa* + quantitat de temps + *que* amb el mateix significat:
> ***Fa dos dies que*** *l'Antoni* <u>va netejar</u> *tota la casa.*

A.2 Per expressar la **durada** d'una acció que s'inicia en el passat i continua fins al present, utilitzem *fa* + quantitat de temps + *que* i el verb en present o perfet:

• ***Fa dos dies que*** *l'Antoni* <u>neteja</u> *tota la casa.*

dia 1   dia 2   ara

[L'acció de netejar s'inicia en el passat i continua fins el present.]

> ■ També podem dir:
> *L'Antoni* **neteja** *tota la casa des de fa dos dies.*

A.3 Fem servir *feia* + quantitat de temps + *que no* quan expressem la quantitat de temps durant la qual no s'ha produït una acció que sí que passa en el moment actual:

• ***Feia*** <u>un mes</u> ***que no*** *m'afaitava la barba.* [Ara sí que me l'afaito.]

Un mes   Ara

B. Ja i encara

B.1 Fem servir *ja* per dir que una acció o un fet que estava previst en el present, en el passat o en el futur s'ha produït:

- *Els convidats **ja** han arribat.* [Estava prevista l'arribada dels convidats i ha passat.]
- *Els convidats han arribat.* [Una acció ha passat.]

Fem servir *ja* per referir-nos a un futur que està previst però que no sabem quan arribarà:

- *No pateixis.* ***Ja** buscarem una solució.* [Buscarem una solució en algun moment futur.]

Usem *ja no* per dir que una acció del passat no continua produint-se:

- *La Mary **ja no** viu aquí.* [Abans vivia aquí però ara no.]

B.2 Utilitzem *encara* per parlar d'una acció que comença en el passat i continua produint-se:

- *En Robert **encara** viu amb els seus pares.*

   Abans ⟶ Ara

Fem servir *encara no* per expressar que un fet que estava previst no ha passat:

- *Els convidats **encara no** han arribat.*
  [Està prevista l'arribada dels convidats però això no ha passat.]

> ■ Quan contestem una pregunta de manera breu, podem usar *no encara* o *encara no*.
> —*Han arribat els convidats?*
> — ***Encara no** / **No encara**.*

B.3 Podem fer servir *encara* i *ja no* segons que una acció continuï o no:

L'acció continua	L'acció **no** continua
*La Maria **encara** té parella.* [El fet de tenir parella continua.]	*La Maria **ja no** té parella.* [El fet de tenir parella no continua.]
Abans Ara	Abans Ara

Podem usar *ja* i *encara no* segons que una acció hagi començat o no:

L'acció ha començat	L'acció **no** ha començat
*La Maria **ja** té parella.* [El fet de tenir parella ha començat.]	*La Maria **encara no** té parella.* [El fet de tenir parella no ha començat.]
Abans Ara	Abans Ara

C. *Aviat, d'hora i tard*

C.1 Quan volem dir que una acció passa abans del que és habitual, fem servir *aviat* o *d'hora*:

- *Avui dinarem **d'hora** / **aviat** perquè haig d'anar al metge.* [Dinarem abans de l'hora habitual.]

Quan volem dir que una acció té lloc després del que és habitual, utilitzem *tard*:

- *Avui dinarem **tard** perquè haig d'anar al metge.* [Dinarem després de l'hora habitual.]

C.2 Si volem dir que una acció passa a primera hora, usem *d'hora / aviat*; i si volem dir que té lloc a última hora, fem servir *tard*:

- *Tinc molta son, cada dia em llevo **d'hora** i vaig a dormir **tard**.*

> ■ Utilitzem l'expressió ***tard o d'hora*** per parlar d'un moment inconcret del futur:
>
> *Ja veuràs com la Marta **tard o d'hora** trobarà feina.* [En algun moment del futur trobarà feina.]

C.3 Fem servir *aviat* per dir que una acció passarà en un futur pròxim:

- ***Aviat** els humans anirem de vacances a la Lluna.*

Exercicis

1 [A] L'àvia Vicenta es queixa de tot i no para de donar ordres a la família. Tria l'opció correcta. En un cas, totes dues opcions són correctes.

0. a. *Fa dos dies que no dormo!*
   b. *Fa dos dies no dormo!*

1. a. Fa tres setmanes em vaig trencar un braç i encara em fa mal!
   b. Fa tres setmanes que em trenco un braç i encara em fa mal!

2. a. Fa mitja hora que vull anar al lavabo. Qui m'hi acompanya?
   b. Fa mitja hora vull anar al lavabo. Qui m'hi acompanya?

3. a. Fa mig any el vostre avi va morir. Quina pena que tinc!
   b. Fa mig any que el vostre avi mor. Quina pena que tinc!

4. a. Gràcies per trucar-me, Enriqueta! Feia una setmana que parlava amb alguna amiga.
   b. Gràcies per trucar-me, Enriqueta! Feia una setmana que no parlava amb alguna amiga.

5. a. Fa cinc dies em fan mal els peus quan camino!
   b. Fa cinc dies que em fan mal els peus quan camino!

6. a. Fa un any vaig amb cadira de rodes. Quina desgràcia!
   b. Fa un any que vaig amb cadira de rodes. Quina desgràcia!

7. a. Fa mitja hora he demanat una orxata. Que no em sent ningú?
   b. Fa mitja hora que he demanat una orxata. Que no em sent ningú?

8. a. Gràcies per portar-me a passejar, fill meu! Feia una setmana que no sortia de casa.
   b. Gràcies per portar-me a passejar, fill meu! Feia una setmana que sortia de casa.

2 [B] Classifica les frases següents tenint en compte l'ús de *ja*:

0. *Avui ja sabrem els resultats de l'analítica.*

1. Quan vaig arribar a casa a la nit, els meus fills *ja* havien sopat.

2. *Ja* parlarem d'aquest tema un altre dia.

3. La meva mare *ja* s'ha jubilat.

4. Després del tractament mèdic, *ja* em trobo millor.

5. En John i la Karen *ja* arreglaran els seus problemes quan puguin.

6. Quan vaig anar a buscar la Raquel ella *ja* havia marxat.

7. *Ja* decidirem què fem amb els mobles vells en un altre moment.

Fet previst que s'ha produït: 0 _____

Moment futur que no sabem quan arribarà: _____

3 [B] Uns extraterrestres arriben a la Terra l'any 2015 i fan les observacions següents sobre els habitants del planeta. Completa-les usant *encara* o *ja no* segons que l'acció continuï produint-se o no.

0. *Els terrícoles encara es barallen pel petroli.*

1. Els terrícoles _____ creuen que la Terra és el centre de l'univers.

2. Els terrícoles _____ contaminen el seu planeta.

3. Els terrícoles _____ es vesteixen amb pells d'animals.

4. Els terrícoles _____ envien els seus fills a l'escola.

5. Els terrícoles _____ cremen a la foguera altres terrícoles.

6. Els terrícoles _____ pateixen malalties com la sida o el càncer.

7. Els terrícoles _____ fan servir avions i automòbils per desplaçar-se.

4 [B] La Patty és una nena de vuit anys que vol fer coses d'adolescent. Completa el que li diuen els pares utilitzant *encara no* o *ja* segons que l'acció pugui començar o no.

0. *Encara no pots anar a la discoteca! Ets massa jove!*

1. _____ pots beure alcohol! Ets molt petita!

2. _____ pots comprar-te un ciclomotor! Està prohibit!

3. _____ pots anar sola a l'escola! És a prop i no et perdràs.

4. _____ pots tenir una setmanada perquè et puguis comprar cosetes! Així aprendràs a administrar els diners.

5. _____ pots maquillar-te com una dona per anar a l'escola! Què et dirien a classe?

6. _____ pots sortir una estona amb les teves amigues a la tarda. Però només els caps de setmana!

7. _____ pots anar amb sabates de taló! Ets massa petita!

5 [C] Completa amb *aviat*, *d'hora* o *tard* els missatges de megafonia d'un aeroport.

0. *Recordem als senyors passatgers que han d'arribar a l'aeroport aviat/d'hora per poder facturar sense problemes.*

1. Atenció! El vol procedent de Dublín arribarà _____ per culpa de la boira.

2. Els passatgers amb destinació a Frankfurt, han d'embarcar immediatament perquè el vol sortirà _____.

3. Informem que _____ s'inaugurarà una sala de lectura per als usuaris de l'aeroport.

4. Senyors passatgers, el vol amb destinació a Praga sortirà _____ per una avaria tècnica. Disculpin les molèsties.

5. Atenció! A partir de la setmana que ve, les botigues de l'aeroport amplien l'horari comercial: obriran més _____ (a les 6.30 h) i tancaran més _____ (a les 23.00 h) .

6. Tots els vols amb destinació a París han estat cancel·lats. _____ els donarem més informació.

7. Informem els passatgers que el vol amb destinació a Nova York sortirà _____ pel mal temps.

En quines frases podem fer servir *aviat* i no *d'hora*? Per què?

A. Adverbis i locucions adverbials de freqüència

A.1 Quan volem parlar de la freqüència d'una acció o d'un fet, usem els adverbis següents:

• *Sempre* menjo formatge.

| dilluns | dimarts | dimecres | dijous | divendres | dissabte | diumenge |

• *Normalment* menjo formatge.

| dilluns | dimarts | dimecres | dijous | divendres | dissabte | diumenge |

• *Sovint* menjo formatge.

| dilluns | dimarts | dimecres | dijous | divendres | dissabte | diumenge |

• *De / A vegades* menjo formatge.

| dilluns | dimarts | dimecres | dijous | divendres | dissabte | diumenge |

• *De tant en tant* menjo formatge.

| dilluns | dimarts | dimecres | dijous | divendres | dissabte | diumenge |

• *No menjo **mai** formatge.*

| dilluns | dimarts | dimecres | dijous | divendres | dissabte | diumenge |

> ■ *Sempre* no equival a *normalment* ni a *sovint*.
> ■ Per preguntar per la freqüència d'una acció utilitzem *sovint*:
> —Surts **sovint** a la nit?
> —De tant en tant.

A.2 Quan fem servir *mai* darrere del verb, hem d'usar l'adverbi *no* davant del verb. Si fem servir *mai* davant del verb, l'ús de *no* és opcional:

• **No** <u>anem</u> **mai** al teatre.　　　　• **Mai** (**no**) <u>anem</u> al teatre.

Utilitzem l'expressió *mai més* per parlar d'accions que no es tornaran a repetir en el futur:

• *Des que va tenir l'accident, l'Anton **mai més** ha tornat a agafar la bicicleta.* [Ha deixat l'hàbit d'anar en bicicleta.]

>
> ■ Si usem *quasi*, *gairebé* i *molt* davant dels adverbis següents, graduem la freqüència de l'acció:
> *Els mussols no dormen **quasi / gairebé mai**.* [Disminuïm la freqüència de *mai*.]
> *Els mussols **molt sovint** mengen ratolins.* [Augmentem la freqüència de *sovint*.]
> *Els mussols dormen **molt de tant en tant**.* [Disminuïm la freqüència de *de tant en tant*.]
> *Els mussols **gairebé / quasi sempre** cacen a la nit.* [Disminuïm la freqüència de *sempre*.]

B. Altres adverbis i expressions de freqüència

B.1 Usem *cada* davant d'una expressió de temps per parlar de la freqüència d'una acció:

- **Cada** <u>dia</u> vaig al gimnàs.
- **Cada** <u>setmana</u> vaig a classes d'italià.

B.2 Fem servir les expressions *una, dues, tres... vegades / cops* davant d'una expressió de temps per parlar de la freqüència d'una acció en un període de temps concret:

- *Vaig al gimnàs* **tres vegades** <u>al dia</u>.
- *Vaig a italià* **dos cops** <u>per setmana</u>.

Abans del període de temps utilitzem l'article determinat i la preposició *a*. També podem fer servir la preposició *per* sense l'article:

	a + article + temps	per + temps
una vegada, dues vegades, tres vegades...	<u>a l'</u>any <u>al</u> mes	<u>per</u> any <u>per</u> mes
un cop, dos cops, tres cops...	<u>a la</u> setmana <u>al</u> dia	<u>per</u> setmana <u>per</u> dia

■ També podem dir *un cop l'any, el mes, la setmana, el dia...*

79. 80. ▶

B.3 A més de *normalment*, hi ha altres adverbis de freqüència formats a partir d'un adjectiu i *-ment*:

anualment = cada any	**diàriament** = cada dia	**freqüentment** = sovint
mensualment = cada mes	**regularment** = sovint	**rarament** = quasi mai
setmanalment = cada setmana	**periòdicament** = cada cert temps	

- **Diàriament** fem esport i **mensualment** fem una ruta amb bicicleta.   **76.** ▶

Exercicis

1 [A] Ordena de més a menys freqüència els adverbis següents:

Sempre	Més freqüent	0. *Sempre*
Mai		1. _____
Sovint	↓	2. _____
Quasi mai		3. _____
De tant en tant		4. _____
Normalment		5. _____
De vegades	↓	6. _____
Gairebé sempre	Menys freqüent	7. _____

2 [A] Completa les respostes que dóna un pare al seu fill usant *sempre* o *sovint / normalment*.

Nen: —Els mestres ho saben tot?
Pare: —Bé, (0.) *normalment* sí, però alguna vegada no.
Nen: —He de portar-me bé amb els avis?
Pare: —Sí, (1.) _____.
Nen: —Com és que la mare ve tan poc a buscar-me a l'escola?
Pare: —És que (2.) _____ té molta feina al despatx.
Nen: —Què és un vegetarià?
Pare: —Una persona que (3.) _____ menja verdura i fruita.
Nen: —Els reis mags porten regals per a tots els nens?

Pare: —Home, (4.) _____ sí, però si el nen s'ha portat malament, no.
Nen: —A quina hora soparem els dies que la mare no hi sigui?
Pare: —(5.) _____ soparem a les vuit, però els caps de setmana soparem més tard, què et sembla?
Nen: —Haig d'anar a l'escola cada dia?
Pare: —Esclar, fill meu! Has d'anar (6.) _____ a l'escola. Ja ho saps.
Nen: —Pare, fins quan m'estimaràs?
Pare: —Jo (7.) _____ t'estimaré, fillet meu.

3 **[A]** El Tim i la Noa s'acaben de conèixer en un bar. Completa les respostes que dóna la Noa a les preguntes del Tim amb un adverbi de freqüència. Tingues en compte els percentatges que et donem.

0%	De l'1% al 5%	Del 6% al 15%	Del 16% al 30%	Del 31% al 59%	Del 60% al 84%	Del 85% al 99%	100%
mai	molt de tant en tant	de tant en tant	de vegades	sovint	normalment	molt sovint	sempre

Tim: —Véns sovint en aquest bar?

Noa: —Hi vinc (0.) *sovint.* (50%)

Tim: —I parles gaire amb desconeguts?

Noa: —Hi parlo (1.) _____ (25%), depèn del desconegut.

Tim: —Surts gaire sovint a la nit?

Noa: —Sí, (2.) _____ (89%).

Tim: —Què fas quan véns aquí?

Noa: —(3.) _____ (75%) prenc una o dues cerveses.

Tim: —I alguna vegada et conviden a una copa?

Noa: —Sí, (4.) _____ (10%).

Tim: —I els dius el teu telèfon als que et conviden a una copa?

Noa: —No, (5.) _____ (0%). Els dono les gràcies. Sóc molt educada, jo.

Tim: —Així doncs, et puc convidar a un vodka amb taronja?

Noa: —Millor una cervesa.

Tim: —Que potser has de conduir?

Noa: —No, (6.) _____ (100%) torno amb taxi a casa.

Tim: —Si vols jo et puc dur a casa amb la moto...

Noa: —Tu (7.) _____ (70%) ets tan directe?

Tim: —(8.) _____ (3%). És que tu m'agrades molt.

4 **[A]** Reescriu les frases col·locant l'adverbi entre parèntesis al lloc marcat amb □. Afegeix el *no* quan sigui obligatori. En els casos en què no ho sigui, posa'l entre parèntesis.

0. *El John □ serà un bon professor* (mai)

   El John mai (no) serà un bon professor.

1. Els Rodríguez vendran □ la casa a aquest preu. (*mai*)

   _____

2. El meu home i jo sortim □ a sopar fora perquè tenim tres criatures. (*quasi mai*)

   _____

3. Tu i el teu germà □ tornareu a fer una cosa així, entesos? (*mai més*)

   _____

4. □ desparo la taula quan acabo de sopar. (*mai*)

   _____

5. L'Íngrid sortirà □ amb un home casat. (*mai més*)

   _____

6. El meu pare □ va en avió. Li fa por volar. (*quasi mai*)

   _____

5 **[B]** Reescriu les instruccions que dóna el doctor Andrade als seus pacients usant els adverbis del requadre. En alguns casos pots utilitzar més d'un adverbi.

diàriament
rarament
mensualment
setmanalment
anualment
freqüentment
periòdicament
regularment

0. Cada dia s'ha de prendre aquest xarop abans d'esmorzar.
   Diàriament s'ha de prendre aquest xarop abans d'esmorzar.

1. Ha de venir a la meva consulta *cada mes.*
   Ha de venir a la meva consulta _____.

2. No es preocupi, senyora Pons, *quasi mai* falla la medicació que li dono.
   No es preocupi, senyora Pons, _____ falla la medicació que li dono.

3. Faci's una revisió mèdica *cada any.*
   Faci's una revisió mèdica _____.

4. Prengui's la tensió *cada setmana.*
   Prengui's la tensió _____.

5. Procuri beure aigua *sovint.*
   Procuri beure aigua _____.

6. *Cada cert temps*, faci's una analítica per controlar-se el colesterol.
   _____, faci's una analítica per controlar-se el colesterol.

75. Adverbis de lloc

• **Allà** hi ha un semàfor.

A. Situacionals
B. Preposicions i situacionals
C. Direcció

A. Situacionals

A.1 Quan situem algú o alguna cosa indicant-ne la **distància** respecte al qui parla, usem *lluny* i *a prop / a la vora*:

• *El gat Fèlix és **lluny**.*

• *El gat Fèlix és **a prop**.*

A.2 Quan situem algú o alguna cosa en un lloc sense concretar-ne la ubicació exacta, fem servir *allà / allí* (lluny del qui parla) i *aquí* (a la vora del qui parla):

• *El gat Fèlix és **allà**.*

• *El gat Fèlix és **aquí**.*

A.3 Quan situem algú o alguna cosa en relació amb un **eix vertical**, utilitzem els adverbis següents:

a dalt = a la part superior	*El gat Fèlix és **a dalt**.* (1)
a sobre = en contacte amb la part de dalt d'alguna cosa o molt a prop	*El gat Fèlix és **a sobre**.* (2)
a baix = a la part inferior	*El gat Fèlix és **a baix**.* (3)
a sota = en contacte amb la part inferior d'alguna cosa o molt a prop	*El gat Fèlix és **a sota**.* (4)

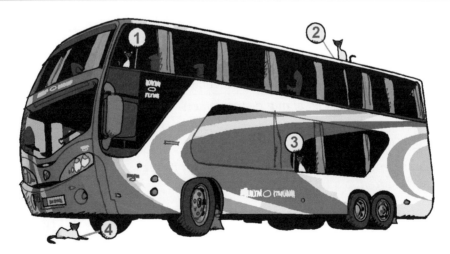

■ Quan situem una persona o una cosa a l'extrem superior d'un lloc usem *al capdamunt* o *a dalt de tot*. Quan situem una persona o una cosa a l'extrem inferior d'un lloc utilitzem *al capdavall* o *a baix de tot*:
*El gat Fèlix és **al capdamunt / a dalt de tot** de l'escala.*

A.4 Quan situem algú o alguna cosa en relació amb un **eix horitzontal**, fem servir els adverbis següents:

a la dreta ≠ a l'esquerra	El gat Fèlix és **a la dreta** de l'àvia Rosita. (1)
	El gat Fèlix és **a l'esquerra** de l'àvia Rosita. (2)
(a / al) davant ≠ (a / al) darrere	El gat Fèlix és **(a / al) davant** de l'àvia Rosita. (3)
	El gat Fèlix és **(a / al) darrere** de l'àvia Rosita. (4)
	▪ Utilitzem *davant per davant* per situar algú o alguna cosa cara a cara.
al costat	El gat Fèlix és **al costat** de l'àvia Rosita. (5)
al voltant	Hi ha ratolins **al voltant** del gat Fèlix. (6)

A.5 Quan situem algú o alguna cosa a l'**interior** o a l'**exterior** d'un espai usem *(a) dins* i *(a) fora*:

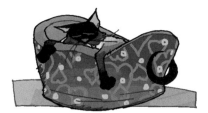

• *El gat Fèlix és **(a) dins**.*   • *El gat Fèlix és **(a) fora**.*

A.6 Quan situem algú o alguna cosa en una **trajectòria** fem servir els adverbis següents:

al principi ≠ al final	El gat Fèlix és **al principi** del carrer. (1)
	El gat Fèlix és **al final** del carrer. (2)
al mig	El gat Fèlix és **al mig** del carrer. (3)
al fons	El gat Fèlix és **al fons** de la claveguera. (4)

A.7 Quan parlem de la presència d'algú o d'alguna cosa en **tot l'espai**, utilitzem *pertot*, *pertot arreu*, o *a tot arreu*:

• *En aquest carrer hi ha gats **pertot arreu**.*

Quan parlem de l'absència de persones o coses en tot l'espai, usem *enlloc*:

• *En aquest carrer no hi ha gats **enlloc**.*

B. Preposicions i situacionals

B.1 Amb les locucions adverbials *a la dreta, a l'esquerra* i *al costat*, fem servir la preposició *a*:

- *Tinc gats **a** <u>la dreta</u>, **a** <u>l'esquerra</u> i **al** <u>costat</u>.*

Amb la resta d'adverbis i locucions usem la preposició *a* de manera opcional:

- *Hi ha gats (**a**) <u>fora</u>, (**a**) <u>davant</u>, (**a**) <u>prop</u> i (**a**) <u>dalt</u> de l'edifici.*

B.2 Utilitzem la preposició *de* després de l'adverbi de situació si volem dir el punt de referència:

- *Hi ha gats <u>pertot arreu</u>.*
- *Hi ha gats <u>pertot arreu</u> **del** carrer.*

Amb *dalt, damunt, darrere, davant, dins, fora, sobre* i *sota* podem dir el punt de referència sense fer servir la preposició *de*:

- *Hi ha un gat **sobre** (**de**) <u>la teulada</u>.*

Si el punt de referència és un pronom personal, la preposició *de* és obligatòria:

- *El gat és davant **d'**<u>ell</u>.*

C. Direcció

C.1 Quan volem indicar la **direcció de moviment** d'un objecte o una persona usem els adverbis següents:

amunt ≠ avall	*El gat Fèlix salta **amunt**.* *El gat Fèlix salta **avall**.*	
enlaire	*El gat Fèlix salta **enlaire**.*	
endavant ≠ endarrere / enrere	*El gat Fèlix mou la pilota **endavant**.* 	*El gat Fèlix es tira **enrere**.*
endins ≠ enfora	*El gat Fèlix posa el cap molt **endins**.*	*El gat Fèlix mira cap **enfora**.*
al voltant	*El gat Fèlix es passeja **al voltant** de la butaca.*	

! ■ Si volem indicar el punt de referència a partir del qual es pren una direcció, usem un nom seguit d'un adverbi de moviment:

*El gat Fèlix s'ha escapat <u>carrer</u> **avall**.* [El carrer és el trajecte i *avall* la direcció que pren el gat.]

■ Podem acompanyar els adverbis de direcció amb *més, molt, massa, gaire, tan* i *cap*:

*El gat Fèlix salta **cap** <u>amunt</u>.* [en direcció ascendent]

*El gat Fèlix salta **més** <u>amunt</u>.* [en direcció ascendent cap a un punt superior]

*El gat Fèlix salta **molt** <u>amunt</u>.* [en direcció ascendent amb un recorregut llarg]

*El gat Fèlix salta **massa** <u>amunt</u>.* [en direcció ascendent amb un recorregut excessiu]

1 [A] Mira el dibuix de la masia i tria l'adverbi de lloc més adequat.

0. *A dalt / A baix hi ha un pati.*

1. *Al capdamunt / Al capdavall* hi ha una antena parabòlica.

2. *A l'esquerra / A la dreta* hi ha un pou.

3. *Al costat / Al darrere* hi ha un corral amb gallines.

4. *Davant / Darrere* hi ha camps de conreu.

5. *A prop / Lluny* hi ha unes muntanyes.

6. *Al voltant / A sota* hi ha arbres.

7. *Aquí / Allà* hi ha un camí.

8. *Davant per davant / Al voltant* hi ha un petit jardí.

9. *A sobre / A sota* hi ha un mòmia.

2 [A] Observa com té l'habitació la Txell i completa les frases amb els adverbis del requadre.

a dins (2)	a fora	al principi	al final	al mig	pertot arreu	enlloc	al fons

0. *A dins d'un calaix hi ha una pilota.*

1. Les claus de casa són _____ de la peixera.

2. _____ de l'habitació hi ha molts ninots acumulats.

3. _____ no hi ha cap llibre.

4. _____ de l'habitació hi ha una cadira.

5. La roba és _____ dels calaixos.

6. _____ de l'habitació hi ha moltes joguines.

7. _____ hi ha dibuixos de la Txell.

8. _____ de l'armari hi ha una bicicleta.

3 [A] Fixa't en la prestatgeria i subratlla l'adverbi adequat. En algunes ocasions totes dues opcions són possibles.

0. *A dalt / A baix hi ha unes figures.*

1. *A sota / A baix* hi ha uns calaixos.

2. *Sobre els / Dalt dels* calaixos hi ha un equip de música.

3. *A baix de / Sota* les figures hi ha llibres.

4. *A dalt de / Sobre* l'armari hi ha una planta.

5. *Sota / A baix* de l'armari hi ha un ratolí.

6. *Sobre / A dalt* de l'equip de música hi ha una vaixella.

7. *A baix dels / Sota* els llibres hi ha fotografies.

4 [C] Fixa't en el pergamí del pirata Barbagroga i completa les instruccions amb els adverbis del requadre.

amunt	enfora	endins	endavant	endarrere	enlaire	avall

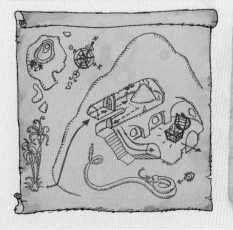

Quan arribeu a l'illa, camineu per un turó (0.) *amunt* i arribareu a l'entrada d'una cova, aneu cap (1.) _____ fins a arribar a una porta. Entreu-hi i feu cinc passes (2.) cap _____. Arribareu a una roca molt grossa, mireu cap (3.) _____ i trobareu una clau enganxada al sostre. Agafeu-la i, si feu deu passes cap (4.) _____, veureu una petita porta de ferro. Obriu-la amb la clau i seguiu escales (5.) _____. Arribareu a la galeria on hi ha el cofre del tresor. Agafeu-lo i sortiu corrents cap (6.) _____ abans que us trobi la serp gegant que viu a dins de la cova!

5 La Berta i en Sergi són germans i sempre discuteixen. Completa el que diuen amb l'adverbi o la locució adverbial que indiqui el contrari.

0. *Berta:* —*Lliga el gos aquí.*

   Sergi: —*No, el vull lligar allà.*

Berta: —A fora fa molta calor!

Sergi: —No, és (1.) _____ que fa calor!

Sergi: —Trobo que la nostra germana viu lluny, oi?

Berta: —Doncs jo crec que viu bastant (2.) _____.

Sergi: —Jo vull dormir a la llitera de dalt.

Berta: —Cap problema, perquè jo vull dormir a la llitera de (3.) _____.

Sergi: —I ara, com continuem el viatge? Girem a l'esquerra?

Berta: —No, millor que girem (4.) _____.

Sergi: —Quan vaig en bicicleta m'agrada més pedalar cap amunt.

Berta: —Doncs jo prefereixo pedalar cap (5.) _____. Em canso menys.

Berta: —Si anem en cotxe, jo vull seure davant.

Sergi: —Perfecte, perquè jo vull seure (6.) _____. Ja ho saps!

Berta: —Jo prefereixo nedar cap endavant.

Sergi: —Doncs jo m'estimo més nedar cap (7.) _____, estil esquena.

6 Tria l'adverbi adequat per completar les frases.

0. amunt – a dalt de tot

   a. *En Pere treballa a dalt de tot, a l'última planta.*

   b. *En Pere sempre puja escales amunt. No agafa mai l'ascensor.*

1. *davant – endavant*

   a. L'hotel és _____ de l'estació.

   b. Quan condueixis, mira sempre _____.

2. *endins – a dins*

   a. Hi ha molta roba a la rentadora, per tancar la porta hauràs de fer força cap _____.

   b. Què hi ha _____ de la rentadora?

3. *enrere – darrere*

   a. Aparca _____ d'aquest camió.

   b. Fes marxa _____ amb el cotxe.

4. *enfora – a fora*

   a. _____ hi ha un gos abandonat.

   b. Aquestes finestres s'obren cap _____.

5. *avall – a baix*

   a. Segueix per aquest carrer _____ i trobaràs l'ajuntament.

   b. _____ hi ha una discoteca i a la nit no podem descansar.

76. Adverbis de manera

• *Tu condueixes **bé** però aparques **malament**.*

A. Adverbis acabats en *-ment*

A.1 Formem els adverbis de manera acabats en *-ment* amb la forma femenina singular dels adjectius:

Adjectius amb terminacions diferents per al masculí i el femení	Adjectius que tenen una mateixa forma per al masculí i el femení
lent, lenta: ***lentament*** ràpid, ràpida: ***ràpidament*** voluntari, voluntària: ***voluntàriament***	amable: ***amablement*** difícil: ***difícilment*** suau: ***suaument***

• *Com escrius a l'ordinador, **ràpidament** o **lentament**?* [de manera ràpida o de manera lenta?] **7. 8.** ▶

A.2 Alguns dels adverbis acabats en *-ment* són de temps, de seqüència, de quantitat, d'afirmació o de punt de vista:

Significat de l'adverbi	Exemple
Temps	*actualment* [en el moment actual] ***Actualment**, la mortalitat infantil a Europa és molt baixa.*
	normalment [quasi sempre] ***Normalment** miro la tele al vespre.*
	rarament [quasi mai] ***Rarament** vaig a la discoteca els caps de setmana.*
	justament [en el moment mateix que volem assenyalar o de manera precisa] ***Justament** estàvem parlant de la Sílvia quan ha trucat.*
Seqüència	*primerament* [en primer lloc], *seguidament* [després], *finalment* [en últim lloc] *Per fer un ou ferrat, **primerament** escalfeu una mica d'oli en una paella. **Seguidament** tireu l'ou a la paella amb l'oli calent. **Finalment** tireu l'oli de la paella per sobre de l'ou.* ▪ També fem servir *finalment* quan volem presentar una acció o un fet que ha tingut lloc després d'esperar el final d'un procés: ***Finalment**, el jurat ha decidit declarar el concurs il·legal.* [Després d'hores de discutir, per fi el jurat ha pres una decisió.] **86.** ▶
Quantitat	*totalment* [de manera absoluta] *Això és **totalment** fals.*
	aproximadament [més o menys] *Han vingut **aproximadament** mil persones.*
Afirmació	*evidentment, naturalment* [sens dubte] *—Aniràs a votar aquest cap de setmana?* *—**Evidentment / Naturalment**, hi anirem la meva dona i jo.*
Punt de vista	*francament* [si sóc sincer] ***Francament**, el teu estil de pentinat no m'agrada gens.*
	culturalment, matemàticament... [des del punt de vista cultural, matemàtic...] ***Matemàticament**, això és impossible.*

A.3 En algunes ocasions, podem usar un adjectiu masculí en singular com a adverbi de manera. Alguns d'aquests adjectius són *clar, alt, baix, fort, fluix* i *igual*.

• *La professora de català parla **clar**.*
• *L'avió vola **alt** i l'avioneta vola **baix**.*
• *La teva mare sempre vesteix **igual**.*

▪ Parlar **fluix** = parlar **baix**
 Parlar **fort** = parlar **alt**

B. *Així*

B.1 Fem servir *així* quan volem assenyalar una manera concreta de fer les coses:

- *Has d'escombrar* **així**! [d'aquesta manera]

Utilitzem *així així* quan parlem d'un punt intermedi entre *bé* i *malament*:

—*Com ha anat la reunió amb la gerent?*
—**Així així**. [ni bé ni malament]

C. *Bé, ben, malament, mal*

C.1 Usem *bé* per expressar que una acció es fa de manera correcta:

- *Jo* ballo **bé**.

Quan fem servir *bé* amb un participi, canviem la forma de l'adverbi a *ben*.

- *Aquest informe està* **ben** redactat.

> ▪ Utilitzem *ben* amb un adjectiu, un adverbi o un participi com a sinònim de *molt*.
> *La teva cosina és* **ben** simpàtica. [molt simpàtica]
> *Crideu* **ben** *fort per animar l'equip.* [molt fort]
> *Voldria la carn* **ben** feta. [molt feta]

C.2 Utilitzem *malament* per expressar que una acció es fa de manera incorrecta:

- *Jo* ballo **malament**.

Quan fem servir *malament* davant d'un participi canviem la forma de l'adverbi a *mal*:

- *Aquest informe està* **mal** redactat.

> ▪ Cal no confondre l'adverbi *mal* amb l'adjectiu *mal*, que acompanya un nom:
> *Ets un* **mal** company / *una* **mala** companya!
> *Sou uns* **mals** companys / *unes* **males** companyes!

D. Locucions adverbials

D.1 Utilitzem les locucions adverbials següents per parlar de la manera com fem una acció. La majoria d'aquestes locucions comencen amb una preposició.

a coll [sobre les espatlles i part de l'esquena] • *En John porta el seu fill* **a coll** *quan no vol caminar.*

a corre-cuita [amb presses] • *No facis els deures* **a corre-cuita**.

a l'inrevés [en sentit oposat] • *T'has posat el jersei* **a l'inrevés**.

a les fosques [sense llum] • *Fa tres dies que estem* **a les fosques** *i hem d'usar espelmes.*

a mitges [no del tot] • *La Joana us ha explicat les coses* **a mitges**.

a poc a poc [lentament] • *La seva àvia no té dents i menja* **a poc a poc**.

a punt [preparat] • *Demà sortim de viatge. Està tot* **a punt**?

corrents [ràpidament] • *Sempre surt del despatx* **corrents**.

d'amagat [de manera oculta] • *El seu fill pren drogues* **d'amagat**.

de cap a peus [totalment] • *El Xin-yi ha memoritzat el llibre de lectura* **de cap a peus**.

de cop i volta [per sorpresa] • *Érem a la platja prenent el sol i* **de cop i volta** *s'ha posat a ploure.*

de debò [de veritat] • *La Sílvia l'estima* **de debò**.

de franc [gratis] • *Avui anirem al cinema* **de franc**.

de mica en mica [progressivament] • *La Janet* **de mica en mica** *s'ha adaptat al barri.*

de nou [una altra vegada] • *Explica'm l'argument de la pel·lícula* **de nou**, *sisplau.*

de pressa [ràpidament] • *Esmorza* **de pressa**, *que fem tard.*

de veritat [de manera sincera] • **De veritat**, *estic cansada de les teves bromes.*

en silenci [sense soroll] • *A classe heu d'estar **en silenci**.*

en veu alta/baixa [alçant o abaixant la veu] • *En Quim sempre parla **en veu alta**.*

en dejú [sense menjar ni beure] • *T'has de fer l'analítica **en dejú**.*

en guerra [lluitant amb armes] • *Les dues Corees es declaren **en guerra**.*

més aviat [aproximació] • *La teva cosina és **més aviat** rossa, oi?*

per casualitat [de manera imprevista] • *Aquest matí m'he trobat el meu exmarit al mercat **per casualitat**.*

per força [contra voluntat] • *T'has de fer aquesta analítica **per força**.*

per sobre [superficialment] • *En Lluís s'ha mirat el projecte **per sobre**.*

tot d'una [de manera inesperada] • *Estava plovent i **tot d'una** ha sortit el sol.*

Exercicis

1 [A] Completa les frases següents sobre la manera com fa les coses la Mireia amb un adverbi acabat en -*ment*:

0. *Esmorza ràpidament (ràpid).*

1. Dorm _____ (*tranquil*).

2. Atén els clients _____ (*amable*).

3. Respon al telèfon _____ (*cordial*).

4. Llegeix el diari _____ (*atent*).

5. Participa en una ONG _____ (*voluntari*).

6. Canta cançons _____ (*dolç*) per adormir el seu fill.

7. Es mira _____ (*tímid*) un company de feina que li agrada.

8. Vesteix _____ (*esportiu*).

2 [A] Indica si l'adverbi acabat en -*ment* és de manera o té un altre sentit.

0. *Barregeu el sucre i la farina* lentament.
   manera / punt de vista

1. *Francament, la política d'aquesta empresa no és l'adequada.*
   manera / punt de vista

2. *Primerament, farem una visita al centre de la ciutat.*
   manera / seqüència

3. *Normalment, els ametllers floreixen al març.*
   manera / temps

4. Han escollit el director *democràticament.*
   manera / dubte

5. *Finalment, el comitè va decidir anar a la vaga.*
   manera / seqüència

6. *Justament avui fa deu anys que em vaig casar amb en Ramon.*
   manera / temps

7. Els treballadors van estar discutint els punts del conveni *intensament.*
   manera / afirmació

8. —Et puc trucar algun dia per fer un cafè?
   —*Naturalment.*
   manera / afirmació

9. S'han venut *aproximadament* un milió d'exemplars d'aquest llibre.
   manera / quantitat

3 [A] Completa els titulars de diari següents amb un adjectiu del requadre:

baix (2)	clar	alt	fort	fluix	ràpid	igual

0. *Un helicòpter que volava massa* baix *impacta contra una torre de la Sagrada Família.*

1. Una escola privada prohibeix que els nens bessons vesteixin _____ per anar a l'escola.

2. L'entrenador de bàsquet parla _____ a la roda de premsa i aclareix els motius de la seva destitució.

3. Es preveu que els propers anys plourà _____ al continent europeu i hi haurà grans inundacions.

4. Una avioneta s'ha estavellat perquè volava massa _____ .

5. Segons la nova normativa, serà obligatori parlar _____ als hospitals.

6. Un atleta català és qui ha saltat més _____ i s'ha endut la medalla d'or en el campionat d'atletisme.

7. Detenen el conductor d'un cotxe perquè circulava molt _____ per una carretera local.

4 [C] En Tim i en Tom són germans bessons. En Tim és bo, obedient i ordenat; en canvi, en Tom és dolent, rebel i deixat. Completa les frases amb *bé, malament, ben* o *mal*.

0. *En Tim es porta* bé *a l'escola.*

1. En Tom es porta _____ a l'escola.

2. En Tom sempre va _____ pentinat.

3. En Tim sempre va _____ pentinat.

4. En Tim fa els deures _____ .

5. En Tom fa els deures _____ .

6. En Tim està _____ assegut a la taula quan menja.

7. En Tom està _____ assegut a la taula quan menja.

8. En Tim i en Tom són dos bessons _____ curiosos.

5 [D] Tria entre les dues locucions adverbials proporcionades i completa les frases següents:

0. *El meu fill ha tornat a casa moll* de cap a peus / *més o menys.*

1. Vesteix-te *de debò / de pressa*, que hem de marxar aviat.

2. Avui podrem entrar als museus *a l'inrevés / de franc*.

3. La Jessica condueix *a poc a poc / a punt* des que va tenir l'accident.

4. Després de l'operació, l'Abdul es recuperarà *de mica en mica / a les fosques*.

5. *Tot d'una / De debò* s'ha apagat l'ordinador.

6. La meva parella m'explica les coses *a coll / a mitges*.

7. Si fas l'exercici *per sempre / a corre-cuita* no et sortirà bé.

8. Avui l'Arnau ha estudiat *tot d'una / si fa no fa* tres hores.

9. La Isabel va a treballar *en dejú / per força* perquè no té temps d'esmorzar.

10. La vostra filla és *més aviat / de cap a peus* rossa, oi?

11. Hem hagut de fer l'arròs *de cop i volta / de nou* perquè l'altre se'ns ha cremat.

A. Negació

A.1 Quan volem negar una acció o un estat afegim *no* a la frase afirmativa:

- *Tinc gana.*
- ***No** tinc gana.*

A.2 Col·loquem l'adverbi *no* davant del verb, i si usem el verb amb pronoms febles, posem l'adverbi *no* davant dels pronoms febles.

- *El president de Valunya **no** visitarà la catedral de Tarragona.*

—*Tens les factures preparades?*
—*En Joan **no** me les ha passades en net.*

> ■ Si volem negar una part de la frase, situem el *no* davant de la part que ens interessa negar:
>
> *No tothom ha respost el qüestionari.*
> *Aigua no potable.*

A.3 Quan fem servir *mai, ningú, res, cap, gens, tampoc* i *enlloc* darrere del verb, hem de col·locar l'adverbi *no* davant del verb. Quan aquestes paraules van davant del verb, l'adverbi *no* és opcional:

- ***No** ha trucat ningú. = Ningú (**no**) ha trucat.*
- *La Joana **no** estudia mai a casa. = La Joana mai (**no**) estudia a casa.*

B. *Sí* i *no*

B.1 Utilitzem *sí* i *no* per expressar acord o desacord amb una afirmació. Segons el tipus de resposta, fem servir només *sí* o *no*, hi afegim *que* o usem altres expressions:

—*Fiorentino, et ve de gust passar la resta de la teva vida amb mi?*

Tipus de resposta	Sí	No
Resposta només amb **sí** o **no**	—*Sí.*	—*No.*
Resposta amb **repetició** de la informació de la pregunta	—**Sí**, *em ve de gust.* —**Sí** *que em ve de gust.* ■ Usem *sí que* només quan repetim la informació de la pregunta.	—**No**, ***no** em ve de gust.* —**No** *em ve de gust.*
Resposta amb **informació nova**	—**Sí**, *per fi m'ho has demanat!*	—**No**, *he conegut una altra persona.*
Resposta amb altres expressions per reforçar la **intensitat**	—**Esclar / És clar** *(que sí)!* —**Evidentment!** —**Naturalment!** —**I tant!** —**Sens dubte!** ■ Afegim *que* a aquestes expressions si repetim la informació de la pregunta: —**Evidentment** *que em ve de gust!*	—**De cap manera!** —**Sí, home!** —**Ni parlar-ne!** —**Ni pensar-hi!** —**I ara!**

B.2 Quan responem una pregunta negativa, fem servir *no* si volem confirmar la negació de la pregunta i usem *sí* per afirmar el contrari:

> —*Avui no has comprat el diari?*
> —**No**. [No l'he comprat.]
> —**Sí**. [Sí que l'he comprat.]

C. També i tampoc

C.1 Quan volem expressar coincidència amb el que s'acaba de dir, usem *també* si la frase és afirmativa i *tampoc* si la frase és negativa.

> —*Aquest any <u>no</u> anirem de vacances.*
> —*Nosaltres **tampoc hi** anirem.*
> —*Ens quedarem <u>a</u> casa.*
> —*Nosaltres també.*

D. Dubte

D.1 Quan volem expressar una idea o una acció de la qual no estem segurs, usem l'adverbi *potser*:

> • *El president **potser** convocarà eleccions anticipades.* [No n'estic gaire segur.]

D.2 Si estem una mica més segurs de la idea o l'acció de la qual parlem, fem servir els adverbis *probablement*, *possiblement* i *segurament*.

> • *El president **probablement / possiblement / segurament** convocarà eleccions anticipades.*
> [N'estic força segur.]

Exercicis

1 **[A]** Canvia les frases següents afegint-hi *no* si cal per obtenir una llista de normes d'ús de la platja:

0. *Per qüestions d'higiene, els gossos es poden banyar a la platja.* — *no*

1. Per la seva seguretat, els banyistes poden passar de les boies que hi ha al mar.

2. Es pot portar menjar i beguda de casa.

3. Per respecte als altres, es pot posar la música forta.

4. Es pot fer nudisme fora de les àrees destinades a aquesta pràctica.

5. Es pot entrar a l'aigua amb matalassos i flotadors.

6. Per respecte als banyistes, es pot pescar abans de les nou del vespre.

7. Es pot acampar a la nit a la platja. Està prohibit.

2 [A] Reescriu les frases següents afegint-hi *no* només quan sigui obligatori:

0. *Sopo* mai *a casa:* *No sopo mai a casa.*

1. *Ningú* ha fet els deures. _____

2. M'aprimo *gens.* _____

3. Ho trobo *enlloc.* _____

4. *Mai* hem viatjat a l'estranger. _____

5. M'agrada *res.* _____

6. La meva empresa té *cap* problema econòmic. _____

7. Jo *tampoc* aniré a la manifestació. _____

3 [B] Llegeix la conversa que té l'Íker amb una teleoperadora. Completa les seves respostes amb *sí*, *sí que* o *no* segons el sentit de la frase.

Teleoperadora: Vostè té telèfon mòbil?
Íker: (0.) *Sí,* / *Sí que* *en tinc. És un telèfon amb moltes prestacions.*

Teleoperadora: I el fa servir sovint?
Íker: (0.) *No, no* *el faig servir. No m'agrada parlar per telèfon.*

Teleoperadora: I fa més de dos anys que té contracte amb la mateixa companyia?
Íker: (1.) _____ fa exactament sis anys.

Teleoperadora: I està content amb la seva companyia de mòbil?
Íker: (2.) _____ n'estic content. Té unes tarifes molt altes.

Teleoperadora: Vol saber les tarifes d'altres companyies?
Íker: (3.) _____ les vull saber. Segur que hi ha una companyia més barata.

Teleoperadora: Li puc enviar aquesta informació per correu electrònic?
Íker: (4.) _____ el meu correu és ikercamilles@arrova.com.

Teleoperadora: A més a més, voldria canviar de mòbil?
Íker: (5.) _____ el vull canviar. Estic molt content amb el meu.

Teleoperadora: I vol canviar de número de telèfon?
Íker: (6.) _____ el vull canviar. No tinc ganes de memoritzar més xifres.

Teleoperadora: Ens podem posar en contacte amb vostè si tenim noves ofertes?
Íker: (7.) _____ es poden posar en contacte amb mi. No hi ha cap problema.

4 [B] La Vanessa és veterinària i, a la vegada, presidenta d'una protectora d'animals. Encercla la resposta adequada.

0. *Està a favor de la matança de balenes?*
   a. *Sens dubte!*   b. *I ara!*

1. Li agrada que la gent visqui amb animals?
   a. Naturalment!   b. Ni pensar-hi.

2. Li sembla bé la Llei de protecció de l'ós del Pirineu?
   a. Sí, home!   b. I tant!

3. Cal posar multes a les persones que abandonen els animals?
   a. Evidentment!   b. Ni pensar-hi.

4. Té algun abric de visó?
   a. Ni pensar-hi!   b. Esclar!

5. Creu que les colònies de gats són una molèstia?
   a. De cap manera!   b. Naturalment!

6. Creu que els gossos han de dur xip d'identificació?
   a. I ara!   b. Sens dubte!

7. Li agrada la feina que fa a la protectora?
   a. Ni pensar-hi.   b. Evidentment!

5 [C] La Gurna i la Coti són dues cotorres i critiquen els seus amos. Completa els seus comentaris amb *també* i *tampoc*, tenint en compte que la Coti sempre coincideix amb la Gurna.

0. *Gurna: El meu amo no abaixa mai la tapa del vàter.*

    Coti: El meu tampoc.

1. Gurna: El meu amo no renta mai els plats.

    Coti: El meu _____ fa res a casa.

2. Gurna: El meu amo sempre deixa la roba per terra.

    Coti: El meu _____ és un deixat.

3. Gurna: El meu amo no vol anar mai al teatre.

    Coti: El meu _____.

4. Gurna: El meu amo es mira les noies jovenetes que passen pel carrer.

    Coti: El meu _____ fa aquestes coses.

5. Gurna: El meu amo alguna nit arriba begut a casa.

    Coti: El meu _____.

6. Gurna: El meu amo no planxa mai la roba.

    Coti: El meu _____ toca mai la planxa.

7. Gurna: El meu amo es passa el cap de setmana mirant partits de futbol a la tele.

    Coti: El meu _____ està enganxat a la tele tot el cap de setmana.

6 [B i D] En Pau demana moltes coses al seu pare. Escriu les respostes del pare fent servir una expressió de dubte o d'intensitat de les que et proposem en el requadre. Els símbols indiquen el grau d'intensitat o de dubte. En alguns casos, pots triar més d'una opció.

(□)
potser
(■)
probablement
segurament
(■ ■)
i ara!
de cap manera
ni parlar-ne
i tant!
esclar que sí

0. *Pau: Pare, aquesta tarda anirem a comprar?*

    Pare: Potser. (□) He de fer unes trucades i ja veurem si em queda temps.

1. Pau: I em compraràs la nova consola portàtil?

    Pare: _____ (■ ■) És caríssima.

2. Pau: Doncs, em compraràs alguna cosa més barata?

    Pare: _____ (□) Ja en parlarem.

3. Pau: I podrem menjar una pizza per sopar?

    Pare: _____ (■ ■) Ja en vam menjar ahir.

4. Pau: Però podré mirar la pel·lícula del vespre?

    Pare: _____ (■ ■) Demà és dissabte i et pots llevar tard.

5. Pau: I el cap de setmana, anirem al parc d'atraccions?

    Pare: _____ (■) Em sembla que no tinc feina.

6. Pau: I podré pujar a les atraccions?

    Pare: _____ (■ ■) Ens ho passarem molt bé.

7. Pau: I ens quedarem a dormir al parc d'atraccions?

    Pare: _____ (■ ■) Els hotels són massa cars.

8. Pau: I ens quedarem a sopar allà?

    Pare: _____ (■) M'agrada molt un restaurant italià que hi ha al parc.

78. Altres adverbis

• *només, gairebé, almenys...*

A. *Només i sobretot*

A.1 Quan volem dir que un element **exclou** la resta de possibilitats usem l'adverbi *només*:

- *La meva neboda de vuit mesos **només** pren llet materna.*
  [Excloem altres tipus d'alimentació.]

Altres adverbis i expressions que fem servir amb el mateix sentit d'exclusió són: *solament*, *únicament*, *sols* i *tan sols*:

- *La meva neboda de vuit mesos **solament / tan sols / únicament / sols** pren llet materna.*

Col·loquem aquests adverbis davant de la paraula a la qual donem sentit d'exclusivitat:

- *La meva neboda de vuit mesos **només** pren llet materna.*
  [L'única cosa que pren la meva neboda és llet materna.]
- ***Només** la meva neboda de vuit mesos pren llet materna a la llar d'infants.*
  [La meva neboda és l'únic nadó que pren llet materna, la resta de nens prenen altres tipus de llet.]

A.2 Utilitzem *sobretot* per **ressaltar** un element. Equival a *especialment*:

- *Menjo molta fruita, **sobretot** taronges.*

Si volem ressaltar tota una frase, posem *sobretot* al principi o al final de la frase:

- ***Sobretot** no parlis amb desconeguts!*

B. *Quasi, gairebé i més aviat*

B.1 *Quasi* i *gairebé* són adverbis que indiquen aproximació:

- *Aquest matí **quasi** tinc un accident a l'autopista.*
  [però no he tingut l'accident]
- *He estat buscant aparcament durant **gairebé** una hora.*
  [però no he tardat una hora completa, he tardat aproximadament una hora]
- *La piscina és **quasi** buida.*
  [però no és completament buida]
- ***Quasi** sempre sopo a les deu de la nit.*
  [però no sempre]

> ■ *Gairebé* i *gaire bé* tenen significats diferents:
> *El llibre està gairebé acabat.*
> [No està completament acabat.]
> *El llibre no està gaire bé.*
> [Està bastant malament.]

B.2 Usem *més aviat* per expressar que alguna cosa **tendeix** cap a una característica o un fet:

- *L'última pel·lícula de la Isabel Coet és **més aviat** avorrida.*
  [La pel·lícula és una mica avorrida.]
- *El cactus és una planta que no cal regar gaire. **Més aviat** necessita poca aigua.*
  [Tendeix a necessitar poca aigua.]

> ■ *Més aviat* també és el contrari de *més tard*:
> *Avui anirem a la platja **més aviat**.*

C. *Fins i tot, almenys* i *ni tan sols*

C.1 Usem *almenys* per expressar que s'arriba al mínim del que esperem. Fem servir *fins i tot / inclús* per destacar que se supera el mínim del que desitgem. Utilitzem *ni tan sols* per indicar que no s'arriba al mínim esperat.

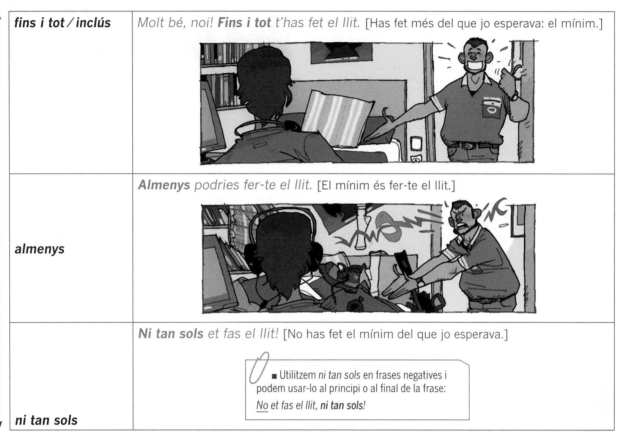

fins i tot / inclús	*Molt bé, noi!* **Fins i tot** *t'has fet el llit.* [Has fet més del que jo esperava: el mínim.]
almenys	**Almenys** *podries fer-te el llit.* [El mínim és fer-te el llit.]
ni tan sols	**Ni tan sols** *et fas el llit!* [No has fet el mínim del que jo esperava.] ■ Utilitzem *ni tan sols* en frases negatives i podem usar-lo al principi o al final de la frase: *No et fas el llit,* **ni tan sols!**

Exercicis

1 [A] Fixa't en els requadres i subratlla l'adverbi adequat. En alguns casos, tots dos són correctes.

0. *En Joan* <u>només</u> */ sobretot fuma cigars cubans.*

Cuba	~~*Panamà*~~	~~*Veneçuela*~~	~~*Brasil*~~

1. Amb aquesta dieta *sobretot / tan sols* menjo carxofes.

~~bledes~~	~~tomàquets~~	~~peix~~	carxofes

2. *Solament / Sobretot* compra pa!

<u>comprar pa</u>	treure les escombraries
passejar el gos	fer el sopar

3. *Únicament / Tan sols* les tortugues poden viure més de cent cinquanta anys.

tortugues	~~elefants~~	~~aranyes~~	~~rates~~

4. A la festa tothom va beure molt, *sols / sobretot* la Lídia.

<u>Lídia</u>	Isabel	Sandra	Paco

5. A l'estiu fa molta calor a casa, *solament / sobretot* al migdia.

<u>migdia</u>	matí	tarda	vespre

6. La Susanna va al gimnàs *tan sols / únicament* els divendres.

divendres	~~dissabtes~~	~~dilluns~~	~~dimecres~~

7. *Sobretot / Només* les cireres tenen moltes propietats anticancerígenes.

cireres	~~pomes~~	~~maduixes~~	~~plàtans~~

2 **[B]** Fixa't en les coses que hi ha al jardí i completa les frases amb *quasi/gairebé* o escriu Ø si no s'hi ha d'afegir res.

0. *El llimoner* quasi/gairebé *no té llimones.*

1. La font _____ no té aigua.

2. La caseta del gos està _____ pintada.

3. Les herbes _____ tapen la finestra.

4. Les heures _____ arriben a la teulada.

5. _____ totes les figuretes estan tombades.

6. _____ totes les flors estan seques.

7. El gos _____ no té menjar al seu bol.

3 **[B]** Llegeix les frases següents i marca si *més aviat* hi expressa tendència o temps:

0. *Els gats són* més aviat *animals tranquils.*   tendència/temps

1. La Xian *més aviat* pensa estudiar filologia i no dret.   tendència/temps

2. El Sahid és *més aviat* un noi tímid.   tendència/temps

3. Aquesta setmana entraré a la feina *més aviat*.   tendència/temps

4. La meva feina és *més aviat* estressant.   tendència/temps

5. Tu *més aviat* t'assembles al teu pare i no a la teva mare.   tendència/temps

6. Nosaltres *més aviat* fem les vacances a finals d'agost i no a principis.   tendència/temps

7. Aquest any farem les vacances *més aviat*.   tendència/temps

4 **[C]** Llegeix aquests comentaris d'una tertúlia radiofònica i encercla la interpretació més adequada tenint en compte la posició d'*inclús* i *fins i tot*.

0. Fins i tot *el president de la Unió Europea és acusat de corrupció.*

   a. *Moltes persones són acusades de corrupció i es destaca el president de la UE.*

   b. *Al president de la UE se l'acusa de moltes coses i es destaca la corrupció.*

1. El president de la Unió Europea *fins i tot* és acusat de corrupció.

   a. Es destaca que també s'acusa de corrupció el president de la UE.

   b. Al president de la UE se l'acusa de moltes coses i es destaca la corrupció.

2. La gent gran *inclús* està enganxada a internet.

   a. La gent gran està enganxada a moltes coses i es destaca que a internet també.

   b. Tothom està enganxat a internet i es destaca que la gent gran també.

3. *Inclús* la gent gran està enganxada a internet.

   a. La gent gran està enganxada a moltes coses i es destaca que a internet també.

   b. Tothom està enganxat a internet i es destaca que la gent gran també.

4. *Inclús* als bancs importants hi ha problemes de seguretat.

   a. Els problemes de seguretat són comuns a molts llocs i es destaca que als bancs també.

   b. Als bancs importants hi ha molts problemes i destaquen els de seguretat.

5. Als bancs importants *inclús* hi ha problemes de seguretat.

   a. Els problemes de seguretat són comuns a molts llocs i es destaca que als bancs també.

   b. Als bancs importants hi ha molts problemes, i es destaca que també n'hi ha de seguretat.

6. *Fins i tot* el rei d'Espanya va parlar en català al Congrés.

   a. El rei va fer moltes coses al Congrés i es destaca que va parlar en català.

   b. Tothom va parlar en català al Congrés i es destaca que el rei també.

7. El rei d'Espanya *fins i tot* va parlar en català al Congrés.

   a. El rei va fer moltes coses al Congrés i es destaca que va parlar en català.

   b. Tothom va parlar en català al Congrés i es destaca que el rei també.

5 [C] En Pau, en Mario i en Lluís són tres bessons adolescents molt diferents entre ells. En Pau fa de tot a casa, en Mario fa el mínim i en Lluís no fas res de res. Completa el que explica la seva mare fent servir *fins i tot*, *almenys* o *ni tan sols*.

0. *En Mario almenys es fa el llit.*

1. En Lluís _____ es fa el llit.

2. En Pau _____ planxa la roba de tota la família.

3. En Lluís _____ ordena la seva habitació.

4. En Mario _____ ordena la seva habitació.

5. En Pau _____ treu la pols de casa.

6. En Mario _____ fa els deures de l'institut.

7. En Lluís _____ fa els deures de l'institut.

6 [C] La Joana i en Pedro són parella i discuteixen tot el dia. Llegeix els retrets que es fan i subratlla l'opció adequada.

0. *Joana: Tu* ni tan sols / almenys *em fas un petó quan te'n vas a dormir!*

1. Pedro: I tu *ni tan sols / almenys* podries dir bona nit quan vas al llit!

2. Joana: Tu *ni tan sols / almenys* podries preparar l'esmorzar per a tots dos quan et lleves!

3. Pedro: Però si tu *ni tan sols / almenys* m'esperes per esmorzar!

4. Joana: Tu *ni tan sols / almenys* podries interessar-te una mica pel que faig, no et sembla?

5. Pedro: I tu *ni tan sols / almenys* em dius que estic guapo quan m'arreglo una mica!

6. Joana: Jo *ni tan sols / almenys* et miro quan t'arregles, tu a mi no em fas ni cas...

En quines frases es parla del mínim que s'espera? _____

En quines es nega una cosa que es considera el mínim que s'espera? _____

7 Llegeix la carta que envia el president del Colomí Club de Futbol als socis de l'entitat i subratlla l'adverbi correcte.

Calldetenes, 5 d'abril de 2015

Colomí CF

Benvolgut soci,

(0.) *Només / Ni tan sols* volem recordar-te que comença la nova temporada de futbol i que esperem, un cop més, el teu suport.

Som conscients que potser estàs una mica decebut de la temporada passada: (1.) *més aviat / solament* vam guanyar dos partits i (2.) *fins i tot / ni tan sols* vam perdre tots els partits amistosos, però (3.) *almenys / fins i tot* vam salvar la categoria i aquest any continuem a tercera regional. També et volem recordar que el nostre club és (4.) *quasi / més aviat* modest i té pocs recursos. Això vol dir que (5.) *ni tan sols / fins i tot* podem pagar un sou als jugadors. Per això hem decidit augmentar la quota dels socis, (6.) *almenys / quasi* per pagar els desplaçaments dels futbolistes.

En tota la història del club (7.) *gairebé / sobretot* mai hem demanat un esforç econòmic als socis, però aquesta vegada és imprescindible si volem sobreviure. Així doncs, apujarem les quotes un 25%.

Gràcies pel teu suport i visca el Colomí Club de Futbol!

Joan Porter
President

79. Les preposicions *a*, *en* i *de*

• *Sortirem **a** la tele **en** un programa **d'***humor.*

A. *a* i *en*: lloc

B. *a* i *en*: temps

C. *a* i *en*: manera

D. Complements amb *a* i *en*

E. La preposició *de*

■ Les preposicions són paraules invariables que serveixen per relacionar dos elements i per això no les usem mai soles:

• *Vol una bossa **de** plàstic o una bossa **de** paper?*
  [La preposició *de* relaciona el nom *bossa* amb els noms *plàstic* i *paper*.]

• *Avui menjarem una truita **a** la francesa.*

• *Aquest problema no és fàcil **de** solucionar.*

• *No vull anar a la festa **sense** tu.*

• *Els resultats no arribaran **fins** demà.*

• *Vam parlar **de** si estava previst tancar l'empresa durant el mes d'agost.*

■ Utilitzem les preposicions per introduir informació de temps, lloc, manera, instrument i companyia, entre d'altres:

• *En Joel treballa **des de** les vuit del matí **fins a** mitjanit.* [temps]
• *Arribarem **a** Menorca **en** vaixell.* [lloc] [manera]
• *En Jordi viu **amb** el seu gat.* [companyia]

■ De vegades, algunes paraules exigeixen una preposició específica. En aquests casos, les preposicions formen part d'un complement de règim verbal:

• *En aquesta empresa confiem **en** els nostres treballadors.*
  [El verb *confiar* exigeix la preposició *en*.]
• *Tenim confiança **en** els nostres treballadors.*
• *Estic preocupat **per** la salut de l'avi.* **44.**▶

A. *a* i *en*: lloc

A.1 Per parlar de la **situació** de persones o coses, usem *a* i *en* en els casos següents:

a	en
Noms propis de lloc: *La Mariana viu **a** Cadaqués.*  ▪ *A on vius?* = *On vius?*	Llocs amb demostratius, indefinits i numerals: *El Khalid viu **en** aquest edifici.* *La Mariana està ingressada **en** alguna habitació de psiquiatria.* *La Joana treballa **en** tres botigues diferents.*
Llocs amb article definit: *La Joana treballa **a** la botiga del seu pare.*	Llocs sense article: *L'Eduard reparteix publicitat **en** barris cèntrics de la ciutat.*
Llocs amb *quin, quina, quins* i *quines*: *A quin carrer vius?* ▪ També podem fer servir *en* amb l'interrogatiu *quin, quina, quins* i *quines*.	Llocs no físics: *Què faries tu **en** la meva situació?*

A.2 Per parlar del **moviment cap a llocs**, usem la preposició *a*:

a
Noms propis de lloc:  *La Mariana es trasllada* **a** *Cadaqués.* Llocs sense article: *L'Eduard viatja* **a** *països molt llunyans.* Llocs amb demostratius, indefinits i numerals: *En Khalid es trasllada* **a** *aquesta oficina.* *La Mariana viatja* **a** *algun país de l'Amèrica Central.* Llocs amb l'article definit o *quin, quina, quins, quines*: *La Joana vola* **a** *la Patagònia el mes que ve.* **A** *quin carrer vas?*

B. *a* i *en*: temps

B.1 Quan parlem d'un **moment concret**, usem *a* o *en* per als significats següents:

a	a / en
Hores: *Dinarem* **a** *les tres,* **a** *dos quarts de quatre...* Parts del dia: *Treballarem* **al** *matí,* **a** *la tarda,* **a** *la nit...* Mesos de l'any: *Viatjarem* **a** *l'agost,* **al** *setembre...* Estacions de l'any: *Farem vacances* **a** *la primavera,* **a** *la tardor...* Edat: *Ens jubilarem* **als** *seixanta-cinc anys.*	Segles: *Conduirem cotxes ecològics* **al / en** *el segle XXII.* Quan parlem d'un moment concret amb un infinitiu podem usar la preposició *a* amb l'article *el* o la preposició *en* (sense article): *Silencieu els mòbils* **a** *l'entrar a classe /* **en** *entrar a classe.*

> **!**
> ■ Amb els noms dels dies, els anys, les dates i el nom *setmana* no usem cap preposició:
> *Els dilluns sortim de la feina a les tres de la tarda.*
> *L'any 1939 / El 1939 es va acabar la guerra civil espanyola.*
> *L'1 d'abril de 1939 es va acabar la guerra civil espanyola.*
> *La setmana vinent presentarem els resultats.*

B.2 Quan ens referim a la freqüència amb què fem les accions, podem fer servir *a* davant de l'article definit:

> • *La família Fernández va a comprar una vegada **(a)** <u>la setmana</u>.* **74.** ▶

B.3 Quan parlem de la durada de les accions, fem servir *en*:

> • *Les obres s'han fet **en** <u>quinze dies</u>.* [Ens referim al procés: les obres han durat quinze dies.]
> • *(**En**) <u>els últims anys</u> hem augmentat les vendes.* [Ens referim a la durada: *durant els últims anys*.]

C. *a* i *en*: manera

C.1 Fem servir les preposicions *a* i *en* per parlar de la **manera** com fem o són les coses:

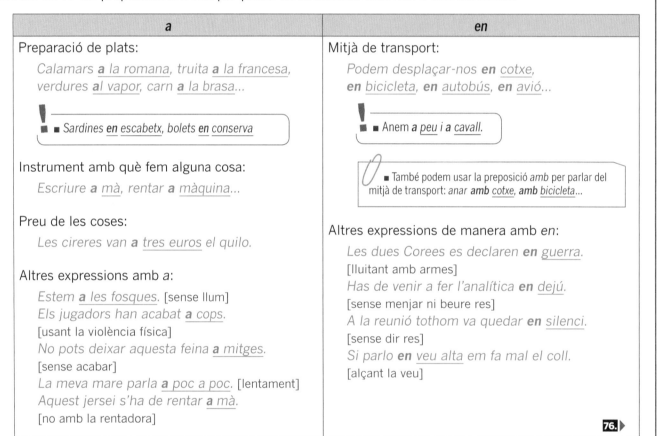

a	*en*
Preparació de plats: *Calamars **a** <u>la romana</u>, truita **a** <u>la francesa</u>, verdures **a**<u>l vapor</u>, carn **a** <u>la brasa</u>...* **!** ▪ *Sardines **en** <u>escabetx</u>, bolets **en** <u>conserva</u>* Instrument amb què fem alguna cosa: *Escriure **a** <u>mà</u>, rentar **a** <u>màquina</u>...* Preu de les coses: *Les cireres van **a** <u>tres euros</u> el quilo.* Altres expressions amb *a*: *Estem **a** <u>les fosques</u>.* [sense llum] *Els jugadors han acabat **a** <u>cops</u>.* [usant la violència física] *No pots deixar aquesta feina **a** <u>mitges</u>.* [sense acabar] *La meva mare parla **a** <u>poc a poc</u>.* [lentament] *Aquest jersei s'ha de rentar **a** <u>mà</u>.* [no amb la rentadora]	Mitjà de transport: *Podem desplaçar-nos **en** <u>cotxe</u>, **en** <u>bicicleta</u>, **en** <u>autobús</u>, **en** <u>avió</u>...* **!** ▪ *Anem **a** <u>peu</u> i **a** <u>cavall</u>.* 📝 ▪ També podem usar la preposició *amb* per parlar del mitjà de transport: *anar **amb** <u>cotxe</u>, **amb** <u>bicicleta</u>...* Altres expressions de manera amb *en*: *Les dues Corees es declaren **en** <u>guerra</u>.* [lluitant amb armes] *Has de venir a fer l'analítica **en** <u>dejú</u>.* [sense menjar ni beure res] *A la reunió tothom va quedar **en** <u>silenci</u>.* [sense dir res] *Si parlo **en** <u>veu alta</u> em fa mal el coll.* [alçant la veu] **76.** ▶

D. Complements amb *a* i *en*

D.1 Fem servir la preposició *a* per introduir el complement indirecte:

> • *L'Osvaldo portarà les signatures recollides **a** <u>la cap d'àrea</u>.*
> [*a la cap d'àrea* és el complement indirecte.] **34.** ▶

D.2 Usem la preposició *a* per introduir el complement directe quan és un pronom personal fort (*mi, tu, ell, ella, vostè*...) o un indefinit de persona (*tothom, ningú, algú*...):

> • *El president l'escollirà **a** <u>vostè</u> i no **a** <u>mi</u>.*
> • *El president respondrà **a** <u>tothom</u> o no respondrà **a** <u>ningú</u>?*
> **27. 35.** ▶

📝 ▪ No utilitzem la preposició *a* per introduir altres objectes directes de persona:
Crec que portaré ~~a~~ la meva filla al dentista demà.

D.3 Utilitzem *en* per introduir complements de nom i d'adjectius:

- *Sóc <u>doctor</u> **en** ciències.*
- *L'Enric llegeix <u>un llibre</u> **en** francès.*
- *El candidat és <u>hàbil</u> **en** les entrevistes.*
- *La Johana és <u>entesa</u> **en** física quàntica.*

E. La preposició *de*

E.1 Usem la preposició *de* per **especificar** alguna característica d'un nom. Les característiques poden fer referència als significats següents:

de
Autoria: *una <u>novel·la</u> **de** <u>Pere Calders</u>*
Matèria: *<u>fusta</u> **de** <u>roure</u>*
Pertinença: *la <u>moto</u> **de** <u>la Laia</u>*
Origen: *<u>pomes</u> **d'**<u>Alemanya</u>*
Estil: *un <u>pijama</u> **de** <u>ratlles</u>*   *un <u>vestit</u> **de** <u>flors</u>*
Sentits: *<u>olor</u> **de** <u>vainilla</u>*   *<u>gust</u> **de** <u>taronja</u>*

> ■ Apostrofem la preposició *de* davant d'una paraula que comença per vocal o per hac: *taula **d'**<u>acer</u>, jardí **d'**<u>hortènsies</u>...*

> ■ *De* + infinitiu especifica l'abast d'un adjectiu: *<u>fàcil</u> **d'**arreglar, <u>difícil</u> **de** tancar, <u>impossible</u> **de** canviar...*

E.2 Fem servir *de* per introduir expressions de manera: *d'amagat, de cap a peus, de mica en mica, de gom a gom...*

- ***De** <u>cop i volta</u> vam sentir un soroll molt fort.*
- *Això no ho farem **de** <u>cap de les maneres</u>.*

76. ▶

Exercicis

1 [A] En Bilal té set germans. Completa la informació d'on viuen amb les preposicions *a* o *en*.

0. *En Bilal viu a Sant Andreu.*

1. En Muhammad viu ____ un pis petit.

2. La Sheela viu ____ Santa Coloma.

3. ____ quin pis viu la Tanzeela?

4. L'Ahmed viu ____ la costa.

5. L'Usman ha viscut ____ quatre ciutats diferents.

6. L'Osama viurà ____ aquest barri.

7. La Saida viu ____ Dinamarca.

2 [A] Llegeix els titulars de notícies següents i marca si la preposició *a* indica situació o moviment:

0. *Una organització desconeguda ha enviat un paquet bomba* al consolat holandès	a. *situació*	(b.) *moviment*
1. El conseller viatjarà demà *a la zona afectada*	a. situació	b. moviment
2. La indústria de la moda es trasllada *a Roma*	a. situació	b. moviment
3. Inundacions *al litoral català*	a. situació	b. moviment
4. Augmenta la pobresa *al món*	a. situació	b. moviment
5. Greus incendis *als boscos de Catalunya* durant l'estiu	a. situació	b. moviment
6. El president català finalment ha anat *a la Casa Blanca*	a. situació	b. moviment
7. L'ONG Germans Sense Límits volarà *a la zona del conflicte*	a. situació	b. moviment

3 [B] Llegeix el que diu una guia turística als seus clients i marca la preposició adequada. En alguns casos pots fer servir totes dues preposicions.

0. *Aquesta església es va construir* a /<u>en</u> *el segle* xiv.

1. *A/En* dos quarts de quatre deixarem les habitacions de l'hotel.

2. Aquest parc *a/en* la primavera és ple de gent que ve a passejar.

3. Arribarem a la nostra destinació *a/en* la nit.

4. Recordeu que *a l'/en* entrar al museu heu de silenciar el mòbil.

5. L'avió surt de la terminal 1 *a/en* les cinc de la matinada.

6. El nou museu d'art contemporani s'inaugurarà *a/en* la tardor.

7. L'artista va pintar aquells quadres *a/en* els trenta-cinc anys.

8. *A/En* el segle xii, la ciutat que avui visitarem tenia mil habitants.

4 [B] Completa el que diu un mestre als seus alumnes amb les preposicions *a* o *en*. Fes les contraccions amb l'article quan calgui. Subratlla si en cada frase la preposició marca freqüència o durada.

0. *Tindreu exàmens tres cops* al *mes.*	*Freqüència* | *Durada*
1. ____ menys de tres setmanes tindrem els ordinadors arreglats.	Freqüència | Durada
2. Farem sortides quatre vegades ____ l'any.	Freqüència | Durada
3. Corregim l'exercici ____ un quart d'hora i acabem la classe, d'acord?	Freqüència | Durada
4. Heu de fer el treball de final de curs ____ un mes.	Freqüència | Durada
5. Anirem a l'aula d'informàtica tres vegades ____ la setmana.	Freqüència | Durada
6. Les reformes del laboratori s'han fet ____ tres setmanes.	Freqüència | Durada
7. Heu de fer aquest exercici ____ quinze minuts.	Freqüència | Durada

5 [C] Afegeix la preposició *a* o *en* als complements de manera següents:

0. *Jo prefereixo desplaçar-me per la ciutat* en *metro, però els meus fills s'estimen més anar* a *peu.*

1. Avui, de segon, tenim bacallà ____ la llauna o sardines ____ escabetx.

2. Em molesta la gent que al cinema no està ____ silenci.

3. No sé si aquest jersei s'ha rentar ____ mà o ____ màquina.

4. En Mohamed és llicenciat ____ física quàntica, però no troba feina.

5. Durant aquesta setmana, taronges ____ 1 euro el quilo. Aprofiteu l'oferta!

6. Ens hem quedat ____ les fosques i els nens han acabat ____ bufetades.

7. Ha sortit un nou formatge baix ____ sal i ric ____ vitamina C.

8. El trajecte ____ autobús és més còmode que el trajecte ____ tren.

6 [D] Corregeix els dos usos incorrectes de la preposició *a* en la llista de tasques següent:

> 0. *Enviar un missatge de mòbil* al Kiko. Correcte.
>
> 1. *Pentinar a la gata després de dinar.* _____
>
> 2. *Regalar-me a mi mateixa alguna cosa per Nadal.* _____
>
> 3. *Comprar uns pantalons nous a l'Enric.* _____
>
> 4. *Deixar les claus del cotxe a la Graciela.* _____
>
> 5. *Renyar a la Lurdes per les notes de l'escola.* _____
>
> 6. *Escoltar a tothom abans de prendre una decisió.* _____
>
> 7. *Escriure un correu a l'AMPA de l'escola.* _____

7 Completa aquesta notícia d'un diari esportiu amb les preposicions *a* o *en*:

Un lleó a l'estadi

Les essències d'un futbolista excepcional, únic i irrepetible es concentren (0.) *en* 169 centímetres. Va ser precisament l'altura la que va portar la família de Leo Messi (Argentina, 1987) (1.) ___ Barcelona, quan era petit, (2.) ___ trobar una solució per als seus problemes de creixement. Després de veure'l jugar, el Barça va assumir el cost del tractament i va fitxar la jove promesa.

El Barça s'ha aprofitat de l'estirada de Messi. I de quina manera. La seva timidesa i el seu caràcter casolà fora del camp es converteixen en una gran superioritat i competitivitat quan salta (3.) ___ un terreny de joc. Elèctric (4.) ___ els moviments, versàtil (5.) ___ qualsevol posició, solidari (6.) ___ l'esforç i encertat (7.) ___ les rematades. Així és el que molts ja consideren el millor futbolista de la història.

Aquesta temporada, ha marcat 10 gols (8.) ___ el Camp Nou, amb una mitjana d'1,3 gols per partit, en els seus 49 remats a porteria. (9.) ___ només tres mesos de competició, ha estat capaç d'anotar (10.) ___ vuit partits seguits i ja suma 22 gols! Fins on arribarà aquell noi de 169 centímetres?

Víctor VARGAS. *El Periódico de Catalunya*, 25 novembre 2010 (adaptació)

8 [E] Fixa't en els noms següents units per la preposició *de* i digues què indica el segon nom:

	Autoria	Matèria	Pertinença	Origen	Estil	Sentits
0. *un poema d'Ausiàs Marc*	X					
1. uns bombons *de* Bèlgica						
2. la bicicleta *de* la Meng Xia						
3. un ganivet *d'*acer inoxidable						
4. la moto *de* la Romina						
5. una camisa *de* quadres						
6. una copa *de* cristall						
7. un quadre *de* Miró						
8. un suavitzant que fa olor *de* gessamí						
9. cafè *de* Colòmbia						

9 [E] Llegeix aquests cartells d'un supermercat i afegeix-hi la preposició *de*. Recorda apostrofar o fer la contracció quan convingui.

0. *oli d'oliva verge*

1. productes ___ neteja

2. tomàquets ___ el Maresme

3. menjar ___ gats

4. sopes ___ l'àvia

5. productes ___ els països nòrdics

6. oferta ___ el dia

7. cireres ___ l'Empordà

8. llet ___ els Pirineus

9. secció ___ higiene personal

10. productes ___ ocasió

• *He comprat un pis **per a** la sogra **per** mig milió d'euros.*

A. La preposició *per*

B. La preposició *per a*

A. La preposició *per*

A.1 Amb la preposició *per* expressem l'origen d'algun fet o acció. La noció d'origen es concreta en els significats següents:

per	
Causa [davant d'un nom, un adjectiu o un infinitiu]	*Tancat **per** obres.* *L'han acomiadat **per** impuntual.* *Això et passa **per** tenir tanta por.*
Agent [persona que fa una acció]	*L'òpera ha estat ben rebuda **per** la crítica i **pel** públic.* [La crítica i el públic són els qui reben positivament l'obra.] **71.▶**
Opinió	***Per** mi que el teu germà és gai.* [segons la meva opinió]
Preu	***Per** tres euros pot visitar els dos museus.*
Substitució	*Abans t'he confós **per** la Gemma.* [He pensat que tu eres la Gemma.]
Mitjà	*Envia'm el document **per** correu electrònic.*
Distribució	*Regalem una invitació **per** parella.* [A cada parella li toca una invitació.] *Hem buscat el gos pis **per** pis.* [L'hem buscat en cada pis.]

A.2 Usem la preposició *per* quan parlem de **llocs** en els casos següents:

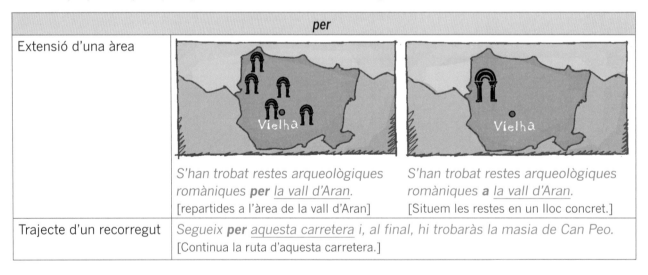

per	
Extensió d'una àrea	*S'han trobat restes arqueològiques romàniques **per** la vall d'Aran.* [repartides a l'àrea de la vall d'Aran] — *S'han trobat restes arqueològiques romàniques **a** la vall d'Aran.* [Situem les restes en un lloc concret.]
Trajecte d'un recorregut	*Segueix **per** aquesta carretera i, al final, hi trobaràs la masia de Can Peo.* [Continua la ruta d'aquesta carretera.]

A.3 Fem servir la preposició *per* quan parlem de **temps** en els casos següents:

per	
Període de temps: festivitats i esdeveniments	*Ens tornarem a veure **per** Setmana Santa.*
Durada	*Hem llogat el pis **per** tres setmanes.*
Freqüència	*La Joana i en Quico van al cinema dues vegades **per** setmana.* **74.▶**

A.4 Usem la preposició *per* en les expressions següents: **per** *força*, **per** *escrit*, **per** *casualitat*, **per** *desgràcia*, **per** *sort*, **per** *començar*, **per** *acabar*, **per** *això*...

B. La preposició *per a*

B.1 Amb la preposició *per a* expressem la noció de **final**, que es concreta en els usos següents:

per a	
Destinatari o finalitat d'alguna cosa	*He comprat un* <u>bastó</u> **per a** <u>la teva àvia</u>. *Ens* <u>estem preparant</u> **per a** <u>la sortida</u> *del cap de setmana.* *En Miquel no és* <u>apte</u> **per a** *una feina tan difícil.*
Data límit	*Voldria l'informe* **per a** <u>dijous que ve</u>. [La data límit és dijous que ve.] *Necessito que revisis els resultats* **per a** <u>demà</u>.

! ■ Davant d'un infinitiu fem servir *per*:
He comprat un bastó **per** <u>caminar</u> *millor.*

■ Amb el significat de data límit, *per a* és equivalent a *abans de*:
Voldria l'informe **abans de** *dijous que ve.*

Exercicis

1 [A] Classifica els titulars de diari següents a la graella tenint en compte quin tipus d'informació introdueix la preposició *per*:

0. *L'avió s'ha estavellat* per *la boira a la pista d'aterratge.*

1. S'ha venut un quadre de Dalí *per* un milió d'euros.

2. L'entrenador ha estat molt criticat *pels* mitjans de comunicació.

3. A la festa dels ambaixadors hi havia un guardaespatlles *per* autoritat.

4. *Pels* joves l'atur és el problema actual més preocupant.

5. El conseller ha dimitit *per* possible corrupció.

6. Les imatges de la mort del rei s'han vist *per* totes les televisions del món.

7. La policia ha pres uns bombers catalans *per* terroristes a l'aeroport.

Causa	Agent	Distribució	Preu	Opinió	Mitjà	Substitució
0						

2 [A] Subratlla si la preposició *per* expressa extensió o trajecte.

0. *A la pensió vam trobar puces* per *tot el llit.*	a. <u>extensió</u>	b. *trajecte*
1. En John va passar *per* davant meu però no em va veure.	a. extensió	b. trajecte
2. La policia secreta està repartida *per* tota la sala.	a. extensió	b. trajecte
3. Anirem a Olot *per* Vic.	a. extensió	b. trajecte
4. A la Maica li agrada caminar *pel* passeig marítim.	a. extensió	b. trajecte
5. Les claus deuen ser *per* la taula.	a. extensió	b. trajecte
6. Se m'ha mullat l'ordinador *per* sota.	a. extensió	b. trajecte
7. Des de Lleida podeu venir a Barcelona *per* terra o *per* aire.	a. extensió	b. trajecte

3 [A] Llegeix les activitats que es fan en un taller mecànic. Encercla si la preposició *per* expressa període de temps o freqüència.

0. *Fan una setmana de vacances* per *Nadal.*   ⓐ *període de temps*   b. *freqüència*

1. Demanen recanvis tres cops *per* setmana.   a. període de temps   b. freqüència

2. Tanquen el taller *per* Setmana Santa.   a. període de temps   b. freqüència

3. Els han deixat una furgoneta *per* dos dies.   a. període de temps   b. freqüència

4. Fan inventari dues vegades *per* any.   a. període de temps   b. freqüència

5. Un dels mecànics estarà de baixa *per* dos mesos.   a. període de temps   b. freqüència

6. *Per* la festa major tots els treballadors i les seves famílies fan un dinar junts.   a. període de temps   b. freqüència

7. L'any passat van fer reformes i van tancar *per* un mes.   a. període de temps   b. freqüència

4 [A] Llegeix les notes d'un detectiu privat i completa-les amb les preposicions *per*, *a* o *en*. Recorda't d'apostrofar i fer les contraccions si cal. En alguns casos, es pot usar més d'una preposició.

0. *La Paquita va a comprar dues vegades* per/a la *setmana.*

1. La Paquita, ____ la tarda, mira la telenovel·la.

2. ____ una setmana, la Paquita s'ha gastat 100 euros en roba interior.

3. La Paquita està preparant un viatge que vol fer ____ el pont de la Puríssima.

4. La Paquita parla amb en Manolo deu vegades ____ dia.

5. ____ un dia, la Paquita pot enviar trenta missatges de mòbil.

6. ____ Tots Sants la Paquita té previst visitar Londres.

7. La Paquita visita el psicòleg un cop ____ mes.

8. La Paquita es lleva cada matí ____ les nou.

5 [A] La Paula escriu al seu bloc el que ha fet amb la seva família durant el cap de setmana. Completa la informació amb *per*, *a* o *en*. Recorda't d'apostrofar i fer les contraccions si cal. En un cas, és possible usar més d'una preposició.

Aquest cap de setmana hem anat a Olot. (0.) *Per* anar-hi hem passat (1.) ____ una carretera nova. Hi hem anat (2.) ____ cotxe. Ens hem instal·lat (3.) ____ la zona nord de la ciutat, que és la més maca, i hem dormit (4.) ____ un hotel de disseny. Hem fet moltes coses a Olot: hem anat (5.) ____ un restaurant de cuina olotina, hem passejat (6.) ____ els carrers comercials de la ciutat, hem passat (7.) ____ sota d'un volcà i també hem anat a buscar bolets (8.) ____ els boscos de la zona.

6 [B] La Jordina prepara la reunió general de socis de l'empresa i escriu correus electrònics a un company seu. Encercla si la preposició *per a* expressa destinatari/finalitat o data límit.

0. *Estic preparant la presentació* per a *la reunió de dimecres.*   ⓐ *Destinatari/Finalitat*   b. *Data límit*

1. En aquest missatge t'adjunto l'informe anual *per a* la Sra. Vinyes.   a. Destinatari/Finalitat   b. Data límit

2. *Per a* quan necessites els rebuts de les despeses?   a. Destinatari/Finalitat   b. Data límit

3. La nostra empresa no està preparada *per a* l'expansió al mercat asiàtic.   a. Destinatari/Finalitat   b. Data límit

4. No t'oblidis de fer una reserva a Can Pere *per al* dinar de dilluns.   a. Destinatari/Finalitat   b. Data límit

5. Necessitem flors i plantes *per a* l'auditori.   a. Destinatari/Finalitat   b. Data límit

6. La Sra. Vinyes necessita una proposta de pressupost *per a* divendres que ve.   a. Destinatari/Finalitat   b. Data límit

En quins casos podem utilitzar *abans de* en lloc de *per a*?

7 [A i B] Completa les frases següents amb *per* o *per a*:

0. *El missatger porta un paquet* per a *la Sra. Rius.*

1. En Vicenç està molt preocupat _____ la feina.

2. Tenim bones notícies _____ la Berta.

3. Avui anirem a un restaurant turc _____ variar una mica.

4. T'has quedat sense xicota _____ idiota.

5. _____ quin dia necessites la meva bicicleta?

6. Els jugadors s'estan entrenant molt _____ la final.

7. _____ mi, ens podríem quedar aquí tot el dia.

8. Ens hem reunit _____ parlar del nostre projecte.

9. _____ quant et vas vendre el cotxe?

10. _____ aprendre una llengua bé, és necessari practicar-la molt.

81. Altres preposicions (I)

• Prens el cafè **amb** sucre o **sense**?

A. Amb i sense	**D.** Entre
B. Des de i fins a	**E.** Cap a
C. Contra i a favor de	**F.** Com a

A. Amb i sense

A.1 Amb la preposició *amb* expressem **presència** i **relació**. En canvi, amb la preposició *sense* expressem **absència**:

	amb	sense
Manera	*Cal tractar els animals* **amb** delicadesa.	*Diu les coses* **sense** *pensar-s'ho.*
Instrument	*Desmuntarem l'armari* **amb** el tornavís.	*Desmuntarem l'armari* **sense** el tornavís. [No farem servir el tornavís.]
Companyia	*En Jordi viu* **amb** la seva mare.	*En Jordi se sent molt sol* **sense** la seva mare. [La seva mare no hi és.]
Mitjà de transport	*Pots venir a Girona* **amb** tren. ■ També usem *en* per als mitjans de transport: *Pots venir a Girona* **en** tren. **79.** ▶	

B. Des de i fins a

B.1 Fem servir la preposició *des de* per expressar **el punt inicial** en el temps o en l'espai:

• *M'estic esperant* **des de** les tres de la tarda.
[El punt inicial són les tres de la tarda.]

• *Venim caminant* **des de** Reus.
[El punt inicial és Reus.]

B.2 Utilitzem la preposició *fins a* per expressar **el punt final** en el temps o en l'espai:

• *M'he esperat* **fins a** les quatre de la tarda.
[El punt final són les quatre de la tarda.]

• *Hem caminat* **fins a** Figueres.
[El punt final del desplaçament és Figueres.]

! ■ Amb adverbis, usem *fins* i no *fins a*:
fins demà, *fins* aquí...

B.3 Si utilitzem *des de* i *fins a* dins la mateixa frase, marquem el punt inicial i el final de l'espai o el temps a què ens referim:

- *T'he esperat **des de** les tres **fins a** les quatre.*
- *Hem vingut caminant **des de** Reus **fins a** Figueres.*

> ■ També podem dir *de... a* amb el mateix significat:
> *T'he esperat **de** les tres **a** les quatre. Què t'ha passat?*
> *Hem vingut caminant **de** Reus **a** Figueres.*

B.4 Fem servir *des de* i *fins a* quan ens referim a tot el conjunt d'una sèrie de coses o persones:

- *Va venir tothom al casament: **des dels** pares dels nuvis **fins als** amics de la parella.*
  [els pares, els amics i la resta de persones]

C. *Contra* i *a favor de*

C.1 Usem *contra* per expressar el moviment d'alguna cosa en **direcció oposada**:

- *Avui un home begut conduïa **contra** direcció.*
  [El cotxe anava en direcció oposada als altres cotxes.]

Fem servir *contra* per referir-nos al **moviment** d'alguna cosa que topa amb una altra o hi està en **contacte**:

- *El cotxe d'en Pau va xocar **contra** un semàfor.*
  [Hi ha un xoc entre el cotxe i el semàfor.]

- *He deixat el quadre repenjat **contra** la pota de la taula.* [El quadre està en contacte amb la pota de la taula.]

C.2 Utilitzem *contra* i *en contra de* per expressar oposició de forma figurada:

- *Els verds estan **contra** / **en contra de** l'energia nuclear.*

Quan no fem servir el nom darrere de la preposició, utilitzem *en contra*:

- *Uns es van manifestar a favor del nou Govern i uns altres ho van fer **en contra**.*

El contrari de *contra*, *en contra de* o *en contra* és la locució *a favor de*.

—*Els verds estan **a favor de** les energies alternatives.*
—*I els conservadors? També hi estan **a favor**?*

D. *Entre*

D.1 Utilitzem *entre* per marcar els límits dins dels quals es troba algú o alguna cosa:

- *He trobat les claus **entre** les joguines d'en Claudi.*

Usem *entre... i...* per referir-nos a l'espai **intermedi** limitat per dos llocs o dos punts en el temps:

- *No hem trobat cap control dels mossos d'esquadra **entre** <u>Girona</u> **i** <u>la Jonquera</u>.*

- *No ha entrat ningú a la botiga **entre** <u>les quatre</u> **i** <u>les sis</u> de la tarda.*

D.2 Fem servir *entre... i...* per expressar que dues o més **persones** fan alguna cosa **juntes**:

- ***Entre** <u>la Júlia</u> **i** <u>la Vanessa</u> prepararan les invitacions de la festa.*
  [La Júlia i la Vanessa prepararan les invitacions juntes.]

També utilitzem *entre... i...* per referir-nos a dues o més **causes** que passen **alhora**.

- ***Entre** <u>els nens</u> **i** <u>la feina</u> no tinc temps de res.*
  [Les causes de no tenir temps de res són els nens i la feina, i passen al mateix temps.]

E. Cap a

E.1 Utilitzem *cap a* per expressar **la direcció** d'un moviment:

- *La Begonya ja ha marxat **cap a**<u>l restaurant</u>.*
  [Ha marxat en direcció al restaurant.]

> **!** ■ Amb adverbis, usem **cap** i no **cap a**:
> *cap <u>allà</u>, cap <u>aquí</u>...*

Si fem servir *cap a* amb una expressió de temps, indiquem que el moment és aproximat:

- *La Begonya ha marxat **cap a** <u>les cinc</u> <u>de la tarda</u>.*
  [Aproximadament a les cinc]

> ⏀ ■ Utilitzem **al cap de** per expressar una quantitat de temps després de la qual passa alguna cosa:
> *Hem anat a urgències i **al cap de** <u>tres hores</u> n'hem sortit.* **72.**▶

F. Com a

F.1 Utilitzem *com a* per expressar la **funció** que fa alguna cosa o el càrrec que té algú o alguna cosa:

- ***Com a** <u>president de l'escala</u>, us convoco a una reunió de veïns.* [Jo faig la funció de president de l'escala.]

> **!** ■ Usem *com* i no *com a* davant d'un article:
> *Els crítics consideren l'Estrellita Lorente **com** <u>la</u> millor actriu de comèdia del moment.*
> *Els crítics consideren l'Estrellita Lorente **com** <u>una</u> de les millors actrius de comèdia del moment.*

Exercicis

1 [A] Completa les propostes següents escrivint *amb* o *sense*:

0. *Per desplaçar-te per la ciutat: amb cotxe o amb transport públic?*

1. L'aigua: _____ gas o _____ gas?

2. El menjar oriental: _____ bastonets o _____ forquilla i ganivet?

3. Per anar a comprar roba: _____ algú o sol?

4. Per rentar la roba: _____ suavitzant o _____?

5. Per viatjar: ben equipat o _____ equipatge?

6. Per anar a treballar: _____ metro o _____ autobús?

7. Les pel·lícules: _____ subtítols o doblades?

8. Per fer turisme: _____ la parella o _____ els amics?

2 [B] Completa les frases amb *des de* o *fins a* i fes les contraccions que calguin.

0. *Avui hem estudiat des de les quatre de la tarda fins a les nou del vespre.*

1. Aquesta nit el meu fill ha sortit de festa _____ les onze de la nit _____ les tres de la matinada.

2. La Berta no voldrà tenir fills _____ els trenta anys.

3. Començàreu l'ascensió _____ el peu de la muntanya, oi?

4. L'obra de teatre és molt llarga i dura _____ les deu de la nit.

5. No ha entrat ningú al metro _____ la primera parada _____ l'última.

6. L'estiu passat vam anar _____ Menorca per estrenar el nou veler d'en Daniel.

7. _____ on em truques?

8. La nova autovia anirà _____ Tarragona _____ Vic.

9. Els meus pares viuen a València _____ l'any passat.

3 [B] Encercla la continuació més adequada per a cada frase. En algunes frases, totes dues opcions són possibles.

0. *Aquestes maduixes són...*
   a. *de Bolívia.*
   b. *des de Bolívia.*

1. La seva àvia va viure...
   a. als noranta-nou anys.
   b. fins als noranta-nou anys.

2. Vaig conèixer la meva dona...
   a. fins a la feina.
   b. a la feina.

3. T'han estat vigilant...
   a. des de la finestra del davant.
   b. de la finestra del davant.

4. Tothom va participar en la manifestació universitària,...
   a. dels estudiants als professors.
   b. des dels estudiants fins als professors.

5. Hem sortit a passejar i hem arribat...
   a. fins a la platja.
   b. a la platja.

6. Demà començaran la reunió...
   a. a les nou del matí.
   b. fins a les nou del matí.

7. En Roger ha estat netejant la casa...
   a. de les vuit del matí.
   b. des de les nou del matí.

8. Hem portat unes taronges...
   a. des de Castelló.
   b. de Castelló.

En quines frases podem fer servir *a* i *fins a* indistintament? _____

En quines frases podem utilitzar *de* i *des de* indistintament? _____

4 [C] Llegeix què li ha passat a l'abella Maca i classifica les preposicions a la taula següent segons el seu significat:

Xoc / Contacte	Direcció oposada	Oposició figurada
0		

Aquest matí m'he llevat com cada dia, però he ensopegat amb la pota del llit i he topat (0.) *contra* la paret. M'ha quedat una de les cames ben inflada. Malgrat això, he fet els entrenaments diaris: m'he posat (1.) *contra* la paret i m'he fregat les ales, després he picat les antenes (2.) *contra* terra per activar-les.

Quan volava per sobre d'un camp de margarides buscant pol·len he vist l'abellot Perot, que és molt rondinaire i sempre està (3.) *en contra de* tot. També és una mica cec i resulta que ha xocat (4.) *contra* una branca i ha quedat estès a terra.

El camí a casa no ha estat fàcil: hem hagut de volar (5.) *contra* un vent molt fort i al final ens hem estavellat (6.) *contra* el tronc d'on penja el nostre rusc.

Ara som tots dos a la infermeria amb totes les potes enguixades i l'abellot Perot no para d'escopir verí (7.) *contra* mi perquè està enfadadíssim.

Un dia perfecte! Sí, senyor!

5 **[D, E i F]** *Completa* les frases següents amb *entre, entre... i..., cap a, com* i *com a*:

0. *T'explico tot això* com a *amiga i no* com *la teva cap.*

1. Et passarem a buscar _____ les dotze del migdia.

2. _____ tots els candidats que hi havia, al final t'hem triat a tu.

3. _____ la separació del meu home _____ que ja no tinc feina estic molt deprimida.

4. En Jordi va sortir ahir _____ la feina i encara no ha tornat.

5. El terrorista s'amagava _____ els passatgers del metro.

6. Alguns consideren Lladriola _____ el millor entrenador del Garrepa Futbol Club.

7. _____ tu _____ jo farem la mudança.

8. La Jordina ha dimitit _____ gerent de l'escola on treballa.

6 Completa el text següent amb les preposicions del requadre:

com a (2)	amb	sense (2)	des de	fins
contra	a favor de	entre	cap a (2)	en contra de

El primer dia

Finalment l'Aurora entrava en aquell despatx (0.) *com a* directora general. Havien passat vint anys (1.) _____ la primera vegada que ho va fer, en aquells temps (2.) _____ administrativa del departament de màrqueting. Va anar (3.) _____ la butaca i s'hi va asseure, va recolzar els peus (4.) _____ un armariet i va tancar els ulls (5.) _____ delicadesa. No sabia ben bé per on començar i sabia que el primer dia s'estaria al despatx (6.) _____ tard, (7.) _____ dinar i (8.) _____ sopar. Es va incorporar i va mirar fixament (9.) _____ la porta del despatx. Sabia que molts dels empleats estaven (10.) _____ ella per la manera sòrdida d'aconseguir el càrrec i els pocs que estaven (11.) _____ el seu nomenament no s'atrevien a dir-ho. Se sentia atrapada (12.) _____ tanta gent i es va espantar. «Pares, on sou?»

82. Altres preposicions (II)

* ***Per culpa de** la crisi, els preus s'apugen.*

A. *A causa de, per culpa de i gràcies a*

A.1 Usem la locució *a causa de* per expressar el **motiu** d'alguna acció o algun fet:

* *L'aeroport està col·lapsat **a causa de** la vaga de controladors aeris.*

> ■ Utilitzem la locució *a causa de* sobretot en contextos formals.

A.2 Fem servir la locució *per culpa de* quan considerem que la causa és **negativa**:

* *L'aeroport està col·lapsat **per culpa de** la vaga de controladors aeris.*

Utilitzem la locució *gràcies a* per expressar que la causa és **positiva**:

* *El conflicte s'ha solucionat **gràcies a** la intervenció dels sindicats.*

B. *Mitjançant i a través de*

B.1 Per parlar de l'**instrument** o intermediari que utilitzem per aconseguir alguna cosa, fem servir *mitjançant*, *per mitjà de* o *a través de*:

* *Descartarem el tumor **mitjançant / per mitjà d'**una ecografia.*
* *Envia'm el document **a través d'**un missatger.*

> ■ També usem *a través de* per parlar del trajecte d'un moviment que passa pel mig d'alguna cosa:
> *El gat Fèlix va fugir **a través** d'un forat que hi havia a l'habitació.*

C. *Segons*

C.1 Fem servir *segons* quan tenim en **consideració** una regla, una persona o una circumstància:

* ***Segons** el metge, haig de fer més exercici.* [seguint els criteris del metge]
* *Sortirem a fer una volta **segons** el temps que faci.* [tenint en compte el temps atmosfèric]

D. *Tot i, a pesar de i malgrat*

D.1 Fem servir *tot i, a pesar de* i *malgrat* per presentar un obstacle que no impedeix que alguna cosa passi:

* *L'Esteve es va comprar l'abric **tot i** el preu.*
  [El preu és un obstacle, però no impedeix que l'Esteve es compri l'abric.]

> ■ Utilitzem les locucions ***a pesar de*** i ***malgrat*** sobretot en contextos formals:
> *L'empresa obrirà noves sucursals **a pesar de / malgrat** la crisi generalitzada.* **86.**▶

E. *Excepte* i *a part de*

E.1 Quan volem **excloure** algú o alguna cosa fem servir les preposicions *menys* i *excepte*:

> • *Al final de l'obra tothom va aplaudir* **excepte / menys** <u>el crític de teatre.</u>
> [El crític de teatre no va aplaudir.]

E.2 Quan **separem** una persona o una cosa per deixar-la de banda i centrar l'atenció en altres persones o coses, fem servir les locucions *a part de*, *a banda de* i *a més de*:

> • **A part del** <u>meu somriure</u>, *què més t'agrada de mi?*
> [Deixem de banda el meu somriure i et pregunto per les altres coses que tinc bones.]

F. *En comptes de*

F.1 Usem les locucions *en comptes de* i *en lloc de* quan volem **substituir** una persona o una cosa per una altra:

> • *Al final he comprat prunes* **en comptes de / en lloc de** <u>peres.</u>

G. *Sobre*

G.1 Utilitzem *sobre* per introduir un tema:

> • *No sé res* **sobre** <u>els problemes familiars del meu germà.</u>

> ■ En una situació formal podem fer servir les locucions en *relació amb* (o *amb relació a*), *pel que fa a*, *amb referència a* i *respecte a / de*:
> **En relació amb** <u>les estratègies de negociació,</u> *canviarem de plantejament.* **86.** ▶

Exercicis

1 [A] Escriu *per culpa de* o *gràcies a* com a equivalent de *a causa de* en aquest guió del telenotícies. Apostrofa i fes contraccions quan calgui.

0. *L'entrenador assegura que pujaran de categoria* a causa dels / gràcies als *últims bons resultats.*

1. Hi ha hagut un accident múltiple a l'autopista *a causa de /* _____ el mal temps.

2. Finalment, l'empresa d'automoció SEAS no ha fet fallida *a causa de /* _____ la bona gestió del nou president.

3. El conflicte entre les dues Corees s'ha suavitzat *a causa de /* _____ la intervenció de les Nacions Unides.

4. Cada dia més persones acudeixen al banc d'aliments *a causa de /* _____ la crisi econòmica.

5. Tots els veïns del número 10 del carrer del Pi de Terrassa han estat desallotjats *a causa d' /* _____ una fuita de gas.

6. Els agricultors catalans han augmentat els seus beneficis *a causa de /* _____ l'increment de la demanda de productes ecològics.

7. El president del Club de Bàsquet La Pera ha dimitit *a causa de /* _____ els deutes de l'entitat.

2 [B i C] Completa les frases amb *a través de* / *mitjançant* / *per mitjà de* o *segons*. Tingues en compte la formalitat de la situació i apostrofa i fes les contraccions quan calgui. En algunes frases hi ha més d'una opció possible.

0. *En una conferència:*

   El robot s'activa a través d' / mitjançant / per mitjà d'uns dispositius que hi ha situats a la part central motriu.

1. _____ aquest informe mèdic, vostè té anèmia.

2. Conversa entre pare i fill adolescent:

   —Com saps que quan surto prenc drogues?

   —Ho sé _____ la teva germana, que t'ha vist.

3. Conversa d'una parella:

   —No es veritat que t'enganyi!

   —Doncs m'ha arribat _____ una persona anònima una foto teva fent un petó a una altra.

4. _____ el meu psiquiatre, estic millor del que estava.

5. Conversa a la perruqueria entre amigues:

   —Com has sabut que la Jordina se separava?

   —_____ un missatge de mòbil que m'ha enviat ella mateixa.

6. Conversa d'amics en un bar:

   —Com has aconseguit la feina?

   —_____ un contacte que tinc.

7. _____ els meus fills, sóc un pare massa estricte.

8. En una revista científica:

   El grup d'investigadors ha aconseguit aïllar la cèl·lula cancerígena _____ cèl·lules mare.

3 [D] La Clara és d'idees fixes i supera tots els obstacles. Relaciona allò que aconsegueix amb els problemes que se li han presentat i escriu frases amb *tot i* / *malgrat* / *a pesar de*. Apostrofa i fes contraccions quan calgui.

0. *La Clara ho ha deixat amb la parella...*	a. el pànic que li fa volar.
1. La Clara ha deixat de fumar...	b. la dependència de la nicotina que tenia.
2. La Clara s'ha comprat un pis...	c. la por que té als cotxes.
3. La Clara ha decidit adoptar un fill...	d. el temps que s'ha d'esperar i els tràmits que s'han de fer.
4. La Clara s'ha apuntat al gimnàs...	e. no tenir una feina estable per pagar la hipoteca.
5. La Clara s'ha tret el carnet de conduir...	f. *el temps que feia que estaven junts.*
6. La Clara farà un viatge a les illes Canàries...	g. la manca de temps per fer esport.
7. La Clara s'ha aprimat...	h. menjar molts dolços.

0. *La Clara ho ha deixat amb la parella* tot i / malgrat / a pesar de *el temps que feia que estaven junts*.

1. _____

2. _____

3. _____

4. _____

5. _____

6. _____

7. _____

4 [E] Completa la conversa següent en un restaurant amb *excepte / menys* o *a part de*. Apostrofa i fes les contraccions quan calgui.

A: —Cambrer! (0.) *A part de* la carta, tenen menú?

C: —Sí senyor. Tenim menú cada dia als migdies (1.) _____ els caps de setmana. El menú ho inclou tot (2.) _____ el cafè i la beguda.

A: —I què tenen de primer?

C: —Doncs, (3.) _____ l'amanida, tenim sopa de peix i fideus a la cassola.

A: —Doncs una sopa de peix, i de segon?

C: —De segon tenim bistec a la planxa i pollastre rostit. Ah! i (4.) _____ això també tenim llenguado amb ametlles.

A: —Doncs un llenguado. I de postres, què hi ha?

C: —(5.) _____ fruita del temps, tenim flam de la casa.

A: —Prefereixo fruita.

C: —Quina vol?

A: —M'és igual. Tot em va bé (6.) _____ el plàtan.

C: —(7.) _____ tot això, vol alguna cosa per picar?

A: —Unes olives, gràcies.

5 [F] En Paco té colesterol i el seu metge li dóna consells. Relaciona els elements de cada columna i escriu una frase fent servir *en lloc de* o *en comptes de*. Apostrofa i fes contraccions quan calgui.

0. *Mastegui xiclets de nicotina*
1. Mengi coses a la planxa
2. Mengi fruita per postres
3. En els àpats, begui aigua
4. Faci exercici cardiovascular
5. Per esmorzar, mengi pa amb melmelada
6. Mengi productes sense greix
7. Procuri prendre sacarina amb el cafè

a. fer estiraments.
b. embotit.
c. cervesa.
d. coses dolces.
e. *fumar.*
f. sucre.
g. productes greixosos.
h. coses fregides.

0. *Mastegui xiclets de nicotina en comptes de fumar.*
1. _____
2. _____
3. _____
4. _____
5. _____
6. _____
7. _____

6 Subratlla les preposicions i locucions adequades en aquesta carta publicitària:

Sabadell, 12 d'abril de 2020

Benvolguda Sra. Marquès,

Li enviem aquesta carta per comunicar-li que (0.) *sobre / excepte / a causa de* la situació econòmica de la nostra empresa, ens veiem obligats a apujar la quota de l'assegurança del seu cotxe un 20%.

(1.) *A part de / En lloc de / Segons* les nostres dades, vostè té un descompte del 10% per fidelitat a la companyia, que li mantindrem. (2.) *A més de / Per culpa de / Excepte* aquest descompte, també té una bonificació que li continuarem ampliant si no canvia de companyia (3.) *tot i / gràcies a / en lloc de* la mala situació econòmica del moment.

(4.) *Excepte / Pel que fa a / En lloc de* les condicions de la seva pòlissa, sàpiga que li hem ampliat la cobertura i, (5.) *a través de / per culpa de / a més d'* assegurar a tercers, també li assegurem el conductor del vehicle (6.) *sobre / excepte / a través de* en cas que el conductor doni positiu en una prova d'alcoholèmia.

Totes aquestes modificacions sobre la seva assegurança li arribaran (7.) *mitjançant / en lloc de / a causa de* correu ordinari en una setmana. Si té cap dubte, posi's en contacte amb nosaltres (8.) *segons / a part de / per mitjà de* el nostre número d'atenció al client.

Gràcies per la seva fidelitat,

Roger Bellaflor
Cap de Relacions amb el Client

83. | Conjuncions (I)

• *Entenc el xinès, **però** no el parlo.*

■ Fem servir les **conjuncions** per **unir** dues oracions i formar una frase composta, o bé per unir dos elements d'una oració. Les conjuncions aporten un significat: oposició, causa, conseqüència, etc.

> • *La Joana demà anirà a comprar.* [oració simple]
> • *La Joana té la nevera buida **i** demà anirà a comprar.* [oració composta]
>   [oració 1]   [conjunció]   [oració 2]

> • *La Joana anirà a comprar **perquè** té la nevera buida.* [oració composta]
>   [oració principal]   [conjunció] [oració subordinada]   **84. 85.** ▶

A. Afegir informació

A.1 Fem servir *i* per afegir informació:

> • *En Paco s'ha casat tres vegades **i** la Rita no ha tingut mai parella.*

> ⬭ ■ Quan afegim informació amb *i*, de vegades expressem un significat de conseqüència o de contrast:
> *En Llorenç va viure molts anys als Estats Units i coneix molt bé els nord-americans.* [i = en conseqüència]

A.2 Si volem donar més èmfasi a la informació, podem substituir *i* per la correlació **no només...**, **sinó que també...**:

> • *La meva germana treballa d'enginyera **i** estudia el doctorat.*
> [Donem dues informacions.]
> • *La meva germana **no només** treballa d'enginyera, **sinó que també** estudia el doctorat.*
> [Fem èmfasi en les dues informacions que donem.]

A.3 Fem servir **ni** per unir dues informacions negatives.

> • *El Pau no mira la tele **ni** llegeix cap diari.*
> • *El Pau **ni** mira la tele **ni** llegeix cap diari.*

També podem usar *i* per unir dues frases negatives amb *no*.

> • *El Pau no mira la tele **i** no llegeix cap diari.*

B. Donar opcions

B.1 Utilitzem *o / o bé* quan donem diverses opcions. Podem donar tantes opcions com vulguem:

> • *Aquest estiu anirem a un càmping, viatjarem a l'estranger **o / o bé** ens quedarem a casa.*
> [Farem alguna o algunes d'aquestes coses.]

B.2 Si col·loquem *o / o bé* davant de cadascuna de les opcions, les opcions que donem s'exclouen:

> • *Aquest estiu **o** anirem a un càmping **o** viatjarem a l'estranger **o** ens quedarem a casa.*
> [Farem només una d'aquestes coses.]

> ⬭ ■ Podem fer servir o... o... per posar condicions:
> *O en Joan ve o no hi ha festa.* [Si en Joan no ve, no hi ha festa.]

C. Contraposar i rectificar

C.1 Fem servir **però** per contraposar dues informacions que estan relacionades:

- *M'agradaria apuntar-me a classes de català, **però** tinc molta feina.*
- *El meu germà sap poc anglès, **però** domina l'italià.*

C.2 Utilitzem **mentre que** per contraposar dues informacions que són molt diferents:

- *La meva germana té una casa gran de propietat, **mentre que** jo m'estic en un pis de lloguer molt petit.*

C.3 Fem servir **sinó que** per rectificar una informació negativa amb *no*:

- *La mantega <u>no</u> s'afegeix a la massa, **sinó que** es fa servir per untar el motlle.*
- [Amb la segona informació corregim el que expressem en la primera.]

Usem *sinó* quan la segona informació no és una oració:

- *La Maria no fa mala cara per la feina, **sinó** per problemes amb la parella.*

D. *Que*

D.1 Quan unim dues oracions amb *que*, establim una relació de dependència entre elles. L'oració subordinada té una funció sintàctica:

- *En John vol **que** em compri aquest cotxe.*
- [oració principal] [Oració subordinada que depèn de *En John vol* i té funció de complement directe.]

D.2 Fem servir la conjunció *que* amb adverbis i preposicions per formar altres conjuncions. En els casos següents, la nova conjunció té el mateix significat que l'adverbi o la preposició originals:

Adverbis i preposicions	Conjuncions
fins *T'estimaré **fins** a la fi del món.*	*fins que* *T'estimaré **fins que** em mori.*
des de *El Martí no és a casa **des d**'aquesta matinada.*	*des que* *El Martí no és a casa **des que** ha sortit el sol.*
abans de *Torna **abans de** mitjanit.*	*abans que* *Torna **abans que** siguin les dotze.*
després de ***Després de** la migdiada faig un cafè.*	*després que* ***Després que** em desperto de la migdiada faig un cafè.*
tot i *Em compraré l'abric de pell **tot i** el preu.*	*tot i que* *Em compraré l'abric **tot i que** val molts diners.*
a pesar de *Han elegit en Farreres president **a pesar de** la seva mala gestió de l'empresa.*	*a pesar que* *Han elegit en Farreres president **a pesar que** ha gestionat molt malament l'empresa.*
malgrat *Han decidit tirar endavant el negoci **malgrat** el mal moment econòmic.*	*malgrat que* *Han decidit tirar endavant el negoci **malgrat que** és un mal moment econòmic.*
sense *Muntarem el moble **sense** el tornavís.*	*sense que* *Muntarem el moble **sense que** ningú ens expliqui la manera de fer-ho.*

D.3 En els casos següents la nova conjunció no té el mateix significat que l'adverbi o la preposició originals:

Adverbis i preposicions	Conjuncions
excepte [exclusió] *S'ha presentat tothom a la reunió* **excepte** *el director.*	*excepte que* [condició] *No li renovaran la beca* **excepte que** *presenti els papers demà.*
encara [acció que continua] *La Maria* **encara** *treballa d'administrativa.*	*encara que* [obstacle] *No et deixaré diners* **encara que** *m'ho demanis cada dia.*
sempre [freqüència] *En Joan* **sempre** *es lleva a la mateixa hora.*	*sempre que* [condició] *Et concedirem la hipoteca* **sempre que** *paguis els terminis.*
així [manera] *No em parlis* **així**.	*així que* [temps] *Marxarem* **així que** *arribi la cangur.*
ja [temps] *Els meus pares* **ja** *estan jubilats.*	*ja que* [causa] ***Ja que** hi som tots, podem començar la reunió.*
mentre [temps] ***Mentre** la Paula para la taula, el Sadam prepara el sopar.*	*mentre que* [contrast] *Tinc molt bona relació amb la meva mare,* **mentre que** *amb el meu pare quasi no ens parlem.*

84. 85. ▶

> ❗ ▪ No utilitzem la preposició de davant de la conjunció *que*:
> *Han elegit en Farreres president a pesar de̶ que ha gestionat molt malament l'empresa.*

Exercicis

1 **[A]** Completa les frases sobre la vida d'un professor de català. Fes servir les conjuncions *i*, *ni* i les frases del requadre.

... es prepara les classes.	*... no està obligat a viatjar per feina.*
... no treballa per fer-se ric.	*... fa servir la pissarra.*
... no pot escridassar els alumnes.	*... treballa per vocació.*
... ha de parlar molt.	

Un professor de català...

0. *Corregeix els exercicis dels alumnes i es prepara les classes.*

1. No té un gran sou _____

2. Li agrada la seva feina _____

3. No pot arribar tard a classe _____

4. Ha d'escoltar molt _____

5. No està obligat a portar uniforme _____

6. Utilitza un llibre de text _____

Reescriu les frases 2, 4 i 6 utilitzant *no només... sinó que també*.

Un professor de català...

0. *No només corregeix els exercicis dels alumnes, sinó que també es prepara les classes.*

2. _____

4. _____

6. _____

2 [B] La Meritxell parla amb el seu fill petit. Marca en cada cas si les opcions que li dóna s'exclouen o no s'exclouen.

a. Faran una o més de les opcions.	b. Només faran una de les opcions.

0. *Aquest Nadal farem cagar el tió, vindrà el Pare Noel o farem Reis. Encara no ho sé, fill.*   a. ⓑ

1. Pel teu aniversari o anirem a Port Aventura o farem una excursió al Montseny. Tot no pot ser.   a. b.

2. Què vols fer aquest cap de setmana? Anem a casa de l'àvia, sortim a comprar roba o ens quedem a casa?   a. b.

3. O et comprem una consola o et regalem un ordinador. Totes dues coses no.   a. b.

4. O m'expliques qui ha trencat el gerro o et castigo directament, tu mateix!   a. b.

5. Quina activitat extraescolar vols fer? Anglès, futbol o un taller de música?   a. b.

6. O surts tu sol del bany o entro a buscar-te jo: tu decideixes!   a. b.

7. Què vols avui per sopar? Mengem una pizza, et preparo una truiteta o prefereixes arròs i un ou ferrat?   a. b.

3 [A i B] En Pau i la Rosa decideixen què faran i què no faran aquesta nit quan surtin de festa. Omple els espais buits amb *i* o *ni*. Si no cal escriure res, escriu Ø.

Pau: (0.) Ø quedarem al centre (1.) _____ soparem en un bon restaurant. Convido jo!

Rosa: Farem un pica-pica (2.) _____ beurem un bon vi? Voldria tastar una mica de tot acompanyant-ho d'una bona beguda!

Pau: Bé, però (3.) _____ farem postres (4.) _____ beurem cafè. Ho farem en un altre local que conec. Anirem al Xocolata Club (5.) _____ menjarem uns pastissets boníssims!

Rosa: D'acord, però després d'aquestes postres (6.) _____ caminarem una estona (7.) _____ prendrem la fresca, oi? Ens anirà bé per pair el sopar!

Pau: Sí, sí, tranquil·la. Crec que per anar a fer la copa (8.) _____ agafarem un taxi, perquè ens sortirà molt car, (9.) _____ ens desplaçarem en el nostre cotxe, perquè haurem begut alcohol. Hi anirem en metro, què et sembla?

Rosa: D'acord, però quan estiguem fent una copa (10.) _____ beurem combinats (11.) _____ farem competicions per veure qui aguanta més, d'acord? No voldria tenir ressaca demà al matí.

Pau: Sí, no pateixis.

4 [A i B] Completa la conversa següent amb les conjuncions *i*, *ni*, *o / o bé*:

A: —La puc ajudar?

B: —Sí, miri, voldria un vestit baratet (0.) *i* estampat.

A: —Li agrada aquest (1.) _____ és massa cridaner?

B: —Sí, té massa colors (2.) _____ no m'agrada l'estampat.

A: —Potser li fa més el pes aquest altre?

B: —Ui, no! (3.) _____ m'agraden els colors (4.) _____ em convencen aquestes mànigues.

A: —Potser aquest altre?

B: —Ai, sí, aquest sí!

A: —Quina talla fa vostè?

B: —Depèn. Una 46 (5.) _____ una 48.

A: —D'acord, li busco les dues talles.

B: —Per cert, quin preu té?

A: —Aquest val 250 euros (6.) _____ amb el descompte li sortiria per 200 euros.

B: —Déu n'hi do! No té res de semblant però més barat? És que (7.) _____ puc (8.) _____ vull gastar-me tants diners en un vestit.

A: —Em sap greu, senyora. Només tenim primeres marques.

B: —Doncs ja vindré quan facin rebaixes.

5 [C] Completa les frases amb les conjuncions *però*, *mentre que* i *sinó (que)*. En algunes frases, hi ha més d'una possibilitat.

0. El meu oncle no té feina, *però* està fent moltes entrevistes aquesta setmana.

1. La Melania no troba el pis que voldria, _____ no deixa de buscar.

2. La Mari Carmen havia de venir a la presentació, _____ s'ha posat malalta.

3. La malària ha deixat de ser mortal als països desenvolupats, _____ als països del Tercer Món aquesta malaltia continua matant moltes persones.

4. En Vicenç no és el nòvio d'en Cisco, _____ un amic molt especial per sortir de tant en tant.

5. El temporal de neu i fred continua al Principat, _____ a les Balears i al País Valencià es comencen a recuperar les temperatures.

6. Jo no he deixat la feina, _____ me n'han fet fora, que és molt diferent.

6 [D] Completa les frases següents amb la preposició, l'adverbi o la conjunció adequada:

0. fins a / fins que

    a. No tornarem fins a *les dues del migdia.*

    b. No tornarem fins que *hàgim comprat tot el que necessitem.*

1. *des de / des que*

    a. _____ tinc dues feines, arribo molt cansada a casa.

    b. Avui he treballat _____ les sis del matí.

2. *abans de / abans que*

    a. Arregleu el menjador _____ arribi la vostra mare.

    b. Arregleu el menjador _____ mirar la tele.

3. *després de / després que*

    a. _____ dinar sempre faig la migdiada.

    b. _____ acabo de dinar sempre faig la migdiada.

4. *tot i / tot i que*

    a. La pel·lícula ha estat un èxit de taquilla _____ les crítiques dels experts.

    b. La pel·lícula ha estat un èxit de taquilla _____ ha tingut unes crítiques molt dolentes.

5. *a pesar de / a pesar que*

    a. La Gemma continua vivint amb aquell noi _____ les seves discussions permanents.

    b. La Gemma continua vivint amb aquell noi _____ discuteixen cada dia.

6. *malgrat / malgrat que*

    a. Contractarem en Josep Oriol _____ la seva poca experiència en el nostre camp.

    b. Contractarem en Josep Oriol _____ no té experiència en el nostre camp.

7. *sense / sense que*

    a. Farem una ruta per Europa _____ programar el viatge.

    b. Farem una ruta per Europa _____ tinguem el viatge preparat.

7 Llegeix aquestes prediccions de l'horòscop i subratlla la conjunció adequada en cada cas:

Lleó	**Sagitari**	**Taure**	**Bessons**
Tindràs bones ofertes de feina, (0.) però / mentre que / sinó que *no s'acabaran de concretar.* La teva parella et demanarà (1.) *però / i / que estiguis més per ella.* No et posaràs malalt, (2.) *però / mentre que / i* et sentiràs trist durant una bona temporada.	Hauràs de triar entre progressar en la feina (3.) *ni / o / sinó* canviar de lloc de treball. No tindràs problemes greus de salut (4.) *que / ni / o* hauràs de vigilar la dieta. Les teves amistats et proposaran (5.) *sinó que / mentre que / que* surtis més sovint de casa.	Estàs en un bon moment professional, (6.) *sinó / però / ni* tanta feina et pot arribar a atabalar. No discuteixis amb la parella (7.) *però / ni / que* intentis tenir sempre la raó. Tindràs una bona entrada de diners (8.) *o / però / i* la sort et somriurà.	La teva família està passant per mals moments, (9.) *mentre que / sinó que / o* a tu tot et va molt bé. No et mostris prepotent, (10.) *ni / sinó / però* solidari amb ells. Intenta relacionar-te més (11.) *mentre que / però / i* procura passar més estona amb els amics.

84. Conjuncions (II)

• **Quan** et miro, tu em somrius.

A. Temps coincident
B. Temps seqüencial
C. Manera

A. Temps coincident

A.1 Podem usar **quan**, **mentre** i **al mateix temps que** per expressar que dues accions passen a la vegada:

- • **Quan** el meu home <u>dorm</u>, jo <u>navego</u> per internet.
- • **Mentre** jo <u>paro</u> la taula, tu <u>fas</u> el sopar.
- • El jugador <u>va xutar</u> a porteria **al mateix temps que** <u>ensopegava</u> amb el defensa.

B. Temps seqüencial

B.1 Podem fem servir **quan** per expressar que una acció és **anterior** a una altra:

- • **Quan** <u>arribo</u> a casa, em <u>canvio</u> de roba. [Arribar és anterior a canviar-se.]

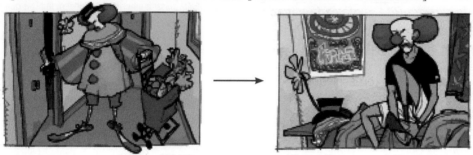

La seqüència pot ser en present, en futur i en passat:

Present	**Quan** arribo a casa, em canvio de roba. **Quan** he arribat a casa, m'he canviat de roba.
Futur	**Quan** arribi a casa, em canviaré de roba.
Passat	**Quan** vaig arribar a casa, em vaig canviar de roba. **Quan** he arribat a casa, m'he canviat de roba.

> ■ Per expressar que una acció és anterior a una altra també podem fer servir *un cop / una vegada*.
> *Un cop* arribo a casa em canvio de roba.

B.2 També podem usar **quan** per expressar que una acció és **posterior** a una altra:

- • **Quan** <u>arribo</u> a casa ja <u>he anat</u> a comprar. [Arribar a casa és posterior a anar a comprar.]

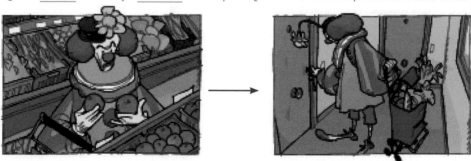

La seqüència pot ser en present, en futur i en passat:

Present	**Quan** <u>arribo</u> a casa, ja <u>he anat</u> a comprar. **Quan** <u>he arribat</u> a casa, ja <u>havia anat</u> a comprar.
Futur	**Quan** <u>arribi</u> a casa, ja <u>hauré anat</u> a comprar.
Passat	**Quan** <u>vaig arribar</u> a casa, ja <u>havia anat</u> a comprar.

B.3 Fem servir *així que*, *tan aviat com* i *de seguida que* per expressar que l'acció de l'oració principal passa immediatament després de l'acció de l'oració subordinada. La seqüència pot ser en present, en futur i en passat:

- *Tan aviat com* els nuvis entren a la sala, tots els convidats alcen les copes.
- Tots els convidats alçaran les copes *de seguida que* els nuvis hagin entrat a la sala.
- *Així que* els nuvis van entrar a la sala, tots els convidats van alçar les copes.

> ■ Per expressar que l'acció de l'oració principal passa immediatament després de l'acció de l'oració subordinada també podem utilitzar *quan*.
> *Quan* els nuvis van entrar a la sala, tots els convidats van alçar les copes.

B.4 Fem servir *sempre que* i *cada vegada que*/*cada cop que* per expressar que una acció és habitual i té una conseqüència imminent:

- *Sempre que* el nen plorava la nena es posava a xisclar.
- El gat de la senyora Rita miola *cada vegada que* veu un ocellet.
- *Cada cop que* em necessitis, vindré.

> ■ Per expressar que dues accions habituals passen alhora també podem utilitzar *quan*:
> *Quan* el nen plorava, la nena es posava a xisclar.
> El gat de la senyora Rita miola *quan* veu un ocellet.

B.5 Fem servir *a mesura que* per expressar que dues accions es desenvolupen progressivament i una és la causa de l'altra:

- *A mesura que* el trànsit s'intensifica, la contaminació augmenta.

> ■ Per expressar que dues accions progressen al mateix temps també podem usar *sempre que*, *cada vegada que* i *quan*:
> *Sempre que* el trànsit s'intensifica la contaminació augmenta.
> *Cada vegada que* el trànsit s'intensifica la contaminació augmenta.
> *Quan* el trànsit s'intensifica la contaminació augmenta.

C. Manera

C.1 Usem *com*, *segons com* i *tal com* per especificar la manera com fem les coses:

- La Magda feia els canelons *com* li havia ensenyat la seva mare.
- En Mario agafa el llapis *tal com* li han ensenyat a l'escola.
- Vam muntar el moble *segons com* indicaven les instruccions. **60.**

C.2 Quan expressem que algú fa una acció de la mateixa manera que una altra persona utilitzem *igual com*:

- La Berta va aprendre l'ofici *igual com* l'havia après el seu pare. **30.**

C.3 Fem servir *com si* amb imperfet o plusquamperfet de subjuntiu per relacionar la manera de fer l'acció principal amb una acció irreal o hipotètica:

- L'Eloi juga a futbol *com si* tingués ales als peus. [però l'Eloi no té ales als peus]
- En Pablo parla el turc *com si* hagués viscut molts anys a Turquia. [però no ha viscut a Turquia] **30.**

> ■ En les oracions adverbials de manera amb *sense que* expressem el mateix significat que amb la preposició *sense*.
> En Pau ha aprovat l'examen de conduir *sense que* hagi estudiat gaire. **81.**

1 [A i B] Substitueix *quan* per les conjuncions i locucions del requadre. Fixa't en la informació temporal proporcionada.

al mateix temps que / mentre	sempre que / cada vegada que	a mesura que

0. *[Dues accions passen al mateix temps.]*

Recordo que la meva mare ens ajudava a fer els deures quan *planxava la roba.*

Recordo que la meva mare ens ajudava a fer els deures al mateix temps que / mentre *planxava la roba.*

1. [Una acció habitual té una conseqüència.]

Quan la Noemí va de rebaixes no troba res de la seva talla.

_____ la Noemí va de rebaixes no troba res de la seva talla.

2. [Dues accions passen al mateix temps.]

En Pol pot estudiar *quan* escolta música.

En Pol pot estudiar _____ escolta música.

3. [Dues accions es desenvolupen progressivament.]

De petit, recordo que *quan* el riu creixia s'inundaven les cases del voltant.

De petit, recordo que _____ el riu creixia s'inundaven les cases del voltant.

4. [Una acció habitual té una conseqüència.]

Quan sortim de viatge ens gastem molts diners en restaurants.

_____ sortim de viatge ens gastem molts diners en restaurants.

5. [Dues accions passen al mateix temps.]

Quan la Joana està preparant la documentació per a la reunió jo estic fent les fotocòpies que necessitem.

_____ la Joana està preparant la documentació per a la reunió jo estic fent les fotocòpies que necessitem.

6. [Dues accions es desenvolupen progressivament.]

Quan es generalitza l'accés a les xarxes socials els governs tenen més dificultats per controlar les persones.

_____ es generalitza l'accés a les xarxes socials els governs tenen més dificultats per controlar les persones.

7. [Dues accions passen al mateix temps.]

Els treballadors es manifestaven al carrer *quan* la direcció estava decidint el tancament de l'empresa.

Els treballadors es manifestaven al carrer _____ la direcció estava decidint el tancament de l'empresa.

2 [B] L'Andreu va al metge perquè està preocupat per la seva salut. Escriu *així que / tan aviat com* en lloc de *quan* sempre que sigui possible. Quan no sigui possible, escriu-hi un conjunt buit (Ø).

A: —*Doctor, no sé què em passa...* Quan / (0.) *Així que / Tan aviat com* acabo d'anar a córrer em comencen a fer molt mal els genolls. *I no ho entenc perquè, abans,* quan / (1.) _____ feia fúting, ja havia anat en bicicleta durant una hora i no em feia mal res.

D: —Li passa res més?

A: —I tant! *Quan* / (2.) _____ em desperto al matí voldria apagar l'alarma per continuar dormint, i fa uns anys, *quan* / (3.) _____ em sonava el despertador ja m'havia despertat feia estona.

D: —Té algun altre símptoma?

A: —Sí, sí. Últimament, *quan* / (4.) _____ em passo una mica amb l'alcohol de seguida em fa mal la panxa, i anys enrere recordo que *quan* / (5.) _____ anàvem a fer una copa amb els col·legues ja havia begut durant el sopar unes quantes cerveses i em trobava perfectament.

D: —Això és tot?

A: —No, no! També em passa que *quan* / (6.) _____ fumo més d'un paquet de tabac immediatament m'agafa una tos molt forta, i no ho entenc, perquè de jove només m'agafava aquesta tos *quan* / (7.) _____ m'havia fumat més de tres paquets al dia. Què tinc, doctor? És greu?

D: —No, no. No s'amoïni... A vostè l'únic que li passa és que es fa gran i s'ha de començar a cuidar, que ja no té vint anys!

3 [A i B] Llegeix les rutines de la Rita i escriu quina és la interpretació correcta.

> Totes dues accions són simultànies: S
> L'acció introduïda per *quan* és anterior a l'altra acció: A
> L'acció introduïda per *quan* és posterior a l'altra acció: P

0. Quan *esmorza llegeix el diari.* S

1. *Quan* esmorza ja s'ha dutxat i vestit. __
2. *Quan* es dutxa canta òpera. __
3. *Quan* encén l'ordinador mira el correu. __
4. *Quan* arriba a la feina ja ha dut els nens a l'escola. __

5. *Quan* plega de la feina se'n va al gimnàs. __
6. *Quan* sopa mira una estona la tele. __
7. *Quan* se'n va a dormir llegeix una estona un llibre al llit. __
8. *Quan* dorm somia en veu alta. __

4 [A i B] L'avi Quimet recorda les coses que feia de petit. Ordena els fragments de cada frase.

0. el *meu pare regava l'hort / jo donava menjar a les gallines /* mentre
   Mentre el meu pare regava l'hort, jo donava menjar a les gallines.

1. arribava a casa / *quan* / prenia pa amb vi i sucre per berenar
   _____

2. plovia / *sempre que* / sortíem a buscar cargols
   _____

3. *cada vegada que* / el mestre em renyava / m'adormia a classe
   _____

4. em llevava / *de seguida que* / anava a munyir les vaques
   _____

5. segàvem el blat / fèiem les bales de palla / *a mesura que*
   _____

6. sortia d'escola / *així que* / treia les ovelles a pasturar
   _____

7. estudiava la lliçó / encenia la llar de foc / *al mateix temps que*
   _____

8. sortia el sol / *tan aviat com* / el meu pare ens llevava per fer feina
   _____

5 [C] Completa les frases següents amb les conjuncions del requadre. En algun cas hi ha més d'una opció.

> *com*   *igual com*   *com si*

0. *Faré aquest exercici com em sembli.*

1. Aquest gat miola _____ volgués més menjar.
2. Hem fet servir aquesta gramàtica _____ diuen les instruccions.
3. El meu nebot té els cabells _____ els té el seu pare.
4. No tractis en Pablo _____ fos tonto.

5. En Fran anirà vestit a la festa _____ digui la seva dona.
6. La meva germana cuina _____ ho feia la meva àvia.
7. Aquest nen parla _____ tingués dos anys més.

6 La Xesca i el Shin-Chan s'han enamorat per internet. Completa el correu de la Xesca amb *quan*, *tal com* o *com si*.

> ● ○ ○   Esperant el teu missatge
>
> Hola, amor meu! (0.) *Quan* m'he llevat aquest matí, el primer que he fet ha estat mirar el correu i (1.) _____ he vist que no tenia cap missatge teu m'he posat molt trista. Ja veus que et tracto (2.) _____ fossis la persona més important per mi. I ho ets! No ens hem vist mai en persona, però (3.) _____ rebo un missatge teu sóc la dona més feliç del món. Tinc la sensació que ens entenem (4.) _____ ens coneguéssim des de fa molt de temps: jo sé moltes coses de tu i tu moltes de mi. Espero que aviat ens veurem (5.) _____ hem planejat tantes vegades i ens estimarem (6.) _____ hem dit en molts dels nostres correus. Però la Xina és tan lluny! T'enyoro (7.) _____ ja ens haguéssim vist en directe. Escriu-me, sisplau! Xesca

85. Conjuncions (III)

• *Avui arribaré tard **perquè** tinc una reunió.*

A. Causa i finalitat
B. Conseqüència
C. Concessió
D. Condicions

A. Causa i finalitat

A.1 Quan volem expressar una **causa**, fem servir **perquè** seguit del verb en indicatiu:

• *Avui no hi havia classe **perquè** la mestra no es trobava bé.*

> ■ També podem fer servir *ja que* en un registre més formal.

Fem servir **com que** quan justifiquem una acció o un fet. Col·loquem la justificació abans de l'oració principal:

• ***Com que** no em trobo bé, me'n vaig a casa.*
[En primer lloc explico una causa que ja conec (no em trobo bé) i així justifico el que diré després (me'n vaig a casa).]

> ■ També podem fer servir *atès que* en un registre formal.

A.2 Quan volem expressar una **finalitat**, utilitzem **perquè** seguit del verb en subjuntiu:

• *La teva companya de classe ha vingut **perquè** l'ajudis amb els deures.*

> ■ En un registre formal, també podem fer servir *a fi que*, *amb la finalitat que* i *per tal que*:
> *Vam reduir algunes despeses **per tal que** l'empresa s'estabilitzés.*
> ***A fi que** el Govern aprovi noves mesures contra la crisi, els sindicats s'han tornat a mobilitzar.*

Fem servir **no sigui que**, **no fos cas que** per justificar la finalitat de l'oració principal i expressar temor o prudència:

• *Vigila amb el petard, **no sigui que / no fos cas que** t'exploti.*
[Explotar és un perill que justifica vigilar.] **59. 60.** ▶

> ■ També podem utilitzar *perquè no* per expressar temor o prudència:
> *Vigilaré amb el petard **perquè no** m'exploti.*

B. Conseqüència

B.1 Per expressar que una acció és una conseqüència d'una altra, fem servir **tan que** i **tant que**. L'oració principal expressa la causa i inclou les paraules *tan*, que acompanya un adjectiu, o *tant*, que acompanya un nom o un verb:

verb + **tant**	*La Rosa fuma **tant que** li han quedat els pulmons negres.*
tant, tanta, tants, tantes + nom	*En Roger té **tants** diners que li surten per les orelles.*
tan + adjectiu	*La Cinta és **tan** vergonyosa **que** es posa vermella de seguida.*

59. ▶

C. Concessió

C.1 Usem **encara que** i **tot i que** quan presentem un obstacle que no impedeix que allò que expressa l'oració principal es compleixi. Podem posar aquest obstacle abans o després de l'oració principal:

• ***Encara que** ens fa por el mar, sortirem a navegar.*
[La por al mar no impedeix que sortim a navegar.]
• ***Tot i que** ens fa por el mar, sortirem a navegar.*

C.2 Quan expressem un esforç inútil davant del fet que presentem en l'oració principal, utilitzem **per més que** i **per molt que**:

- **Per més que** *treballi, no aconseguiré ascendir a un càrrec millor.*
- **Per molt que** *treballi, sempre tinc feina pendent.*

60. ▶

D. Condicions

D.1 Utilitzem **sempre que**, **en cas que** i **mentre** seguit de subjuntiu quan expressem una condició:

- *Contractarem nous empleats* **sempre que** *ens falti personal.*
  [La condició per contractar és la manca de personal.]
- **En cas que** *ens falti personal, contractarem nous empleats.*
- *Contractarem nous empleats* **mentre** *ens falti personal.*

> ■ Podem canviar aquestes conjuncions per *si*:
> *Contractarem nous empleats* **si** *ens falta personal.*

D.2 Fem servir **excepte que** i **a menys que** seguit de subjuntiu quan posem una condició que pot fer variar la informació que expressem en l'oració principal:

- *No et contractarem* **excepte que / a menys que** *estiguis disposat a fer hores extres.*
  [Si estàs disposat a fer hores extres et contractem.]

> ■ Podem canviar aquestes conjuncions per *si no*:
> *No et contractarem* **si no** *estàs disposat a fer hores extres.*
> ■ Usem **llevat que** i **tret que** en un registre formal.

59. 60. 70. ▶

Exercicis

1 [A] Llegeix les frases següents i torna-les a escriure fent servir *perquè* i *com que*:

0. *La Joana ha tingut un fill. La Joana tenia moltes ganes de ser mare.*
   a. *La Joana ha tingut un fill* perquè tenia moltes ganes de ser mare.
   b. *Com que la Joana tenia moltes ganes de ser mare,* ha tingut un fill.

1. No vindrem al sopar. Tenim els nens malalts.
   a. No vindrem al sopar _____.
   b. _____ no vindrem al sopar.

2. En Matthew va venir a parlar amb mi. En Matthew té problemes amb la parella.
   a. _____ va venir a parlar amb mi.
   b. En Matthew va venir a parlar amb mi _____.

3. La Montse demanarà la baixa. La Montse té una depressió.
   a. La Montse demanarà la baixa _____.
   b. _____ demanarà la baixa.

4. Els meus pares viatgen molt sovint. Els meus pares estan jubilats.
   a. _____ viatgen molt sovint.
   b. Els meus pares viatgen molt sovint _____.

5. Et passes moltes hores davant de l'ordinador. Estàs enganxat al Caretobook.
   a. Et passes moltes hores davant de l'ordinador _____.
   b. _____ et passes moltes hores davant de l'ordinador.

6. Aneu molt sovint al teatre. Teniu un abonament anual.
   a. Aneu molt sovint al teatre _____.
   b. _____ aneu molt sovint al teatre.

2 [A] El partit Verds del Futur fa les propostes següents. Relaciona-les amb les frases que hi ha a continuació i indica si les oracions resultants expressen causa o finalitat.

a. *Tancarem les centrals nuclears...*

b. Reduirem el trànsit amb cotxe particular...

c. Prohibirem l'ús de pesticides en els conreus...

d. Buscarem noves fonts d'energia...

e. Potenciarem el consum de proximitat...

f. Recollirem l'aigua de la pluja...

g. Crearem més zones verdes a les ciutats...

0. *a*

    a. *... perquè poden tenir fuites de radiació. causa / finalitat*

    b. *... perquè no hi hagi una fuita de radiació. causa / finalitat*

1. ___

    a. ... perquè no ens posem malalts per culpa dels productes químics. causa / finalitat

    b. ... perquè disminueixen la qualitat de les fruites i les verdures. causa / finalitat

2. ___

    a. ... perquè amb aquest tipus de transport creem molta pol·lució. causa / finalitat

    b. ... perquè no augmentin les infeccions pulmonars entre la població. causa / finalitat

3. ___

    a. ... perquè el petroli no es converteixi en un motiu de conflicte permanent. causa / finalitat

    b. ... perquè dependre només del petroli és perillós. causa / finalitat

4. ___

    a. ... perquè necessitem tenir reserves d'aigua dolça. causa / finalitat

    b. ... perquè no ens quedem sense aigua dolça. causa / finalitat

5. ___

    a. ... perquè no augmenti l'efecte hivernacle pel transport d'aliments a llargues distàncies. causa / finalitat

    b. ... perquè amb el transport d'aliments a llargues distàncies contribuïm a l'augment de l'efecte hivernacle. causa / finalitat

6. ___

    a. ... perquè l'aire de les zones urbanes no estigui cada vegada més contaminat. causa / finalitat

    b. ... perquè cal netejar l'aire de les zones urbanes. causa / finalitat

3 [A] Reescriu les oracions adverbials de finalitat de l'exercici anterior fent servir *no sigui que.*

0. *Tancarem les centrals nuclears, no sigui que hi hagi perill de fuites de radiació.*

1. Reduirem el trànsit en cotxe particular, _____ .

2. Prohibirem l'ús de pesticides en els conreus, _____ .

3. Buscarem noves fonts d'energia, _____ .

4. Potenciarem el consum de proximitat, _____ .

5. Recollirem l'aigua de la pluja, _____ .

6. Crearem més zones verdes a les ciutats, _____ .

4 [B] Converteix les oracions causals següents en consecutives fent servir *tan que* o *tant que* i les paraules en cursiva:

0. *Com que menjo* molts dolços *tinc colesterol a la sang.*

   Menjo tants dolços que tinc colesterol a la sang.

1. Com que la Paula té *molts problemes amb la seva mare malalta*, el Govern li ha donat una ajuda.

   La Paula té _____ el Govern li ha donat una ajuda.

2. Com que *gastem molt*, a final de mes estem en números vermells.

   _____ a final de mes estem en números vermells.

3. Com que els pares de la Noual són *molt grans* els ha ingressat en una residència.

   Els pares de la Noual són _____ els ha ingressat en una residència.

4. Com que teniu *molta feina endarrerida*, us quedareu a treballar una estona més.

   Teniu _____ us quedareu a treballar una estona més.

5. Com que ets *molt garrepa*, no ens convides mai a sopar a fora.

   Ets _____ no ens convides mai a sopar a fora.

6. Com que em trobo *molt malament de l'estómac*, me'n vaig al metge d'urgències ara mateix.

   Em trobo _____ me'n vaig al metge d'urgències ara mateix.

7. Com que en Jordi *fuma molt*, a les nits s'ofega i no pot dormir.

   En Jordi _____ a les nits s'ofega i no pot dormir.

8. Com que parleu *moltes llengües* trobareu una bona feina de seguida.

   Parleu _____ trobareu una bona feina de seguida.

5 [C] La Mariana no es deixa vèncer pels obstacles. Relaciona els seus propòsits de la columna de l'esquerra amb algun obstacle de la columna de la dreta.

0. *No deixaré la carrera d'arquitectura...*	a. tot i que *necessito deu anys per acabar-la.*
1. Trobaré la meva parella ideal...	b. *encara que* tingui moltes ganes de connectar-me a internet.
2. Deixaré de fumar...	c. *encara que* em pagui ella el viatge.
3. No em passaré hores davant de l'ordinador...	d. *encara que* hagi de fer una dieta molt severa.
4. Faré exercici físic...	e. *encara que* necessiti pegats de nicotina.
5. No tornaré a viatjar amb l'Amèlia...	f. *tot i que* hauré d'estalviar tota la vida.
6. M'aprimaré deu quilos...	g. *tot i que* no m'agrada gaire l'esport.
7. Em compraré un pis amb terrassa...	h. *encara que* hagi d'anar a una agència matrimonial.

0. *a*   1. ___   2. ___   3. ___   4. ___   5. ___   6. ___   7. ___

La Mariana intenta dur a terme algun dels seus propòsits anteriors i no se'n surt. Relaciona les columnes.

8. No trobo la meva parella ideal...	a. *per més que* estudiï durant anys.
9. No em podré comprar mai un pis amb terrassa...	b. *per molt que* consulti agències matrimonials.
10. No m'aprimaré deu quilos...	c. *per més que* faci dieta.
11. No acabaré mai la carrera d'arquitectura...	d. *per molt que* estalviï.

8. ___   9. ___   10. ___   11. ___

6 [D] Relaciona cada frase amb la interpretació més adequada.

0. *Et deixem adoptar un gos* sempre que *te'n facis responsable. a*

   a. Si te'n fas responsable, et deixem adoptar un gos.

   b. Encara que te'n facis responsable, no et deixem adoptar un gos.

1. No em podré comprar aquest pis *a menys que* el banc em concedeixi una hipoteca.

   a. Si el banc em concedeix una hipoteca, em podré comprar el pis.

   b. Encara que el banc em concedeixi una hipoteca, no em podré comprar el pis.

2. Et deixo el cotxe nou *sempre que* me'l tornis sense cap bony.

   a. Et deixo el cotxe encara que m'hi facis un bony.

   b. Et deixo el cotxe si no m'hi fas cap bony.

3. L'Ezequiel no et tornarà a dirigir la paraula *a menys que* li demanis perdó.

   a. Si li demanes perdó, et tornarà a parlar.

   b. Encara que li demanis perdó, no et tornarà a parlar.

4. Et deixem sortir amb els teus amics *mentre* tornis a casa abans de la una de la matinada.

   a. Encara que tornis abans de la una, no et deixem sortir.

   b. Si tornes abans de la una, et deixem sortir.

5. *En cas que* tingui algun problema amb l'electrodomèstic li tornarem els diners.

   a. Si té algun problema, li tornem els diners.

   b. Si té algun problema, no li tornem els diners.

6. La Carolina no canviarà de feina *a menys que* li ofereixin un sou espectacular en un altre lloc.

   a. Si li ofereixen un sou espectacular, canviarà de feina.

   b. Encara que li ofereixin un sou espectacular, no canviarà de feina.

7 La Laura viu a Viena i escriu un correu als seus germans. Subratlla les conjuncions adequades.

● ○ ○   No tot és feina

Com esteu, família?

Ara fa dies que no us deia res (0.) *no sigui que / perquè / encara que* vaig molt atrafegada amb la feina. Em sap greu! ☹ He hagut de treballar (1.) *tant que / encara que / no sigui que* m'he d'oblidat d'escriure-us, però no patiu, jo us tinc sempre presents (2.) *a menys que / tant que / encara que* no doni senyals de vida durant uns quants dies. De vegades tinc la sensació que, (3.) *per més que / no sigui que / tant que* allargui la jornada laboral, sempre em queda feina per acabar.

Sort que fora de l'oficina les coses són molt diferents: els companys de feina em treuen a passejar (4.) *sempre que / perquè / tant que* conegui tots els racons d'aquesta ciutat. Jo els dic que m'agrada fer aquestes excursions (5.) *sempre que / tant que / perquè* ells també s'ho passin bé visitant coses que ja coneixen. De vegades vaig al casal català per poder xerrar una estona en català, i quan fa molt de fred em quedo a casa (6.) *perquè / excepte que / tant que* tingui entrades per anar al cine o al teatre, que aquí és molt barat. Ui! Però si és tardíssim! Em sembla que ho hauríem de deixar aquí, (7.) *per més que / no fos cas que / sempre que* me'n vagi a dormir tard i demà m'adormi. Només em faltaria això a la feina!

Un petonet de la vostra germana, que us estima.

Laura

86. Els connectors discursius (I)

• *Per cert, **com** et dius?*

■ Usem els connectors discursius per enllaçar diferents parts d'un discurs oral o escrit.
Amb els connectors discursius contrastem idees, les ordenem, les expliquem, les matisem, etc.

> • *En Robert és un noi molt tímid, no té gaires amics i passa moltes hores jugant sol a l'ordinador; **és a dir**, té un problema amb les relacions socials.*
>
> [Expliquem una informació que acabem de donar.]

A. Afegir informació

A.1 Fem servir els connectors següents quan volem afegir informació al que diem. Fem servir connectors diferents segons el tipus d'informació que afegim:

Funció	Connectors	Exemple
Reforçar el que acabem d'expressar	*a més (a més)* *encara més* *a part* *a sobre* ■ Podem utilitzar *a sobre* per afegir una informació que es contraposa al que esperaríem: *Et compro el vestit que vols i **a sobre** t'enfades!*	*Em sembla que no aniré de viatge amb vosaltres. **A més (a més)**, no sé si tindré diners estalviats per a aquestes vacances.*
Deixar de parlar d'un tema i encetar-ne un altre	*per cert* *a propòsit*	—*Avui anirem a comprar els mobles de l'habitació del nen amb la dona.* —***Per cert**, què fa la teva dona? Ja ha trobat feina?* —*Encara no, noi. Està una mica desanimada...*
Introduir un tema o diferents informacions relacionades amb un tema	*sobre* *pel que fa a* *respecte a / de* *en relació amb* ■ També podem fem servir *en relació amb* i *respecte a / de* en contextos formals. ■ *En relació amb = Amb relació a*	***Pel que fa a**l tema que vaig presentar en la darrera classe, volia afegir que podeu llegir-ne més informació al darrer número de la revista Ciutats verdes.*
Confirmar o reprendre una informació que s'acaba de donar	*precisament* *de fet*	—*Com anem, nois? Sabeu alguna cosa d'en Gustavo?* —*Mira, **precisament** parlàvem d'ell. Ho ha deixat amb en Mario i no hi haurà casament.*

B. Ordenar informació

B.1 Quan volem ordenar la informació, fem servir els connectors següents:

Funció	Connectors		Exemple
Ordenar informació en una seqüència	**Inici**		*Per fer una sopa de peix, **per començar**, fregirem el peix i el retirarem. **A continuació**, posarem a bullir una cassola amb aigua amb sal, tomàquet, safrà, pebre vermell i una ceba. **Per acabar**, hi afegirem el peix i ho deixarem bullir tot a foc suau uns vint minuts.*
	per començar *en primer lloc* *primerament*		
	Continuació		
	a continuació *en segon lloc* *seguidament* *tot seguit*		
	Final		
	per acabar *finalment*		
Ordenar informació	*d'una banda* *de l'altra* *per una banda* *per l'altra*		*—No sé què fer amb la feina. **Per una banda**, m'agrada el que faig i tinc un bon sou. **Per l'altra**, és molt lluny de casa i l'horari és molt dolent.*

C. Explicar informació anterior

C.1 Per explicar la informació que acabem de donar, utilitzem els connectors següents:

Funció	Connectors	Exemple
Matisar el que acabem d'expressar	*més ben dit* *millor dit*	*No m'agrada gaire la gent tafanera. **Millor dit**, no la suporto.*
Explicar la informació que acabem de donar amb unes altres paraules	*és a dir* *o sigui* *dit d'una altra manera*	*El complement de règim verbal acompanya verbs preposicionals, **és a dir**, verbs que exigeixen una preposició per completar el sentit.*
Posar un exemple de la informació que acabem de donar	*(com) per exemple* *com ara*	*Els països de l'antiga Unió Soviètica, **com ara** Letònia o Estònia, no veien amb bons ulls les revoltes dels Balcans.*

1 **[A]** Completa aquesta conversa entre la Noèlia i la Susanna, dues amigues que fa temps que no es veuen, amb els connectors del requadre.

precisament	per cert	sobre

N: —Hola, noia! Quant de temps, no? Tenia moltes ganes de veure't.

S: —(0.) *Precisament,* jo també volia quedar amb tu un dia per xerrar una estona. (1.) _____, com va el tema feina? Suposo que ja has acabat la carrera de dret...

N: —Sí, vaig acabar la carrera i vaig fer un màster, però (2.) _____ trobar feina d'advocada en un bufet, va ser impossible, així que he acabat treballant a la fàbrica del meu pare fent de relacions públiques. I tu, què fas? Vas acabar medicina?

S: —Sí, noia. Em va costar molt però al final sóc traumatòloga. (3.) _____, què fa el teu pare? Recordo que estava molt fotut dels pulmons...

N: —Va fent, ara ja s'ha jubilat i a la nit necessita una bombona d'oxigen per respirar, però està prou bé. (4.) _____ ara li toca fer-se una

revisió amb el pneumòleg. I (5.) _____ qüestions amoroses, com està el tema? Encara estàs amb l'Hugo?

S: —Allò es va acabar fa molt de temps. M'he casat amb un company de l'hospital, en Santiago. Ens va molt bé, la veritat.

N: —I (6.) _____ el tema fills?

S: —No en tenim cap, però ens ho estem pensant. I tu, què, el tema família?

N: —Doncs jo em vaig casar i vaig tenir dos fills, i fa poquet m'he separat. (7.) _____ després haig d'anar a parlar amb un advocat. (8.) _____, ara que parlem d'advocats, tu no deus conèixer algú que porti bé els temes de divorcis?

S: —Em sap greu, noia. Aquest món no el conec gaire. Això tu, que ets advocada!

2 **[B]** Completa les instruccions amb algun dels connectors següents. En molts casos, pots usar més d'un connector.

per començar	en primer lloc	primerament	finalment	per acabar
en segon lloc	seguidament	tot seguit	a continuació	

Instruccions d'instal·lació

Per instal·lar la impressora, (0.) *per començar* / *en primer lloc* / *primerament* cal endollar-la al corrent i a l'ordinador. (1.) _____ hem d'instal·lar el programa amb el CD que ve incorporat i, (2.) _____, cal fer una impressió de prova.

Recepta de cuina

Per preparar una beixamel, (3.) *primerament*, escalfem llet en un pot; (4.) _____, afegim a la llet una mica de mantega i un polsim de sal. (5.) _____, hi tirem farina de blat de moro i remenem sense parar. (6.) *Finalment*, hi afegim una mica de nou moscada per donar-hi gust.

3 **[C]** Identifica el connector de les frases següents i canvia'l per un altre del requadre que tingui el mateix significat. A continuació, classifica'ls a la graella segons la seva funció.

més ben dit (3)	com ara (3)	o sigui (2)

0. *En Gerard anava distret per la carretera i ha tingut un accident de cotxe, millor dit, l'accident l'han tingut ell i uns quants cotxes més. més ben dit*

1. Les carreres universitàries de lletres, com per exemple filosofia, filologia, dret, etc., cada vegada tenen menys demanda. _____

2. Les frases estan ben lligades, no hi ha faltes d'ortografia, tens un vocabulari molt ric i les estructures que fas servir són complexes. Dit d'una altra manera, has fet una redacció molt bona. _____

3. Estic preocupada perquè alguns menjars em fan fàstic. Millor dit, tot el que sigui cru no m'ho puc menjar. _____

4. Si entres en el programa de punts aconseguiràs molts serveis, com per exemple descomptes en sortides o lloguer de cotxes, ofertes de productes, etc. _____

5. Si volem que l'empresa funcioni hem de treballar en equip, és a dir, no podem seguir anant cadascú a la seva, sense ajudar-nos els uns als altres. _____

6. Hi ha una sèrie de conductes que poden afavorir l'aparició d'un tumor, com per exemple una dieta inadequada o el tabaquisme. _____

7. L'Ester anirà a Cuba de vacances aquest estiu, millor dit, primerament anirà a Cuba i després a la República Dominicana. _____

Matisar el que acabem d'expressar	Explicar la informació anterior amb altres paraules	Posar un exemple
0		

4 Llegeix l'entrevista de ràdio següent i omple els buits amb un connector del requadre. Alguns connectors es poden fer servir més d'un cop.

més ben dit	com ara	per una banda	per l'altra	és a dir

E: —Avui tenim amb nosaltres l'Alfred Tost, que ens parlarà del seu nou llibre. Bon dia, Alfred.

A: —Hola, bon dia.

E: —Explica'ns una mica la història del teu nou llibre.

A: —Doncs és la història d'un noi que té molts problemes a l'escola, (0.) *més ben dit*, d'un noi a qui els companys de classe fan la vida impossible.

E: —Veig que tractes sobre un tema força actual. Has fet algun tipus de recerca, (1.) _____ anar a parlar amb nois amb aquests problemes o llegir algun llibre de psicologia infantil?

A: —No, la informació va sorgir d'una notícia que vaig llegir al diari i que em va impressionar molt. Era la història d'una noia que rebia trucades amenaçadores a casa; les companyes li prenien les coses, la insultaven a l'hora del pati o l'agredien, (2.) _____, patia assetjament escolar.

E: —I com va acabar la història?

A: —La noia va acabar confessant-ho, (3.) _____, ho va explicar als pares i al seu tutor.

E: —Tornem a la novel·la. Va adreçada a algun públic en concret, (4.) _____ adolescents o joves?

A: —La veritat és que no pensava en cap públic en concret; (5.) _____, la novel·la va dirigida a qualsevol persona a qui li agradi llegir.

E: —Per acabar, què diries als oients perquè comprin el teu llibre?

A: —Que, (6.) _____, és un llibre entretingut i també amb un cert nivell d'aprofundiment psicològic, i (7.) _____, que tracta d'un tema actual que els pot interessar i els permetrà entrar en un món que desconeixien.

E: —(8.) _____, que val la pena comprar-lo, oi?

A: —Totalment d'acord.

5 En Mauri ha visitat Berlín i ho explica al seu bloc. Subratlla el connector adequat.

Avui us vull parlar de l'última ciutat europea que he visitat: Berlín. (0.) *Millor dit / A més a més / A propòsit* també vull compartir amb vosaltres les fotos que hi vaig fer. (1.) *En primer lloc / Com ara / Millor dit*, us diré que Berlín és una ciutat agradable per passejar-hi, amb un sistema de transport públic molt eficient, que funciona durant tot el dia i tota la nit, (2.) *encara més / per acabar / millor dit*, els autobusos i els tramvies funcionen tota la nit, però el metro no.

Si visiteu els llocs més turístics (3.) *com ara / en poques paraules / de fet* el Parlament o la porta de Brandenburg, els trobareu sempre plens de turistes, però sense aglomeracions. (4.) *Per una banda / En relació amb / Precisament* el dia que els vaig visitar jo era festiu i hi havia un munt de gent, però no tenies la sensació que estigués tot ple com un ou. (5.) *Pel que fa a / En segon lloc / És a dir* l'allotjament, a Berlín trobareu tota mena d'albergs, pensions, hotels. Jo vaig estar-me en un hotel molt cèntric. El preu era molt assequible i, (6.) *com ara / a més a més / dit d'una altra manera*, l'esmorzar hi estava inclòs.

(7.) *Millor dit / Per cert / Com per exemple*, no us he comentat res del menjar. És l'única cosa que no em va entusiasmar, però com que Berlín és una ciutat gran, hi podreu trobar de tot si el menjar alemany no us agradés...

(8.) *En realitat / En segon lloc / Per acabar*, Berlín és una ciutat que es pot visitar en una escapada d'un parell de dies o tres. Us ho recomano!

87. Els connectors discursius (II)

• *No vols venir?*, ***doncs*** *no vinguis!*

A. Contrast

B. Conseqüència, conclusió i resum

C. Marcadors en les converses

A. Contrast

A.1 Usem els connectors següents quan volem contrastar dues informacions:

Funció	Connectors	Exemple
Introduir una objecció al que acabem d'expressar	*ara bé* *això sí*	*Per a mi, bunyols de coliflor amb escuma d'espàrrecs i textures de tomàquets.* ***Ara bé****, no m'hi posi escuma.*
Expressar que la informació que acabem de donar no és un obstacle per a una altra que donarem	*tot i això* *no obstant això* *malgrat això* ■ Connectors equivalents: tot i això = així i tot = amb tot no obstant això = això no obstant malgrat això = malgrat tot	*La Magda va emigrar del seu país ja fa molts anys.* ***Malgrat això****, continua enyorant la seva terra com el primer dia.*
Donar menys importància al que acabem d'expressar	*de tota manera* *en qualsevol cas* *en tot cas* *sigui com sigui*	*Aquest cap de setmana no sortirem perquè farà mal temps.* ***De tota manera****, ja ens anirà bé quedar-nos a casa per estalviar.*
Destacar la informació que donarem	*en realitat* *de fet* *en el fons* *al cap i a la fi*	*Discuteixo per tot amb la parella i ens passem dies sense parlar-nos, però ens estimem.* ***En realitat****, l'únic que importa és això.*
Marcar un contrast entre dues informacions	*en canvi*	*En aquesta casa a l'hivern s'hi està molt bé.* ***En canvi****, a l'estiu ens fregim de calor.*

B. Conseqüència, conclusió i resum

B.1 Utilitzem els connectors següents per presentar una conseqüència del que acabem de dir o per introduir una conclusió:

Funció	Connectors	Exemple
Introduir una conseqüència o una conclusió final	*així doncs* *per tant* *o sigui que* ■ Així doncs / així que.	*No m'agrada que estiguis tan pendent de mi.* ***O sigui que*** *no em truquis tantes vegades al dia.*
Introduir una conclusió d'una informació que acabem de desenvolupar	*en definitiva* *en fi* *total* ■ També fem servir *total* si volem introduir una conclusió final que expressa indiferència: *Em sembla que avui no aniré al camp.* ***Total****, sempre acaba perdent el meu equip.*	*En aquest pis cal pintar totes les habitacions, redistribuir la cuina, canviar les portes i fer un bany nou.* ***En definitiva****, necessita una reforma completa.*

Funció	Connectors	Exemple
Introduir un resum de la informació que acabem de donar	resumint en resum en poques paraules breument	Els hiverns són més suaus, els fenòmens meteorològics cada vegada són més virulents, les onades de calor se succeeixen amb més freqüència. **Resumint**: el canvi climàtic ja és una realitat indiscutible.

C. Marcadors en les converses

C.1 Usem els marcadors següents per organitzar la informació quan conversem:

Funció	Connectors	Exemple
Obrir o tancar una conversa	bé doncs bé	—**Bé**, com dèiem l'altre dia... [Obrim una conversa.] —**Bé**, jo hauria de marxar... [Tanquem una conversa.]
Indicar que hem entès el que ens han dit i que ara és el nostre torn de paraula	bé doncs doncs bé	—Has anat mai a Estocolm? —**Bé**, hi vaig anar de petit.
Reprendre el torn de paraula i continuar amb un tema	i	—La teva germana parla rus? —Sí. —**I** on el va aprendre?
Oposar-nos al que ens acaben de dir	doncs	—Tinc molta gana. —**Doncs** jo no.
Acceptar el que ens acaben de dir	bé d'acord	—Sortim una estona? —**D'acord**. [Ho acceptem.]
Expressar una conseqüència del que ens acaben de dir	doncs	—No vull venir. —**Doncs** queda't a casa.
Expressar una conclusió que traiem després del que ens acaben de dir	llavors així aleshores	—L'home del temps ha dit que demà plourà a tot arreu. —**Llavors**, què fem, nois. Anem d'excursió o no, demà?

1 [A] Encercla l'opció que pugui ser la continuació dels comentaris que fa un periodista en uns jocs olímpics.

0. *El comitè antidopatge ha desqualificat de la competició la gimnasta russa.* Malgrat tot,
   a. ella insisteix en la seva innocència i vol continuar participant en els jocs.
   b. ha estat detinguda i ha prestat declaració.

1. L'atleta guineà té moltes possibilitats de guanyar la marató. *Ara bé,*
   a. els altres corredors no li posaran les coses fàcils.
   b. ja ha guanyat en edicions anteriors.

2. Hi ha hagut una inundació al pavelló d'esgrima. *Malgrat això,*
   a. s'ha hagut de tancar el recinte.
   b. les competicions s'han fet amb normalitat però a l'aire lliure.

3. Algunes de les instal·lacions esportives no estan acabades. *No obstant això,*
   a. les competicions d'algunes de les disciplines no s'han pogut organitzar.
   b. s'han pogut organitzar competicions de totes les disciplines.

4. El primer classificat de judo té molt bona tècnica. *Això sí,*
   a. el segon classificat té més fortalesa física.
   b. tots dos tenen molta fortalesa física.

5. Les nedadores de natació sincronitzada troben que l'aigua de la piscina és massa calenta. *Tot i això,*
   a. han fet totes les coreografies programades.
   b. s'han negat a fer les coreografies programades.

6. Els apartaments dels esportistes no tenen gaires comoditats. *Ara bé,*
   a. els atletes han demanat que els canviïn a un hotel de més categoria.
   b. hi ha l'imprescindible per poder-hi viure.

7. Durant la cerimònia d'inauguració ha marxat la llum diverses vegades. *Tot i això,*
   a. el públic ha començat a xiular.
   b. a tothom li ha agradat molt l'espectacle.

2 [A] L'Ignasi no sap si adoptar un gat o un gos. Subratlla el connector apropiat.

0. *Un gos em donaria més feina que un gat.* Ara bé / en el fons, *el gos és més afectuós que el gat.*

1. Un gat és més còmode perquè fa les seves necessitats a la sorra i no cal treure'l al carrer cada dia. *En canvi / sigui com sigui,* un gos s'ha de treure cada dia al carrer perquè faci les seves necessitats.

2. Crec que m'agraden més els gossos que els gats. *En canvi / De tota manera,* no he conviscut mai ni amb gossos ni amb gats.

3. Un gat costa molt d'ensinistrar i això no m'agrada. *Ara bé / De fet,* el gat es pot quedar sol a casa uns quants dies si marxo, i això em va molt bé.

4. Em sembla que els gats destrossen més els mobles que els gossos. *En canvi / En tot cas,* els meus mobles són molt vells i no em fa res si es fan malbé.

5. Un gat va més a la seva que un gos i només és afectuós quan vol. *Al cap i a la fi / Això sí,* el gat és més net i no necessita tantes atencions.

6. He llegit que els gats no són gens obedients, però, *ara bé / en el fons,* tant me fa si l'animal no em creu.

7. Diuen que els gossos molesten més els veïns pels lladrucs. *Això sí / En qualsevol cas,* jo visc als afores de la ciutat i no tinc veïns.

3 [A i B] Uns polítics que participen en un debat televisiu diuen les frases següents. Subratlla el connector adequat per a cadascuna de les intervencions.

0. *És veritat que els índexs d'atur estan altíssims.* Breument / No obstant això, *el nostre partit pot fer front al problema amb unes quantes mesures que hem dissenyat.*

1. La sanitat pública és un dret social que hauríem de mantenir. *De tota manera / En el fons,* no pot ser que suposi una despesa tan gran.

2. Han millorat molt les infraestructures del transport terrestre. *Total / En canvi,* no s'han fet gaires inversions en els aeroports del país.

3. Les famílies nombroses i les monoparentals tenen més despeses que les altres. *Així doncs / En qualsevol cas,* proposem que hi hagi ajuts econòmics destinats a aquests perfils de família.

4. L'índex d'abandonament escolar és molt alt, el fracàs escolar augmenta any rere any i els resultats acadèmics cada vegada són més baixos. *Malgrat això / En definitiva,* tenim un greu problema en l'educació.

5. Cada any hi ha problemes amb les places a les escoles bressol perquè són insuficients, *així que / així i tot* creiem que una part del pressupost s'ha de destinar a construir més centres d'aquest tipus.

6. Els cotxes contaminen molt, causen accidents i dificulten la mobilitat urbana. *En realitat / Ara bé,* són més un problema que una solució.

7. La delinqüència no ha augmentat gaire aquests darrers anys. *Malgrat això / Així doncs,* la població té molta sensació d'inseguretat.

8. Les persones paguen impostos als ajuntaments i també paguen impostos autonòmics i estatals. *Això sí / Resumint,* la pressió tributària és considerable.

4 **[A i B]** L'empresa de fuets Secallona té problemes econòmics. El seu director parla de les conseqüències de la crisi. Completa les frases amb el connector adequat.

així doncs	no obstant això	per tant	ara bé	així que	en canvi	o sigui que

0. *Els viatges dels comercials a l'estranger surten molt cars.* — Així doncs, — *volaran en classe turista i s'allotjaran en una pensió.*

1. Les dietes dels treballadors són una gran despesa. _____ no hi haurà més vals de menjador.

2. Hem d'augmentar la producció de fuets. _____ tothom farà una hora extra al dia.

3. Hem de reduir el personal. _____ prejubilarem els treballadors més grans de cinquanta-cinc anys.

4. Gastem molt en la calefacció. _____ a l'hivern vindrem a treballar ben abrigats perquè no encendrem les estufes.

5. El transport de la mercaderia surt molt car. _____ farem servir el cotxe particular per repartir les comandes.

6. L'aire condicionat representa una gran despesa econòmica. _____ a l'estiu substituirem els aparells d'aire condicionat per ventalls manuals per al personal.

5 **[C]** Llegeix l'entrevista de feina següent i classifica els connectors de conversa a la graella segons la seva funció:

(0.) —*Doncs bé, comencem l'entrevista. Expliqui'm quina experiència té.*

(1.) —*Doncs* he treballat en un magatzem de mosso i en un supermercat de reposador.

(2.) —*D'acord.* Ha fet algun curs de formació?

(3.) —*Bé,* vaig fer un curs d'electricista de noranta hores.

(4.) —*I* va fer pràctiques?

(5.) —*Doncs* la veritat és que no.

(6.) —*Llavors* és difícil que el puguem contractar si no té experiència. Disposa de carnet de conduir?

(7.) —*Bé,* tinc carnet però cotxe no. (8.) *Així,* tinc alguna possibilitat d'aconseguir la feina?

(9.) —*Doncs* no ho sé. Abans vull entrevistar tots els candidats.

(10.) —*Doncs* s'equivoca. Jo sóc l'home que busca.

—Ho tindré en compte. (11.) *Doncs bé,* ja hem acabat.

(12.) —*Aleshores,* no em pot dir res ara?

—No s'impacienti. Ja li direm alguna cosa.

Obrir o tancar una conversa	Dir que hem entès el que ens han dit i que ara és el nostre torn de paraula	Reprendre el torn de paraula	Oposar-nos al que ens acaben de dir
0			

Acceptar el que ens acaben de dir o oposar-hi resistència	Expressar una conseqüència del que ens acaben de dir	Expressar una conclusió que traiem després del que ens acaben de dir

Índex analític